Winfried Martini

Der Sieger
schreibt die Geschichte

Winfried Martini

Der Sieger schreibt die Geschichte

Anmerkungen zur Zeitgeschichte

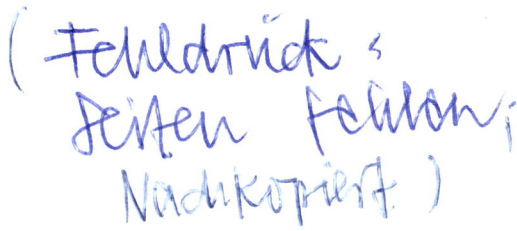

(Fehldruck &
Seiten fehlen;
Nachkopiert)

dem Stadtarchiv Germering

Universitas

© 1991 by Universitas Verlag in
F. A. Herbig Verlagsbuchhandlung, München
Alle Rechte vorbehalten
Schutzumschlag: Christel Aumann, München
Satz: Fotosatz Völkl, Germering
Druck: Jos. C. Huber KG, Dießen
Binden: R. Oldenbourg, München
Printed in Germany
ISBN 3-8004-1224-1

Inhalt

Vorwort

Der Hamburger Psychologe Peter R. Hofstätter bemerkte einmal, man könne wohl ein Pensum, nicht aber eine Vergangenheit »bewältigen«. Daher sei dies auch noch keinem Volk gelungen.

»Vergangenheitsbewältigung!« Bisher konnte mir niemand eine brauchbare Definition dieses Begriffes liefern. Soll sie eine zeitgeschichtliche Forschung leisten? Doch schon ist die entsprechende Literatur unübersehbar. Soll es um Wiedergutmachung gehen? Doch wir haben dafür bereits Milliarden aufgebracht. Ist die Bestrafung der NS-Täter gemeint? Doch niemand kann uns vorwerfen, wir ließen es da an Emsigkeit fehlen.

Oder sollen wir unsere Vergangenheit durch eine unablässige Beteuerung unserer Schuld »bewältigen«, durch ein »nostra culpa« ohne Ende? Selbst als Angehörigem der »belasteten« Generation will es mir auch bei äußerster Anspannung meines Gewissens nicht so recht gelingen, bei mir eine Schuld ausfindig zu machen. Und sogar in meiner Generation luden nur ein paar tausend Leute Schuld auf sich – kein Grund also, jene pauschal zu stigmatisieren. Es erscheint notwendig, an die solide Erkenntnis zu erinnern, daß Schuld schon dem Begriffe nach nur individuell sein kann, »kollektive Schuld« also eine contradictio in adjecto ist. So geraten viele »Bewältiger« schon mit der bloßen Logik in einen ärgerlichen Konflikt. Es haben die Kinder und Enkel der »belasteten« Generation keinen rechten Grund, ihretwegen sich ein Büßerhemd von der Medienstange zu besorgen.

Es ist eine Dreistigkeit von metaphysischer Dimension, auch die nachgeborenen Geschlechter mit einer Schuld belasten zu wollen, die ohnehin oft fiktiver Natur ist. Treuherzig habe ich stets geglaubt, der Begriff der Erbsünde gehöre nur der Theologie, dem religiösen Bereich an. Doch mit einiger Verblüffung muß ich feststellen, daß der Glaube an eine politische Erbsünde »in« ist. Wer bemerkt da schon die enge Verwandtschaft mit den Vorstellungen Hitlers, der die Juden nur deswegen umbringen ließ, weil er bei ihnen eine biologische »Erbsünde« ausgemacht hatte? Zum Glück nehmen die meisten »Erbsünder« den gegen sie – wenn auch nur versteckt – gerichteten Vorwurf gelassen hin, nur Neurotiker oder sonstwie aufgeregte und gestörte Naturen nehmen ihn mit masochistischer Inbrunst ernst und »sühnen« auf irgendeine Weise ohne Unterlaß vor sich hin.

Andere freilich begehren auf, weil sie des unverfrorenen Glaubens sind, die Entnazifizierung, die nach dem Kriege veranstaltet worden war, gelte nicht für sie, gehe sie nichts an. Ich habe jüngere Neonazis und Rechtsextremisten kennengelernt, die sich bei näherem Zusehen als hilflose Opfer der »Vergangenheitsbewältigung« entpuppten; sie ahnen, daß ihnen irgend etwas vorenthalten und Geschichte selektiert wird; doch in Ermangelung von Kenntnissen stehen ihnen keine adäquaten Argumente zur Verfügung, so daß sie in irrationale Reaktionen flüchten. Psychologische Gründe legen die Annahme nahe, daß diese Fälle mehr oder minder typisch sind.

Es ist ein erstaunliches Phänomen: Daß Hitler das Reich zerstört und Unglück über Europa und die Welt gebracht hat, steht so fest wie die Tatsache, daß Bismarck das Deutsche Reich gegründet hat oder daß Napoleon I. im Exil gestorben ist. Dennoch wächst die Zahl junger Leute, für die Hitler ein Idol ist. Meist dürfte dies gerade die »Vergangenheitsbewältigung« zuwege gebracht haben. Jede Sache kennt ihren Sättigungsgrad; ist der erreicht, schlägt sie in ihr Gegenteil um. Ohne »Vergangenheitsbewältigung« gäbe es möglicherweise keine jungen Neonazis und Rechtsextremisten, zumindest sehr viel weniger.

Natürlich sind die Bewältiger clever genug, zu beteuern, sie dächten gar nicht daran, die nachgeborenen Geschlechter zu denunzieren, es gehe ihnen nur um deren »Aufklärung«. Doch die pausenlose »Aufklärung«, das endlose Wiederkäuen im Fernsehen, in Schulbüchern, in allen möglichen Publikationen und auf Veranstaltungen läuft – gewollt oder nicht – auf den Versuch hinaus, in den Unschuldigen Schuldgefühle zu züchten, sie derart mit der Vergangenheit zu konfrontieren, daß sie schließlich unfähig werden, sich den Aufgaben der Gegenwart und Zukunft zu stellen.

Wer eine Sache bewältigen will, hat ein Ziel. Ist es erreicht, hört die Bewältigung auf, findet ihr natürliches Ende. Nicht so die »Vergangenheitsbewältigung«. Sie ist auf Dauer angelegt, sie strebt kein Ende an, sie will ein perpetuum mobile sein. Sie ist eine eigenartige Mischung aus guten und weniger guten Absichten, aus zeitgeschichtlicher Ignoranz und finanziellen Interessen. Sie ist schon deshalb ein perpetuum mobile, weil sich an ihr durch Filme, Theaterstücke und Publikationen ja auch gut verdienen läßt. Wer aber gibt schon freiwillig ein lukratives Geschäft auf? Man muß die Leute verstehen. Neben den reinen Geschäftemachern, bei denen das moralische Pathos zum Geschäft gehört, sind es die geborenen Volkspädagogen, Prediger und Missionare, die in ihrer Tätigkeit volle Befriedigung finden und schon deshalb nicht von ihr ablassen; sie wenigstens haben schiere Einfalt als mildernden Umstand auf ihrer Seite.

Die »Vergangenheitsbewältigung« läuft im Grunde auf das reichlich öde Geschäft einer nimmermüden Exhumierung Hitlers hinaus. Es steht in der Tat außer Frage, daß Hitler nur ein besonders extremer Exponent unseres Zeitgeistes war, so extrem wie vor ihm Enver und Talaat Pascha und zur gleichen Zeit Stalin. Doch auch später fehlte es nicht an gleichfalls extremen Exponenten: Der englische Verhaltensforscher Frances Henry Crick, der 1962 immerhin den Nobelpreis für Medizin erhalten hatte, forderte ein Gesetz, wonach ein zwei Tage altes Kind nur dann Anspruch auf den Schutz seines Lebens habe, wenn es nach einer ärztlichen Untersuchung als gesund gelte – im Interesse einer »quality control« aufgrund eines »new ethical system based on modern science«. Der gleiche Crick forderte auch die obligatorische Tötung aller, die das achtzigste Lebensjahr erreicht haben. Der amerikanische Arzt Walter W. Backett brachte im Oktober 1969 im kalifornischen Parlament einen Gesetzentwurf ein, wonach es einem Consilium aus drei Ärzten mit Zustimmung eines »circuit judge« erlaubt werden sollte, jeden umzubringen, dessen Leben »meaningless« sei! Im Vergleich mit diesen wüsten Vorstellungen und Forderungen nimmt sich Hitlers Euthanasieprogramm als zimperliche Bagatelle aus! Gewiß sind das Ausnahmen; doch das gleiche gilt von den beiden türkischen Staatsmännern, von Stalin und von Hitler. Entscheidend ist aber, daß sie der gleiche Zeitgeist hervorgebracht hat.

Man denke auch an das massenhafte Wüten gegen ungeborenes Leben, wobei die Zahl derer nicht allzugroß sein dürfte, die bei ihrem Tun wenigstens ein leichtes Beben ihres Gewissens spüren. Schließlich zwingt mich der gleiche Zeitgeist, die weitverbreitete Gruppe der intellektuell Schwerhörigen und geistig Behinderten nochmals zu dem feierlichen Bekenntnis, daß ich dem Zeitgeist jede Kompetenz abspreche, Hitler Absolution von seinen Verbrechen zu erteilen.

1945 schien Hitler endlich verblichen zu sein. Doch dank der

»Vergangenheitsbewältigung« ist er heute in einem gewissen Sinne wirkungsmächtiger als zu seinen Lebzeiten. Es ist ein heimlicher Prozeß im Gange, den der französische Soziologe Gabriel Tarde »imitation par opposition« nannte.

Kein Vernünftiger von intellektueller und moralischer Integrität wird auf den Gedanken verfallen, die düsteren Seiten unserer Vergangenheit zu bagatellisieren, zu unterschlagen oder gar zu entschuldigen. Das Postulat ist so abwegig nicht, daß man die Vergangenheit *kennen* muß, bevor man sich daran macht, sie zu »bewältigen« – was auch immer darunter zu verstehen ist. Und es geht um die *ganze* Vergangenheit, nicht nur um einige selektierte Greuel, die ohne den historischen Kontext offeriert werden. Um diese Kenntnisse bemüht sich dieses Buch.

Es ist sinnvoll, die hier interessierende Vergangenheit mit dem Ende des Ersten Weltkrieges beginnen zu lassen. Denn ohne Versailles und die Weimarer Republik ist Hitler nicht zu erklären. Es folgen jene zwölf Jahre, aus denen die Bewältiger ihre Dauerkost beziehen. Und da heute morgen schon gestern ist, gehört auch die Bundesrepublik dazu; auch sie ist ohne Hitler nicht zu erklären.

Dieses Buch bietet keine durchgehende Geschichte seit 1918. Es behandelt nur solche Einzelheiten und Komplexe, die nicht oder nicht hinreichend bekannt, nicht oder nicht hinreichend dargestellt und analysiert sind, denen aber dennoch größte Bedeutung zukommt.

Am Ende mag sich herausstellen, daß Hitler nur eine Variante unseres Zeitgeistes war, der mit ihm weder begonnen noch sein Ende gefunden hat.

Einleitung

Es gehört zu den faszinierendsten Phänomenen unserer Zeit, in welchem Ausmaß eine militärische Niederlage die Geschichtsschreibung und das allgemeine Geschichtsbewußtsein beeinflußt und der Sieger von moralischen Urteilen verschont bleibt. Das Diktum »Der Sieger schreibt die Geschichte« hatte zwar schon nach dem Ersten Weltkrieg Geltung, wurde aber bald durch die emsige Forschung international renommierter Historiker beträchtlich abgeschwächt (im Zweiten Weltkrieg freilich zwecks Schaffung eines geeigneten Klimas revitalisiert). Doch nach 1945 erfuhr jener Satz – zumal dank der technischen Entwicklung der Medien – eine Bestätigung, die sich auch durch den Ablauf von Jahrzehnten nicht beirren läßt. Nicht allen Historikern gelang es, sich dem Bann zu entziehen, und vor allem die elektronischen Medien (die nicht gerade von Historikern geleitet werden) und eine gängige Literatur im In- und Ausland können sich nicht von der Version trennen, die der Sieger aufbereitet hat. Der Besiegte – keineswegs nur Hitler und seine Clique – ist einer sogar mit Erbfolge ausgestatteten Exkommunikation verfallen; seine Nachgeborenen werden in eine Art Sippenhaft genommen, indem die »Bewältiger« unserer Vergangenheit ihnen eindringlich zureden, sich für das schuldig zu fühlen, was ihre Väter und Großväter angerichtet haben.

Es hat mich gewundert, daß, angesichts der Neigung unserer Zeit zu unzureichenden Definitionen, der Begriff »Kollektivschuld« schon bald als Contradictio in adjecto durchschaut worden ist. Theodor Heuss milderte den Begriff in »Kollektivscham« ab. Dabei schert es die Bewältiger nicht sonderlich, daß weder die große Mehrheit der Deutschen vor 1945 noch gar die Nachfahren irgend etwas mit den braunen Exzessen zu tun hatten.

Unvorstellbar freilich ist die Bösartigkeit Hitlers und seines engsten Kreises, welche die Nachwelt mit einem prallen Material versorgt haben. Dieses dient mittlerweile, nicht gerade selten nach Art von Kriminalgeschichten, die das Leben selbst schrieb, auch der bloßen Unterhaltung. Man denke nur an die Filmindustrie, der man kaum vorwerfen kann, sie lasse sich dieses offenbar unerschöpfliche Sujet entgehen. Daß heute gerade die braunen Greueltaten – man denke nur an die Endlösung – im Grunde der Unterhaltung dienen, ist für einen, der das Regime gutinformiert, kritisch beobachtend erlebt hat, schlechthin unerträglich.

Indessen hat Stalin einen Stoff hinterlassen, der ungleich blutiger und erregender ist, was sich in den letzten Jahren immer mehr herauszustellen beginnt. Nach seriösen Schätzungen ließ er dreißig bis vierzig Millionen Menschen – Solschenizyn und Bukowski sprechen sogar von sechsundsechzig Millionen – ermorden. 1939 überfiel er Polen und Finnland, im gleichen Jahr half er Hitler, den Krieg anzuzetteln. 1940 verleibte er mit massivem Druck die baltischen Staaten und das rumänische Bessarabien der Sowjetunion ein. Die deutsche Niederlage nutzte er, um Osteuropa und einen beträchtlichen Teil Südosteuropas zu unterjochen sowie sein Imperium bis zur Elbe auszudehnen. Wohl definierte er den »Staatsfeind« anders als Hitler, doch sprang er mit ihm nicht weniger rüde um. Daß er ihn nicht auch vergasen ließ, hatte seinen Grund nicht in einer Gutherzigkeit Stalins, sondern darin, daß sein »Staatsfeind« nicht eine ethnisch und religiös relativ geschlossene Gruppe bildete, die man in verhältnismäßig kurzer Zeit umbringen konnte. An einer Pauschaldiffamierung des »Staatsfeindes« – etwa als »Trotzkisten« oder »Kapitalisten« – hatte es Stalin jedoch auch nicht fehlen lassen. Er und Hitler waren Zwillinge, eineiige sogar; der Unterschied zwischen den beiden lag nicht im Charakter, sondern in der Intelligenz, die den einen siegen ließ, den anderen nicht. Der von Stalin als »Staatsfeind« Definierte war meist auch nur in concreto faßbar, so daß es schon deswegen beispielsweise keinen »Trotzkistenstern« geben konnte.

Doch Stalin hat gesiegt. Aus diesem einzigen, reichlich banalen Grunde erfreuten sich seine Untaten lange Zeit der Gnade des Vergessens und Schweigens; nur eine kleine Schar erlaubte sich, hartnäckig daran zu erinnern. So avancierte Stalin sogar zu einem gewichtigen Autor der Geschichtsschreibung. Er hinterließ vor allem Macht. Von Macht aber ist noch stets eine außerordentliche Attraktion ausgegangen, die Hitler vor dem Kriege in vollen Zügen genießen konnte, als westliche Staatsmänner um seine Gunst warben.

Wohl sind die Moskauer Archive auch noch heute weitgehend verschlossen. Doch es ist nicht allein diese Tatsache, die westliche Historiker daran hinderte, bei den Einzelheiten der Stalinzeit zu verweilen. Ein wenig war es wohl auch die Faszination der Macht. Macht hält vor allem zudringliche Frager auf Distanz. So verweigert noch heute Ankara ausländischen Historikern den Zugang zu den Archiven, die sich auf die »Endlösung« des Armenierproblems (1915/16) beziehen.

Die türkische Lösung der Armenierfrage, also der erste Genozid dieses Jahrhunderts, ist nur wenigen bekannt. Dies liegt an der gleichfalls banalen Tatsache, daß es keine, jedenfalls nicht genügend, armenische Publizisten und Filmemacher von Bedeutung gibt. Die Archive des Ohnmächtigen, des Besiegten also, aber unterliegen keinem Verschluß, so kann sich jedermann bedienen; nur sie stehen der Aufmerksamkeit der Welt zur Verfügung.

Die Erforschung der damaligen (und heutigen) Vorgänge in der Sowjetunion war und ist auf eine mühsame Mosaikarbeit angewiesen, auf Dinge, die ausnahmsweise nach außen dringen, und auf die Berichte glaubwürdiger russischer Emigranten wie Solschenizyn. Freilich hatte Chruschtschow schon 1956 auf dem XX. Parteitag der KPdSU mit einiger Rück- und Vorsicht – schließlich war er selber verstrickt – den Schleier über Stalins Terrorherrschaft etwas gelüftet. Das war indessen dem Westen nur eine Nachricht und einige Kommentare wert, doch nichts, was etwa dem Film »Holocaust« vergleichbar wäre.

Als in der Sowjetunion eine Periode der »Entstalinisierung« folgte, die sich durchaus in Grenzen hielt und weniger mit Moral als mit Diadochenkämpfen zu tun hatte, haftete auch ihr nichts von der Dramatik an, die unseren NS-Prozessen innewohnt. Inzwischen darf Stalins Name wieder anerkennend erwähnt werden, und Molotow, der einstige Weggefährte Ribbentrops, braucht keine Störung seiner Ruhe als pensionierter Außenminister des Georgiers zu befürchten. Auch heute ist dort die Frage anstößig, wer von den alten Herren im Kreml aktiv an dem beteiligt war, was wir heute »Stalinismus« nennen. War Stalin schließlich nicht der große Kriegsherr, der Asiens Macht und Einfluß bis in das Herz Europas vorgetrieben und dem braunen Drachen den Todesstoß versetzt hatte, wäre ihm am Ende der Westen nicht sogar zu tiefstem Dank verpflichtet? Kein Zweifel: Stalin ist »toter« als Hitler.

Indessen liegt es mir so fern wie möglich, die Vergangenheit Stalins in dem atemlosen neudeutschen Stil zu »bewältigen«. Im Gegenteil. Ich rechne ihn zu den großen Gestalten der Neuzeit; allein schon die kabarettreife Fertigkeit, mit der er in Jalta seinen mächtigsten Alliierten, Roosevelt, zu einem ahnungslosen Tölpel degradierte, beweist sein überragendes Format. Mir geht es ausschließlich darum, daß historische Parallelen und Analogien nicht lediglich eines militärischen Sieges wegen dem Bewußtsein entzogen werden, was fast auf eine Fälschung der Geschichte, zumindest auf eine Irreführung, hinausläuft. Es ist erstaunlich, wie wenigen Historikern die ungeheure Tragweite der Tatsache voll bewußt ist, daß die Moskauer Archive nicht zugänglich sind.

Es gilt vor allem daran zu erinnern, daß es einfach falsch ist, wenn man – wie es zumal hierzulande Mode ist – lediglich das Dritte Reich für ein Objekt der Zeitgeschichte hält. Eine solche Vorstellung gleicht der eines schrulligen Ornithologen, der nur Raben als Vögel gelten läßt. Wir aber sollten endlich zur Kenntnis nehmen, daß Hitler nicht die einzige Horrorfigur unserer Zeit war: Man frage nur Emigranten und Dissidenten aus dem Ostblock oder armenische Attentäter, die mit ihrem Treiben oft an das Schicksal ihrer Großväter erinnern wollen. Auch andere Völker Asiens und Afrikas haben ihre Elegien.

Es ist subaltern, die Verbrechen Hitlers gegen die Untaten anderer aufzurechnen, aber es ist nicht weniger subaltern, diese Untaten einfach schweigend zu übergehen. Also geht aus dem Gesagten hervor, daß es das hitlerzentrische Geschichtsbild zu korrigieren gilt, daß so antihistorisch wie irgend möglich ist und die Seriosität einer entsprechenden Historiographie erheblich in Frage stellt. Hitler ist ja keineswegs vom Himmel gefallen, sondern hatte seine Vorgeschichte, und außerdem ist seine Karriere nur mit der Atmosphäre zu erklären, welche die erste Hälfte unseres Jahrhunderts beherrschte. Einem solchen Bild würde es entsprechen, wenn man etwa die Geschichte Napoleons schriebe, ohne die Französische Revolution zu erwähnen.

Eine solche Erinnerung hat nichts mit dem albernen Scheinargument des »Tu quoque« zu tun, das einige Stumpfköpfe vorbringen, um etwa die »Endlösung« zu verdunkeln, zu relativieren oder gar zu leugnen. Die Forderung versteht sich von selbst, daß die Deutschen mit größter Genauigkeit über die NS-Exzesse informiert werden. Nur sollte auch klar sein, daß das Dritte Reich allein noch nicht die Zeitgeschichte ausmacht, so inbrünstig das unsere Flagellanten auch wünschen und sogar glauben mögen.

Bei der Darstellung des Dritten Reiches geht es mir schwerpunktmäßig nicht um die Untaten, die wohl hinreichend erforscht und be-

kannt sind. Es geht mir vor allem um seinen *Alltag.* Dabei verfahre
ich weitgehend autobiographisch, weil wohl nur so den Nachgeborenen eine gewisse konkrete Vorstellung zu vermitteln ist. Sie kennen ja nur noch einige »Eckdaten«, wie den SA-Terror der ersten
Monate des Jahres 1933 (einschließlich des antijüdischen Boykott-
Tages vom 1. April), die Nürnberger Gesetze von 1935, die
»Reichskristallnacht« von 1938, den Krieg, die »Endlösung« oder
Hitlers barbarische Maßnahmen in den besetzten Gebieten, vor
allem im Osten. Daß es dazwischen auch einen Alltag gab, der für
den Normalbürger die Regel bildete, wird nicht bedacht. Und doch
war er es, dem beispielsweise Leute wie ich Freiheit und Leben zu
verdanken haben. Ebensowenig wird bedacht, daß der Terror nur
zweimal *öffentlich* in Erscheinung trat: in den ersten Monaten des
Jahres 1933 und in der »Reichskristallnacht«, während alles andere
als »Geheime Reichssache« deklariert wurde. Selbst die Röhm-Affäre von 1934 mit ihren Morden war für 99,9 Prozent des Volkes nur
eine Nachricht, kein persönliches Erlebnis. Zwar wußte man, daß es
Konzentrationslager gab, und viele hatten eine zutreffende Vorstellung, zumindest eine Ahnung von dem, was dort geschah, doch zum
Alltag der Allgemeinheit gehörte das nicht. Freilich hatte der Alltag
für die »Nichtarier« eine völlig andere Qualität, auch für Dissidenten in kleineren Ortschaften.

Man begnügt sich heute im allgemeinen mit den Gleichungen:
Nazi = Nazi, Antinazi = Antinazi, doch versteht es sich von selbst,
daß mit solchen Schablonen das Dritte Reich nur höchst oberfläch-
lich beschrieben werden kann. Nur wer jene Zeit erlebt hat, weiß,
daß es jenseits jener Schablonen ebenso zahlreiche wie überra-
schende Differenzierungen gab. Zur Erläuterung erwähne ich nur
den Fall Lösener, Verfasser der barbarischen Nürnberger Gesetze.

Als Beamter war Bernhard Lösener schon 1931 der NSDAP mit
dem damals häufigen Argument »daß es so nicht weitergehe« beigetreten. Den Antisemitismus in der NSDAP-Propaganda hatte er,
wie viele andere auch, nicht sonderlich ernst genommen, vielmehr
als ein bloßes Mittel der Propaganda angesehen. Da er einer der
wenigen Beamten war, der schon vor 1933 der Partei beigetreten
war, wurde er – zunächst als Oberregierungsrat – in das Reichsinnenministerium berufen, wo er das »Rassereferat« übernahm. Lösener, den ich sehr gut kannte, war von Anfang an entsetzt und
empört über die Behandlung der Juden. 1933 oder '4 war ich ein-

mal zugegen, als zwei Berliner Juden bei ihm waren. Ihnen gegenüber erwähnte er seine Absicht, sich versetzen zu lassen, da das »Rassereferat« ihm zuwider war. Die beiden Juden beschworen ihn, sich nicht versetzen zu lassen, mit dem Argument: »Was wird geschehen, wenn ausgerechnet Ihr Referat einem echten Nazi in die Hände fällt.« Lösener ließ sich durch dieses Argument immer wieder breitschlagen. Erst als er gar nichts mehr für die Juden tun konnte, reichte er nun seine Versetzung ein. In seinen Aufzeichnungen, die 1961 in den »Vierteljahresheften für Zeitgeschichte (264 ff.) erschienen sind, bezeichnete er den damaligen Oberregierungsrat Globke als seinen nächsten Verbündeten. 1935 wurde er ahnungslos zum Parteitag nach Nürnberg berufen, wo ihm Hitler befahl, antijüdische Gesetze zu verfassen. Er entwarf vier Fassungen, wobei es ihm gelang, Hitlers Zustimmung zu der mildesten zu erlangen. Es ist für den üblichen »Bewältiger« kaum zu begreifen, daß ausgerechnet der Verfasser dieser barbarischen Gesetze einer der entschiedensten Gegner des Regimes war, denen ich jemals begegnet bin.

Ich erwähne diesen Fall vor allem deswegen, weil die Nürnberger Gesetze mit Recht als eine der schändlichsten Untaten des Regimes gelten; daher ist die Tatsache, daß ihr Verfasser ein überzeugter Gegner des Regimes war, durchaus eine Sensation. Indessen war dies kein Einzelfall, denn die Löseners und Globkes (darunter selbst überzeugte, aber anständige Nationalsozialisten) saßen in allen Behörden und Ämtern, selbst in der Gestapo, und halfen diskret uns Gegnern des Regimes. Es ist zu bemerken, daß der verfemte Hans Globke nach 1945 mit Dankesbriefen von »Nichtariern« überschüttet wurde.

Der vehemente Antisemitismus der Weimarer Zeit wurde mehr und mehr zu einer Sache staatlicher Behörden und Parteidienststellen. Meines Wissens gab es nur ein einziges Mal einen spontanen Pogrom: 1938 in Wien. Als ich mich Ende 1941 in Berlin aufhielt, beobachtete ich oft, daß in öffentlichen Verkehrsmitteln einem Träger des Judensterns sofort Platz gemacht wurde. Solche Gesten des Mitgefühls waren allerdings nur in der Anonymität von Großstädten ohne Risiko. Zwar vollzog sich die Diffamierung und Drangsalierung der Juden öffentlich, doch berührte das den Alltag des Normalbürgers nur dann, wenn er jüdische Freunde hatte. Das Schlimmste, die »Endlösung«, konnte sich kaum jemand vorstellen, so daß selbst die wenigen, die davon erfuhren, ihren Informationen den Glauben versagten.

Als das Opus von David Hoggan »Der erzwungene Krieg« herauskam, fragte ich den amerikanischen Historiker Klaus Epstein, ob es sich lohne, die fast tausend Seiten des Buches zu lesen. Epstein antwortete: »Nein. Es ist so viel Unsinn über das Dritte Reich veröffentlicht, daß eines Tages der Gegen-Unsinn kommen mußte, und den bietet Hoggan.«

In der Tat hat die NS-Zeit reichlich Gelegenheit zu abwegigen Darstellungen geboten. Das, was wirklich geschehen ist, genügt offenbar vielen nicht, so daß sie den Tatsachen kreativ nachhelfen. In geringerem Maße gilt das auch bei der Weimarer Republik; ihre Geschichte hat zu nicht wenigen Legenden geführt, von denen einige sogar das Grundgesetz beeinflußt haben. Die Bundesrepublik schließlich verdankt nicht nur ihre Existenz Hitler, sondern bleibt an ihn auch auf eine seltsame Weise gebunden, so daß man in der Tat cum grano salis sagen kann, seine Macht aus dem Grabe sei in einem bestimmten Sinne größer als zu seinen Lebzeiten.

Mich leitet die Absicht, zu vielem, was über die deutsche Geschichte seit 1918 geschrieben und geglaubt wird, den – um Epstein zu variieren – »Gegen-Sinn« zu bieten.

1. KAPITEL

Die Ohnmachtergreifung von 1918

Blutige Geburtswehen

Der große Historiker Gerhard Ritter schrieb mir einmal: »Keine Phase der neueren deutschen Geschichte ist so unbekannt wie die der Weimarer Republik, und je mehr über sie publiziert wird, um so unbekannter wird sie.« So ist es leider. Zwar gibt es schon zahlreiche fundierte Untersuchungen, die sich an die Tatsachen halten, die aber dennoch oft zu wünschen übriglassen, weil die Perspektiven, Proportionen und Gewichtungen der Wirklichkeit nicht immer gerecht werden und so vor allem die Atmosphäre jener Jahre kaum einfangen, so daß der nachgeborene Leser nicht in der Lage ist, sie nachzuempfinden, sich in die Zeit hineinzuversetzen. Ich versuche, einige Lücken – oder das, was ich als Lücke empfinde – auszufüllen, wobei ich mich zu einem beträchtlichen Teil auf eigene Beobachtungen und Erfahrungen stützen kann, vor allem spüre ich die Atmosphäre dieser Jahre trotz des zeitlichen Abstandes noch so intensiv, als ob alles erst gestern gewesen wäre.

Die Geschichte der Weimarer Republik ist schon deshalb so faszinierend, weil die Demokratie erst durch antidemokratische Kräfte (Freikorps) stabilisiert wurde und ein weit überwiegend antidemokratisches, wenn auch loyales Beamtentum ihr Rückgrat bildete. Das gleiche gilt für die Reichswehr; wo der Kapp-Putsch von 1920 nur deshalb möglich war, weil die Reichswehr noch nicht durch General von Seeckt geformt war. Wenn man schon in der Weimarer Republik von Seeckt deshalb tadelte, weil er die Reichswehr unpolitisch erzogen hatte, so übersieht man, daß es in § 36 des Wehrgesetzes von 1921 heißt, der Soldat dürfe sich politisch nicht betätigen, keine politischen Versammlungen besuchen und keiner politischen Vereinigung, also auch keiner Partei, angehören. General von Seeckt hat also lediglich den Willen des Gesetzgebers vollzogen, weswegen es unverständlich ist, daß man ihn dafür tadelt.

Wenn auch in den Offizierskasinos häufig über Politik gesprochen wurde, so war doch General Kurt von Schleicher – zuletzt neben dem Obersten von Reichenau – der einzige hohe Offizier, der politische Ambitionen hatte und auch Politik gestaltete. Eben deswegen war er im Heer teils unbekannt, teils trat man ihm mit Mißtrauen gegenüber. Es war also auch die vom Gesetzgeber geforderte politische Abstinenz der Reichswehr, die es außerordentlich erleichtert hat, daß sie zur Beute Hitlers wurde.

In ihren ersten Jahren wurde die Republik durch nicht wenige kommunistische Aufstände geschüttelt, denen nur zwei nennenswerte Putschversuche von rechts gegenüberstanden: der Kapp-Putsch von 1920 und der Hitler-Putsch von 1923.[1] In mehr als der Hälfte ihres Lebens konnte die Republik nur durch Rückgriff auf den Notstandsartikel 48 WRV (Weimarer Reichsverfassung) regiert werden, der zu Unrecht als »berüchtigt« gilt, denn er hat das Leben der Republik nicht etwa verkürzt, sondern sogar erheblich verlängert. Die letzten Jahre waren wieder durch bürgerkriegsartige Zustände gekennzeichnet.

Die Inflation, die 1923 ihren Höhepunkt erreichte, hatte den größten Teil des Volkes mit verhängnisvollen politischen Folgen um sein Vermögen und seine Ersparnisse gebracht, sie war zu einem noch heute spürbaren Trauma geworden. Eine wirtschaftliche Beruhigung, ja sogar so etwas wie eine Blüte, gab es nur in der Mitte der zwanziger Jahre. 1929 setzte die Weltwirtschaftskrise ein, die ab 1931 in Deutschland katastrophale Formen annahm und einen günstigen Nährboden für Hitler abgab.

Eine staatsbürgerliche Haltung in demokratischem Sinne konnte sich kaum entwickeln. Denn nach dem ersten Schock über den Verlust des Krieges und nach der Enttäuschung der hochgespannten Hoffnungen auf einen erträglichen Friedensschluß wurde die parlamentarische Demokratie von breiten Teilen des Volkes als bloß Aufgedrängtes nach der Niederlage von 1918 empfunden und daher verachtet. Sie fand ihre Rechtfertigung allenfalls vor dem Verstande, aber nicht vor dem Gemüt, worauf doch alles angekommen wäre. »Ein politischer Forscher, der sich darüber beklagt, daß es nach einer Revolution noch Anhänger der Monarchie gibt, sollte lieber den Beruf wechseln«, schrieb Arnold Brecht.[2] Es ist erstaunlich, wie viele Historiker die Tatsache, daß damals eine ablehnende Haltung gegenüber der neuen Staatsform vorherrschte, nur in einem anklagenden Tone verzeichnen, ohne auf das Fehlen eines tieferen Verständnisses seitens der Bevölkerung einzugehen.

Der Grund liegt darin, daß für die meisten Historiker die Demokratie gewissermaßen die absolute Staatsform mit einem fast sakralen Charakter ist, so daß jeder anderen zumindest die Legitimation abgesprochen wird. In Wirklichkeit ist – weltgeschichtlich gesehen – die Demokratie eine Ausnahme, was sogar für die Gegenwart gilt. Unter dem Einfluß jener unbewußten Zwangsvorstellung verzeichnen Historiker jedes Streben und Denken, das in der Weimarer Republik nicht verfassungskonform war, mit unwilligem Stirnrunzeln. Sie beachten dabei nicht, daß Artikel 76 WRV nach der damals herrschenden Lehre (Ausnahmen: Carl Schmitt und Carl Bilfinger) sogar eine Totalrevision, eine Aufhebung der Verfassung erlaubte, wenn nur die vorgeschriebene parlamentarische Prozedur erfüllt war, weswegen das Ermächtigungsgesetz vom 24. März 1933 legal war, nicht »scheinlegal«, wie es heute oft heißt. Die Verfassung von 1919 stellte sich grundsätzlich also selbst in Frage. Das relativierte ein von der Verfassung abweichendes Denken – etwa Monarchismus – erheblich, denn potentiell konnte es über Artikel 76 WRV – die entsprechende Konstellation vorausgesetzt – selber Verfassungsrang erhalten.

Die Kommunisten, die die Verfassung ebenso radikal verneinten wie die Nationalsozialisten, verfügten zumal in der letzten Periode über eine beträchtliche Anhängerschaft; ein großer Teil des Bürgertums – von der Zentrumspartei angefangen – redete teils offen der Monarchie – von vielen nostalgisch als die »gute alte Zeit« empfunden – das Wort, teils gab es bloße »Vernunftsrepublikaner«, die also zwar loyal am Staat mitwirkten, aber nur aus der Haltung einer inneren attentistischen Distanz heraus. Golo Mann schrieb mit Recht: »Fast niemand glaubte an sie (die Demokratie); von den großen Parteien nur die Sozialdemokraten, und so ganz fest auch die nicht, denn sie hatten sie ja ursprünglich nicht gewollt, waren widerwillig in das revolutionäre Abenteuer gerissen worden und mehr darauf bedacht, sich dafür zu entschuldigen, als es schöpferisch zu gestalten.«[3]

Der Versailler Vertrag von 1919 – damals nicht zu Unrecht »Schanddiktat« genannt – wurde intensiv vom Volke als brennende Demütigung empfunden, durch die Reparationen (nach dem Young-Plan von 1930 hätten wir noch bis 1988 Reparationen für den Ersten Weltkrieg zahlen müssen!) und die fehlende militärische Sicherheit wurde ständig schmerzhaft an ihn erinnert. Irgendwie wurde Versailles in einen Kausalzusammenhang mit der neuen

Staatsform gebracht. Von der Demokratie ging keine Attraktion aus, sie verlor im Laufe der Jahre zunehmend an überzeugten Anhängern, entsprechend wuchsen die radikalen Parteien auf der rechten und linken Seite, bis sie mit den Reichstagswahlen vom 31. Juli 1932 zusammen die absolute Mehrheit (zweiundfünfzig Prozent) erhielten und bis zum 5. März 1933 behielten.

Alles in allem: Die Weimarer Republik befand sich in einer Atmosphäre der Orientierungslosigkeit, Anomalie, Unsicherheit, Ungewißheit, Unruhe, Verzweiflung, Aussichtslosigkeit, des Hasses und auch der Resignation. »Golden« waren die zwanziger Jahre nur im kulturellen Bereich, es waren Jahre intellektueller Lebendigkeit und Entfaltung, und dort, wo sie nur dem flachen Lebensgenuß galten, war oft genug unterschwellig das Gefühl des »Après nous le déluge« vorhanden.

Die »Dolchstoßlegende« spielte nicht die überragende Rolle, die ihr heute nachgesagt wird. Ihre Wirkung blieb auf gewisse Rechtskreise beschränkt. Erst gegen Ende der Republik wurde sie durch den Nationalsozialismus virulenter, der vor allem das widerwärtige, historisch haltlose Schimpfwort »Novemberverbrecher« schon von Anfang an zu popularisieren versucht hatte. Aber selbst in der Endphase der Republik rangierte die Dolchstoßlegende thematisch hinter der Wirtschaftskrise mit ihrer Massenarbeitslosigkeit, der »Kriegsschuldlüge«, »Versailles« und dem Antisemitismus. Übrigens war sie nur insofern Legende, als sie wider alle Tatsachen behauptete, wir hätten ohne die Revolution den Krieg gewonnen. Das war natürlich bösartiger, vergiftender Unsinn. Sogar 1940 schrieb die »Kriegsgeschichtliche Forschungsanstalt des Heeres«: »Das deutsche Feldheer war nach vierjährigem, aufopferndem Kampf einer erdrückenden Übermacht an Zahl und Material erlegen«[4], doch hatte neben der Hungersnot auch die Propaganda der USPD (Unabhängige Sozialdemokratische Partei Deutschlands) und des Spartakus-Bundes die Revolution in einem nicht meßbaren Grade beschleunigt, mit der Folge, daß wir weder in Compiègne noch in Versailles den geringsten Verhandlungsspielraum hatten.[5]

Die Revolution von 1918 war insofern keine, als es keines sonderlichen physischen Aufwandes bedurfte, die alten Mächte zu beseitigen, zumindest zeitweise auszuschalten.

Schon der Ausdruck »Revolution« ist unzutreffend. In Wirklichkeit handelte es sich um eine nationale und militärische Erschöp-

fung, so daß der keineswegs geplante Kieler Matrosenaufstand vom
4. November 1918 auf das ganze Reich übergriff, das wie Zunder in
Flammen aufging. Selbst die SPD wollte keine Revolution, vielmehr
war sie mit der Verfassungsänderung vom 28. Oktober 1918 zufrie-
den. Eine echte, also geplante Revolution begann erst am 6. Januar
1919 mit dem Spartakus-Aufstand.

Doch es wird in seinen Konsequenzen oft nicht hinreichend
durchdacht, daß der Zusammenbruch der Monarchie zugleich ein
Zusammenbruch der Staatsgewalt war. Die Revolution schuf zunächst vielmehr nur ein Machtvakuum; erst in diesem konnten sich
revolutionäre, und zwar linksextreme, Kräfte entfalten.

Es ist schlechthin aberwitzig, wenn der Historiker Arthur Rosenberg in einem Buch, das manche als Standardwerk ansehen,
schreibt: »Innerpolitisch hatte die Regierung des 10. November eine
ungeheuer starke Position, weil sie das Millionenheer der deutschen
Soldaten fest hinter sich hatte«, sie habe über »eine gewaltige militärische Basis« verfügt.[6] Die »gewaltige militärische Basis«, von der
Rosenberg phantasiert, bestand darin, daß die meisten Verbände des
Ersatzheeres und der heimgekehrten Fronttruppen sich selber de-
mobilisierten, zum Teil auch zu den Linksextremen übergingen. Die
meisten Soldaten wollten Weihnachten zu Hause sein, sie dachten
gar nicht daran, hinter der Regierung – auch noch »fest« – zu stehen.
Die »Soldatenräte« spielten eine kurze, teils brave, teils revolutionäre Rolle. Im übrigen vollzog sich die Rückführung des Feldheeres
überwiegend in hervorragender Ordnung.

Von einer »innerpolitisch« »ungeheuer starken Position« der Regierung des 10. November ist den damals führenden und im Mittelpunkt stehenden Sozialdemokraten wie Philipp Scheidemann, Gustav Noske, Friedrich Stampfer oder Hermann Müller (dem späteren Reichskanzler) merkwürdigerweise nichts bekannt. Es war eine
Zeit, bemerkt Scheidemann, in der »die höchsten Behörden einfach
ausgehoben werden konnten, als seien sie ein illegaler Spielklub«.[7]
»Die Volksbeauftragten«[8] waren in der Wilhelmstraße »wie gefangen«. Die sozialdemokratischen Regierungsmitglieder »konnten bei
Tage sich nicht auf die Straße begeben, weil man sie totgeschlagen
haben würde. Wir täuschten Liebknecht eine Macht vor, die wir gar
nicht hatten«.[9] Die Macht der Regierung war lediglich eine »Fik-
tion«.[10] Auch im Reiche verfügte die Regierung über keine »nennenswerte Autorität«[11], Gustav Noske (SPD), der Ende Dezember

in den Rat der Volksbeauftragten eingetreten war, schreibt, »alle Machtmittel« seien Anfang Januar »bei Spartakus« gewesen, und die »Autorität der Regierung« habe nur »Schritt für Schritt zum Teil durch blutige Kämpfe hergestellt werden müssen«. Und: »Der Machtbereich der Reichsregierung dehnte sich nicht über die Wilhelmstraße hinaus aus«.[12] Irgendwelche »Deputationen« hielten den Volksbeauftragten »Handgranaten unter die Nase«.[13] Die Polizei war entwaffnet worden[14], ihr Wiederaufbau nahm längere Zeit in Anspruch, und in jener Zeit spielte sie keine Rolle. Es kennzeichnet das Chaotische und Improvisierte dieser Zeit, wenn Noske berichtet, er habe den »Wortlaut« der ihm am 6. Januar 1919 erteilten Vollmachten »nie gelesen« und die »Bestallung als Oberbefehlshaber nie in der Hand gehabt«.[15]

Zu der nach Rosenberg »gewaltigen militärischen Basis« des Rates der Volksbeauftragten zählte vor allem die in Berlin stationierte »Volksmarinedivision«. Sie, die dem Schutz des Rates der Volksbeauftragten dienen sollte, war aus der Marinewache der Reichskanzlei entstanden. Noske verstärkte sie durch Matrosen aus Kiel. Am 3. Dezember 1918 war sie rund zweitausend Mann stark, um später gegen den Willen des Rates der Volksbeauftragten auf etwa dreitausend Mann zu wachsen.[16] Gegen Weihnachten erpreßten die Matrosen von verschiedenen Stellen, auch von Ebert, Gelder für die Löhnung. Am 23. Dezember 1918 schlossen sie die Reichskanzlei ein und nahmen den Berliner Stadtkommandanten Otto Wels (SPD) gefangen. »Kanzler und Volksbeauftragte waren von der Außenwelt abgesperrt«.[17] Sie wurden durch General Lequis befreit.

In diesen Tagen dämmerte es den sozialdemokratischen Führern, daß ohne Gewaltanwendung die Republik nicht zu retten war. »Mehrfach«, berichtet ein enger Mitarbeiter des Generalleutnants Groener, Major von Harbou, hatte man ihm Anfang Dezember erklärt, die »Macht des Sozialismus« sei »das Wort und nicht die Waffe«.[18] Dieser gespensterhaften Naivität hatte offenbar auch Ebert nicht widersprochen, er hatte sich gegenüber den anderen Volksbeauftragten, zumal denen von der USPD, nicht durchsetzen können. Denn Ebert war alles andere als naiv.

Spartakus schlug am 5. Januar 1919 zu. Ein äußerer Anlaß war die am Tage zuvor erfolgte fristlose Entlassung des Berliner Polizeipräsidenten Emil Eichhorn (USPD) durch den preußischen Innenminister: Eichhorn mußte jedoch erst später mit Waffengewalt aus dem

Amt entfernt werden. Der Aufstand wurde von Karl Liebknecht und Rosa Luxemburg[19] geführt, mit ihm sympathisierten die »revolutionären Obleute« der Berliner Großbetriebe. Schon am ersten Tag besetzten die Spartakisten die Gebäude des »Vorwärts« und anderer Zeitungsverlage, das Haupttelegraphenamt und die Reichsdruckerei. Der Aufstand konnte erst niedergeschlagen werden, als Noske in Berlin-Dahlem eine zuverlässige Truppe gebildet hatte. Am 15. Januar wurden Karl Liebknecht und Rosa Luxemburg von Soldaten der Garde-Kavallerie – Schützen-Division auf ungewöhnlich brutale Weise ermordet.[20] Nach einem Bericht des Untersuchungsausschusses des Preußischen Landtags hatte der Aufstand einhundertsechsundfünfzig Tote gefordert.

Schon vor Beginn des Aufstandes befand sich die Regierung ständig in einer lebensgefährlichen Lage. Auf die Volksmarinedivision konnte sie ebensowenig zählen wie gar auf die »Sicherheitswehr« Eichhorns. So wurden einige Wehren ins Leben gerufen, die aber nur »mehr oder weniger regierungstreu waren«. Von der von Otto Wels aufgestellten »Republikanischen Soldatenwehr«, auf die man zunächst große Hoffnungen gesetzt hatte, sagte Noske, »für etwas Wach- und Patrouillendienst« habe sie »notdürftig ausgereicht«. »Ohne den Rückhalt« bei dem »Freiwilligen-Regiment Reinhard« wäre die Regierung »höchstwahrscheinlich weggefegt worden«. Auch »die ausgesiebten Truppen des Feldheeres«, die am 10. Dezember in Berlin einmarschiert waren, »erlagen auf die Dauer der revolutionären Luft der Hauptstadt. Weihnachten zu Hause zu feiern wurde zur Parole, die Leute waren nicht mehr zu halten.

Da heute Liebknecht und vor allem Rosa Luxemburg, die in der Tat eine bedeutende, hochintelligente und gebildete Frau war, meist in einem verklärten Licht gesehen werden, ist es bemerkenswert, was damals die sozialdemokratischen Politiker bei der Nachricht von ihrer Ermordung empfanden. Rosa Luxemburg hatte aus dem Gefängnis sehr empfindsame Briefe geschrieben, doch der spätere Reichskanzler Hermann Müller schreibt kühl, diese Briefe hätten »nur eine Seite ihres Wesens« berührt, während »die andere Seite« damals durch die Gefangenschaft »eingeengt« gewesen sei. »Draußen, in der Freiheit – ihre Leitartikel in der ›Roten Fahne‹ beweisen das –, war ihre Sprache keineswegs lyrisch.« Liebknecht soll sich, wie der damalige Chefredakteur des »Vorwärts«, Friedrich Stampfer, sagte, im Januar 1919 in einem »ans Pathologische grenzenden

Erregungszustand« befunden haben. Das »Zuchthausmartyrium« hatte aus ihm einen »bedenkenfreien Agitator gemacht«, »alle Logik des geschulten Juristen war ihm abhanden gekommen«, er war nur noch ein »jeglichen Verantwortungsbewußtseins barer Triebmensch, dem ein heißes Gefühl einziger Motor allen politischen Handelns war«, der sich »in dieser Sinnesverfassung« nun »den Moskauern in die Arme« warf, der »auf den Tag« wartete, an dem er »berufen zu sein schien, die deutschen ›Kerenskis‹«, also vor allem Ebert, Scheidemann und Noske, »aus der Regierung zu stoßen«, während seine Anhänger, die er »immer wieder mit denselben feurigen Sätzen aufputschte«, ihm »kritiklos zujubelten« und damit an seiner »unglückseligen Entwicklung« mitschuldig wurden.

Damals wußte man noch nicht, daß Rosa Luxemburg intern gegen den Aufstand gewesen war, daher mußten »für uns die Dinge damals so erscheinen, als ob die beiden Spartakistenführer ... zum Bürgerkrieg gegen ihre einstigen Genossen getrieben hätten. Unsere Erbitterung mußte sich gegen sie richten. War doch durch ihr unverantwortliches Treiben so viel Unglück entstanden.«

Am 16. Januar verurteilte eine amtliche Regierungserklärung die »Lynchjustiz«, zugleich hieß es, »die beiden Getöteten« hätten sich »zweifellos schwer am deutschen Volke vergangen«.[21] Scheidemann erklärte in Kassel, die beiden hätten »Tag für Tag das Volk zu den Waffen gerufen und zum gewaltsamen Sturz der Regierung aufgefordert«, nun seien sie selber »Opfer ihrer eigenen blutigen Terrortaktik geworden«.[22] Der Vorstand der Berliner SPD: Man dürfe die Schuld der beiden nicht vergessen, »die selber zuerst an die Gewalt appelliert und die wildesten Instinkte entfesselt haben«.[23] Und: »Daß im Bürgertum keine starke Entrüstung über die Tötung Liebknechts herrschte, daran war die Arbeit des Spartakusbundes selbst schuld«.[24]

Nach Noske war der Mord »nur aus der wahnwitzig erregten Stimmung jener Tage in Berlin« zu erklären. Liebknecht und Luxemburg »waren Hauptschuldige daran, daß die unblutig begonnene Umwälzung zum Bürgerkrieg mit allen seinen Scheußlichkeiten ausartete. In Angst und Schrecken hatten in den ersten beiden Januarwochen Hunderttausende in Berlin gelebt. ... Wahrheit ist, daß in jenen Schreckenstagen Tausende die Frage aufgeworfen hatten, ob denn niemand die Unruhestifter unschädlich mache.« Als die Tat »grauenerregend geschehen war, gewann das Mitgefühl mit den

Toten wieder die Oberhand. Jeden Mord verabscheue ich. Über den Tod Liebknechts und Luxemburgs haben sich aber diejenigen zu Unrecht am lautesten entrüstet, die bei nicht weniger bösen Fällen eine heitere Gemütsruhe an den Tag legten.«[25]

Wer heute Liebknecht und vor allem Rosa Luxemburg am liebsten kanonisieren möchte, sollte zur Kenntnis nehmen, wie damals führende Sozialdemokraten die beiden einschätzten, auch wenn sie die Morde selbstverständlich verurteilten und über sie entsetzt waren.

Die Gegensätze zwischen Rosa Luxemburg und den aus der Arbeiterschaft stammenden sozialdemokratischen Führern waren schon vor dem Kriege offen zutage getreten. Auf der Generalversammlung der sozialdemokratischen Wahlvereine Großberlins im März 1912 nannte Otto Braun, der spätere preußische Ministerpräsident und eine der bedeutendsten Gestalten der Weimarer Republik, Rosa Luxemburg eine »unverantwortliche, kapriziöse Primadonna«. Brauns Biograph Hagen Schulze schreibt, es sei »hauptsächlich die intellektuelle Überheblichkeit Rosa Luxemburgs« gewesen, die »Braun derartig reizte«. Auf dem Jenaer Parteitag der SPD von 1913 sprach Philipp Scheidemann von der »Art der Rosa, von oben herunter über diejenigen zu urteilen, die nicht mit ihr einer Meinung sind (Sehr gut). Ich mache gar kein Hehl daraus, daß ich immerhin klug genug bin zu wissen, daß ich nicht so klug bin wie Rosa Luxemburg (Große Heiterkeit). Ich kann auch gar nicht so klug sein, denn ihr alle wißt, daß ich ein ganz einfacher Arbeiter gewesen bin, der sich sein bißchen Wissen, über das die Genossin Luxemburg spottet, in durchwachten Nächten erst hatte aneignen müssen (Bravo).«[25a]«.

Die spürbare Erleichterung führender Sozialdemokraten bei der Nachricht von der Ermordung Rosa Luxemburgs hatte also alte Wurzeln, die der intellektuellen Arroganz (die »*Art* Rosas« wie Scheidemann sagte) zuzuschreiben sind, mit der sie die »einfachen Arbeiter« traktierte und gegen sich aufbrachte.

Im Januar war die Regierung weniger durch die Stärke der ihr zur Verfügung stehenden Formationen geschützt als dadurch, daß es den Aufständischen an einer erfahrenen Führung fehlte. Denn, schreibt Walter Oehme (damals Staatssekretär in der Reichskanzlei, später Kommunist), die Massen hätten in der Nacht zum 6. Januar ohne größere Schwierigkeiten das Regierungsviertel besetzen können.[26]

Auch der Februar verlief weder in Berlin noch in der Provinz unblutig.[27] Anfang März kam es in Berlin und Vororten zu besonders schweren Kämpfen mit den Kommunisten, die erst Mitte des Monats beendet werden konnten. »Teile der Republikanischen Soldatenwehr und der Volksmarinedivision gingen zum Kampf gegen die Truppen über«.[28] Die Kämpfe waren so schwer, daß Noske am 9. März sich zu dem Befehl gezwungen sah: »Die zunehmende Grausamkeit und Bestialität der gegen uns kämpfenden Spartakisten zwingen mich zu befehlen: Jede Person, die im Kampf gegen die Regierungstruppen mit der Waffe in der Hand getroffen wird, ist sofort zu erschießen.«[29] Gefangene sollten also nicht mehr gemacht werden. Allein an diesem Befehl ist die ganze Härte des Aufstandes abzulesen. Er kostete über dreizehnhundert Todesopfer.[30]

In Bayern wurde am 7. April 1919 die Räterepublik ausgerufen. Zu der dort aufgestellten »Roten Armee« gehörten auch entlassene russische Kriegsgefangene. Bei der Niederwerfung des Aufstandes kamen allein in München zwischen dem 30. April und dem 8. Mai nach polizeilichen Ermittlungen fünfhundertsiebenundfünfzig Menschen ums Leben.[31]

Mit den kommunistischen Aufständen war es 1919 noch nicht vorbei. So wurden damals die ersten Jahre der Republik »Nachkrieg« genannt, der erst mit dem Hitler-Putsch vom 9. November 1923 seinen Abschluß fand.[32] Insgesamt hat der »Nachkrieg« allein zwischen Ende Dezember 1918 und Ende April 1920 durch kommunistische Aufstände, die oft mit Brandschatzungen, Plünderungen und Terrorisierung der unbeteiligten Bevölkerung verbunden waren, nachweislich mindestens dreitausend Todesopfer gefordert. Das erklärt die Vehemenz des damaligen Antikommunismus, der eines der wichtigsten Vehikel zum Aufstieg Hitlers werden sollte. Er war keine Idée fixe, wie man heute oft glaubt, sondern beruhte auf handfesten Erfahrungen.

Dazu kamen gegen Ende der Republik ständige blutige Straßenkämpfe zwischen der SA und dem »Roten Frontkämpferbund«, an denen häufig auch das »Reichsbanner Schwarz-Rot-Gold« (von den Nazis spöttisch »Reichsjammer« genannt) beteiligt war. Ich kannte damals viele Leute, die mit dem Nationalsozialismus nichts im Sinne hatten, aber dennoch Hitler aus dem einzigen Grunde wählten, weil er am nachdrücklichsten versprach, mit dem Kommunismus aufzuräumen. Ihnen blieben freilich die vielen Ähnlichkeiten zwischen

dem Nationalsozialismus und dem Kommunismus (z. B. die innerweltliche Eschatologie, der mit dem Absolutheitsanspruch verbun-
dene Terrorismus, wie er in der UdSSR und im Dritten Reich sich
manifestierte, auch wenn die »Staatsfeinde« natürlich verschieden
definiert waren) verborgen; sie wußten nicht, daß sie versuchten,
den Teufel mit dem Beelzebub auszutreiben. Ihnen erschien Hitlers
Antikommunismus gewissermaßen als die »exorzistische« Seite des
Nationalsozialismus. Wer vom »Nachkrieg« nichts weiß, kann nur
sehr unvollkommen den Aufstieg Hitlers verstehen. Daher hier die
relativ ausführliche Darstellung des Anfangs des »Nachkriegs«, wie
ihn zumal damals führende Sozialdemokraten geschildert haben.
Die Geschichte des Kapp-Putsches wird eine weitere Station des
»Nachkriegs« behandeln.

Auf beiden Seiten – also auf der »weißen« wie der »roten« – ereig-
neten sich massenhaft Grausamkeiten, deren Zahl und Schrecklich-
keit heute kaum mehr vorstellbar sind. Das Menschenleben galt damals wenig. Zeitweise gehörte blutiger Terror zum Alltag des
»Nachkriegs«. Der Bürgerkrieg ist nun einmal nicht an ein Kriegsrecht gebunden. Artig und rechtschaffen zu verlaufen macht sein
Wesen nicht gerade aus. Dennoch leben nicht erst heute nur die
kommunistischen Opfer, zumal Karl Liebknecht und Rosa Luxemburg, in der Erinnerung fort. Zum Gedenken an Rosa Luxemburg
gab die Bundespost sogar eine Briefmarke heraus, nicht etwa zum
Gedenken des am 12. April 1919 »in scheußlicher Weise« in Dresden
ermordeten sächsischen Kriegsministers Neuring (SPD) durch die
Kommunisten.[33]

Das interessante Phänomen, daß ausschließlich die von Soldaten
(die ja noch nicht das disziplinierte Reichsheer unter General von
Seeckt waren) im revolutionären Getümmel verübten Untaten hervorgehoben werden, erklärt Ernst Jünger: »Die Welttendenz hat seit
langem eine Linksrichtung, die seit Generationen wie ein Golfstrom
die Sympathien bestimmt ... Der weiße Schrecken ist nicht geringer
als der rote und ebensowenig zu billigen. Aber er ist mit einem stär-
keren Odium belastet, und das ist, objektiv gesprochen, ein Anzei-
chen dafür, daß er der Welttendenz und ihren Sympathien widerspricht.«[34] Eben deswegen konnte sich Noske anläßlich der Ermordung Liebknechts und Luxemburgs über die laute Entrüstung derer
wundern, die »bei nicht weniger bösen Fällen eine heitere Gemütsruhe an den Tag legten«.

Häufig werden mit dem »weißen Schrecken« die sogenannten Fememorde assoziiert, deren Strafverfolgung zwischen 1925 und 1930 die Bevölkerung intensiv beschäftigte und spaltete. Zumal der »Republikanische Richterbund« mobilisierte mit seiner Zeitschrift »Die Justiz« die öffentliche Meinung und setzte die mit Fememord-Prozessen befaßten Richter unter einen gewissen Druck.

Was hatte es mit den Fememorden auf sich?[35] 1923 nahm das Reichsheer eine geheime Verstärkung vor, die sogenannte »Schwarze Reichswehr«, weil man einen Angriff sowohl seitens Frankreichs, das gerade das Ruhrgebiet besetzt hatte, wie seitens Polens fürchtete. Die amtliche Bezeichnung war zuerst »Arbeitskommandos« (AK), dann »Erfassungsabteilungen« (EA). Außerdem war die Präsenzstärke des Reichsheeres mit den von Versailles vorgeschriebenen hunderttausend Mann »nur sehr schwer aufrechtzuerhalten«, vor allem wegen der Inflation, denn bei der »jungen Mannschaft gab es starken Wechsel, da der Sold mit den Inflationslöhnen der freien Wirtschaft nicht Schritt halten konnte«.[36]

»Schwarz« wurden die Verbände genannt, weil sie gegen den Versailler Vertrag und das Wehrgesetz von 1921 verstießen, ihre Existenz also geheimgehalten werden mußte. Dennoch hatte die französische politische Polizei, die sie »Reichswehr noire« nannte, sie schon sehr bald »mit einem Heer von Spitzeln und Verrätern überzogen«.[37] Kam nun gegen einen Angehörigen der »Schwarzen Reichswehr« der Verdacht auf, er arbeite für die feindliche Seite, dann konnten die Kameraden oder Vorgesetzten sich natürlich nicht an die Polizei und die Gerichte wenden. Sie konnten ihn auch nicht in Gewahrsam nehmen. So waren sie gezwungen, selber zu handeln und den Verdächtigen zu beseitigen, also einen »Fememord« zu begehen. Sie waren nicht in der Lage, sich letzte Klarheit zu verschaffen, ob der Verdacht zu Recht bestand oder nicht. Bei dieser Sachlage ist es natürlich nicht ausgeschlossen, daß auch Unschuldige der »Feme« verfielen.

Den Prozessen wurde dann durch ein Urteil des Reichsgerichts vom 8. Mai 1929[38] der Boden weitgehend entzogen. Denn dieses Urteil gestand auch dem einzelnen Bürger unter bestimmten Voraussetzungen das Recht zu, in Staatsnotwehr zu handeln. Im übrigen waren schon bei den Kämpfen um Oberschlesien Anfang der zwanziger Jahre »unter der Duldung der Behörden« Verräter oder vermeintliche Verräter auf gleiche Weise beseitigt worden.[39]

1958 beklagte Theodor Heuss die »läßliche« Behandlung der Weimarer Republik »durch Publizistik und Berufshistorie«.[40] So mag hier nur eine Korrektur an dem gemeinhin verbreiteten Geschichtsbild angebracht sein.

2. KAPITEL

Versailles 1919 und Nürnberg 1945

Es ist längst unbestritten, daß der Vertrag von Versailles (1919) gnadenlos hart und überdies unvernünftig war, daß es sich auch keineswegs um einen Vertrag, sondern, wie sich der damalige US-Außenminister Robert Lansing ausdrückte, um einen »dictated peace« handelte, schließlich, daß er einen hervorragenden Nährboden für Hitler abgab. Dies alles, die mit Versailles verbundenen zahllosen und schweren Belastungen, Gebietsverluste und Auflagen noch einmal darzustellen hieße, Eulen nach Athen zu tragen.

Hier geht es ausschließlich um eine Beleuchtung und Interpretation der Artikel 227 ff. des »Vertrages«, ebenso der Reparationen, also um das wichtigste Substrat der nationalsozialistischen Bewegung. Mit jenen Bestimmungen vollzog Versailles einen ebenso radikalen wie verhängnisvollen Bruch des vorher geltenden Völkerrechts, vor allem auch des Kriegsrechts.

Als der große französische Jurist Jean Bodin 1576 in seinem Buch »Les six livres de la République« die Souveränität des Staates postulierte, leitete er ein neues Völkerrecht ein, das andere Juristen des 16. und 17. Jahrhunderts vollendeten und das sich seit dem Westfälischen Frieden (1648) allgemeine Geltung verschaffte. Die Lehre von der staatlichen Souveränität bereitete den religiösen Bürgerkriegen – zuerst in Frankreich – ein Ende, weil sie die religiösen Gegensätze neutralisierte. Damit setzte sich auch ein völlig neues Kriegsrecht durch.[41]

Vorher herrschte die vor allem moraltheologisch beeinflußte Lehre vom »gerechten« und »ungerechten« Krieg, vom Verteidigungs- und Angriffskrieg. Diese moralische Unterscheidung war wenig praktikabel, da jede Seite natürlich die Führung eines »gerechten« Krieges für sich beanspruchte und unter Umständen auch einen eindeutigen Angriffskrieg als »präventiven Verteidigungskrieg« deklarieren konnte – falls die Frage nach der »Schuld« überhaupt aufgeworfen wurde.

Das seit dem 17. Jahrhundert herrschende Kriegsrecht hielt sich mit der moralischen Qualifikation des Krieges nicht auf, es enttheologisierte die vorherige Kriegslehre. Es beschränkte sich auf die

Frage, wer ein Recht zum Kriege (jus ad bellum) hatte, nämlich nur der souveräne Staat, dessen Krieg daher immer »gerecht« war. Konsequenterweise war auch der Feind »gerecht« (hostis justus), falls auch er ein souveräner Staat war. Er durfte nach der Niederlage daher auch nicht bestraft werden. Zu einer gewissen Verwirrung hat es geführt, daß Kant den Begriff des »ungerechten Feindes« wieder aufgriff, ohne daß damit etwas Rechtes anzufangen gewesen wäre.[42] Es lag in der Logik dieses Kriegsrechts, daß jeder Friedensvertrag ausdrücklich oder unausgesprochen eine Amnestieklausel enthielt; mit Recht sagte Kant, die Amnestie liege bereits im Begriffe des Friedensausschlusses.[43] Im übrigen wurde das im Kriege zu beachtende Recht (jus in bello) entwickelt. Ein »Kriegsverbrecher« war also nicht einer, der einen Angriffskrieg führte, sondern einer, der das »jus in bello« verletzte, indem er etwa Gefangene tötete oder diskriminierend behandelte, Brandschatzungen und Plünderungen verübte und in den besetzten Gebieten die Rechte der Zivilbevölkerung über das notwendige Maß hinaus beeinträchtigte und mißachtete. Erst die moralische Wertneutralität des neuen Völkerrechts ermöglichte auch die »Hegung« (Carl Schmitt) des Krieges, so wie auch das Internationale Rote Kreuz seine wohltätige Arbeit hinter allen Fronten nur deshalb entfalten kann, weil es – jedenfalls nach außen hin – von jeder moralischen Wertung absieht.

Mit diesem Völkerrecht brach Versailles insbesondere mit den Artikeln 227 ff. völlig. Deutschland und seine Verbündeten wurden als »ungerechte Feinde« gebrandmarkt (Artikel 231), die es zu bestrafen galt. Entgegen dem alten Völkerrecht wurden auch die Staatsführung und einige Generale strafrechtlich haftbar gemacht, andere »Kriegsverbrecher« sollten ausgeliefert werden.

Folgerichtig wurden auch nicht »Kriegsentschädigungen« verlangt, die dem Begriff nach so wertneutral waren wie etwa das Wort »Umsatzsteuer«; sie besagten lediglich, daß einer den Krieg verloren hatte und etwas bezahlen mußte. Selbst die für damalige Vorstellungen unerhörte Summe von fünf Milliarden Franken, die Deutschland 1871 Frankreich auferlegte, war keine »Reparation«: Bismarck hatte gehofft, dadurch Frankreich wirtschaftlich so zu schwächen, daß es in absehbarer Zeit keinen Krieg führen konnte; er war daher sehr enttäuscht, daß es dem französischen Staatspräsidenten Adolphe Thiers gelang, die Summe innerhalb von zweieinhalb Jahren aufzubringen.[44]

Versailles dagegen verlangte »Reparationen«, ein moralisierender Begriff, der etwa dem »Schadenersatz aus unerlaubter Handlung« des bürgerlichen Rechts entspricht. Der Übergang von »Kriegsentschädigungen« zu »Reparationen« war nicht nur verhängnisvoll, sondern auch töricht, da »Reparationen« für einen Weltkrieg gar nicht realisierbar sind.

Man kann dem deutschen Kaiserreich vieles vorwerfen, nur nicht, daß es auf Begehen von Verbrechen aus gewesen sei. Dennoch wurde nach Artikel 227 der Kaiser »wegen schwerster Verletzung des internationalen Sittengesetzes und der Heiligkeit der Verträge« unter Anklage gestellt; nur die Weigerung Hollands, den nach dort geflohenen Kaiser auszuliefern, vereitelte den Prozeß.

Waren die Nürnberger Prozesse, die nach dem Londoner Abkommen vom 8. August 1945 stattfanden, zumindest emotional noch einigermaßen verständlich, da das NS-Regime den größten Teil Europas mit den schlimmsten Verbrechen, die gegen das »jus in bello« verstießen, überzogen hatte, so gibt es doch zu denken, daß bereits Versailles ansatzweise das Modell jenes Londoner Abkommens vorweggenommen hat, obwohl kein einziger der Gründe vorlag, die zu den Nürnberger Prozessen führten. Das Kaiserreich hatte keine Juden verfolgt oder gar umgebracht; es hatte keinen Befehl erlassen, der auch nur die geringste Ähnlichkeit mit dem berüchtigten »Kommissarbefehl« vom 6. Juni 1941 gehabt hätte; ihm war die Barbarei des NS-Regimes, vor allem dessen Besatzungsmethoden im Osten, so wesensfremd wie möglich gewesen. Und dennoch!

Dennoch wurde der Kaiser eines »Verbrechens« bezichtigt, das kein Strafrecht der Welt kannte – so wie auch das Nürnberger Statut Taten unter Strafe stellte, deren Tatbestandsmerkmale keinem Strafrecht der Welt bekannt waren. Nach Artikel 228 ff. des Versailler »Vertrages« gab es »Kriegsverbrecher« ausschließlich in den Reihen des Besiegten, und nur die Sieger wollten die Richter stellen – wie es auch das Nürnberger Statut vorsah. Mit anderen Worten: Versailles hat Nürnberg a priori um seine Glaubwürdigkeit gebracht, es relativiert, wieviel Schuld der einzelne unter den Verurteilten auch auf sich geladen haben mochte. 1919 wurde also nicht nur mit dem bis dahin geltenden Völkerrecht so radikal wie möglich gebrochen, sondern der Besiegte wurde auch moralisch als »ungerechter Feind« diskriminiert und mit einem im Rausche des Sieges da hoc konstruierten »Strafrecht« konfrontiert.

Versailles hat auch keine geringe Schuld an der verhängnisvollen »Appeasement«-Politik, die Frankreich und England bis 1939 Hitler gegenüber verfolgten. Nicht nur wußte man dort inzwischen, daß zumal Lord Northcliffe während des Ersten Weltkrieges systematisch Greuelnachrichten über Deutschland in die Welt gesetzt hatte, die die NS-Greuel auf dem Wege der Lüge vorweggenommen hatten[45], so daß man auf die Schreckensnachrichten aus dem Dritten Reich »nicht noch einmal hereinfallen« wollte. Das Buch des englischen Diplomaten Sir Harold Nicolson »Peacemaking«, das schon 1919 erschienen war und Einblick hinter die Versailler Kulissen bot, erlebte allein 1933 in England vier Neuauflagen, und Lloyd George veröffentlichte in der Mitte der dreißiger Jahre in einem Londoner Blatt seine Memoiren, die gleichfalls Versailles in einem nicht schmeichelhaften Licht erscheinen ließen. So steckte hinter jener Politik auch ein schlechtes Gewissen wegen Versailles, das Hitler trefflich zugute kam. Die Folgen von Versailles reichen also weitaus weiter, als man gemeinhin annimmt. Die schlimmste Folge war die Abkehr vom klassischen Völkerrecht, vor allem durch die moralische Diskriminierung des Feindes. Diese Abkehr ist die eigentliche Todsünde von Versailles. Sie wiegt schwerer als alles andere, was den Vertrag ausmachte.

Weitaus mehr als alle Gebietsverluste, Beschränkungen, Auflagen, Reparationen und Verbote hat der Artikel 231 des Versailler »Vertrages« eine Rolle in der psychopolitischen Entwicklung der Weimarer Republik gespielt. Er lautete: »Die alliierten und assoziierten Regierungen erklären und Deutschland erkennt an, daß Deutschland und seine Verbündeten als Urheber aller Verluste und aller Schäden verantwortlich sind, welche die alliierten und assoziierten Regierungen und ihre Angehörigen infolge des ihnen durch den Angriff Deutschlands und seiner Verbündeten aufgezwungenen Krieges erlitten haben.« Der Artikel steht im VIII. Teil: »Wiedergutmachungen«. Er ist unvereinbar mit der Lehre Kants: »Der Sieger macht die Bedingungen ... nicht gemäß irgendeines vorzuschützenden Rechts, was ihm wegen der vorgeblichen Läsion seines Gegners zustehe, sondern, indem er diese Frage auf sich beruhen läßt, sich stützend auf seine Gewalt«.[46] Die Sieger haben sich formell nicht auf ihre »Gewalt« gestützt, sondern im Artikel 231 haben sie lediglich ein Recht »vorgeschützt«, das ihnen wegen der »Läsion« durch die Besiegten zustehe. Warum die Sieger sich bei ihren Forderungen nicht auf ihre »Gewalt« stützten, vielleicht auch gar nicht stützen konnten, sondern in zivilrechtliche Konstruktionen flüchteten, werden wir noch sehen.

Sachlich, also historisch, ist Artikel 231 nicht zu halten. Es handelte sich 1914 um eine europäische Explosion. Die Lunten lagen in St. Petersburg, Berlin, Wien, Belgrad, Paris und London, sie warteten nur auf das, was sie entzünden würde. Die Bereitschaft der beteiligten Völker zum Kriege war allgemein verbreitet; vielleicht steckte dahinter nicht zuletzt auch eine Langeweile an der bürgerlichen Gesellschaft, die keine Ventile für den bei jungen Menschen natürlichen Drang zum Abenteuer hat, ein Motiv, das die deutsche Jugendbewegung zu Beginn des Jahrhunderts bestimmte und das teilweise auch den Zustrom zur französischen Fremdenlegion von jeher beherrscht hat. Auf allen Seiten wurde der August 1914 als eine Art Erlösung empfunden. Überall wurden die zur Front ausrückenden Soldaten von einem Jubel sondergleichen seitens der Bevölkerungen begleitet. Ich erinnere mich an die ersten Augusttage des Jahres 1914 wie an eine riesige karnevalistische Veranstaltung und Stimmung. Überall gab es nur sehr wenige, die sich dem allgemeinen Rausch zu entziehen vermochten.

Eine Majestätsbeleidigung erledigte strafrechtlich irgendein Amtsrichter, die Majestät erfuhr häufig nichts von der Beleidigung; Folgen hatte sie ausschließlich für den Beleidiger. Anders ist es dagegen, wenn die »Majestät« der Volkssouverän ist. Und der Souverän der Weimarer Republik fühlte sich durch den Artikel 231 aufs tiefste beleidigt. Die Beleidigung betraf das ganze Volk, reizte und wühlte es in einer Weise auf, die heute kaum mehr vorstellbar ist. Der Artikel 231 war zu einem Dauerthema der Weimarer Zeit geworden. So gut wie keiner wagte es, ihn in Frage zu stellen, so gut wie keiner tat es auch innerlich. Das Äußerste, was allenfalls noch geduldet wurde, war der Hinweis auf eine deutsche Mitschuld. Es versteht sich von selbst, daß auch der Artikel 231 einer der wichtigsten Motoren war, die Hitler hinauftrugen, hatte er doch ein Argument, dem niemand widersprach, dem nahezu alle aus vollem Herzen zustimmten. Insofern reflektierte und artikulierte die NS-Propaganda nur eine Opinio communis, eine allgemeine Grundüberzeugung. Hitler brauchte sie nur zu dramatisieren und anzuheizen; doch auch ohne ihn war sie vorhanden, brannte sie in den Herzen wie ein Stigma, das loszuwerden der Wunsch aller war.

In diesen Zusammenhang gehört auch die »Weltbühne«. Sie war ein Organ zur wöchentlichen Beleidigung der Gefühle des Volkes, wobei es nicht auf deren Berechtigung ankommt, sondern allein darauf, daß sie vorhanden waren.

In dieser Zeitschrift veröffentlichte z. B. Erich Kästner ein Gedicht, das begann: »Wenn wir den Krieg gewonnen hätten, dann wären wir ein stolzer Staat, ein Volk von Laffen und Lafetten, und ringsherum wär' Stacheldraht.« Es schloß: »Zum Glück gewannen wir ihn nicht.« Das Gedicht war witzig, aber es war ein gefährlicher Witz, der geeignet war, das Volk in wütende Erregung zu versetzen. Ein anderes Beispiel: Tucholskys Buch »Deutschland, Deutschland über alles«, das 1929 herauskam, enthielt eine Photomontage mit den Köpfen deutscher Heerführer aus dem Ersten Weltkrieg mit der Unterschrift »Tiere sehen dich an«. Da diese Heerführer große Popularität genossen, fragte ich mich damals besorgt, wie viele Menschen allein diese Photomontage in die Arme der NSDAP getrieben haben mochte.

Ich las damals die »Weltbühne« gern, weil sie durchweg amüsant geschrieben war. Doch als ich während des Krieges als Soldat einmal bei einer »staatsfeindlichen« Familie einquartiert war, die alle Jahrgänge besaß, und darin las, wurde mir einmal mehr klar, worin eine der Quellen des Aufstiegs Hitlers lag. Nicht, daß die »Weltbühne« vor Hitler warnte – das taten andere Organe auch –, war entscheidend, sondern die Art und Weise, wie es sie tat. Hier wurde in der Wunde, die jener Artikel 231 dem Volke beigebracht hatte, herumgestochert, einem Heilungsprozeß entgegengearbeitet. Die »Weltbühne« stand in einer Reihe mit vielen »Intellektuellen«, die nicht einen Augenblick auf die Wirkung ihrer Produkte verschwendeten, denen es eine merkwürdige Lust bereitete, das Volk zu reizen. Sie handelten sich das Prädikat »Asphaltliteraten« ein, das Goebbels ihnen verpaßte, wobei er der Zustimmung der großen Mehrheit sicher sein konnte. Merkwürdig: Eine Majestät, einen Monarchen zu beleidigen war und ist strafbar. Doch der Volkssouverän, der Demos, schien vogelfrei. Kurt Tucholsky wenigstens mag einiges davon, was er angerichtet hatte, gespürt haben. Denn ich weiß zuverlässig, daß er sich in der Emigration jeder Aufforderung der »Weltbühne« (die 1933 in Wien fortgeführt wurde), für sie zu schreiben, entzogen hat.

Ähnliches ereignet sich auch heute. Die Beleidigungen des Volkssouveräns, die gelegentlich die Massenmedien verbreiten, bleiben ohne Folgen, da das politische und wirtschaftliche Explosionsgemisch noch fehlt, das sich in den letzten Jahren der Weimarer Republik angesammelt hatte. In einer Sendereihe des NDR, »Hallo Nachbarn«, mokierte sich am 11. November 1965 der Sprecher mit süffisantem Feixen über dies und jenes. Natürlich auch über die Bundeswehr. Der Intellektuelle der billigeren Preislage pflegt nun einmal zwar mit bräutlicher Inbrunst für die Demokratie zu schwärmen und das lärmend anzuprangern, was sie nach seinen etwas schlichten Vorstellungen gefährdet. Doch zugleich verachtet und attackiert er alles, was sie vor inneren und äußeren Feinden schützen soll. Eine gewandte Stumpfsinnigkeit erlaubt solchen im Denken nur flüchtig geübten Köpfen noch nicht einmal eine Ahnung von der Unlogik, die dahinter steckt.

Indessen war es der Höhepunkt, als in jener NDR-Sendung eine Modezeichnerin auftrat, um anläßlich der damals erschienenen Vertriebenen-Marke der Bundespost die »Frage« zu beantworten: »Was trägt der Herr bei der Vertreibung? Was trägt die Dame bei der Vertreibung?« Millionen hatte das grauenhafte Schicksal der Vertreibung aus dem Osten getroffen. Da sich inzwischen der Antisemitismus hinter dem Antizionismus verbirgt und so eine Art Salonfähigkeit erreicht hat, mag eines Tages im Fernsehen eine Modezeichnerin die »Frage« beantworten: »Was trägt der Herr, was die Dame bei der Vergasung?« Das wäre genauso »witzig«, genauso infam, geschmacklos und widerlich, wie es die NDR-Sendung vom 11. November 1965 war.

Seltsamerweise schafft der Intellekt gewisser Intellektueller nicht die schlichte Überlegung, daß man nicht Demokrat sein und gleichzeitig den Souverän der Demokratie reizen kann, ohne schließlich massive Reaktionen heraufzubeschwören. Sie begreifen nicht, in welche tödliche Gefahr sie sich selber und uns alle bringen, auch wenn sie noch in weiter Ferne liegen mag. Es war jener Typus des »Intellektuellen«, der in subalterner Ahnungslosigkeit seinen Beitrag zum Ende der Weimarer Republik geleistet hat.

Das Bild dieser Art von Intellektuellen, die auch heute wieder – weniger aus bösem Willen als aus intellektueller Atrophie – nichts unversucht lassen, unseren Staat zu schädigen, zu zerstören, hat einmal der große Nationalökonom Joseph A. Schumpeter mit souveräner Ironie entworfen: »Intellektuelle sind in der Tat Leute, die die

Macht des gesprochenen und geschriebenen Wortes handhaben, und eine Eigentümlichkeit, die sie von anderen Leuten, die das gleiche tun, unterscheidet, ist das Fehlen einer direkten Verantwortlichkeit für praktische Dinge. Diese Eigentümlichkeit erklärt im allgemeinen auch eine weitere – das Fehlen jener Kenntnisse aus erster Hand, wie sie nur die tatsächliche Erfahrung geben kann. Die kritische Haltung, die nicht weniger aus der Situation des Intellektuellen als eines bloßen Zuschauers – in den meisten Fällen auch als eines Außenseiters – als aus der Tatsache entsteht, daß seine größten Erfolgsaussichten in seinem tatsächlichen oder möglichen Wert als Störungsfaktor liegen, sollte ein drittes Charakteristikum hinzufügen«.[47] Und Arnold Gehlen nannte eine gewisse, lautstarke Sorte von Journalisten, die sich natürlich auch für Intellektuelle halten, schlicht »Mundwerksburschen«.

»Satire«, schrieb einmal Josef Bernhart im »Hochland«, »die nicht etwas retten will, dies überhaupt nicht wollen kann, weil sie der Rettung Würdiges überhaupt nicht kennt, bringt leicht ein Heer von Lachern zusammen, denen die Bloßstellung des Faulen, Unzulänglichen ein Vergnügen ist, das ihnen ein gesunder Stand der Dinge nicht aufwiegen könnte.

An Kirchen, Palästen und Hütten die Fenster einzuschmeißen ist auch dann kein Dienst an der Gesellschaft, wenn dieses Handwerk von Meistern des Treffens geübt wird.«

Der Versailler Artikel 231 war eine schwere Beleidigung, ja Verleumdung des damaligen Volkssouveräns, die zudem durch die Reparationen materialisiert wurde. Mit Hitler und den Schrecknissen des Zweiten Weltkrieges erhielten die Sieger von 1919 die infernalische Quittung.

Doch Versailles war kein bloßer Zufall in dem Sinne, daß es lediglich auf die Beschaffenheit des Geistes und des Willens der damals Handelnden angekommen wäre; diese sind durchaus als austauschbar vorstellbar, weil sie bloße Vollzugsorgane des damaligen Zeitgeistes waren. Wir erleben schon seit Jahrhunderten das, was der bedeutende Soziologe Karl Mannheim als »Fundamentaldemokratisierung der Gesellschaft« bezeichnet hat. Er versteht darunter, daß unsere Gesellschaft »immer mehr auch diejenigen Schichten und Gruppen, die früher nur passiv an dem politischen Leben teilnahmen«, aktiviert. Es geht also weniger um die demokratische Staatsform, als darum, daß sich in wachsendem Maße Menschen zur mehr oder minder aktiven Teilnahme an der Politik drängen, die früher nur kleinen Führungseliten vorbehalten war. Mannheim wirft Friedrich Meinecke vor, daß er bei seinem bekannten Werk »Die Idee der Staatsräson in der Geschichte« nur in historischen Kategorien dachte, also nicht bemerkt hat, daß allein schon die breite literarische Beschäftigung mit dem Machiavellismus nichts anderes sei als »ein Barometer für die steigende Demokratisierung, für die allgemeine politische Aktivierung, die immer mehr Schichten in die Staatslenkung und deren Problematik einbezieht«.[48]

Die Problematik, die früher nur führenden Eliten bekannt war, bestand in dem latenten Konflikt zwischen der Staatsräson und der sonst geltenden Moral, also in dem, was man »doppelte Moral« nennt. Durch die Fundamentaldemokratisierung kam es nun zu einer allgemeinen Verbreitung der Herrschaftsproblematik, damit breitete sich »auch der Konflikt aus, der aus dem Erlebnis der ›doppelten Moral‹ entsteht. Während früher sozusagen eine sozial-moralische Arbeitsteilung vorhanden war, durch die der kleine Mann seine bürgerliche Anständigkeitsmoral bewahren konnte und nur die herrschenden Schichten in jene Konfliktsituationen kamen, wird dieses Problem durch die Demokratisierung allmählich auch für den letzten Mann akut. Während bisher die Moral des Raubes nur in Grenzsituationen und für herrschende Gruppen bewußt gültig war, nimmt mit der Demokratisierung der Gesellschaft (ganz im Gegensatz zu den an sie geknüpften Erwartungen) dieses Gewaltelement nicht nur nicht ab, sondern es wird geradezu zur öffentlichen Weisheit der Gesellschaft. Was aber das fernere Schicksal der öffentlichen Moralität sein soll, wenn die großen Massen sich des Geheimnisses bemächtigen, mit dem früher schon die kleinen Schichten der Führung seelisch kaum fertig werden konnten, ist gar nicht abzusehen.« So »funktionierte die Demokratisierung als ein Lift, der immer mehr den Zynismus von den oberen in die unteren Schichten führte. Während aber Zynismus und Selbstironie sublimiertere Formen einer Verlegenheit sind, Ausweicheformen einer komplizierter gewordenen Seele, die Nichtverantwortbares doch verantworten will, wird Zynismus im Falle einer Vermassung zur puren Brutalität, die man zu verbergen keine Ursache mehr hat«.[49]

Hier muß eine Einschränkung gemacht werden. Mannheim schrieb sein Buch im holländischen Exil, das Dritte Reich, das NS-Regime, war sein Modell. Der Nationalsozialismus war ja vor allem auch ein Produkt der »Fundamentaldemokratisierung«. Damals allerdings entschied sich der »kleine Mann« einseitig zugunsten der Staatsräson (von Mannheim am Raub exemplifiziert) unter Beiseiteschiebung der sonst geltenden Moral. Doch wir erleben nicht erst heute, daß das Ergebnis der »Fundamentaldemokratisierung« auch das Gegenteil sein kann: Der »kleine Mann« verweigert dem Staate die Befolgung der Staatsräson, verlangt dagegen von ihm ausschließlich die der Moral. So verloren die USA beispielsweise den Vietnamkrieg vor allem in der Heimat, wo die aufgebrachten Massen nicht mehr die »Unmoral« jenes Krieges dulden wollten. Hier gehört auch das Engagement zugunsten aller »Befreiungsbewegungen« in der Dritten Welt, wobei freilich das Engagement bemerkenswerterweise sein Ende findet, sobald die ehemals »Unterdrückten« nun ihrerseits zu Unterdrückern geworden sind, wie etwa in Vietnam, dem Iran, Nicaragua usw. Heute drückt sich das Ergebnis der »Fundamentaldemokratisierung« im Gegensatz zu den Beobachtungen Mannheims vor allem in den massiven »Friedensbewegungen« der ganzen westlichen Welt aus, die nicht bereit sind, dem Staate zu geben, was des Staates ist, und die daher genau auf das abzielen, was sie nicht wollen: das Ende unserer Freiheit. Die Liste ließe sich beliebig verlängern. Am Ende steht eine fortschreitende Labilität des Staates.

Der demokratischen Staatsform wurden und werden magische Kräfte zugetraut. Ebenso wie der Norweger Christian L. Lange[50] hielt der damalige US-Außenminister Robert Lansing die Demokratie für eine automatische Garantie des Friedens. In einem Brief an Oberst House schrieb er am 8. April 1918, kein Volk wünsche einen Krieg, wenn daher »die Völker ihren Willen durchsetzen (if the people can exercise their will), bleiben sie friedlich ... Wenn in einer Nation das demokratische Prinzip herrscht, kann man also damit rechnen, daß sie den Frieden bewahrt und gegen den Krieg ist ... Wenn das richtig ist, dann sollte man versuchen, die Demokratie auf die ganze Welt auszudehnen (to make democracy universal). Gelänge das, dann wäre es mir gänzlich gleichgültig, ob es einen Vertrag zur Sicherung des Friedens gäbe oder nicht. Ich bin entschlossen, mich auf den friedlichen Geist der Demokratie zu verlassen«.[51]

Indessen wissen wir, daß mit der »Fundamentaldemokratisierung« nicht nur die einseitige Bevorzugung entweder der Staatsräson oder der »Moral« einsetzt, sondern zugleich eine Irrationalisierung des politischen Handelns und Denkens, aus dem einfachen Grund, weil das »Volk«, zumal in einem hochindustrialisierten Großstaat, die komplizierten Fragen der Außen-, Innen-, Wirtschafts- und Verteidigungspolitik selbstverständlich gar nicht beherrschen und beurteilen kann, daher in die Irrationalität, in bloße Stimmungen ausweicht.[52]

Soweit Völker der »Moral« den Vorzug vor der Staatsräson geben, können sie nur dann zum Krieg gebracht werden, wenn man ihnen einredet, es gehe um einen »Verteidigungskrieg«, und wenn der Feind ihnen als das schlechthin Böse, als eine Art innerweltlicher Satan vorgestellt wird, dessen »Bestrafung« sie nach dem Siege konsequenterweise verlangen. Versailles und Nürnberg waren die Folge.

Indessen sollten wir uns davor hüten zu glauben, wir Deutschen seien frei von der Ideologie, die zu Versailles und Nürnberg führte. Die »Fundamentaldemokratisierung« gab schon den Befreiungskriegen gegen Napoleon I. ihren großen Elan, die vor allem einen starken moralischen Akzent erhielten. Auf dem Wiener Kongreß forderte Zar Alexander I. eine Aufteilung Sachsens; diese Forderung entsprach seinem eigenen Interesse, er »begründete« sie aber nicht mit diesem, sondern damit, der König von Sachsen habe diejenigen, die für Europas Befreiung kämpften, »verraten«, worauf Talleyrand unter Anspielung auf die Geheimklausel des Tilsiter Friedens (1807; in der Geheimklausel hatte sich Rußland für den Fall, daß England den Frieden nicht annähme, zu einem Bündnis mit Frankreich gegen England verpflichtet) bemerkte, Verrat sei nur eine »Frage des Datums«.[53] Auf dem Wiener Kongreß verlangte der dortige preußische Gesandte Wilhelm von Humboldt in einer Denkschrift die Annexion Sachsens durch Preußen gleichfalls mit einer moralischen Begründung: Gegen den König von Sachsen müsse man die neue Lehre anwenden, »daß man nicht ungestraft gegen die Interessen der Nation, welcher ein Volk angehört, handeln darf«.[54] Im Volksrausch der Befreiungskriege hatte Gneisenau gefordert, Napoleons Thron müsse gestürzt werden, da die Regenten »diese Rache ihrer eigenen Würde und ihren gepeinigten Völkern schuldig seien«[55]; später verlangte Gneisenau die Auslieferung Napoleons an Preußen zwecks Hinrichtung! Und damals fiel bei Zar Alexander »die Staatsräson zusammen mit der Idee des Strafgerichts, die im Lager Blüchers mächtig war«. In der Umgebung Metternichs und des preußischen Königs nannte man das Hauptquartier Blüchers ein »Jakobinernest«. Metternichs überlegener Staatskunst gelang es, solche Vorstellungen für einige Jahrzehnte aus der offiziellen Politik herauszuhalten. Napoleons Verbannung war keine »Strafe«, sondern ein Akt der Quarantäne.

Die Befreiungskriege hatten ihren Schwung aus der »Fundamentaldemokratisierung« gezogen, viele ihrer Führer standen in einer prädemokratischen Gedankenwelt. Doch auch Jahrzehnte später machte sie sich bemerkbar.

Am 11. September 1870 hatte die »Nationalzeitung« unter Berufung auf das »Volksgemüth« gegen die rücksichtsvolle Behandlung des gefangenen Kaisers Napoleon III. protestiert und die »Nemesis« beschworen. Bismarck äußerte sich äußerst abfällig über diesen Artikel: »Das Volksgemüth, die öffentliche Meinung denkt allerdings so. Die Leute verlangen, daß ... der Sieger sich mit dem Moralkodex in der Hand über den Besiegten zu Gericht setze und ihn zur Strafe ziehe ... Das aber ist ein ganz ungebührliches Verlangen. Die Begriffe Strafe, Lohn, Rache gehören nicht in die Politik. Diese darf der Nemesis nicht ins Handwerk pfuschen, nicht das Richteramt ausüben wollen, das ist Sache der göttlichen Vorsehung.« Nach Bismarck spiegelte der Artikel der »Nationalzeitung« also das »Volksgemüth« und die »öffentliche Meinung« wider. Wie wäre es Frankreich 1870/71 ergangen, wäre Bismarck ein Demokrat gewesen?

Bei den Motiven, welche die SPD im August 1914 bewogen, im Reichstag den Kriegskrediten zuzustimmen, spielte es eine gewisse Rolle, daß der Krieg sich auch gegen das zaristische Rußland richtete, seit langem der »Gottseibeiuns« der Partei. So nahm für viele Sozialdemokraten der Krieg gegen St. Petersburg den Charakter eines »Strafkrieges« gegen einen »ungerechten« Feind an. Ärger ließ sich das Völkerrecht nicht verkennen. Auch Hitler als ein exzessives und kriminelles Produkt der »Fundamentaldemokratisierung« kam nicht ohne eine moralische Diskriminierung der Feinde aus: Churchill – ohnehin ein ›Trunkenbold‹ – und Roosevelt waren bloße Werkzeuge »des Juden«, dieses innerweltlichen NS-Satans; die Franzosen waren »degeneriert« und die Slawen »Untermenschen«. Machen wir uns also nichts vor: Auch in uns steckten Versailles und Nürnberg. Zwei Niederlagen haben es nur kaschiert.

3. KAPITEL

Das Phänomen der Freikorps

Heute und damals

Am 16. Oktober 1906 verkleidete sich in Köpenick der Schuster Wilhelm Voigt als Hauptmann, nahm von der Straße ein paar Soldaten mit ins Rathaus, wo er den Bürgermeister verhaftete und die Stadtkasse beschlagnahmte. Abgesehen von der Komik der Affäre pflegt man heute den vorübergehenden Erfolg des Streiches auf die damalige »Untertanen«-Mentalität des deutschen Bürgers zurückzuführen, die vor einer bloßen Uniform kapitulierte. Michael Freund hat einmal auf einen anderen Aspekt hingewiesen: Beamte und Offiziere hätten damals zu Recht einen so guten Ruf genossen, über einen solchen Fundus öffentlichen Vertrauens verfügt, daß es niemandem in den Sinn habe kommen können, in der Uniform eines Hauptmanns verberge sich ein Krimineller oder Abenteurer. Freunds Deutung ist richtig. Die Köpenickiade hatte also als Ausnahme nur die Regel bestätigt.

Der kurzfristige Erfolg Voigts beruhte auf einer pfiffigen Ausnutzung der damaligen Bewußtseinslage, der damaligen Zeitströmung. Es nützt nichts, wenn man noch so viele Einzelheiten einer Epoche kennt, nicht aber deren Bewußtseinslage. Erst ihr Erfassen ermöglicht es, die Einzelheiten richtig einzuordnen, zu gewichten und zu bewerten. Erst dann auch versteht man die jeweilige Epoche, ohne daß »tout comprendre« auch »tout pardonner« bedeuten muß. Zu verstehen, wie es etwa zu der schaurigen »Endlösung« kam, läuft keineswegs auf deren Billigung hinaus.

So hilft es den heutigen Generationen auch nichts, wenn sie noch so viele Einzelheiten der Weimarer Republik und des Dritten Reiches kennen, nicht aber die allgemeine Bewußtseinslage, die Zeitströmung, in die diese eingebettet waren, die sie nährte: Dann verwandelt sich Kenntnis allzuleicht in Unkenntnis! Das zu wissen ist gerade heute von allergrößter Bedeutung, denn es läßt sich kein radikalerer Gegensatz als der zwischen der heutigen und der damaligen Bewußtseinslage und Zeitströmung, die man auch pauschal »Zeitgeist« nennen kann, denken. Erst wenn man sich dieses Gegensatzes voll bewußt ist, kann man ein zusammenhängendes und adäquates Bild jener Zeit gewinnen, sie verstehen, also richtig bewerten. Was heute als »politische Bildung« firmiert, was meist ahnungslose Lehrer den wehrlosen Schülern als »Zeitgeschichte« vermitteln, besteht hauptsächlich aus bloßen Daten und hilft daher wenig.

Oft spiegeln sich die Zeitströmungen am deutlichsten in ihren Extremen wider. Denn das Extrem ist von den vielfältigen Beimischungen persönlicher und sozialer Art frei, es gleicht gewissermaßen einem Laborpräparat. Freilich hat es nur dann einen exemplarischen Charakter, wenn es sich nicht gegen die Zeitströmung wendet, sondern nur ihr besonderer Ausdruck ist, wenn es sie also als Hintergrund hat.

Die Dominanten der heutigen Zeitströmung zeichnen sich durch das Fehlen transpersonaler, verpflichtender Ideen und Wertbindungen aus. Sie zielen auf frohe, aber dumpfe Vorstellungen von »Freiheit«, die gemeinhin mit Bindungslosigkeit verwechselt wird, auf ein Anspruchsdenken gegenüber Staat und Gesellschaft. Die »Daseinsvorsorge« (Ernst Forsthoff) des einzelnen soll soweit wie möglich der Staat übernehmen. Die Kosten für die schulische und akademische Ausbildung dürfen dem einzelnen kaum mehr aufgebürdet werden. Die Beispiele ließen sich beliebig vermehren.

Mit anderen Worten: In vielfältigen Formen beherrscht eine kollektive und individuelle Ichbezogenheit unsere Zeitströmung. Ein Wert wie etwa die Nation ist reduziert auf lärmende Ovationen für eine siegreiche deutsche Fußballmannschaft. Die üblichen Reden zum 17. Juni sind zu bloßen Pflichtübungen verkümmert, denen jedes Echo im Volke versagt bleibt. Die Teilung Deutschlands bewegt überwiegend nur diejenigen, die unmittelbar von ihr betroffen sind. Nächstenliebe, die Sorge um das Schicksal des eigenen Volkes und Staates sind – von etlichen Ausnahmen, eben Ausnahmen, abgesehen – merkwürdigen Formen der »Fernstenliebe« gewichen: Trägt das Fernsehen bewegende Bilder etwa von hungernden Kindern in der Dritten Welt oder von Naturkatastrophen in die Wohnzimmer, kommen in kürzester Zeit Millionen zur Linderung der Not zusammen; es sind kurzfristige, rauschhafte Emotionswellen, die ihr Ende finden, sobald die TV-Berichterstattung die entsprechenden Themen nicht mehr verfolgt oder die »Fernstenliebe« auf einen anderen Gegenstand lenkt. Es ist vor allem das Fernsehen, das – neben den Ereignissen – die jeweiligen Objekte der »Fernstenliebe« bestimmt.

Seit der Gründung der »Solidarität« in Polen wurde dem TV-Konsumenten – bewußt oder unbewußt – die Vorstellung vermittelt, das kommunistische Regime Polens sei das schlimmste und rigoroseste im ganzen Ostblock, während das in Wirklichkeit auf das Regime in Rumänien zutraf. Doch das Fernsehen wußte das entweder nicht oder – wahrscheinlicher – ihm fehlten entsprechende Bilder. So gingen Millionen von Paketen nach Polen, während die unseligen, weitaus brutaler unterdrückten Rumänen leer ausgingen.

Auch die westlichen Friedensbewegungen dürften überwiegend egoistisch motiviert sein: Man will nicht selber das Opfer eines Krieges werden, wobei die Erkenntnis fehlt, daß gerade die anglo-französischen Friedensbewegungen in den dreißiger Jahren (»Appeasement-Politik«) nicht wenig zum Ausbruch des Zweiten Weltkrieges beigetragen haben.[56] Überwiegend egoistisch motiviert dürften auch die Bürgerinitiativen und Demonstrationen gegen Kernkraftwerke sein.

Man kann noch an einen anderen Bezug denken. Als der französische Kriegsminister André Maginot 1929 bis 1932 die nach ihm benannte Verteidigungslinie baute, war der eigentliche Grund, daß der französische Generalstab vor allem auf eine defensive Strategie fixiert war. Bewußt oder unbewußt stand dahinter auch das Streben, den Soldaten durch die Technik weitgehend zu entlasten. Dieser Gedanke steckt – wiederum bewußt oder unbewußt – im Westen hinter den Atomwaffen, also die Vorstellung, die Kriegführung könne die Technik anstelle des Soldaten übernehmen. So wurde in den USA in den siebziger Jahren die allgemeine Wehrpflicht abgeschafft – nicht zuletzt mit Rücksicht auf die westliche Zeitströmung.

Da im kommunistischen Ostblock jene Zeitströmung entweder fehlte oder wegen der Macht der Diktaturen nicht berücksichtigt zu werden brauchte, wurde er in der konventionellen Rüstung dem Westen haushoch überlegen, so daß dieser in der Ost-West-Konfrontation ausschließlich auf A-Waffen angewiesen ist. Die USA unterhielten lediglich ein kleines Berufsheer, das allenfalls zur Bekämpfung regionaler Konflikte – etwa am Persischen Golf – ausreichte. Wichtig ist allerdings die Präsenz der VII. US-Armee in Deutschland. Es kommt nicht auf ihren militärischen Wert an, sondern darauf, daß, rechnet man die Familienangehörigen hinzu, hier über eine Million US-Bürger stationiert sind, die Washington nicht im Stich lassen kann. Daher bisher das ständige Bemühen Moskaus, die US-Armee aus Europa herauszudrängen.

So war wohl nicht zuletzt die Zeitströmung dafür verantwortlich, daß der Westen auf die A-Waffen angewiesen ist, um der massiven konventionellen Übermacht des Ostens Paroli zu bieten. Diejenigen, die darüber zeterten, tragen als ichorientierte Kinder der Zeit an jenem Sachverhalt keine geringe Schuld.

Typisch war die Entwicklung der katholischen Kirche seit dem Zweiten Vatikanischen Konzil. Die Kirchendisziplin wurde erheblich gelockert, uralte Riten wurden verkürzt (»reformiert«) oder abgeschafft; das Latein, Zeichen der Universalität, vor nicht allzu langer Zeit noch die Weltsprache der Gelehrten, mußte – übrigens gegen den Willen der Konzile – den Volkssprachen weichen; das Wissen um die Urkraft der Symbolik ist verkümmert; vom Katholiken wird sowenig wie möglich verlangt; Häresien von Theologieprofessoren werden stillschweigend geduldet, so daß es nicht ganz zu verstehen ist, warum nur Hans Küng die Missio canonica entzogen wurde; Kleriker tragen Zivilkleidung, bei nicht wenigen Ordensleuten hat der Pullover das Habit ersetzt – trotz der Ermahnungen des Papstes Johannes Paul II., dessen Autorität genauso gelitten hat wie die der gesamten Hierarchie. Der Freudentaumel, der den Papst auf jeder Weltreise umflutet, täuscht über die schwere Krise der Kirche hinweg; von den jubelnden Massen her gesehen, hat der Auftritt des Papstes etwas Starhaftes an sich, die bloße Sensation dürfte der Hauptmotor sein. Der tollkühnen Parole »Öffnung zur Welt«, mit der das Konzil angetreten war, entspräche das Abenteuer eines U-Boot-Kommandanten, auf dessen Befehl die Luken des getauchten Schiffes entriegelt werden, damit es sich »dem Meer öffne«.

Die »Öffnung zur Welt« hatte sensationelle Folgen, denn: »Wer sich dem Zeitgeist vermählt, wird bald Witwer« (Sören Kierkegaard). Tausende von Klerikern und Ordensleuten ließen sich laisieren, Tausende laisierten sich ohne Genehmigung selber, Tausende warten, daß Rom ihrem Antrag auf Laisierung stattgibt. Scharenweise laufen die Gläubigen der Kirche davon. Es gibt »progressive« Pfarrer, die durch Einführung von Popmusik in den Gottesdiensten verzweifelt hoffen, die Jugend anzulocken – als ob diese nicht in jeder Diskothek besser bedient würde! Die permissiven Priesterseminare leeren sich, und von den wenigen Seminaristen wollen viele auch gar nicht Priester, sondern »Laientheologen« werden.

Eine der unseligsten Figuren der Kirchengeschichte, Papst Paul VI., bedauerte einmal die »Selbstzerstörung« der Kirche, offenbar ohne sich darüber klar zu sein, wie beträchtlich sein eigener Anteil daran war. Theologen, die dem Konzil kritisch gegenüberstehen, ohne Anhänger des Erzbischofs Lefebre zu sein, beklagen den »Hominismus« wie die Anthropozentrik in der nachkonziliaren Kirche, eine andere Form der Ichbezogenheit. So degeneriert eine der tragenden Institutionen des abendländischen Kulturkreises. Doch es sind gerade die Institutionen, die nach Arnold Gehlen die Menschen entlasten.

Schließlich ist es für die heutige Zeitströmung typisch, daß Landes- und Geheimnisverrat fast zu Banalitäten geworden sind und in der öffentlichen Wertung dem Kavaliersdelikt nahestehen; die gesellschaftliche Sanktion fehlt. Landesverrat verletzt ja nicht das »Ich«; daß er die Interessen des Staates und Volkes erheblich verletzt, findet weitaus weniger Beachtung als ein Prozeß, den die Medien als »sensationell« qualifizieren und präsentieren, weitaus weniger auch als das Privatleben irgendeines Filmstars.

Es gibt zahlreiche Extreme, die unsere Zeitströmung besonders verdeutlichen. Die etwas exotisch anmutende, von den Medien liebevoll bedachte Randgruppen-Idolatrie ist noch die harmloseste, weil sie als Kuriosum auf kein dauerhaftes Aufsehen zählen kann.

Anders steht es mit Zielen wie etwa »Selbstverwirklichung« oder »freie Entfaltung der Persönlichkeit« (wobei die eigentlich recht naheliegende Frage, ob sich dergleichen bei den meisten auch lohnt, als unanständig gelten dürfte). Hier werden Flausen in die Köpfe vieler gesetzt, die glauben, irgendwie zu kurz gekommen oder an Grenzen gestoßen zu sein, die ihnen als unzumutbar erscheinen.

Es wundert nicht, daß im Mittelpunkt der medialen Gunst der Wehrdienstverweigerer steht, nicht der Soldat. Das Medienkartell kümmert sich auch nicht um die Frage, ob die Bundeswehr militärisch brauchbar ist, sondern nur um die, ob sie auch »demokratisch« ist – was immer das heißen soll.

Die Menschenwürde ist ein hoher Begriff, der seinen Wert aus religiösen Vorstellungen (»Ebenbild Gottes«) bezieht. Doch heute hat die allzu häufige Berufung auf sie – selbst wenn es nur um Lappalien geht – zu ihrer Inflationierung, also ihrer Entwertung geführt, sie ist zu einer ungemein billigen Münze geworden. So wird in der Bundeswehr ein befohlener Liegestütz, der nicht gesetzlich gedeckt ist, als Verletzung der Menschenwürde interpretiert, jedenfalls nach den aus der Zeit des deutschen Frühliberalismus (Anfang des 19. Jahrhunderts) stammenden, aber als »zeitgemäß« feilgebotenen Ideen des skurrilen Grafen Baudissin.[57] Als ich Rekrut war, wurde ich von den Ausbildern angepöbelt und »geschliffen«, doch kam mir nicht der absurde Gedanke, meine Menschenwürde stehe zur Disposition von Unteroffizieren. Ich war auch nicht beleidigt, denn es war mir klar, daß ich niemals persönlich gemeint war, sondern daß die Ausbilder nur eine Art Theaterrolle spielten, wie sie die Wehrmacht von ihnen erwartete. Eher mußte ich mir oft genug Mühe geben, bei besonders drastischen Vokabeln das Lachen zu unterdrücken.

Das faszinierendste Extrem ist der Datenschutz-Fetischismus, der ein inniges Anliegen zumal des früheren Bundesinnenministers Gerhart Baum war. Vor einigen Jahren fand sich in einem örtlichen Telefonbuch des Landkreises München die Bemerkung, »aus Gründen des Datenschutzes« dürften die Berufe der Anschlußbesitzer nicht mehr genannt werden. Das mag allenfalls jemandem, dessen »Beruf« Zuhälter ist, zugute kommen, obwohl ein solcher ohnehin kein Interesse an einer entsprechenden Eintragung haben dürfte. Welches Interesse aber jemand, dessen Beruf etwa Ingenieur, Bäcker oder Kosmetikerin ist, an einer solchen Diskretion haben sollte, ist reichlich unerfindlich. In den späteren Auflagen wurden die Berufe wieder genannt: Der Verlag des Telefonbuches hatte sich offenbar nur in einer Art »vorauseilenden Gehorsams« geübt.

Der Datenschutz-Fetischismus erhielt nahezu Verfassungsrang, als das BVerfG (Bundesverfassungsgericht) im April 1983 durch eine einstweilige Anordnung den Vollzug des Volkszählungsgesetzes vom 25. März 1982 bis zur Entscheidung in der Hauptsache aussetzte. 1982 hatte kein Datenschutzbeauftragter irgendwelche Bedenken gegen das Gesetz geltend gemacht. Der entsprechende Fragebogen verlangte keine Angaben über Einkommen, Vermögen, Krankheiten oder sonstige persönliche Dinge, die des Schutzes bedurften.

Doch am 11. Januar 1983 verlangte der »Bundesverband Bürgerinitiativen Umweltschutz« (BBU) die öffentliche Bekanntgabe der Standorte für die geplanten Atomwaffen in der Bundesrepublik, andernfalls werde man Widerstand gegen die Volkszählung leisten.[58] In kürzester Frist gelang es einer Handvoll Leuten, eine allgemeine Hysterie (»Sensibilisierung«) zu entfesseln, angeblich hatte plötz-

lich etwa die Hälfte der Bevölkerung »Bedenken« gegen den Fragebogen, den sie noch gar nicht kannte.

Es darf als ausgeschlossen gelten, daß der durchschnittliche Bürger von sich aus »Bedenken« hätte, den Fragebogen auszufüllen. Es
kennzeichnet unsere Zeitströmung, daß es gelang, bei Menschen
»Bedenken« auszulösen, auf die sie von sich aus niemals gekommen
wären, die ihnen so fern wie möglich liegen, zumal sie keineswegs
zögern, etwa Fragen des Finanzamtes zu beantworten, die wirklich
an den Nerv gehen und nicht an einer Auskunft darüber interessiert
sind, ob etwa die Toilette sich innerhalb oder außerhalb der Wohnung befindet oder womit der einzelne seine Behausung heizt.

Die Verfassungsbeschwerden hantierten vor allem mit dem Begriff, der jetzt auf dem Markt am billigsten ist: die »Menschenwürde«. Wahrscheinlich soll sie vor allem durch den § 9 des damaligen Volkszählungsgesetzes »verletzt« werden, der die Melderegister
auf den neuesten Stand bringen soll, was aber nur für die wenigen
unangenehm ist, die aus irgendwelchen Gründen ihre An- oder Ab-
meldung unterlassen haben.

Oft wurde das Urteil des BVerfG vom 15. Dezember 1983 als
Triumph der »Rechtsstaatlichkeit« gefeiert. Indessen heißt Rechts-
staatlichkeit: Schutz des Individuums und der Minderheiten vor der
Mehrheit. Um diese Aufgabe zu erfüllen, bedarf der Staat einer gewissen Macht, doch diese wird ausgerechnet im Namen der
»Rechtsstaatlichkeit« zerrieben, so daß gerade sie äußerst gefährdet
ist. Aber das wird nicht bedacht. Überspitzt läßt sich beispielsweise
im Bereich des Strafrechts sagen: Der Anspruch des Bürgers auf
Schutz vor Verbrechen tritt mehr und mehr hinter dem Schutz des
Verbrechers zurück. Jeder gute Jurist kann den Trend u. a. an manchen »Reformen« des Strafrechts von 1970 ablesen. Die Antiterror-
gesetze waren nur die Reaktion auf einen Ausnahmezustand, von
dem niemand weiß, wie lange er dauert.

Jenes Urteil des BVerfG »liegt auf der verhängnisvollen Linie, die
leider auch manche Urteile anderer Gerichte ›auszeichnet‹, der Gesamtheit der Bürger und damit dem Staat beliebig hohen Schaden
zuzufügen, wenn dadurch wirklichen oder vermeintlichen Befürch-
tungen einzelner Bürger Rechnung getragen werden kann. Mit Gerechtigkeit hat das wenig zu tun, vielmehr mit Gefälligkeit und
Nachgiebigkeit gegenüber Modeströmungen«.[59] Dank der grenzen-
losen Ichbezogenheit wohnen wir einer Schwächung und Inflatio-

nierung der Rechtsstaatlichkeit bei, da der Staat (zumal auch die Exekutive), der sie allein gewährleisten kann, in zunehmendem Maße geschwächt wird, was schon im Grundgesetz[60] vorgezeichnet ist.

Es kommt nicht darauf an, ob und wieweit die Ichbezogenheit im Volke verwurzelt ist, sondern darauf, daß sie in der öffentlichen Landschaft am lautstärksten vertreten ist, darauf auch, daß hinter ihr die aktivsten Kräfte stehen. Kurz, die Ichbezogenheit beherrscht das allgemeine Klima, sie ist in verschiedenen Formen die leitende Idee, der nur Minderheiten zu widersprechen wagen, meist auf wissenschaftlicher, daher nur auf Fachkreise beschränkter Ebene.

De facto hat sich heute in gewisser Weise die Lehre vom »pluralistischen Staat« des englischen Labour-Theoretikers Harold J. Laski (1892–1950) durchgesetzt.[61] Danach ist der Staat nur ein Verband unter und neben anderen. Anfangs hatte Laski, der in späteren Jahren an seiner Lehre Korrekturen angebracht hatte, sogar gesagt, selbst ein Club stehe dem Staat gleichberechtigt und gleichwertig gegenüber.[62] Es wurde schon dargelegt, daß der Staat wegen seiner schwindenden Macht zunehmend die Fähigkeit verliert, seinen rechtsstaatlichen Aufgaben gerecht zu werden, so daß die Frage ernsthaft gestellt werden kann, wer das Individuum vor einer mächtigen sozialen Herrschaftsgruppe (etwa dem DGB) noch schützen kann. Wer kann es vor dem Schaden bewahren, den ihm beispielsweise ein Streik des ÖTV zufügt, der ausgerufen wird, um das Interesse einer Gruppe durchzusetzen? Der Staat ist dazu nicht mehr in der Lage.

Die liberale Staatstheorie des 19. Jahrhunderts lehnte den Staat nicht ab, sondern setzte ihn voraus, sie wollte nur seine Bindung an die Gesetze. Ihr war es noch klar, daß ein Staat ohne Macht seinen rechtsstaatlichen Aufgaben nicht gewachsen sein kann – eine Einsicht, die zusehends verlorengeht.

Schon am 16. Juli 1930 schrieb Gerhard Anschütz, damals einer der führenden Staatsrechtler, an seinen Kollegen Carl Schmitt: »Alles wankt heutzutage, alles. Wohin geht die Reise?«[63] Ja, wohin? Die Frage ist heute genauso akut wie 1930. Damals führte die »Reise« zu Hitler, zur Zerstörung nicht nur des Deutschen Reiches. Heute mag sie zu Schlimmerem führen.

Natürlich läßt sich das Überborden der Ichbezogenheit, die schleichende Zerstörung der Ordnungen in den westlichen Industriestaaten vor allem damit erklären, daß der Wohlstand schon Generationen anhält. »Wir Menschen«, schreibt der sozialdemokratische Nationalökonom Heinz-Dietrich Ortlieb in »Die Welt« vom 28. Mai 1983, »sind seit Millionen von Jahren physisch und psychisch auf Not, d. h. auf Zwang und Bedrängnis programmiert, nicht auf Überfluß. Wird dieser zur Selbstverständlichkeit, so wirkt er wie ein Mittel des Rausches oder der Einschläferung, existenzgefährdend. Nicht zufällig haben immer die reichsten und freiesten Schichten die meisten Neurotiker und Selbstmörder gehabt … Doch gerade der erreichte Wohlstand wird zum Danaergeschenk. Er scheint Pflichten überflüssig zu machen, und nicht zuletzt dadurch lockern sich alle menschlichen Bindungen in Familie und Gesellschaft … Wir entwikkeln uns im Westen zu einer neuen Art von Zweiklassengesellschaft, in der die noch Leistungsfähigen und -willigen von der wachsenden Zahl leistungsunfähiger und -unwilliger Randfiguren ausgebeutet werden … Nur wenige vertragen ein Gammler- oder Playboydasein, ohne glücklos zu werden oder gar zu verunglücken.« Und vorher schreibt Ortlieb, »die Stabilität westlicher Gesellschaften« werde »früher oder später gefährdet, weil das Gemeinwesen allzusehr allen irrationalen Reaktionen aktiver und entschlossener Minderheiten … ausgeliefert ist. Die Feindseligkeit solcher Minderheiten muß in dem Augenblick gefährlich werden, wenn die Errungenschaften der Gesellschaft ihre Attraktivität eingebüßt haben.« »Irrationale Reaktionen aktiver und entschlossener Minderheiten« – man denke nur an den Sturm gegen Kernkraftwerke, an das Schicksal der Volkszählung von 1983 oder an die »Friedensbewegung«.

Die Freiheit, die wir seit Generationen genießen, wird nicht mehr geschätzt. Eine konkrete Vorstellung von Freiheit kann im Grunde nur der haben, der diese verloren hat oder hatte.

Und wie war damals in der Weimarer Republik die Bewußtseinslage, die Zeitströmung? Damals gab es natürlich kaum weniger Egoisten und Egozentriker als heute – die Menschen ändern sich nicht, unterliegen keinen Mutationen. Doch damals – und hier liegt der tiefe Unterschied – hatte Ichbezogenheit keinen öffentlichen Kurswert, sie war keine Leitlinie. Öffentlichen Kurswert hatte das »Dienen«, die »Pflichterfüllung«, die Unterordnung des einzelnen. Hierauf beruhten beispielsweise die Funktionsfähigkeit und Zuverlässigkeit des deutschen Berufsbeamtentums, sein Weltruhm.

In der Republik hielten das Berufsbeamtentum – mochte es zu einem noch so großen Teil der Demokratie reserviert gegenübergestanden haben –, die Reichswehr und auch die Länderpolizeien den orientierungslosen Staat zusammen, sie allein wahrten über die Koalitionswechsel und die Stimmungen der Wählermassen hinaus die Kontinuität, die jeder Staat benötigt, sie allein gewährleisteten eine gewisse Stabilität, sie allein boten ein Gegengewicht gegenüber den zahlreichen zentrifugalen und destabilisierenden Strömungen. Ja: auch die Reichswehr, obwohl die wenigsten Offiziere mit der neuen Staatsform und dem Parlamentarismus etwas anfangen konnten – aber sie gehorchten. Daß die Reichswehr seit 1930 als innenpolitischer Faktor immer mehr in den Vordergrund trat[64], lag – trotz der politischen Ambitionen des Generalmajors von Schleicher – weniger an ihrem Willen als daran, daß die Parteien und der Reichstag ein Machtvakuum hinterlassen hatten; nicht, daß sie es ausfüllte, ist ihr vorzuwerfen, sondern allenfalls, daß sie es nicht hinreichend tat. Es kennzeichnet die Republik, daß das, was sie an Stabilität aufbrachte, vor allem den halb-, nicht- oder z. T. sogar antidemokratischen Kräften zu verdanken war, weil die demokratischen immer weniger zur Stabilisierung in der Lage waren; jene Kräfte bildeten das eigentliche »Korsett« des Staates, erst sie erklären das Phänomen seiner relativen Dauer.

Ironischerweise war es gerade das heute verketzerte »obrigkeitsstaatliche Denken«, das in erster Linie die Republik immerhin vierzehn Jahre lang dahinschleppen konnte. Der sorgfältig ausgebildete preußische Landrat etwa genoß ein vorbehaltloses Vertrauen der Bevölkerung seines Landkreises; von Ausnahmen, die es sicherlich gab, abgesehen, stand im Mittelpunkt seines Denkens und Handelns noch das Allgemeinwohl. Es waren die Reste jenes Klimas, in dem 1906 der Streich des Hauptmanns von Köpenick erst möglich, ja überhaupt denkbar war; heute wäre er nicht deswegen unmöglich, weil wir uns aus »Untertanen« zu »mündigen Staatsbürgern« entwickelt hätten, sondern weil der Staat, repräsentiert durch die Uniform eines Hauptmanns, nicht mehr über ein solches Vertrauenskapital verfügt, das mißbraucht werden könnte. Daß auch Hitler diese Grundströmungen mißbrauchte, spricht nicht gegen sie. Im Gegenteil: Gerade durch ihren Mißbrauch tritt ihr Wert besonders deutlich hervor, dem Hitler so abhold wie möglich war; es sei nur an seinen Haß erinnert, den er gegen die Bürokratie, die Juristen und später auch die Generalität hegte, ja so ziemlich gegen alles, was die Qualitäten der vorausgegangenen Zeiten ausgemacht hatte, die er weidlich genutzt hatte. Als ob nicht der Haß eines Hitler ein Gütesiegel ersten Ranges wäre! Gewiß: Jene Qualitäten hatten – vor allem durch eine freiwillige Selbstbeschränkung – seinen Aufstieg mit ermöglicht und waren seiner Herrschaft dienlich gewesen. Aber die Geschichte versteht sich leider nun nicht einmal auf die Kunst, den Pelz zu waschen, ohne ihn naß zu machen.

Für die Weimarer Reichsverfassung waren die Parteien lediglich Vereinigungen des privaten Rechts, die in einer Verfassung nichts zu suchen hatten. Nur der Artikel 130 WRV erwähnt die Parteien, aber in einem abwehrenden Sinne: Danach waren die Beamten »Diener der Gesamtheit, nicht einer Partei«.[65] Das sonstige Schweigen der Verfassung über die Parteien entsprach den Vorstellungen der Verfassungsväter von dem alles umgreifenden, nicht durch organisierte Gruppeninteressen parzellierten Staates; diese Vorstellungen waren auch in der Monarchie freilich immer nur ein Ideal, wohl auch eine Ideologie, nicht immer hatten sie der Wirklichkeit entsprochen, doch hatten sie als Zielvorstellung – vor allem für die Beamten und Soldaten – stets ihren nicht zu unterschätzenden Wert gehabt.

Natürlich war das Schweigen über die Parteien erst recht in einer parlamentarischen Demokratie, wie sie 1919 in Weimar gezimmert und gewünscht war, wirklichkeitsfremd.[66] Schon in der Republik begann – vor allem seit 1922, verständlicherweise unter dem Schock der Ermordung Rathenaus – die Unsitte, führende Beamtenstellen unter parteipolitischen Gesichtspunkten zu besetzen, eine Unsitte, die in der Bundesrepublik völlig ungeniert und unbeanstandet in großem Umfang fortgesetzt wird. So entstand der »politische Beamte«, der jederzeit ohne weiteres in den einstweiligen Ruhestand versetzt werden kann. Das läuft auf eine Pervertierung des Berufsbeamtentums hinaus, das daher heute nicht mehr den Ruf der unbedingten Zuverlässigkeit und fachlicher Qualität genießt, wie es einst der Fall war. Das geht so weit, daß die Parteien sogar an der Wahl der Richter am BVerfG beteiligt sind – ein mit dem richterlichen Berufsverständnis schwer zu vereinbarendes Verfahren. Der Heidelberger Staatsrechtler Ernst Forsthoff sagte mir einmal, das Grundgesetz habe die Verwaltungsgerichtsbarkeit nicht mehr auf bestimmte Fälle (Enumerationsprinzip) beschränkt, da das heutige Berufsbeamtentum nicht mehr die gleichen Qualitäten habe wie das frühere.

Landesverrat durch öffentliche Bedienstete war schlicht undenkbar gewesen. Mir sind nur zwei Fälle in Erinnerung: Sekretärinnen des Reichswehrministeriums, die dem Charme eines polnischen Spions, eines Obersten, erlagen. Daß Landesverrat (ebenso wie Hochverrat) unter den Bedingungen des terroristischen und zerstörerischen NS-Regimes zu einer Sache des durchaus guten Gewissens werden konnte, ist eine andere Frage; denn es handelte sich um einen Zustand der Ausnahme, in dem oft gerade Illoyalität Respekt verdient, da Hitler selbst – wenn vielleicht auch mehr oder weniger guten Glaubens, jedenfalls objektiv – zum überdimensionalen Verräter am deutschen Volk, an der deutschen Sache geworden war.

Seit 1922 arbeitete das Reichsheer heimlich, aber mit Wissen der Reichskanzler und der Reichspräsidenten, mit der Roten Armee zusammen, da Versailles uns eine Luftwaffe und Panzer verboten hatte; es galt, auf diesem Gebiete mit der modernen Entwicklung Schritt zu halten. General von Seeckt hatte das Reichsheer nur als eine Kadertruppe für eine spätere Zeit konzipiert, in der die allgemeine Wehrpflicht wieder möglich sein würde.

Wurde nun ein Offizier nach Rußland kommandiert, mußte er wegen Versailles formell aus der Reichswehr ausscheiden. Die einzige Garantie für das Weiterlaufen seiner Bezüge, Beförderungs- und Versorgungsansprüche war das nur mündlich gegebene Wort etwa des Bataillonskommandeurs. Der hätte persönlich natürlich sein Wort nicht einlösen können, aber er war der Vertreter des Staates – und dem konnte man vertrauen. Damals!

Man stelle sich vor, während des Krieges in Vietnam wäre ein Offizier der Bundeswehr dorthin abkommandiert worden, aus irgendwelchen Gründen hätte das geheimgehalten werden müssen, weswegen er formell die Bundeswehr zu verlassen gehabt hätte. Würde dann das mündliche Wort eines Bataillonskommandeurs, daß seine beruflichen Ansprüche weiterliefen, genügt haben? Die Frage stellen heißt, sie zu verneinen. Unser Staat leidet an einem erheblichen Defizit an Vertrauen und Loyalität seitens seiner Bürger, was zu begreifen nicht gerade schwerfällt.

Wenn ich auch das »Damals« für weitaus überlegener, berechenbarer, vor allem ungefährlicher halte als das »Heute«, so leitet mich doch keine Art von Nostalgie. Das Verlorene ist nun einmal verloren, ihm nachzutrauern verschwendet nur Energie und verstellt allzuleicht den Blick für Gegenwart und Zukunft. Aber nur der, der den tiefen Unterschied zwischen »Heute« und »Damals« kennt, vermag viele Erscheinungen und Ereignisse der Weimarer Republik erst zu verstehen und richtig einzuordnen.

Auch die damalige Bewußtseinslage kannte ihre Extreme, an ihnen auch ist sie am deutlichsten abzulesen. Das damalige Extrem war die totale Hingabe an eine Sache, eine Person oder an eine Idee. Neben den Kommunisten, der linksextremen Arbeiterschaft, traf dies vor allem auf die Freikorps zu. Es ist ein atemberaubendes Phänomen, daß, nachdem das Heimat- und Frontheer größtenteils auseinandergelaufen oder zu der extremen Linken übergegangen war, nach vier Jahren Krieg Tausende von Soldaten und Offizieren in den Freikorps noch einmal – und zwar freiwillig – ihr Leben aufs Spiel setzten.[67]

Schon in den zwanziger Jahren – heute erst recht – nannte man die Freikorps-Leute abschätzig »Landsknechte«.[68] Darunter versteht man solche, die sich ohne ideelle Motivation ausschließlich des Soldes wegen dem bewaffneten Kampf verschreiben, was aber noch nicht einmal auf die französische Fremdenlegion in vollem Umfang zutrifft. Daß diese Kennzeichnung der Freikorps die Wirklichkeit verfehlt, geht schon daraus hervor, daß Reichskanzler Heinrich Brüning, der frühere Bundeswohnungsbauminister Eberhard Wildermuth, der frühere Arbeitgeberpräsident Hans-Constantin Paulen (sogar Führer eines Freikorps) oder der frühere Heidelberger Staatsrechtler Ernst Forsthoff Freikorps angehörten – um nur einige bekannte Namen zu nennen; ich selber kannte viele andere, die ebensowenig wie jene »Landsknechte« waren oder sich in deren Gesellschaft wohl gefühlt haben würden. Dem damals wohl berühmtesten Freikorpsführer Gerhardt Roßbach war ich freundschaftlich verbunden, er war eine seltene Mischung aus Haudegen, hoher Intelligenz, großem Organisationstalent und guter Allgemeinbildung, auch er war alles andere als ein »Landsknecht«, er war »nur« ein Patriot.[69]

Erinnern wir uns: Die »Revolution« des 9. November war in Wirklichkeit nur eine Ohnmachtergreifung. Dem »Rat der Volksbeauftragten« standen keine Machtmittel zur Verfügung, auf die er sich hätte verlassen können. Im Gegenteil: Die zu seinem Schutz in Berlin zusammengezogene »Volksmarinedivision« meuterte schon Weihnachten, andere rasch aufgestellte »Wehren« erwiesen sich meist als wenig tauglich. Die Ostgrenzen des Reiches waren entblößt, die Rote Armee drohte über das Baltikum nach Ostpreußen vorzudringen. »Die militärische Schwäche des Sowjetstaates war auf deutscher Seite nicht in vollem Umfang erkannt, wohl aber war man sich der eigenen Machtlosigkeit voll bewußt.«[70] Polen machte in drei Anläufen alle Anstrengungen, das oberschlesische Industriegebiet mit Waffengewalt an sich zu reißen.

Hier wird eines der Grundmotive der Freikorps deutlich: Herstellung der Ordnung im Innern und Schutz der bedrohten Ostgrenzen. Die wenigsten Freikorps hatten etwas für die Demokratie übrig, aber vor die Alternative »Demokratie oder Bolschewismus« gestellt, fiel ihnen die Wahl nicht schwer: Die – noch kaum konkretisierte – Demokratie erschien ihnen zwar noch als ein Übel, aber als das kleinere. Ebenso verstand sich der Wunsch, die Ostgrenzgebiete nicht zu verlieren, von selber.

Das erste Freikorps wurde schon am 11. November 1918 von einem Leutnant Herbert Volck in Lüneburg gegründet, noch im gleichen Monat gab es bereits sieben.[71] Daher ist die Behauptung Maerkkers unrichtig, sein »Freiwilliges Landesjägerkorps«, das er Mitte Dezember 1918 in Salzkotten bei Paderborn aufgestellt hatte, sei das erste Freikorps gewesen.[72] Da man dem nüchternen General kaum unterstellen kann, er habe sich brüsten wollen, so beweist seine Bemerkung nur, daß selbst 1921, als sein Buch erschien, eine fundierte Übersicht über die Freikorps noch nicht möglich war.

Sogar heute bereitet eine solche Übersicht Schwierigkeiten. Manche Freikorps bestanden nur ein paar Tage, andere vermischten und trennten sich wieder. Wegen der Hektik, in der ihre Aktionen abliefen, aber auch wegen ihrer »Illegalität« (den Feindmächten gegenüber), fehlt es an Unterlagen aus jener Zeit, so daß man weitgehend auf die »nicht immer zuverlässigen Angaben von Memoiren und »Amateurhistorikern« angewiesen ist.[73] Interessanterweise hatten gelegentlich Soldatenräte die Bildung von Freikorps angeregt und unterstützt; so »bestand anfangs die paradoxe Lage, daß Truppen von eindeutig konterrevolutionärem Charakter ihr Bestehen Soldatenräten und Sozialdemokraten verdankten, während ›die Kommandostellen sich der Bildung der Freiwilligentruppen nicht überall mit genügendem Nachdruck angenommen‹ haben«.[74]

Einer der Gründe, warum sich die zuständigen Kommandostellen der Bildung von Freikorps gegenüber reserviert verhielten, ist wohl auch darin zu sehen, daß in ihnen der im Kriege entstandene Gegensatz zwischen den Stäben (den »Etappenhengsten«) und der Front dominierte, der Gegensatz zwischen denen, die am sicheren Ort und in aufreizend tadellosen Uniformen dachten, planten, lenkten und verwalteten, die alles zur Verfügung hatten, von dem man in den Schützengräben nur träumen konnte, und denen, die in den Schlachten, an der vordersten Front, die volle Last des Krieges an sich selber spürten. Es ist bezeichnend, daß im Zweiten Weltkrieg dieser Gegensatz eine viel geringere Rolle spielte, teils, weil es kaum zu Stellungskämpfen kam, teils, weil die Zusammengehörigkeit von Offizier und Mann stärker empfunden wurde als damals.

Interessanterweise bestand zwischen Freikorps und Kommunisten oft eine intensive Haßliebe, deren gemeinsamer Nenner ein antibürgerlicher Affekt war; das Bürgertum hatte in den Augen der Offiziere und Soldaten die Stäbe als »Feindbild« ersetzt. Sogar bei Generalmajor Maercker, der zwar den alten Verhältnissen verhaftet war, sich aber gegenüber den neuen keineswegs »reaktionär« verhielt, wird das deutlich: »Das Bürgertum ... sah tatenlos zu ... Es fiel als Kämpfer aus«, schrieb er im Hinblick auf das Jahr 1919 mit einer Mischung aus Verachtung und Verwunderung.[75] Und in einer Ansprache in der Leipziger Universität sagte er am 24. Mai 1919: »Wo blieb das deutsche Bürgertum? ... Ich habe in den fünf Monaten meiner Wirksamkeit in Mitteldeutschland wenig Achtung vor der Gestaltungskraft des deutschen Bürgertums, aber eine hohe Auffassung von der organisierten Arbeiterschaft bekommen ... Der gut organisierten, disziplinierten und opferbereiten Arbeiterschaft steht fast überall ein völlig unorganisiertes, sich in vier bis fünf Parteien gegenseitig bekämpfendes, zu Opfern wenig bereites Bürgertum gegenüber.«[76] Und das Offizierskorps eines Freiwilligenregiments veröffentlichte am 8. April 1920 einen »Aufruf an das Bürgertum«, der schloß: »Allenthalben hat sich in Offizierskreisen ein stiller Haß wegen« des Bürgertums »Energielosigkeit und Stumpfheit in Lebensfragen der Nation angesammelt. Leicht gesellt sich zum Haß die Verachtung ... Die deutsche Jugend dürfte eines Tages müde sein, sich für die Zipfelhauben, die Spießbürger und die Pharisäer einzusetzen.«[77] Ein Offizier der Marinebrigade II (Ehrhardt) schreibt: »Wenn nur mal hunderttausend Bürger wieder das Koppel umgeschnallt hätten ... anstatt sich vor hergelaufenen Matrosen und Ausländern zu ducken, dann wäre die Soldatenspielerei der Minderjährigen gar nicht nötig gewesen, dann hätte man überhaupt auf das ganze Theater der Freikorps verzichten können.«[78] Und Ernst Jünger wollte nicht verkennen, daß in den »späteren Formationen des Kommunismus ... ein positiver und kriegerischer Wille zur Macht« vorhanden war.[79] Er meinte wohl vor allem den »Roten Frontkämpferbund«. Auch von den Freikorps und ihren Gegnern gilt also das Wort: »Les extrêmes ses touchent«. Dafür gab es damals nicht wenige Beispiele. Hier hat wohl auch die keineswegs leere Formel vom »Nationalbolschewismus« zumindest ihren geistigen Ursprung. Dazu trat wegen der Haltung der Siegermächte der Haß auf den Westen, der den Gegensatz zu östlichen Erscheinungen und Ideen oft genug milderte. Monarchistisch dachten die wenigsten Freikorps.

Der »Frontgeist« spielte in der Weimarer Republik eine große, prägende Rolle, die man sich heute gar nicht mehr vorstellen kann: das jahrelange Dauererlebnis der Todesnähe und der daraus entstandenen Kameradschaft. Kameradschaft im Kriege war nichts Abstraktes, sondern konkret Erfahrenes. Sie ließ die Klassenunterschiede, die vorher eine so große Rolle gespielt hatten, überwinden und verschwinden, als in den Schlachten und Stellungskämpfen jeder für jeden da war, jeder sich auf jeden verlassen konnte und jeder wußte, daß die feindliche Kugel gesellschaftliche oder berufliche Unterschiede nicht berücksichtigte. Die Front war zumal für diejenigen, die im August 1914 etwa als Achtzehnjährige ins Feld gezogen waren, zur eigentlichen »Heimat« geworden, nicht die Universität, nicht ein Beruf oder die bürgerliche Gesellschaft, der sie zwar entstammten, aus der sie aber der Krieg entlassen hatte, bevor sie eine bestimmende Richtung geben konnte. So hatten gerade in den entscheidenden Lebensjahren nicht das Studium oder der Beruf die Erfahrung und das Dasein geformt, sondern die Front. Es ist bezeichnend, daß Heinrich Brüning seine Memoiren nicht mit der Schilderung seiner Jugend, sondern seiner Kriegserlebnisse beginnt, so, als ob er erst im Kriege geboren sei. So dominierte bei dem Parlamentarier und späteren Reichskanzler das Fronterlebnis, und man kann sicher sein, daß in seinen Augen sein EK I eine größere Ehre war als seine Reichskanzlerschaft. »Wir waren eine Zwischengeneration, voller Verachtung gegenüber dem herrschenden Materialismus, der vom klassischen Liberalismus übrigblieb. Die Bedeutung der romantischen Reaktion der Jugendbewegung erkannte ich erst in den Schützengräben.«[80]

Viele jener Jugendlichen, deren entscheidende, die Lebensweichen stellende Jahre nur die Front geprägt hatte, füllten nach der Niederlage die Freikorps: Sie und nicht die bürgerliche Gesellschaft führten das fort, was sie verloren hatten – eben ihre »Heimat«. Die neue Umwelt erschien ihnen als fremd, ja feindlich. Da der neue Staat zunächst noch keine klaren Konturen erkennen ließ, verstanden sich viele Freikorps weniger als »Staat im Staate«, sondern als der vorweggenommene Staat, den es erst zu schaffen galt. Das Chaos, das der »Nachkrieg« bot, stieß sie gründlich ab, es zu überwinden sahen sie als ihre Aufgabe und Pflicht an. Da das Chaos das Signum der Demokratie trug, war diese in ihren Augen der Gegner, den es aber paradoxerweise zugleich auf die Beine zu stellen galt, da die durchaus real drohende Alternative, der Bolschewismus, weitaus ärger war. Und die Freikorps boten wieder die Kameradschaft, nach der es die Jugendlichen dürstete.

Meistens spielte die Persönlichkeit eines Freikorpsführers eine große Rolle. Nicht selten verfügte er über ein gewisses Charisma wie etwa der Oberleutnant Gerhardt Roßbach oder der Korvettenkapitän Hermann Ehrhardt. Was sie wollten, war automatisch auch der Wille ihrer Gefolgsleute. Oft ordneten sich Offiziere dem unter, der dem Range nach niedriger stand. Die enge Bindung an den jeweiligen Führer hatte auch ihre Kehrseite. Fiel er oder wurde er kampfunfähig, konnte auch sein Freikorps auseinanderbrechen, im wahrsten Sinne des Wortes »kopflos« werden, weil es nur auf ihn eingeschworen war. »Am besten war der neue Führer ein Offizier, der von Anfang an im gleichen Freikorps war. Der Fremde blieb fremd, weil er die Truppe nicht vom ersten Ansatz mitgebaut, mit seiner Seele durchtränkt hatte.«[81] Der damalige Oberst Albrecht von Thaer notierte am 14. Februar 1919, wie eine Kompanie bei einem aussichtsreichen Angriff im Kampf um Oberschlesien sofort auseinanderlief, als der Kompanieführer, ein Leutnant Koop, als erster gefallen war: »Darauf räumte die ganze Kompanie fast ohne Verluste die Sache. Der größere Teil ... erklärte ..., sie hätten nun keine Lust mehr, und kauften sich Fahrkarten nach Berlin.«[82]

Schon der alten OHL (Oberste Heeresleitung) waren die Freikorps »unheimlich«[83]. Jene enge Bindung veranlaßte General von Seeckt, beim Ausbau des von General Reinhardt begründeten Reichsheeres sich gegenüber Freikorps-Offizieren sehr zurückzuhalten. Denn in der neuen Armee sollte die Amtsautorität gelten, von der jeder Offizier seine eigene nur bezog, auch wenn es wünschenswert war, daß seine Persönlichkeit eine zusätzliche Autorität bot.

Bei allen Freikorps-Offizieren, die ich kennengelernt habe, stand das »nationale«[84] Motiv im Vordergrund, ebenso bei den zahllosen Studenten, die die Universitäten verließen, um sich den Freikorps anzuschließen oder eigene zu bilden. Es galt, im Innern eine – möglichst nichtsozialistische – Ordnung zu stiften und die gefährdeten deutschen Ostgrenzen vor dem Zugriff der Polen und – im Baltikum – der Russen zu schützen. Hagen Schulze macht in seinem ausgezeichneten Buch über die Freikorps allerdings eine wichtige Differenzierung: »National war die Zielsetzung auf jeden Fall – aber auf keinen Fall reaktionär, darüber waren sich die meisten jüngeren Offiziere, im Gegensatz zu den meisten ihrer älteren und ranghöheren Vorgesetzten, einig.«[85] Das wurde auch in meinen Gesprächen mit vielen früheren Freikorps-Offizieren deutlich, von denen, soweit ich es übersehen konnte, auch kaum einer später Anhänger der rechtsbürgerlichen »Deutschnationalen Volkspartei« war; eher herrschten Parteilosigkeit und Parteifremdheit vor.

Von den Freikorps-Offizieren, deren Memoiren vorliegen, hat sich keiner so eindrucksvoll wie Ernst von Salomon zu artikulieren verstanden. »Die Männer der Freikorps waren nicht getrieben von einer Idee, sie waren getrieben von dem Bewußtsein einer Gefahr ... Sie waren der Staat und sonst niemand. Wo sie standen, war der Staat.« Die Freikorps-Männer kämpften »als eine Schar, welche keine Art von Wohlstand auch nur zu denken vermochte, als eine, die einzig dazu dienen konnte, die Kräfte des Staates zu fördern, keine Gesellschaft als eine, die unmittelbar dem Staat hingegeben war, keine Ordnung als eine, die das nützliche Gefüge des Staates sein mußte ... sie standen nicht dort, wo sie der Zufall hingewürfelt hatte, die Abstammung, das Herkommen, der Stand, die Arbeit, sie warfen sich in die Breschen, die durch das Fehlen des Staates verursacht waren«. Von niemandem waren sie »willkommen geheißen ... aus allen Berufen kommend und aus allen Lagern, und doch ein einheitlicher Typ, alle Masken tragend und doch ein Gesicht, in allen Formen zu Hause und doch eine Form. Die Wirkung ihres Tuns war unermeßlich. Sie selber ernteten die Früchte ihres Tuns nicht, der Staat erntete sie ... Die sonderbaren ›Konterrevolutionäre‹ handelten so, wie die Revolutionäre hätten handeln müssen. Sie taten das, was die anderen alle in ihrer Fülle von Ideen zu tun versäumten, sie sicherten den Staat nach außen und die Ordnung nach innen.«[86]

Salomon entwirft von den Freikorps das stilisierende Bild einer Einheitlichkeit, die in diesem Maße nicht vorhanden war, und da das Buch 1938 erschienen war, konnte er auch selbstverständlich nicht an negative Seiten erinnern, ebensowenig an den »Nationalbolschewismus«, der nicht selten anzutreffen war. Dennoch läßt Salomon auch den Nachgeborenen viel von der Atmosphäre ahnen, in der die Freikorps standen und aus der heraus sie handelten. Sie waren 1919 tatsächlich eine Art Ersatz für den Staat, der noch um seine Existenz, Formung und Ordnung rang. Mit Recht auch erinnert er an die »Revolutionäre« von 1918, deren Handeln durch ihre »Fülle von Ideen« gelähmt war.

Was hatte es nun mit den »Landsknechten« auf sich, wie die Freikorps schon bald abwertend genannt wurden? Manche Freikorps-Offiziere nennen sich in ihren Memoiren selber so, obwohl das Wort in seiner eigentlichen und historischen Bedeutung auf sie nicht zutraf; offenbar verstanden sie den Begriff so, daß sie mehr oder minder auf eigene Faust handelten, nicht als Glieder einer Armee im herkömmlichen Sinne, eher in der Nähe von Partisanen.

Landsknechte waren freilich die vielen Arbeitslosen, die in den Freikorps Aufnahme fanden. Ihr Motiv war – sieht man von denen ab, die lediglich das Abenteuer suchten – einzig und allein der Empfang von Sold, Verpflegung und Bekleidung. Aber auch wenn sie – was nicht zu belegen ist – in der Überzahl gewesen wären, so wären sie doch nicht typisch gewesen, denn sie gaben nur das Material ab, dem die Freikorps-Führer erst Form und Ziel gaben; auch in einer Wehrpflichtarmee ist die Zahl derer, die nur ungern oder gleichgültig den Dienst ableisten, selbst dann nicht typisch, wenn sie noch so groß ist, auch sie liefern lediglich das »Material«, mit dem die Wehrpflichtarmee ihre Ziele verfolgt, die nicht von ihnen bestimmt und definiert werden, sondern denen sie unterworfen sind.

Pauschal als »Landsknechte« kann man eher die »Volksmarinedivision« bezeichnen. Weniger um einer Idee willen als des Soldes wegen meuterte sie kurz vor Weihnachten 1918 – ein typisches Signum der Landsknechte. Es gelang dem Rat der Volksbeauftragten nicht, sie nach seinem Willen zu prägen; so blieb sie nicht nur ein ungeeigneter, sondern auch gefährlicher Haufen, in dem allenfalls konterrevolutionäre Ideen im Sinne der USPD wucherten, während die Ziele, um derentwillen sie aufgestellt worden war – nämlich den Rat der Volksbeauftragten zu schützen –, in ihr wenig Resonanz fanden.

Vor allem in den Memoiren des Generalmajors Maercker finden sich manche Beschwerden über Erscheinungen von Disziplinlosigkeit. »Der Sinn für Mein und Dein ... war auch bei den jungen Soldaten nicht zu finden.« Es kam zu »Einbruchsdiebstählen und Entwendungen von Wäsche und Bekleidungsstücken«. Der »durch das Leben im Feindesland verwilderte Soldat« konnte sich nicht daran gewöhnen, »fremdes Eigentum – staatliches wie privates – sorgsam zu behandeln«, und in der Berliner Universität hatten die dort untergebrachten Truppen »die Universitätsräume verwüstet«.[87] Und: »Vorerst mußte die formlose Masse der Sicherheitstruppen, Wachtregimenter, Volkswehren, Freiwilligentruppen und Grenzschutzverbände gesäubert und gegliedert werden.«[88] Weil die »Haltung der Truppe« noch »sehr viel zu wünschen übrig« ließ, mußte Maercker trotz der »kleinen Truppe« bald die »Zuweisung eines zweiten Kriegsgerichtsrats beantragen ... Manchen Soldaten fehlte das Gefühl dafür, daß sie nicht mehr in Feindesland, sondern in Deutschland waren ... Zu diesen Gewohnheiten aus der Kriegszeit gehörte es auch, daß manche Soldaten im Zivilisten immer den ›Panje‹ und nicht den Landsmann sahen und dazu neigten, ihre Kraftfülle zu herausfordernden Gewalttätigkeiten gegen die Einwohnerschaft zu mißbrauchen.«[89]

Bei den Transporten ins Baltikum »gab es so und so viele, die nur um der Zulage willen sich hatten anwerben lassen, und die der Meinung waren, daß man hier draußen in ›Feindesland‹ nach Belieben rauben und plündern könne«.[90] Indessen schreibt der heute beste Kenner der Freikorps-Bewegung, Hagen Schulze: »In den meisten Verbänden allerdings wurde wenigstens der Versuch gemacht, solche Elemente schon bei der Einstellung auszusieben, und eine außerordentlich harte Selbstjustiz der Verbände verhinderte, daß das Marodeur- und Verbrechertum überhand nahm.«[91] Schulze hebt zwar »die manchmal grauenhaften Untaten« der Freikorps hervor, bemerkt aber, daß der von ihnen bekämpfte Feind »ihnen an Kriegsgreueln durchaus überlegen war«.[92] Wie immer, wenn das schiere Chaos herrscht, können Menschen Untaten begehen, zu denen sie bei geordneten Verhältnissen gar nicht fähig wären – man denke nur an die Französische Revolution, die in Fülle solche Beispiele lieferte. Das gilt von beiden Seiten, die sich im »Nachkrieg« zerfleischten. Ein allgemeines Chaos läuft stets auf einen strafrechtlichen Freiraum hinaus.

Die These, daß die Freikorps die eigentlichen Wegbereiter und Vorläufer Hitlers waren, vertritt insbesondere der amerikanische Historiker Waite.[93] Waite überbewertet das Gewicht, das zahlreiche Freikorps-Leute im Nationalsozialismus hatten. Vorsichtiger meint Schüddekopf, der Waites These »überspitzt« nennt, die Freikorps seien nur »indirekt zu Wegbereitern und Förderern des Nationalsozialismus« geworden.[94] Nach Hagen Schulze ist es nicht so, »daß die Freikorps die eigentlichen Vorläufer des Nationalsozialismus gewesen seien, obgleich viele Elemente, vom Führerprinzip bis zu den Hakenkreuzen an den Stahlhelmen der Ehrhardt-Soldaten, sich nahtlos von den Freikorps bis in die NSDAP verfolgen lassen. Die Freikorps waren zu sehr zersplittert, um wie ein Mann Hitler zu folgen.«[95] Schulze weist auf erbitterte Gegner Hitlers unter den Freikorps-Führern hin und darauf, daß »ein Großteil der im Zusammenhang mit der Röhm-Affäre erschossenen SA-Führer aus den Freikorps hervorgegangen war«.[96]

In der Tat waren die Ursachen, die Hitlers Aufstieg ermöglichten, zu vielfältig und vielschichtig, als daß es erlaubt wäre, ihn auf eine einzige zurückzuführen. Solche Versuche erinnern an jene, die nach 1945 in Umlauf waren und Luther, Friedrich den Großen, Nietzsche oder Bismarck in vollem Ernst für Hitler verantwortlich machten. Zu jedem explosiven Ereignis der Geschichte stellen sich viele Spinnereien ein, die es zu »erklären« suchen.

Der »Allgemeine Kongreß der Arbeiter- und Soldatenräte Deutschlands«, der vom 16. bis 21. Dezember 1918 in Berlin tagte[97], verhinderte es, daß aus Deutschland eine Räterepublik wurde, und setzte als Termin für Wahlen zur Nationalversammlung den 19. Januar 1919 fest. Die Freikorps taten das meiste, um ein Sowjetdeutschland zu verhindern.

Die Nationalversammlung fand in Weimar statt. Es ist ein signifikantes Beispiel sowohl für die damalige Zeit wie für die ordnungsstiftende Seite der Freikorps, daß den Schutz der Nationalversammlung das »Freiwillige Landesjägerkorps« des Generals Maercker übernahm, wozu die Polizei noch gar nicht in der Lage war.

Man hat es oft als einen Geburtsfehler der Weimarer Republik bezeichnet, daß der »Rat der Volksbeauftragten« mit der OHL zusammenarbeitete und sich auf die Freikorps stützte. Indessen war es kein Fehler, sondern existentielle Notwendigkeit. Das Volk im ganzen war kriegsmüde, ebenso die sozialdemokratischen Arbeitermassen. Der Versuch, demokratisch gesinnte »Wehren« aufzustellen, mißlang: Sie waren zum größten Teil unzuverlässig und unfähig.[98] Militant auf republikanischer Seite waren nur die Linksextremen, die an den Soldaten scheiterten, da diese das Handwerk natürlich ungleich besser beherrschten. Die Alternative zu jener Zusammenarbeit wäre ein Sowjetdeutschland gewesen. Wieso also war sie ein »Fehler«?

Der amerikanische Historiker Harold J. Gordon Jr. urteilt: »Ohne die Allianz zwischen der Regierung und dem Generalstab würde die deutsche Republik kaum gehofft haben können, das Jahr 1919 zu überleben. Ohne die Freikorps wäre die Allianz steril gewesen ... Die Freikorps befriedeten das Reich und erhielten dessen territoriale Integrität, soweit es möglich war. Sie sorgten für den inneren Frieden, der so notwendig war, wenn das zerstörte soziale und ökonomische Gefüge wieder hergestellt werden sollte.«[99] Und Michael Freund schreibt: »Mit einem Tausendstel der Tapferkeit und Männlichkeit dieser Menschen (der Freikorps; W. M.) hätte die deutsche Revolution leicht gewonnen werden können. Sie wurden zum Unglück für sich und für Deutschland: Aber zu schämen hat sich das deutsche Volk ihrer nicht.«[100] In der Tat besteht wenig Anlaß, sich zu schämen, daß die Freikorps zunächst die Republik stabilisiert haben – was auch immer im einzelnen auszusetzen gewesen sein mag. Wer sie in toto verurteilt, beweist nur, daß er die damalige Situation und ihre Alternativen nicht verstanden hat.

Zum Schluß eine Anekdote, die den Vorzug der Wahrheit hat. Roßbach hat mir die Geschichte erzählt, und sein damaliger Intendant Pelz, der heute in Norddeutschland eine Fabrik besitzt, hat sie mir gegenüber bestätigt.

Es war Anfang 1920. Roßbach hatte sein Stabsquartier vorübergehend in Berlin. Da wurde ein jüngerer Engländer zu ihm geführt, der ihn fragte: »Was kostet ein Putsch?« Dabei wies er auf seine mit britischen Pfundnoten prall gefüllte Brieftasche. Roßbach, der nie so recht wußte, womit er in den nächsten Tagen seine Leute bezahlen sollte, starrte gebannt auf die Pfundnoten, die damals einen enormen Kurswert hatten. Da er unschlüssig war, wollte er Zeit gewinnen und befahl seinem Intendanten Pelz, den gewünschten Voranschlag zu liefern. Pelz war innerhalb von sechs Stunden mit seiner Arbeit fertig, er hatte die Kosten bis auf das letzte Verbandspäckchen ausgerechnet. Doch da überwogen bei Roßbach die Bedenken, er setzte sich telefonisch mit General Ludendorff in Verbindung, von dem er erfuhr, daß der junge Engländer ein Agent provocateur war.

Kostenvoranschlag für einen Putsch! Die Szene erhellt blitzartig die Anfänge der Weimarer Republik – mehr als ein Historiker es könnte, der ihre Geschichte aus Büchern und Archiven rekonstruieren muß.

4. KAPITEL

Der Flaggenstreit – Volk und Staat

Die Weimarer Reichsverfassung vom 11. August 1919 enthielt den verhängnisvollen Artikel 3: »Die Reichsfarben sind schwarz-rot-gold. Die Handelsflagge ist schwarz-weiß-rot mit den Reichsfarben in der oberen linken Ecke.«

Dieser Artikel war zweifach verhängnisvoll. Zum einen schuf er einen seltsamen Dualismus: Zu Lande sollte eine andere Flagge gezeigt werden als zur See, was, soviel ich weiß, einmalig in der Geschichte war. Man hatte für die Handelsmarine die alten Farben, die schon der Norddeutsche Bund 1866 eingeführt hatte, gewählt, weil die Nationalversammlung fürchtete, das Ausland sei an die neuen Reichsfarben nicht gewöhnt und habe daher Schwierigkeiten, mit ihnen gekennzeichnete Schiffe als deutsche zu identifizieren; die Handelsflagge sollte also dafür sorgen, daß das weltbekannte »Made in Germany« in gebührender Erinnerung blieb und so unserem Handel weiter zugute kam. Auch Abgeordnete wie Molkenbuhr (SPD), Katzenstein (SPD) oder Quidde (DDP – »Deutsche Demokratische Partei«), die für die schwarz-rot-goldenen Reichsfarben eintraten, befürworteten die anders gestaltete Handelsflagge. Molkenbuhr beispielsweise begründete die »kleine (!) Ausnahme« damit, daß »bei den Schiffahrtsflaggen eine Flagge geführt werden muß, die auf weite Entfernung erkannt werden kann«, und weil man zugeben müsse, daß beim internationalen Handel »die schwarz-weiß-rote Fahne recht Gutes geleistet hat«, so daß man ihr »aus praktischen Gründen« zustimmen könne; sie sei »auf dem Weltmeer diejenige, welche die Früchte des deutschen Gewerbefleißes und des Völker versöhnenden Verkehrs deckte«. Die Kaiserliche Kriegsmarine habe überdies nicht die schwarz-weiß-rote Flagge gehabt, sondern eine »weiße Flagge mit dem schwarzen Kreuz, wo in der äußersten Ecke noch ein wenig schwarz-weiß-rot drin ist; so habe das »kriegerische Deutschland« dem Ausland »andere Farben gezeigt als schwarz-weiß-rot«.[101]

Zugleich war die Handelsflagge als Kompromiß gegenüber denen gedacht, die Schwarz-Rot-Gold als Reichsfarben ablehnten. Doch der Kompromiß schuf eben jenen Dualismus von zweifelhaftem

Wert. Er hatte nach dem angesehenen Rechtsgelehrten Wilhelm Kahl (DVP – Deutsche Volkspartei) »keine Berechtigung«. Und der Abgeordnete Laverrenz (DNVP) sprach von dem »großen Mißstand«, käme es zu zwei Flaggen; es wäre »sicherlich für fremde Völker ein unverständlicher Anblick, wenn in einem ausländischen Hafen vom deutschen Konsulatsgebäude eine andere Reichsflagge wehen würde als von den dort vor Anker liegenden deutschen Schiffen«.

Doch die Mehrheit billigte diesen absurden Dualismus. Reichspräsident von Hindenburg suchte durch die – verfassungsrechtlich fragwürdige – Verordnung vom 4. Mai 1926 den Zustand zu mildern. Danach hatten auch die gesandtschaftlichen und konsularischen Behörden an außereuropäischen Plätzen und an solchen in Europa, die von Handelsschiffen angelaufen werden, neben Schwarz-Rot-Gold die schwarz-weiß-rote Fahne zu zeigen. Doch auch das war sonderbar genug und dürfte die von der Nationalversammlung gestiftete Verwirrung eher gesteigert haben. Welche ausländische Gesandtschaft und welches ausländische Konsulat hißt zwei verschiedene Flaggen?

Zum anderen erwies sich die Bestimmung als höchst problematisch, daß die Reichsfarben Schwarz-Rot-Gold sein sollten. In der Nationalversammlung wurden dafür historische Gründe wie die Revolutionsbewegung von 1848 angeführt, die Farben sollten überdies die Hoffnung auf ein großdeutsches Reich (also unter Einschluß Österreichs) ausdrücken; dazu sagte der Abgeordnete Petersen (DVP) mit Recht, man solle erst nach dessen Verwirklichung die Flaggenfolgerung ziehen. Einige Befürworter beriefen sich auch – zu Unrecht – auf ein angebliches Wappen des 1806 untergegangenen »Heiligen Römischen Reiches Deutscher Nation«.

Meines Wissens sind wir das einzige Volk, das auf den abwegigen Gedanken verfallen ist, Symbole von Niederlagen (1848, vorher das Hambacher Fest 1832) zum staatlichen Emblem zu erheben. In der Folge haben wachsende Teile des Volkes in den Farben das Symbol auch der Niederlage von 1918 gesehen. So verfielen sie – zusammen mit der Verfassung – unvermeidlicherweise einer breiten Verachtung. Hellsichtig hatte schon in der Nationalversammlung Kahl davor gewarnt, die Verfassung durch die neuen Farben dem deutschen Volk »widerwärtig« zu machen.

Damals spielten Symbole eine außerordentliche Rolle: Man stand für etwas und wollte es nach außen hin dokumentieren, weswegen der spätere Flaggenstreit überhaupt erst möglich war. Die Heutigen mögen sich an die Fernsehbilder erinnern, als 1968 die Sowjets Prag besetzten: Zu Tausenden hielten die empörten Bürger ihnen ein Symbol entgegen, die tschechoslowakische Fahne; in jenen erregten Wochen war es das Symbol der Freiheit sowohl vom Kommunismus wie von der UdSSR. Bei uns spielt das Symbol der Bundesrepublik fast nur noch eine Rolle als Erkennungszeichen bei internationalen Sportveranstaltungen und zur See.

Zum Wesen eines echten Symbols gehört es, daß es unmittelbar, also ohne Erklärung, jedem einleuchtet, jeden angeht, daß es, um mit Sorel zu sprechen, ein »ensemble d'images« ist. Mit Recht sagte Laverrenz am 2. Juli 1919 in der Nationalversammlung, die neuen Farben seien »dem heutigen Geschlecht innerlich fremd« und sie würden nicht »dadurch zum Leben erweckt, daß man sie künstlich mit der Parteimaschine wieder in das Gedächtnis zurückrufen will«; nur »wenige Kreise« verbänden mit den neuen Farben »wirklich lebendige Begriffe«, die aber »doch nur Erinnerungen an Bestrebungen und politische Ziele einer vergangenen Zeit« seien. Und Kahl bemerkte, »die Schwärmerei für schwarz-rot-gold« sei »zum Teil künstlich erzeugt«.

Echte Symbole waren damals Schwarz-Weiß-Rot und die rote Fahne. Ein Symbol, das erst durch umständliche historische Exkursionen erklärt werden muß, hat nicht die geringste Chance, ein echtes Symbol zu werden. Ich erinnere mich noch der rührenden Bemühungen meiner Lehrer auf dem Gymnasium, uns deutlich zu machen, warum unsere Staatsfarben nicht mehr, wie wir es gewohnt waren, Schwarz-Weiß-Rot, sondern Schwarz-Rot-Gold sein sollten; wir Schüler begriffen es nicht so recht. In der Tat erforderten die neuen Farben eine *Erklärung:* Eben darin lag der Hase im Pfeffer.

Überdies litt die neue Fahne an einem ästhetischen Fehler: Die helle Farbe hätte natürlich zwischen die dunkleren gehört. So stieß schon die bloße Anordnung der Farben nicht wenige ab.

Doch das Unheil nahm seinen Lauf. Am 3. Juli 1919 lehnen bei fünf Enthaltungen hundertneunzig gegen hundertzehn Abgeordnete Schwarz-Weiß-Rot ab, also die Farben, die, wenn sie nicht schon damals volkstümlich gewesen sein sollten, es doch schon bald wurden. Zweihundertelf gegen neunzig Abgeordnete sprachen sich bei einer Enthaltung für Schwarz-Rot-Gold aus. Die »künstlich erzeugte Schwärmerei« hatte in einer verhängnisvollen Stunde und Stimmung gesiegt. Es dauerte nicht lange, bis jene Minderheit im Volk zur Mehrheit werden sollte: Der Flaggenstreit war geboren, der der Republik mehr zusetzen sollte, als die Heutigen ahnen.

Die Sache war noch mit einem anderen Problem schwer belastet. Während der Befreiungskriege trugen die Lützower Jäger schwarz umgefärbte Zivilröcke mit roten Vorstößen und vergoldeten Knöpfen. Nach den Befreiungskriegen hatten die Burschenschaften diese Farben übernommen; vor allem der Jenaer Burschenschaft gehörten viele ehemalige Lützower Jäger an.

Indessen läßt sich Gold nicht auf Fahnentuch reproduzieren, es erscheint vielmehr als Gelb. Die Bayern waren klüger als die Nationalversammlung: Das Wittelsbacher Wappen ist silber-weiß, doch da auch Silber sich auf Fahnentuch nicht reproduzieren läßt, ist die bayerische Fahne nicht nur weiß-blau, sondern sie wird auch so genannt; kein Bayer käme auf die Idee, die Fahne als silber-blau zu bezeichnen.

So entstand die ärgerliche Situation, daß jemand, der die *Realität* der Farben nannte, also »Schwarz-Rot-Gelb« sagte, dies aus einer verfassungsfeindlichen Stimmung heraus tat, was auch allgemein so verstanden wurde. Nach Rathenaus Ermordung wurde zunächst am 26. Juni 1922 die Verordnung zum Schutze der Republik erlassen; in ihrem § 5 Nr. 4 stellte sie die öffentliche »Beschimpfung« der Reichsfarben unter Strafe. Die Verordnung wurde am 21. Juli 1922 durch das Republikschutzgesetz abgelöst, das in seinem § 8 Nr. 2 die »Beschimpfung« gleichfalls mit Strafe bedrohte. Es blieb der richterlichen Interpretation überlassen, ob »Schwarz-Rot-Gelb« bereits als »Beschimpfung« anzusehen war. Leichter war der Beschimpfungscharakter zu erkennen, wenn man »Schwarz-Rot-Senf«, »Schwarz-Rot-Mostrich« oder »Schwarz-Rot-Hühnereigelb« sagte. Die Urteile fielen verschieden aus[102]; auf alle Fälle begab sich der, der die farbliche Realität nannte, in eine strafrechtliche Nähe. Die Folgen dürften auch heute noch vorstellbar sein. Eine Fahne, die »Schwarz-Rot-Gold« hieß, gezwungenermaßen aber schwarz-rotgelb war – das forderte den Spott geradezu heraus. Das Aussprechen der Wahrheit mit Strafe bedrohen – das mußte schiefgehen, zumal in einer Zeit, in der man sich bei Symbolen noch etwas dachte, sich zu ihnen mit Stolz bekannte oder sie mit Haß ablehnte.

Damals waren die Straßen der Städte aus irgendeinem Anlaß alle paar Wochen oder Monate in ein Flaggenmeer getaucht. Schwarz-Rot-Gold, Schwarz-Weiß-Rot, die rote Fahne und das Hakenkreuz konkurrierten miteinander. Fast jeder »zeigte Flagge« im vollen Sinne des Wortes. Wenn ich mich recht erinnere, hatte Schwarz-Rot-Gold nur selten dominiert, die an diese Fahne geknüpften Assoziationen waren zu blaß, zu defensiv, zu künstlich, zu akademisch auch, während die anderen Fahnen – auch die rote – von denen, die ihnen anhingen, als ihr wirkliches Symbol intensiv empfunden wurden, durch das sie sich repräsentiert fühlten. Schon an den Flaggen war abzulesen, wie es um die Demokratie stand, nämlich trostlos.

Letzten Endes erklärt sich die Intensität des Flaggenstreits daraus, daß damals dem Volk der Staat nicht gleichgültig war, daher auch nicht seine Form und seine Symbole. Wer die Fahne Schwarz-Rot-Gold wählte, tat damit kund, daß er die Verfassung möglichst unverändert und ungeschmälert bewahrt wissen wollte. Wer eine andere Fahne vorzog, wollte die Verfassung etwa im monarchistischen Sinne (Schwarz-Weiß-Rot) ändern oder gar den Staat bei völliger Vernichtung der Verfassung erobern (rote Fahne, Hakenkreuz). Wer sich aus dem Streit heraushalten wollte, zeigte die jeweilige Landesfahne und reicherte so das verwirrende Flaggenmeer an.

Die Vorstellung, heute seien wir alle »Demokraten«, sollte mit einiger Skepsis aufgenommen werden. Denn den meisten ist der Staat – außer als Adressat von Wünschen und Forderungen – reichlich gleichgültig, daher auch seine Form und seine Symbole. Wohl nur deshalb gibt es keinen Streit um die Demokratie und um Schwarz-Rot-Gold. Deshalb auch flaggen am 17. Juni keine Privathäuser, sondern nur Behörden, und zwar auf Anordnung. Die hohe Wahlbeteiligung kann wohl nur als eine Art Pflichtübung gedeutet werden; dabei hat kaum jemand den Staat, sondern eine Partei im Sinne. Es hat seine Gründe, warum gerade in gestandenen Demokratien wie der Schweiz oder den USA die Wahlbeteiligung weitaus geringer ist. Die These, wir seien schon deswegen »Demokraten«, weil die Demokratie und ihre Symbole nicht umstritten sind, eignet sich zwar trefflich für Festreden, ist aber reichlich verwegen.

Inzwischen gibt es bei uns freilich eine gänzlich neue Art von »Staatsinteresse«: grundsätzlich gegen den Staat, seine Einrichtungen und Gesetze zu sein. Gegen alles das à tout prix zu demonstrieren, »bürgerlichen Ungehorsam« und »Widerstand« zu leisten, kurz, ein »Antistaatsbewußtsein« sorgfältig zu pflegen und zu predigen gerät mehr und mehr zur Mode, gilt als Praktizierung »wahrer Demokratie«.

Wie die Vehemenz des Weimarer Antikommunismus eines der Vehikel Hitlers wurde, so galt das bis zu einem gewissen Grade auch von Schwarz-Rot-Gold. Wären die Reichsfarben Schwarz-Weiß-Rot geblieben, die für weite Teile des Volkes einen bedeutenden Symbolwert hatten, würde es Hitler sehr viel schwerer gehabt haben, das Hakenkreuz zu popularisieren.

Jene Debatte in der Nationalversammlung über die Reichsfarben war von einer erschreckenden psychologischen Ahnungslosigkeit und Volksfremdheit geprägt. Nur die Rechte (DNVP und DVP) behielt einen klaren Kopf, ihre Argumente waren rational, frei von historischer »Schwärmerei« und großdeutschen Emotionen. Bei ihr – zumal bei der DNVP unter Hugenberg – gewann erst später die Unvernunft die Oberhand, als sie – wenn auch aus anderen Motiven – mit Hitler am gleichen Strang zog, mit dem er sie schließlich erdrosseln sollte.

An jene Entscheidung von 1919 erinnerte der Vorschlag des Bundespräsidenten Theodor Heuss, bei offiziellen Veranstaltungen nur die dritte Strophe des Deutschlandliedes zu singen. Als ob nicht jeder Nationalhymne eine gewisse Vollmundigkeit zuzubilligen wäre! Und wer kennt eigentlich die dritte Strophe?

5. KAPITEL

Der Mythos vom Generalstreik
Der Kapp-Putsch –
Die gewerkschaftliche Lebenslüge

Die Ausgangslage

Die neue Demokratie verdankte ihre Etablierung nicht den Politikern, die im November 1918 in den Vordergrund getreten waren, sondern den Soldaten, den Freikorps. Ohne sie wäre die Demokratie schon im Januar 1919 gescheitert, ohne sie hätte noch nicht einmal die Nationalversammlung zusammentreten können, hätte es nicht schon 1919 eine Reichsverfassung gegeben. Dieser Sachverhalt mußte das Selbstbewußtsein der Offiziere nach der militärischen Niederlage wiederbeleben und stärken, ihnen ein Gefühl der Überlegenheit und Unentbehrlichkeit geben. Ihrem militärischen, am Prinzip von Befehl und Gehorsam orientierten Denken erschien der neue parlamentarische Betrieb (auch der Volksmund nannte den Reichstag bald »Schwatzbude«) als wesensfremd, undurchsichtig, unheimlich, ja unsinnig und – für die Landesverteidigung und die innere Ordnung – gefährlich. Die neuen Machthaber ohne eigenständige Macht, die Sozialdemokraten und Linksliberalen konnten ihnen nicht gut sympathisch sein: Repräsentierten sie nicht das Unheil und Chaos, das die Heimkehrer vorgefunden hatten? Da sie vier Jahre an der Front gestanden hatten, waren ihnen die außerordentlichen sozialen und psychologischen Veränderungen entgangen, die der Krieg selber erzeugt hatte. So blieben jedenfalls die älteren Offiziere der Vorkriegsmentalität verhaftet, ohne zu merken, daß die Zeit darüber hinweggegangen war. Unreflektiert dachten und fühlten sie in den Kategorien der alten Ober- und Mittelschicht, der sie entstammten, obwohl diese zumindest in der gleichen Form wie vor dem Kriege kaum mehr existierte. Die jüngeren Offiziere dagegen, von der Monarchie bitter enttäuscht, fühlten sich oft als die wahren Revolutionäre, nicht selten stand ihnen die revolutionäre Arbeiterschaft, die sie niederrangen, innerlich näher als das Bürgertum, mehr oder minder bewußt schwebte ihnen eine Verbindung von »national« und »sozial« vor. Nicht von ungefähr befanden sich unter den hohen SA-Führern, die aus Anlaß des »Röhm-Putsches« am 30. Juni 1934 ermordet wurden, viele ehemalige Freikorps-Führer, die dem linken Flügel der Nationalsozialisten zuzurechnen sind.

Ohne bewußten Vorsatz waren die Freikorps-Offiziere durch die Nachkriegskämpfe in die Politik hineingeworfen worden, über Nacht wurden sie zu wichtigen, unentbehrlichen und entscheidenden politischen Faktoren. Doch von wenigen Ausnahmen abgesehen, waren die Offiziere vorher mit der Politik nicht in Berührung gekommen, so daß sie sich in ihrer neuen, von den Umständen aufgezwungenen Rolle nicht zurechtfanden. Ungewollt und zum großen Teil unbewußt waren sie zu politischen Soldaten geworden, indem sie – jedenfalls objektiv – politisch handelten, die politische Lage maßgeblich beeinflußten. Hauptmann Waldemar Pabst, der eine zentrale Figur in der konterrevolutionären Bewegung war, unterschied zwischen den unpolitischen »Militärs«, die sich auf die perfekte Beherrschung ihres Handwerks beschränkten, und den »politischen Soldaten«, denen die Stunde gehören sollte. Pabst war ein guter Freund von mir.

Zwar hatte der preußische General Carl von Clausewitz schon in der ersten Hälfte des 19. Jahrhunderts die Formel vom Primat der Politik nicht gefunden, sie jedoch in seinem Werk »Vom Kriege« zum ersten Mal gründlich durchdacht und theoretisch begründet.[103] Vor 1918 war die Politik – zumindest formal – Sache des Kaisers gewesen, der sich dabei seiner Regierung bediente; die einschneidende Verfassungsänderung vom 28. Oktober 1918 war von den Offizieren kaum wahrgenommen worden. An die Stelle des Kaisers war etwas völlig Neues getreten: die parlamentarische Demokratie. Die Politik gestalteten nun zivile Exponenten einer prinzipiell wechselnden Mehrheit. Sie waren an eine Verfassung gebunden, die den Offizieren als etwas Abstraktes, schwer Durchschaubares erscheinen mußte, auf die sie zunächst auch nicht vereidigt wurden, so daß sie sie sozusagen nicht anging.

So war es kein Wunder, daß nach dem Ende der Monarchie die Offiziere keine rechte Orientierung fanden; sie bewegten sich und handelten auf einem Gebiet, das ihnen nicht vertraut war. Das spielte so lange keine bedeutende Rolle, wie die Freikorps mit der Abwehr linksradikaler Umsturzversuche und polnischer Aggressionen voll beschäftigt waren. Es war von Bedeutung, daß der neue Chef der

Heeresleitung, der süddeutsche General Walther Reinhardt, bei allen seinen großen Fähigkeiten nicht die persönliche Autorität ausstrahlte wie sein Nachfolger, General von Seeckt, eine der bemerkenswertesten Gestalten, die die Weimarer Republik hervorgebracht hat.[104]

Andererseits litten die Sozialdemokraten – von Ebert und Noske abgesehen – an einem antimilitärischen Affekt. Sie waren keineswegs gegen die Landesverteidigung, aber ihr Erfurter Programm (1891) hatte sie auf den Milizgedanken eingeschworen, so daß ihnen nicht Soldaten an sich, wohl aber stehende Heere aufs tiefste suspekt waren, galten sie ihnen doch als Instrument zur Unterdrückung der Arbeiterschaft. Die Tatsache, daß sie ihre neue politische Existenz ausgerechnet Soldaten der alten Armee zu verdanken hatten, mußte in ihrer Seele wie ein ständig bohrender Stachel wirken. Diesen Stachel artikulierte vor allem die sozialdemokratische Presse, wofür Noske zahlreiche Beispiele anführte. So wurden die Offiziere der Freikorps »von der Republik in die Opposition getrieben«, und es war »sicherlich eine schwere Fehlbeurteilung der neuen Machthaber, als sie diese Erben der idealistischen Jugendbewegung als ›Reaktionäre‹ abtaten, sie stets mit ihrem Argwohn verfolgten und letztlich damit in das Lager der echten Reaktion trieben«.[105] Jenen »Argwohn« mußten die Offiziere als schieren Undank empfinden, es heiterte sie nicht gerade auf, wenn sie in der sozialdemokratischen Presse »Bluthunde« genannt wurden. Sie machten die Regierung für solche Ausfälle verantwortlich, obwohl diese dank der verfassungsrechtlich garantierten Pressefreiheit nicht allzuviel ausrichten konnte; Pressefreiheit, so notwendig sie auch ist, bedeutet stets auch, daß unter ihrem Schutz verantwortungslose Journalisten (»Mundwerksburschen«, wie Arnold Gehlen sie nannte) ihr törichtes oder giftiges Unwesen treiben; sie ist eben ein durchaus ambivalentes Geschenk.

Dazu kam, daß Versailles die Regierung zwang, das Heer erst auf zweihunderttausend, dann endgültig auf hunderttausend Mann zu reduzieren, was die Existenz zahlloser Offiziere bedrohte, die von der daniederliegenden Wirtschaft noch nicht aufgenommen werden konnten. Die Offiziere waren geneigt, dafür die Regierung statt Versailles verantwortlich zu machen, sie hatten sie in Verdacht, in Versailles den entsprechenden Bestimmungen nicht hinreichend Widerstand geleistet zu haben. Ganz abwegig war dieser Verdacht nicht.

Denn in Versailles bestanden in bezug auf die Heeresstärke erhebliche Differenzen zwischen den Franzosen und den Briten: Während Marschall Foch ein auf allgemeiner Wehrpflicht beruhendes Heer befürwortete, bestanden die Briten – übrigens unterstützt von Clemenceau – auf einem kleinen Berufsheer. Auf deutscher Seite hatte man erst gar nicht versucht, die französisch-britischen Differenzen auszunutzen. In Berlin war es vor allem Erzberger, in Versailles Brockdorff-Rantzau, die fürchteten, durch ein entsprechendes Taktieren die Alliierten gegen sich aufzubringen. Foch hatte dem britischen Standpunkt nur deswegen zugestimmt, weil er bis zur Übergabe der Friedensbedingungen an die deutsche Delegation gehofft hatte, die britische Forderung werde sich nicht durchsetzen. Gerade Erzbergers Nachgiebigkeit war den Alliierten bekannt gewesen, was zu der Starrheit ihres Standpunktes erheblich beigetragen hatte.[106]

Man darf nicht übersehen, daß bis 1921 Polen in drei massiven militärischen Vorstößen versucht hatte, in Oberschlesien vollendete Tatsachen zu schaffen. Dazu kamen die ständigen Drohungen Frankreichs, die schließlich 1923 zur Besetzung des Ruhrgebiets führten. Die Sorge des Offizierskorps, daß die Landesverteidigung nicht ausreiche, war also alles andere als gegenstandslos. Doch das wird in der Literatur kaum berücksichtigt: Die »reaktionäre« Haltung der Offiziere und ihre persönliche Existenzangst werden in den Vordergrund geschoben – eine der Amputationen der Zeitgeschichte, denen man heute nicht selten begegnet.

Schließlich ist zu bedenken, daß das staatliche Gefüge auf allen Ebenen noch äußerst labil war, Ordnung und Sicherheit waren keineswegs gewährleistet. Versuchungen aller Art lagen sozusagen auf der Straße. Wie hätte es anders sein können?

Das war die Konstellation Anfang 1920. Sie trug den Charakter eines Explosionsgemischs. Der ostpreußische Generallandschaftsdirektor Wolfgang Kapp und General der Infanterie Walther Freiherr von Lüttwitz erlagen nur einer jener Versuchungen, die eben auf der Straße lagen. »Schuld«, wenn man überhaupt von einer solchen sprechen will, war auf beiden Seiten vorhanden, auf der einen mehr, auf der anderen weniger.

Bevor der Ablauf des Putsches noch einmal kurz skizziert wird, gilt es, mit der schon damals – heute erst recht – verbreiteten naiven Vorstellung aufzuräumen, es habe sich »gerächt«, daß Noske es »versäumt hatte, eine republikanisch gesinnte Armee zu schaffen«.[107] Diese Vorstellung ist nur dem möglich, der jene Zeit nur aus Büchern und Archiven kennt. Aus wem sollte eigentlich eine »republikanische Armee« rekrutiert werden? Die Arbeiter hatten keine Neigung Soldat zu werden, und soweit sie zum Kampf bereit waren, dann auf seiten der Linksextremisten, also gegen die Demokratie. Das Bürgertum überließ den Kampf den Freikorps. Im Januar 1919 waren mehrere »Wehren« zum Schutz der Regierung aufgestellt worden, die jedoch versagten: Der bekannte Reiseschriftsteller Colin Ross hatte sogar einen »Republikanischen Führerbund« gegründet, um beim Aufbau einer »republikanischen Armee« zu helfen. Offenbar bestand er vorwiegend aus solchen Leuten, die sich von den neuen Verhältnissen persönliche Vorteile versprachen, jedenfalls bemerkte Noske wegwerfend, der Bund habe ihm »bei der Besetzung von Offiziersstellen nichts nutzen können«, da ihm »keine brauchbaren Offiziere« angehört hätten.[108] Zwar war die Ablehnung der Monarchie – auch in den Freikorps – weit verbreitet, doch gab es keine entsprechende Begeisterung und Leidenschaft für die neue Staatsform. Nach der rechtsgerichteten »Deutschen Tageszeitung« vom 20. September 1919 hatte Noske »vor einigen Tagen öffentlich erklärt, er zöge einen fähigen und zuverlässigen monarchistisch gesonnenen Offizier einem militärisch unfähigen Sozialisten vor«.[109] In der damaligen Lage war es eine bare Selbstverständlichkeit, man kann aus jener Erklärung nicht gut schließen, Noske, immerhin seit Jahrzehnten Sozialdemokrat und Gewerkschaftler, habe nichts für die Demokratie übrig gehabt; er hatte mit der ihm eigenen Nüchternheit lediglich die Konsequenz aus einer Lage gezogen, die er nicht gewünscht, aber vorgefunden hatte. Auch der kluge, realistische und instinktsichere Ebert trat »für die Erhaltung eines geschlossenen Offizierskorps mit den guten Eigenschaften der Vergangenheit« ein, wie Generalleutnant Groener am 7. August 1919 Feldmarschall von Hindenburg berichtete.[110]

Außerordentlich bezeichnend für die damalige Stimmung vor allem der Arbeiter sind zwei Vorfälle in Wilhelmshaven. 1922 begleitete Noske, bereits Oberpräsident von Hannover, Reichspräsident Ebert bei der Taufe eines Frachtdampfers auf den Namen des verstorbenen sozialdemokratischen Gewerkschaftsführers Carl (von Noske irrtümlich »Karl« geschrieben) Legien. Er schildert die Apathie der Werftarbeiter, obwohl Ebert doch alles das repräsentierte, was für sie nach der Revolution erreicht worden war. Noske hatte daher verständlicherweise erwartet, Ebert würde »mit brausenden Hochrufen« empfangen werden. Doch seine Anwesenheit war »offenbar nur wenigen ein Erlebnis, das sie bewegte«. »Keine Mütze wurde vom Kopf gerissen«, und »kein freudiger Gruß war vernehmbar«. Es bedurfte auch keiner Absperrmaßnahmen, »als der Reichspräsident durch die Massen schritt«. Nach dem Ende der Zeremonien war Ebert wegen der »Teilnahmslosigkeit der Werftarbeiter« »schmerzlich« berührt, weil sie ihm »als Zeichen mangelnder Wertschätzung dessen erschien, was für die arbeitenden Schichten in den letzten Jahren erreicht worden ist«.[111] Auch Noskes Nachfolger als Reichswehrminister, Otto Gessler, war zugegen. In seinen Memoiren schildert er gleichfalls die Teilnahmslosigkeit der Werftarbeiter, die bei solchen Gelegenheiten früher den Kaiser »bejubelt« hatten. Gesslers Darstellung deckt sich mit der Noskes, auch die tiefe Enttäuschung Eberts erwähnt er. Doch nun kommt die Pointe: Einige Jahre später begleitete Gessler den Reichspräsidenten zur Taufe des Kreuzers »Emden« in Wilhelmshaven. Doch diesmal hieß der Reichspräsident von Hindenburg: »Und diesmal grüßten die Arbeiter und schrien Hoch ...«[112] War es Hindenburg gelungen, die Arbeiter für die Demokratie zu begeistern? Jedenfalls ist jener Kontrast typisch für die damalige Atmosphäre.

Vielleicht findet sich endlich einmal ein Historiker, der einigermaßen schlüssig nachweist, woraus sich damals eine »republikanisch gesinnte Armee« eigentlich hätte rekrutieren sollen. Ich warte auf einen solchen Nachweis mit einiger Spannung. Das Experiment »Republikanischer Führerbund« war nicht ohne Grund gescheitert. Die Haltung der sozialdemokratischen und liberalen Presse, gerade weil sie der Regierung nahestand, war nicht dazu angetan, bei den Offizieren so etwas wie einen republikanischen Appetit auszulösen.[113] Und Gessler, der es schließlich wissen mußte, schreibt: »Woher hätten auf einmal alle die leidenschaftlich und überzeugt demokratischen, republikanischen und womöglich sozialistischen Offiziere kommen sollen!«[114] Ja, woher? Man denke nur an die unterschiedliche Haltung der Wilhelmshavener Werftarbeiter bei den Besuchen Eberts und Hindenburgs: Deutlicher konnte die damalige Stimmung kaum zum Ausdruck kommen. Die fleißige und durchaus zuverlässige Gabriele Krüger, die den alten Vorwurf gegen Noske wiederkäut, scheint das Problem noch nicht einmal gespürt zu haben. Damals ging es nicht um ein Heer, das demokratisch oder republikanisch gesinnt war, sondern nur um eines, das *gehorchte*. Und das hat Seeckt, der beileibe kein Demokrat war, erreicht, freilich erst, nachdem er nach dem Ende des Kapp-Putsches Chef der Heeresleitung geworden war.

Gewerkschaften und Notstandsrecht

Als der damalige Bundesinnenminister Hermann Höcherl 1968 beabsichtigte, durch eine Notstandsgesetzgebung die Regelung im Artikel 5 des sogenannten Deutschlandvertrages[115] abzulösen, warnte ich dringend: Ein brauchbares Notstandsrecht könne er vom Bundestag höchstens dann erwarten, wenn er jedem einzelnen Abgeordneten Privatunterricht erteilen lasse über das Wesen des Notstandsrechts und über die Geschichte des Artikel 48 WRV. Doch Höcherl reizte es, sein bewährtes Verhandlungsgeschick gerade an dieser, durch die verbreitete Unkenntnis so schwierigen Materie zu erproben. So wurde schließlich 1968 in das Grundgesetz ein Notstandsrecht eingefügt, das diesen Namen kaum verdient und eher an Barrikadenkämpfe aus Opas Zeiten orientiert ist. Um die SPD zu sedieren, wurde auf Vorschlag eines CDU-Hinterbänklers als eine Art Valium ein »Widerstandsrecht« normiert (Artikel 20 Abs. 4gg).[116]

Auch damals wurde gegen ein Notstandsrecht eine Massenhysterie (»Sensibilisierung«) wie 1983 gegen die Volkszählung von gewitzten Strategen in Gang gebracht. Das Hauptargument lautete, ein Notstandsrecht sei »undemokratisch«. Doch das Gegenteil ist der Fall. In den früheren absolutistischen Staaten wie in den zeitgenössischen Diktaturen wäre es überflüssig: Denn in solchen Staatssystemen bestimmt die Exekutive selber die Grenzen ihrer Macht, genauer: deren Grenzenlosigkeit. Erst im modernen Verfassungsstaat, der der Exekutive Schranken setzt, kam das Problem eines Notstandsrechtes auf, die Frage also, wie der Staat auf einen Notstand, einen Ernstfall reagieren soll, wenn zu seiner Bewältigung die von der Verfassung für *normale* Zeiten eingegrenzten Befugnisse der Exekutive nicht ausreichen. Ein Notstandsrecht hat also *nur* in einem modernen Verfassungsstaat Sinn. Die These, es sei »undemokratisch«, verfehlt die Sache so gründlich wie möglich, sie ist einfach unsachlich und falsch.

Der fünfte Absatz des Notstandsartikels 48 WRV lautete: »Das

Nähere bestimmt ein Reichsgesetz.« Der Reichstag war dieser Auflage nicht nachgekommen, was Hugo Preuß, der die Reichsverfassung entscheidend mitgeprägt hatte, richtig fand[117], weil die Reichsgewalt nicht in eine Lage kommen sollte, die ihr nur die Wahl ließe, »die ihr gezogenen Rechtsschranken zu durchbrechen oder die Verfassung der Republik nicht wirksam genug schützen zu können«. In der Tat: Alle Formen, die ein Ernstfall annehmen kann, lassen sich nun einmal nicht voraussehen, also auch nicht normieren. Doch 1968 hatte der Bundestag den Ehrgeiz, »das Nähere« zu bestimmen, also das »Versäumnis« des Reichstages nachzuholen. Überdies war es dem Bundestag entgangen, daß der Artikel 48 WRV, auch in seinem zweiten Absatz, das Leben der Weimarer Republik erheblich verlängert hatte; Ebert hatte ihn hundertachtunddreißigmal angewandt, und der »Mißbrauch« durch seinen Nachfolger war vor allem durch die chaotischen Verhältnisse im Reichstag begründet gewesen.

Es waren vor allem die Gewerkschaften, die in verfassungsrechtlicher Unschuld die Öffentlichkeit »sensibilisierten«. Unterstützung fanden sie besonders bei jenen vielen »Intellektuellen«, deren durch die Medien multiplizierte Lautstärke sich in einem umgekehrten Verhältnis zu ihrem Sachverstand verhält. Zu der eigenen Unkenntnis und Unsicherheit der Abgeordneten kam also noch hinzu, daß sie einem massiven Meinungsdruck unterworfen waren. Ohne den sicheren Kompaß, den Sachkunde und schnelle Auffassungsgabe verleihen, bastelten sie an der Notstandsgesetzgebung herum.

Am 8. Februar 1960 beschloß der Vorstand des DGB, die Einführung eines – wie immer gestalteten – Notstandsrechts in das Grundgesetz abzulehnen. Die Pressestelle erklärte dazu, die Gewerkschaften hätten »schon einmal durch eine entschlossene Aktion den Bestand der Weimarer Republik vor den Feinden der Demokratie bewahrt« und würden »auch in Zukunft bei Gefahr die demokratische Ordnung entschlossen verteidigen«. Im Oktober 1962 wiederholte der 6. Ordentliche Bundeskongreß in Hannover die Ablehnung. Besonders der damalige Vorsitzende der IG Metall, Otto Brenner, trat oft mit einem verbohrten »Nein« vor die Öffentlichkeit. Und nie wurde es unterlassen, auf den Generalstreik beim Kapp-Putsch eindringlich hinzuweisen, so, als ob er es gewesen wäre, der jenes Unternehmen in erster Linie habe scheitern lassen.[118]

Diese Ablehnung und ihre Begründung waren in doppelter Hinsicht bemerkenswert. Einmal übersah der DGB, daß eine – wie immer geartete – Kodifizierung eines Notstandsrechts stets *Begrenzung* bedeutet. Zum anderen lag in dem hartnäckig wiederholten Hinweis auf den Generalstreik von 1920 – bewußt oder unbewußt – der Anspruch, daß nicht etwa der Staat, sondern ein privatrechtlicher Interessenverband, nämlich der DGB, Herr eines nicht kodifizierten, also *unbegrenzten* Notstandsrechts sein sollte, der allein darüber befinden sollte, was ein Notstand ist, wann er beginnt, mit welchen Mitteln er zu bekämpfen und wann er als beendet zu erklären ist. Wir hätten also doch ein Notstandsrecht bekommen, freilich eines, das, weil nicht kodifiziert, weit über alle Gesetzentwürfe des Bundesinnenministeriums hinausgegangen wäre und überdies ausschließlich in privater Hand gelegen hätte – ein aberwitziger Gedanke, wenn der DGB die Konsequenzen nicht durchdacht haben sollte, was anzunehmen ist.

Jener Generalstreik hat zu einer doppelten, zäh bis heute weiterlebenden Legende geführt: Der Generalstreik habe in erster Linie, wenn nicht gar allein, den Kapp-Putsch scheitern lassen, und er sei verfassungstreu gewesen. Beide Thesen halten einer historischen Überprüfung nicht stand, es handelt sich um reine Mythen.

Der Verlauf des Putsches

Am Anfang schildert dieses Kapitel die Ausgangslage, wie sie zu Beginn des Jahres 1920 bestand. Der tiefsitzende Konflikt zwischen zahlreichen Offizieren und der Regierung spitzte sich angesichts der bevorstehenden Verminderung des Heeres zu, ein Konflikt, den besonders die sozialdemokratische Presse schürte. In weiten Kreisen der Reichswehr genossen nur Ebert und Noske Vertrauen. Es ist vor allem daran zu erinnern, daß die Offiziere sozusagen *automatisch* tief in die Politik verstrickt waren, zum einen durch die Kämpfe gegen die Kommunisten, zum anderen, weil das Offizierskorps durch einige Bestimmungen des Versailler Vertrages (Auslieferung des Kaisers und anderer »Kriegsverbrecher«, »Alleinschuld« Deutschlands und seiner Verbündeten am Kriege, die harten militärischen Auflagen) unmittelbar betroffen war und sich in seiner Ehre (damals ein hoher Begriff von öffentlichem Kurswert) auf das schwerste verletzt fühlte; der Kampf gegen Versailles war politischer Natur, es war nur natürlich, daß in ihm das Offizierskorps einen wichtigen Platz einnahm. Eben diese automatische Verstrickung der Reichswehr in die Politik war eine der wichtigsten Voraussetzungen des Kapp-Putsches, erst sie konnte den Generalleutnant Freiherr von Lüttwitz, Befehlshaber des wichtigen Gruppenkommandos I, Berlin, auf den Gedanken verfallen lassen zu versuchen, aktiv in die Politik einzugreifen.

Der ostpreußische Generallandschaftsdirektor Wolfgang Kapp[119] gehörte während des Krieges zu denen, die expansive Kriegsziele verfochten. Nach dem Kriege hatte er nicht hinreichend die Tatsache wahrgenommen, daß schon wegen der hohen Gebietsverluste im Osten das politische und wirtschaftliche Schwergewicht in Deutschland sich nach Westen und Süden hin verlagert hatte; schon deswegen war er im Reich so gut wie unbekannt, außerhalb Ostpreußens ging daher von seinem Namen keine Ausstrahlung aus, was zu dem Fehlschlag seines Putsches beitrug. Schon bald nach den Novemberereignissen hatte Kapp gegenrevolutionäre Pläne erwogen.[120] Unter den Offizieren war der gescheite Hauptmann Waldemar Pabst, Stabschef des Garde-Kavallerie-Schützenkorps, besonders aktiv, ebenso Oberst Max Bauer und – mehr im Hintergrund – auch General Ludendorff. Der politische Träger der diversen Umsturzpläne wurde die Ende Oktober 1919 gegründete »Nationale Vereinigung«, deren Geschäftsführer Pabst war.

Wenig beachtet ist heute die Tatsache, daß damals die Zustände keineswegs nur in Rechtskreisen als unerträglich empfunden wurden, wofür es viele Belege gibt. Noske wurde mehrfach – auch aus den Reihen seiner Partei – aufgefordert, durch eine Diktatur das Chaos zu beenden.[121] Georg Bernhard, Chefredakteur der liberalen »Vossischen Zeitung«, Rudolf Cuno, Chefredakteur der gleichfalls liberalen »Berliner Morgenpost«, Erwin Barth von der Redaktion des sozialdemokratischen Parteiorgans »Vorwärts« und der sozialdemokratische Staatssekretär August Müller hatten schon 1919 Lüttwitz aufgefordert, die Macht zu übernehmen.[128] Der einzige höhere Beamte in Berlin, der sich Kapp zur Verfügung stellte, war der sozialdemokratische Polizeipräsident Eugen Ernst.[122] Zwei sozialdemokratische Oberpräsidenten, August Winnig (Ostpreußen) und Adolf Philipp (Schlesien), wurden wegen ihrer Haltung während des Putsches entlassen.[124] Dies ist bemerkenswert, weil es zeigt, daß damals die Verhältnisse wesentlich komplexer waren, als sie heute dargestellt zu werden pflegen.

Erstmals hatten sich Kapp und Lüttwitz am 21. Juli 1919 getroffen. Kapp wurde zum politischen Vertrauensmann des Generals.[125] Die militärische »Hausmacht« wurde die in Döberitz bei Berlin stationierte Marinebrigade II unter dem hochdekorierten Korvettenkapitän Hermann Ehrhardt (»Brigade Ehrhardt«), die am 29. Mai 1919 in den Etat der Vorläufigen Reichswehr übernommen worden war. Sie war fünftausend bis sechstausend Mann stark und eine Elitetruppe, die Ehrhardt abgöttisch verehrte und ihm blindlings folgte.[126]

Im März 1920 unterlief den Verschworenen ein Fehler nach dem anderen. Am 10. März erschien Lüttwitz bei Ebert und Noske mit den Forderungen: sofortige Auflösung der Nationalversammlung und Wahlen zum Reichstag, Fachleute als Minister des Äußeren, der Wirtschaft und der Finanzen, Schaffung eines Oberbefehlshabers der gesamten Reichswehr in seiner Person, Ablösung des Generals Reinhardt als Chef der Heeresleitung durch General von Wriesberg, Rücknahme des kurz zuvor erfolgten Befehls zur Auflösung der Marinebrigade II. Ebert und Noske sollten in ihrem Amt bleiben. Anwesend waren noch Generalmajor von Oldershausen und der Kommandeur des Wehrkreises III, Generalleutnant von Oven.

Ebert hörte sich in Ruhe die einzelnen Forderungen an und begründete seine Ablehnung ausführlich. Noske brauste dagegen auf: Er werde kein Pronunciamiento der Offiziere dulden, außerdem würden bei einem »Auflehnungsversuch« die Mannschaften keineswegs folgen. Er sprach die Erwartung aus, Lüttwitz werde seinen Abschied nehmen.

Diesen Bruch hatte Lüttwitz nicht gewollt, er war daher entsprechend deprimiert und begab sich zur Ruhe: »So verhält sich kein General, der eine Regierung um jeden Preis beseitigen will«, bemerkt Erger mit Recht.[127] Noske reagierte mit Haftbefehlen u. a. gegen Pabst und Kapp, die aber nur zum Teil zum Erfolg führten.

Da Lüttwitz, nachdem seine Bemühungen um eine friedliche Einigung gescheitert waren, unter Erfolgszwang stand, mußte er nun ein Unternehmen, das er an sich gar nicht gewollt hatte, vorantreiben. Am 11. März sagte Lüttwitz zu Ehrhardt, der Augenblick des Handelns sei gekommen, die Brigade solle nach Berlin marschieren, um die Forderungen der Generale durchzusetzen. Ehrhardt war darüber überrascht, daß die Forderungen auch politischer

Natur waren. Lüttwitz befahl ihm, am 12. März in Berlin einzumarschieren. Obwohl Lüttwitz nicht mehr sein Vorgesetzter war, setzte Ehrhardt die Brigade in Alarmbereitschaft. Hagen Schulze schreibt, es sei entscheidend gewesen, daß Ehrhardt selber habe putschen wollen; er sei nicht der Mann gewesen, Befehlen zu gehorchen, die seiner eigenen Auffassung widersprachen.[128]

Auf die Putschgerüchte hin, die bereits im Berliner »8-Uhr-Blatt« zu lesen waren, befahl Noske Vizeadmiral von Trotha, Chef der Marineleitung, die Lage in Döberitz zu erkunden. Trotha, begleitet von Kapitänleutnant Canaris (dem späteren Chef der Abwehr), fand in Döberitz nichts Außergewöhnliches vor, was erklärlich ist, da die Soldaten sich schon zur Ruhe begeben hatten, um für den Marsch nach Berlin ausgeschlafen zu sein.

Auf ihrem Marsch begegneten der Brigade die Generale von Oven und von Oldershausen, die Ehrhardt ein letztes Mal warnten. Das Argument, es bestehe die Gefahr von Zusammenstößen zwischen Reichswehrverbänden, veranlaßte Ehrhardt, die Generale zu bitten, seine Forderungen (Ernennung von Fachministern, Wiedereinsetzung des Generals von Lüttwitz, Volkswahl des Reichspräsidenten, Ansetzung von Reichstagswahlen, Straffreiheit für Kapp und die anderen Beteiligten) der Regierung zu übermitteln; er legte den Termin für den Ablauf des Ultimatums auf sieben Uhr am 13. März fest. Diese Verzögerung entschied bereits über das Fehlschlagen des Putsches.

Gegen ein Uhr morgens berief Noske eine Führerbesprechung in der Bendlerstraße.[129] Mit Ausnahme von General Reinhardt und Noskes Adjutanten Major von Gilsa sprachen sich alle Versammelten gegen einen militärischen Widerstand aus. Im Anschluß an die Besprechung fand eine Kabinettssitzung statt, an der auch General Reinhardt teilnahm, der wiederum für einen militärischen Widerstand eintrat, obwohl er einen Erfolg bezweifelte. Das Kabinett beschloß gegen fünf Uhr morgens, keinen militärischen Widerstand zu leisten und Berlin zu verlassen, um außerhalb der Hauptstadt den Putsch zu bekämpfen. Nur der Justizminister und Vizekanzler Eugen Schiffer blieben in Berlin, um die Interessen der Regierung zu vertreten, die bald nach Dresden aufbrach.

Nach Ablauf des Ehrhardt-Ultimatums zog die Brigade mit klingendem Spiel und von einem großen Teil der Bevölkerung freudig begrüßt in Berlin ein. Zugleich wurde der Generalstreik ausgerufen.

Der Aufruf trug die Unterschrift Eberts und der sozialdemokratischen Minister, die indessen nicht unterschrieben zu haben schienen. Nach Otto Geßler, damals noch Minister für Wiederaufbau, hatte der Pressechef Ulrich Rauscher den Aufruf »auf eigene Verantwortung erlassen und herausgegeben«, »ohne Kenntnis und Billigung der Reichsregierung«.[130]

Doch politisch war noch so gut wie nichts vorbereitet, da der Putsch für einen späteren Termin geplant war und nur deswegen am 13. März erfolgte, weil Lüttwitz drei Tage vorher wider Willen die Regierung gewarnt hatte und daher vorzeitig zuschlagen mußte. Seeckt zog sich in seine Wohnung zurück, die Offiziere des Reichswehrministeriums taten demonstrativ in Zivil ihren Dienst. Die Beamtenschaft weigerte sich, Befehle von Kapp entgegenzunehmen. In der Reichskanzlei stellte ein Oberregierungsrat Kapp noch nicht einmal eine Schreibmaschine zur Verfügung.[131]

So kam Kapp nicht eine Stunde zu einer Tätigkeit, die man als »regieren« bezeichnen könnte. Die Rechtsparteien hielten sich zurück – gewiß nicht aus demokratischen Gründen, sondern weil sie das Amateurhafte des Unternehmens durchschauten. So war der Putsch bereits am ersten Tage »weitgehend gescheitert«[132], zumal auch die Reichsbank Zahlungen ablehnte. Da es wegen der Überstürzung des Unternehmens auch noch kein ausgereiftes personalpolitisches Konzept gab, außerdem die neue »Regierung« schon bald merkte, daß ihr im Westen, in der Mitte und im Süden des Reiches die erhoffte Resonanz fehlte, bot Kapp – wahrscheinlich von Lüttwitz gedrängt – Carl Severing (SPD) das Wirtschaftsministerium an, ebenso Ministerien zwei anderen Sozialdemokraten, dem preußischen Innenminister Wolfgang Heine und dem preußischen Finanzminister Albert Südekum. Doch die Versuche, eine breitere Basis zu gewinnen, scheiterten an der Absage Heines und Südekums, während Severing offenbar erst gar nicht geantwortet hatte.[133] Immerhin geben die fehlgeschlagenen Versuche dem Putsch eine besondere, heute kaum beachtete Note; auch sie enthüllen die politische Hilflosigkeit derer, die in Berlin über die militärische Macht verfügten, ohne zu wissen, welchen Gebrauch sie von ihr machen sollten. Fast scheint das Wort »Putsch« zu hoch gegriffen, eher ist man versucht, von einem – um ein modisches Wort zu gebrauchen – »Trip in die Politik« zu sprechen. Jedenfalls war er kaum mehr als einer der vielen Indizien, die die Lage zu Anfang des Jahres 1920 kennzeichneten, ein

Indiz, das sich nur durch die Dramatik der äußeren Umstände von den anderen abhob.

Von Dresden aus war die Regierung nach Stuttgart geflohen. In Dresden war ihr die Lage unklar erschienen, weil General Maercker die Rolle eines Vermittlers spielen wollte. Nach Stuttgart war auch die Nationalversammlung einberufen worden.

Währenddessen arbeiteten in Berlin »die Gegner Kapps, unbehelligt von den Putschisten, an dessen Sturz«. Schon am 14. März konferierte der »in offenbar recht liberaler Schutzhaft gehaltene« Eugen Schiffer mit den Staatssekretären und dem Bundesrat, wobei »sämtliche Beamten und politischen Repräsentanten sich für die alte Regierung« aussprachen. »Kein Ministerium« erkannte die »von Kapp eingesetzten Personen an, so daß die Befehle und Weisungen Kapps, soweit überhaupt welche ergingen, überhaupt nicht verbreitet wurden«.

In dem Verhalten der Beamtenschaft sah Schiffen die Hauptursache (primary cause) für das Scheitern des Putsches.[134] So sieht es auch Herbert von Borch: »Ehe noch der Generalstreik ausgerufen wurde, machte die in Berlin verbliebene Ministerialbürokratie bereits die Kapp-Regierung praktisch durch Gehorsamsverweigerung handlungsunfähig.«[135] So war in Berlin die Kapp-»Regierung« zur Untätigkeit verurteilt. Am 17. März wurde das hoffnungslose Unternehmen abgebrochen.

Einige Reichswehrkommandeure schlossen sich in der Provinz Kapp an, teils aus Sympathie, teils wegen der aus Mangel an Information entstandenen Unklarheit über den Stand der Dinge. Doch »der weitaus größte Teil der Reichswehr, Offiziere und Mannschaften«, schreibt Noske, »hat loyal seine Pflicht getan. Manche Verwirrung und beklagenswerte Mißverständnisse gab es in einer Anzahl von Fällen, weil die Sachlage weder von den Soldaten noch von den Arbeitern klar erkannt wurde. In verschiedenen Garnisonstädten ist es zu Kämpfen gekommen, weil aus tiefstem Mißtrauen gegen die Soldaten absolut regierungstreue Truppen angegriffen wurden. Dort aber, wo Offiziere eidbrüchig wurden oder schwankten, haben sich Mannschaften und Unteroffiziere gegen sie erhoben.«[136] Die neuere Forschung hat wenig an dem pauschalen Urteil Noskes geändert.

Der Generalstreik

Schon bald wurde der in Stuttgart weilenden Regierung die – zurückhaltend ausgedrückt – Ambivalenz des Generalstreiks klar. Besonders Noske war dieser unangenehm: Hatte er doch zuvor in rund sechs Erlassen – und zuletzt die Reichsregierung am 13. Januar 1920 – einen Generalstreik – jedenfalls für die lebenswichtigen Betriebe – verboten. Nun löste dieser beim Bürgertum und der Reichswehr helle Empörung aus, zumal in Bayern, das noch die Schrecken der Räteregierung in frischer Erinnerung hatte und wo der Generalstreik nun »einen wahrscheinlich gar nicht unwillkommenen Anlaß zu einer Gegenaktion bot«.[137] Die KPD in Chemnitz, die dort unter der Führung Heinrich Brandlers das Post- und Telegraphenamt sowie das Wolfsche Telegraphenbüro besetzt hatte, fing bald ein Telegramm auf, in dem die Regierung den Generalstreik widerrief.[138] Am 15. März teilte Noske Generalleutnant Oskar von Watter, Befehlshaber des Wehrkreises VI, telefonisch mit, die Regierung habe mit dem Aufruf zum Generalstreik nichts zu tun, sie verurteile ihn und werde »alles einsetzen«, um ihn »rückgängig zu machen«.[139]

In Berlin wirkte sich der Generalstreik gering aus, da dort die Technische Nothilfe einspringen konnte. Wenn Ehrhardt später schrieb, der Generalstreik sei für Kapp ein »niederschmetternder Schreck«[140] gewesen, dann wohl nur, weil dieser, wie schon angedeutet, die Verhältnisse in West-, Mittel- und Süddeutschland zuwenig kannte, so daß ihn der Generalstreik, in der Hoffnung, sein Putsch genieße eine breite Popularität, getäuscht hatte, weniger deswegen, weil er ihm in Berlin sonderlich zu schaffen gemacht hätte. In Ostpreußen wurde überhaupt nicht gestreikt.[141] Durchweg befolgt wurde der Streik bei der Eisenbahn und im Ruhrgebiet. Man schätzt, daß auf Reichsebene etwa die Hälfte der Betriebe weiter arbeitete.

Während der Generalstreik – wenigstens auf seiten der Sozialdemokraten – in verfassungstreuer Absicht begonnen hatte, schlug er bald in einen bewaffneten kommunistischen Aufstand, vor allem im Ruhrgebiet, Thüringen und in Sachsen, um, der sich auch gegen die verfassungsmäßige Regierung richtete. Arthur Rosenberg schreibt – in Übereinstimmung mit anderen Quellen –, daß die Kräfte, die sich dem Kapp-Putsch entgegenstellten, »zum größten Teil gar nicht Anhänger der Weimarer Republik« waren, sondern das Ziel einer »proletarischen Aktion« (also einer Räterepublik) hatten.[142] Im Ruhrgebiet wurde der Kampf auf beiden Seiten mit äußerster Härte und Grausamkeit geführt; allein dort kamen innerhalb von drei Wochen – rechnet man die als vermißt gemeldeten hinzu – rund fünfzehnhundert Menschen ums Leben.[143]

Obwohl Kapp und Lüttwitz am 17. März aufgegeben hatten, wurde der Generalstreik unter Führung des Sozialdemokraten Carl Legien fortgeführt, wenngleich die Reichsregierung und die SPD-Fraktion am 18. März zum Abbruch des Streiks aufgerufen hatten. Die Gewerkschaften setzten die Regierung unter einen verfassungswidrigen Druck. »Als Herren der Lage fühlten sich die Gewerkschaftsführer, von denen besonders Carl Legien gewichtig wie ein Diktator Entscheidungen fällte und der Regierung vorschreiben wollte, was sie zu tun habe. Auch in der sozialdemokratischen Fraktion gaben Gewerkschaftsführer den Ton an.«[144] Der Generalstreik wurde erst *sechs Tage nach dem Zusammenbruch* des Putsches, also am 23. März, abgebrochen. In dem Aufruf der Gewerkschaften aber wird der Anlaß des Streiks, also der Kapp-Putsch, mit keinem Wort erwähnt, dagegen wird der legalen Regierung mit einem neuen Streik gedroht.[145] Zu den Forderungen, die die Gewerkschaften durchsetzten, gehörte auch die Ansetzung von Reichstagswahlen, also genau das, was Kapp und Lüttwitz auch verlangt hatten. So war die pikante Situation entstanden, daß ausgerechnet die Gewerkschaften eine der Hauptforderungen von Kapp und Lüttwitz durchsetzten, dem Putsch also nachträglich zu einem Teilerfolg verhalfen!

Die Ursachen des Scheiterns

Der Putsch war schon, ehe er in Gang gesetzt wurde, daran gescheitert, daß Lüttwitz am 10. März Ebert und Noske gewarnt hatte; es war nach Kapp ein »blödsinniges Ultimatum« gewesen, Lüttwitz sei »an der ganzen Sache« schuld gewesen.[146] Ehrhardt war »noch heute« (1961) darüber »erbittert«, daß man ihn zu dem Marsch nach Berlin mit der Behauptung bewogen hatte, alles sei »politisch, wirtschaftlich, militärisch und propagandistisch« gut vorbereitet gewesen, »was alles unzutreffend war«.[147] Besonders die Zeugenaussagen im Jagow-Prozeß lassen die Folgen der Überstürzung klar erkennen. Oberfinanzrat Paul Bang sagte aus, das »war keine Regierung«, sondern eine »Schwatzbude« gewesen, ein »Tohuwabohu«, er hatte den Eindruck »eines völligen Durcheinanders, eines Überlaufens von Besuchern, einer vollkommenen Meinungslosigkeit«, »vergebens« habe er »auf Entschließungen gewartet«. Bang versagte seine erbetene Mitwirkung, weil sie »der trostlose Mangel an Vorbereitungen und die jämmerliche Art der Durchführung« ausschloß. Nach Pfarrer Gottfried Traub war in der Reichskanzlei »alles in der Schwebe«, und es »kam kein System in die Unordnung«. Es gab weder eine »Kabinettsbildung, noch waren Kabinettssitzungen«. Friedrich von Falkenhausen hielt das Unternehmen für »hoffnungslos«. Konrad von Wangenheim konnte nichts machen, »denn da Kapp aus den Verhandlungen zur Zusammenstellung seines Ministeriums überhaupt nicht herauskam, waren wir natürlich alle tatenlos«.[148]

Von großer Bedeutung war es auch, daß Kapp und Lüttwitz verschiedene Ziele verfolgten. Kapp wollte den Umsturz im Sinne der Bismarckschen Verfassung, er lehnte die Weimarer Reichsverfassung kategorisch ab.[149] Lüttwitz wollte nur eine nach rechts erweiterte Koalition, er empfand sich als den wahren »Hüter der Verfassung«. Er wie auch Kapp wollte Reichstagswahlen, weil sich die Nationalversammlung trotz Erledigung ihrer eigentlichen Aufgabe – Schaffung der Verfassung – nicht auflöste, was er – ebenso wie das Hinausschieben der Volkswahl des Reichspräsidenten – als »Verfassungsbruch« empfand.[150]

Entscheidend war es auch, daß dank der Aufschiebung des Ultimatums durch Ehrhardt in der Nacht vom 12. auf den 13. März die Regierung nach Dresden fliehen konnte, auf die man nun nicht mehr »einwirken« konnte, wodurch das Unternehmen »erschwert« und das »Ziel weiter in die Ferne gerückt war«.[151] Das Verhalten Ehrhardts in jener Nacht betrachtete Lüttwitz als »den Hauptfehler«.[152]

Es wurde schon erwähnt, daß sich die Ministerialbürokratie geschlossen weigerte, von Kapp Weisungen entgegenzunehmen. Daher hätte es ihm auch dann nichts geholfen, wenn er vorher – was nicht der Fall war – ein klares personalpolitisches Konzept gehabt hätte. Schon der Boykott der Ministerialbürokratie bewirkte es, daß Kapp noch nicht einmal in Berlin, wo er die volle militärische Macht besaß, politisch agieren konnte; er kam über das bloße Führen von Gesprächen nicht hinaus.

Eine besondere Rolle spielte das Verhalten des Generals von

Seeckt, der damals nur Chef T (Truppenamt, anstelle des von den Siegern verbotenen Generalstabs) war. Befehlsgewalt war mit dieser Stellung nicht verbunden, was in der Literatur häufig übersehen wird.[153] Diskret, aber zielstrebig wirkte Seeckt Lüttwitz entgegen, indem er nacheinander ihm ergebene Offiziere in den Stab von Lüttwitz versetzte. Außerdem hatte Seeckt mehrfach Noske und General Reinhardt vor Lüttwitz gewarnt.[154] Mit Recht sah Lüttwitz in Seeckt »die Seele des militärischen Widerstandes«, »zu ihm hielt das Reichswehrministerium«. Er habe es »leider« versäumt, Seeckt »als einen unserer Hauptgegner gehörig beobachten zu lassen«.[155]

Von größter Bedeutung dafür, daß der Putsch noch nicht einmal in Berlin etwas bewirkte, war die Abneigung Kapps, Gewalt anzuwenden. Kapp, Lüttwitz und die Offiziere der Brigade legten großen Wert auf gute Umgangsformen. Kapp redete die in Berlin verbliebenen preußischen sozialdemokratischen Minister sogar mit »Exzellenz« an, obwohl dieser Titel nach der Revolution nicht mehr üblich war.[156] Ein Leutnant mit zwei Mann suchte den Chefredakteur des »Vorwärts«, Friedrich Stampfer, auf und bat ihn um eine schriftliche Bestätigung, daß er das Verbot seiner Zeitung zur Kenntnis genommen habe. »So gewinnt man keinen Putsch!« bemerkte Stampfer höhnisch. »In der Anwendung terroristischer Methoden waren die Herren Kappisten noch weit zurück. Später kamen andere, die es besser verstanden.«[157] Ehrhardt machte für das Scheitern des Putsches neben der »ungenügenden politischen Vorbereitung« vor allem »die ungenügende Härte gegen die Gegner« verantwortlich, »die ein solches Unternehmen eben erforderte. Man kann keine Revolution machen und dabei die gefährlichsten Gegner am Leben lassen, wenn man sie nicht anderweitig kaltstellen kann.«[158] Nun, man hat die »gefährlichsten Gegner« nicht nur fast unbehelligt gelassen, sondern auch mit ihnen verhandelt, einige von ihnen sogar mit »Exzellenz« angeredet. Unter den Historikern herrscht Einmütigkeit darüber, daß die »Revolutionäre« sich alles andere als revolutionär verhielten; sie benahmen sich ihren Widersachern gegenüber sozusagen »von Herr zu Herr«. »Die Rebellen selbst«, sagt Arnold Brecht, »waren keine Faschisten. Sie waren Konservative und Generäle mit altmodischen Idealen. Auch wandten sie noch keine faschistischen Methoden an, um widerspenstige Beamte durch Terror gefügig zu machen. Bis zu einem gewissen Grade versuchten sie während der Revolte als Gentlemen zu handeln. Die Nationalsozialisten tadelten diese Mäßigung später und führten auf sie die Niederlage zurück.«[159]

Und der Generalstreik? Nach Pabst erschwerte er »ganz außerordentlich die Verbindung mit den Ausschüssen und Vertrauensleuten der Nationalen Vereinigung im Reich, die im noch unfertigen Zustand durch das unerwartete Losbrechen des Kapp-Unternehmens meist völlig überrascht waren«, außerdem beeinflußte er »sehr stark« die »Benutzung der Presse für unsere Zwecke«.[160] Im übrigen verhinderte der Generalstreik die Heranführung regierungstreuer Truppen, selbst wenn diese bereit gewesen wären, auf ihre Kameraden zu schießen, eine Frage, die eben wegen des Streiks gar nicht geklärt werden kann. Und selbst wenn das möglich gewesen wäre, gilt immer noch das Urteil Noskes, der im Jagow-Prozeß als Zeuge sagte: »Militärisch war die Brigade Ehrhardt sicher das Beste, was wir damals hatten.« Sie und die (in Schlesien stationierte) Brigade Löwenfeld (Marinebrigade I) seien »als Kampftruppen viel wertvoller als irgendeine andere Formation« gewesen.[161]

Im übrigen gab der Generalstreik dem Putsch in der Provinz überhaupt erst eine Chance. Viele Kommandeure wußten in den ersten Tagen des Putsches nicht, wie die Dinge standen, sie verhielten sich daher abwartend, einige gingen zu Kapp über, da sie glaubten, er sei wirklich der neue Reichskanzler. »Ostpreußen war damals von allen telegraphischen und sonstigen Verbindungen mit Berlin abgeschnitten. Man erfuhr erst viel zu spät, daß die frühere Regierung wieder im Amt sei.« Und: »Radio gab es damals noch nicht, der Korridor war kein Verbindungsweg, und lange Zeit war auch Telegraphieren unmöglich«, schreibt Magnus von Braun, damals Regierungspräsident von Gumbinnen.[162]

Ganz gewiß war auch der Generalstreik geeignet, Kapp klarzumachen, daß es in West-, Mittel- und Süddeutschland mit seiner Popularität nicht weit her war. Doch das ändert nichts daran, daß der Putsch durch mangelhafte Vorbereitung und politische Planung, vor allem durch das überstürzte Losschlagen, von vornherein zum Scheitern verurteilt war. Es ist auch zu verstehen, daß die legale Regierung im ersten Augenblick die Kraft des Putsches weit überschätzte. Und es ist schließlich zu verstehen, daß der Generalstreik, weil er Millionen ins Spiel brachte, sich rein optisch dem allgemeinen Bewußtsein einprägte. Doch daß er den Ausgang des Putsches wesentlich beeinflußt, diesen gar »niedergeschlagen« hätte, ist eine reine Legende.[163] Näher kam schon der preußische Finanzminister Südekum der Wahrheit, als er kurz nach dem Putsch zu Winnig sagte: »Man meint jetzt, Kapp sei am Generalstreik gescheitert; das ist falsch: Er ist am Streik der Generale zugrunde gegangen.«[164]

Ebenso ist es, wie bereits dargelegt, eine Legende, daß der Generalstreik verfassungstreu gewesen sei, was er allenfalls am ersten Tag war, um schon bald in einen linksrevolutionären Aufstand umzuschlagen und noch sechs Tage lang nach dem Zusammenbruch des Putsches die legale Reichsregierung unter einen verfassungswidrigen Druck zu setzen.

Jedenfalls liegt ein merkwürdiger Widerspruch darin, wenn man einerseits den Putsch, wie es zumal in der sozialdemokratischen Memoirenliteratur geschieht, als von vornherein gescheitert, miserabel vorbereitet, »kopflos«, »dilettantisch«, »stümperhaft« und von Narren unternommen hinstellt, andererseits aber für so gefährlich hält, daß man ihm ohne Einsatz eines so massiven Mittels, wie es ein Generalstreik ist, nicht beigekommen wäre.

Einer der wenigen Sozialdemokraten, die sich zu der Wahrheit zu bekennen wagten, war Friedrich Stampfer. Er schreibt, es werde nicht so leicht wieder vorkommen, daß ein Generalstreik »einen so schwachen Gegner« treffe »wie den Generallandschaftsdirektor Kapp«, und Stampfer hält es für »wichtig«, auf die ganzen Unzulänglichkeiten des Unternehmens hinzuweisen, »weil sich aus der Geschichte dieses Putsches schon ein neuer Mythos vom Generalstreik à la Sorel entwickelt hat«.[165] Dem ist nichts hinzuzufügen. Dennoch ist er zu einer Art Lebenslüge auch der heutigen Gewerkschaftsgeneration geworden.

Die negativste Folge des Putsches war, daß – vor allem auf Scheidemanns Betreiben – Gustav Noske in die Provinzverwaltung abgeschoben wurde. *Noske* war eine der bedeutendsten Figuren jener Zeit; schließlich hatte die Republik es seiner Entschlossenheit zu verdanken, daß sie die schweren kommunistischen Aufstände im Januar und März 1919 in Berlin überstanden hat. Man wirft ihm eine zu große Vertrauensseligkeit gegenüber den Offizieren vor. Indessen verwechselt man wohl das unbefangene Verhältnis, das Noske – ebenso wie Ebert – zu den Offizieren hatte, mit Vertrauensseligkeit. Ebert hat sich auch einige Tage gegen eine Entlassung Noskes gewehrt, leider vergebens. Wenn er – wohl vor allem wegen des Fehlens einer Hausmacht – schon nicht Wehrminister bleiben konnte, so hätte er doch einen hervorragenden Reichsinnenminister abgegeben. Ohne Not und ohne Verstand hat man einen der besten Männer in die Wüste geschickt.

Der Nachdenkliche fragt sich, ob ein geglückter Putsch uns Hitler erspart haben würde. Leider beantwortet die Geschichte keine Wenn-Fragen.

6. KAPITEL

Hindenburgs Verfassungstreue
1932 – Das Jahr der Entscheidung

Mein Trauma

Der 31. Juli 1932 wurde zum Trauma meines Lebens. An jenem Tage fanden Reichstagswahlen statt. Die NSDAP kam von 107 Mandaten, die sie am 14. September 1930 gewonnen hatte, auf 230; ihr Stimmenanteil betrug 37,4 Prozent. Aber das war nicht das eigentlich Alarmierende; denn mit einem beträchtlichen Stimmengewinn war zu rechnen gewesen. Alarmierend war vielmehr, daß die KPD mit einem Stimmenanteil von 14,6 Prozent 89 Mandate errungen hatte. Zusammen hatten also die NSDAP und die KPD 52 Prozent der Stimmen und 319 der insgesamt 608 Mandate; damit besaßen sie die absolute Mehrheit, die sie bis zu den letzten, noch relativ freien Wahlen vom 5. März 1933 nicht mehr verloren, auch wenn die Stimmen zwischen der NSDAP und der KPD fluktuierten. Zählt man noch die DNVP (5,9 Prozent der Stimmen und 37 Mandate) hinzu, die ja auch die Weimarer Reichsverfassung ablehnte und deren Führer meist eine Rückkehr zur Bismarckschen Reichsverfassung anstrebten, dann war die Mehrheit noch erdrückender: 57,9 Prozent der Stimmen und 356 Mandate.

Der Anstieg der NSDAP war indessen ohnehin in vollem Gange. Bei den Reichstagswahlen vom 14. September 1930 hatte sich die Zahl ihrer Mandate bereits von 12 auf 107 erhöht, damals eine Sensation, die kaum jemand erwartet hatte, und am 24. April 1932 war bei den Wahlen zum preußischen Landtag die Zahl der nationalsozialistischen Mandate von 9 auf 160 gestiegen. Doch das Entscheidende bei der Reichstagswahl vom 31. Juli 1931 lag eben darin, daß der Volkssouverän nun mit absoluter Mehrheit der Demokratie und der Verfassung eine radikale Absage erteilte, die er nicht mehr widerrufen sollte.

Ich war mir freilich über die Agonie der Republik auch unabhängig von den jeweiligen Wahlen längst klargeworden. Im Frühsommer 1932 hatte ich in meiner Eigenschaft als Mitglied des Vorstandes des »Reichsverbandes Deutscher Zentrumsstudenten« zwei Unterredungen von je einer Stunde mit Staatssekretär Dr. Wilhelm Abegg vom preußischen Innenministerium, dem Herrn einer überwiegend noch verfassungstreuen, hervorragenden preußischen Schutzpolizei, und dem Führer des »Reichsbanners Schwarz-Rot-Gold«, Karl Höltermann, zwei Männern also, die neben der Reichswehr, der Polizei, der SA und dem »Kampfbund gegen den Faschismus« (Nachfolger des 1929 verbotenen kommunistischen »Roten Frontkämpferbundes«) über die größte Macht verfügten. In beiden Gesprächen ging es um die Frage, was zu tun sei, um der steigenden braunen Flut zu begegnen; schließlich stand schon damals dem Staat und seiner Verfassung das Wasser bis zum Halse.

Beide Gespräche verliefen unbefriedigend. Abegg sah zwar deutlich die Gefahren, war aber offensichtlich ratlos. Ich fühlte mich zu dem Schluß berechtigt, daß er lediglich die Ratlosigkeit seiner Regierung widerspiegelte.

Auch Höltermann sah die Gefahren. Aber er reagierte auf sie nicht nur mit Ratlosigkeit, sondern auch mit einer deutlich spürbaren, lähmenden Angst. Dabei war schließlich das »Reichsbanner« für den Fall eines Bürgerkrieges gegründet worden, die Zeit seiner Bewährungsprobe war gekommen. Ich wurde an das Gespräch erinnert, als ich in Noskes Memoiren las: »Gebrauch hat Höltermann ... später von seinen höheren politischen und strategischen Kenntnissen nicht gemacht, als 1933 Gelegenheit war, leeren Redensarten entschlossen Taten folgen zu lassen.[166]« Nun, »Gelegenheit« war auch schon 1932 gegeben, doch Höltermann war der letzte, der ihr gewachsen gewesen wäre.

Die Kraft des »Reichsbanners« wird heute maßlos überschätzt. Ein so sorgfältiger Historiker wie Karl Dietrich Bracher zieht aus der freilich imponierenden Mitgliederzahl von ca. 3,5 Millionen (individuell und korporativ angeschlossene Mitglieder) den Schluß, sie widerlege »das Schlagwort von der ›Republik ohne Republikaner‹«.[167] Ein entscheidender Nachteil des »Reichsbanners« war die Verbreitung des Pazifismus und Antimilitarismus, zumal durch die Presse der SPD, die »mit allen Mitteln den Arbeitern die Reichswehr verekelte«.[168] Schon die grundsätzlich rein defensive Haltung des Verbandes benachteiligte ihn im Kampf mit der grundsätzlich aggressiven SA; hinzu kam, daß, wie schon eingehend dargelegt, damals den Farben Schwarz-Rot-Gold kein *echter* Symbolwert zukam. Wer die fast täglichen Straßenkämpfe des Jahres 1932 beobachtet hat, mußte den Eindruck gewinnen, daß das »Reichsbanner« überwiegend aus Karteileichen bestand. Eine Fehleinschätzung wie jene Karl Dietrich Brachers ist nur einem Historiker möglich, der die Zeit nicht aus eigener Anschauung kennt und daher nur auf Bücher, Statistiken und Archivalien angewiesen ist.

Karl Höltermann befand sich in der reichlich skurrilen Lage, als Antimilitarist einen paramilitärischen Verband führen zu sollen. Allein schon diese Paradoxie mußte ihn lähmen. Wie hätte es anders sein können?

Die eigentliche Bedeutung des 31. Juli 1932 wird gemeinhin nicht bemerkt. Wohl hält Bracher die Tatsache für wichtig, »daß die beiden totalitären Parteien nun auch im Reichstag eine ›unechte Mehrheit‹ besaßen«. Doch, wie beruhigt, bemerkt er, daß »62,8 Prozent der deutschen Wähler sich selbst zu diesem Zeitpunkt gegen eine nationalsozialistische Herrschaft entschieden«.[169] Aber den springenden Punkt sieht er nicht: daß sich in jener Wahl der Volkssouverän mit absoluter Mehrheit, wenn auch aus unterschiedlichen Motiven, gegen die Demokratie und gegen die Verfassung entschied. Was aber soll eigentlich verfassungskonformes Regieren sein, wenn der Volkssouverän selber mit aller Deutlichkeit die Verfassung verwirft? Das wäre das Thema einer Dissertation, die noch nicht geschrieben ist.

Es trifft zu, daß es damals an Intrigen wahrlich nicht gefehlt hat. Aber ihr übergroßes Gewicht, ja fast ihre Notwendigkeit und Zwangsläufigkeit erhielten sie erst durch jene Reichstagswahl. Wie anders als eben durch Intrigen wäre es angesichts dieser Wahl möglich gewesen, wenn vielleicht auch nicht die Verfassung zu retten, so doch wenigstens Hitler von der Macht fernzuhalten?

So gesehen, erhalten die Intrigen, so töricht oder auch infam sie im einzelnen gewesen sein mochten, ein völlig anderes Gesicht. Und manchen der Intriganten, zumal dem Generalmajor Kurt von Schleicher, lieferte die Haltung des Volkssouveräns, die am 31. Juli 1932 doch erst *begonnen* hatte, durchaus eine Art moralisches Alibi, gleichgültig, wie das politische Geschick und die Aussichten der einzelnen Machenschaften selber zu beurteilen sind, wobei es sich zwangsläufig meistens nur um Urteile ex post handeln kann, Urteile also, die erst in voller Kenntnis der Folgen zustande kommen.

An jenem 31. Juli 1932 erlitt mein Vertrauen zur demokratischen Staatsform einen Bruch, denn sie ist die einzige, die sich *legal*, also aus ihrem eigenen Verständnis heraus, aufheben kann. Wenn dies nicht schon damals geschah, dann doch nur, weil der Artikel 48 WRV, indem er verfassungskonform die demokratischen Spielregeln suspendierte, die demokratische Fassade gegen den – wenn auch zwiespältigen – Willen des Volkssouveräns noch ein halbes Jahr aufrechterhalten konnte. Im Grunde war schon damals die Bahn für Hitler aufgebrochen worden. Denn es war klar, daß die herrschenden Kräfte und Schichten, auch die, die nichts mit dem Nationalsozialismus im Sinne hatten, vor die harte Alternative Hitler oder Thälmann gestellt, sich nicht für Thälmann, also die KPD, entscheiden würden, nicht zuletzt eine Folge der blutigen kommunistischen Aufstände zu Beginn der Republik mit den entsprechenden Erfahrungen und Erinnerungen, die nun wieder angesichts der Straßenkämpfe hochkamen. Zwar hat das Grundgesetz mit seinem Artikel 79 Abs. 3 die Konsequenz aus Artikel 76 WRV gezogen und u. a. die Änderung der demokratischen Staatsform einem absoluten Verbot unterworfen, doch sollten wir uns nichts vormachen: Dieser Artikel verhindert zwar die Legalität einer Änderung, doch diese selber unter bestimmten politischen Voraussetzungen nicht. Schon gibt es manche »Bewegungen« und zielstrebige Tendenzen, die eine »andere Republik« wollen, ohne daß sich die Demokratie als sonderlich »streitbar« erweist. Dabei war bisher die rote oder rötliche Gefahr ungleich größer als die »neobraune«, schon deswegen, weil ersterer – mehr oder minder deutlich – die Sympathien mancher Massenmedien gehören; nur ein politischer Legastheniker kann in vollem Ernst als Argument dagegen die Tatsache verwenden, daß die DKP wenig Wähler anzieht: Die Kraft von Minderheiten, die genau wissen, was sie wollen, ist auch dann nicht zu unterschätzen, wenn sie auf der parlamentarischen Ebene keine Rolle spielen und nicht expressis verbis in eigenem Namen auftreten.

Manche Medien, die lange ein Herz für Chaoten bewiesen haben und auf keinen Fall ein Vermummungsverbot wünschten, aber den Einsatz der Polizei gegen Molotowcocktails werfende und plündernde Demonstranten gerne unter die Lupe nahmen und kritisierten, singen nun das hohe Lied der gewaltfreien Demonstrationen in Ost-Berlin und Leipzig. Offensichtlich kann man dem Volkswillen auch ohne Vermummung und Gewalt selbst in einer unbestrittenen Diktatur zum Durchbruch verhelfen, vorausgesetzt, es steht eine Mehrheit dahinter und nicht eine radikale Minderheit, die den Staat in Frage stellen möchte.

Die Askese des Reichstags

Am 27. März 1930 trat die von dem Sozialdemokraten Hermann Müller geführte Reichsregierung zurück. Der äußere Anlaß war der Streit um die Erhöhung der Beiträge zur Arbeitslosenversicherung um ein halbes Prozent (also um je ein viertel Prozent zu Lasten der Arbeitgeber und der Arbeitnehmer). Innerhalb der SPD trat der alte Zwiespalt zwischen dem Regierungsflügel und dem Gewerkschaftsflügel offen zutage. Der Regierungsflügel dachte pragmatisch, für ihn war Politik nur die »Kunst des Möglichen«, er war sich bewußt, daß Regieren, also die Teilnahme an der politischen Gestaltung, ohne Kompromisse, ohne gewisse Abstriche am Prinzipiellen und Programmatischen, nicht möglich war. Der Gewerkschaftsflügel hingegen setzte das Prinzipielle und Programmatische absolut, unter Verzicht auf die Verwirklichung, falls sie auch nur die geringsten Zugeständnisse verlangte. Verstärkt wurde die Krise dadurch, daß inzwischen die DVP, die sich nach dem Tode Stresemanns unter dem Einfluß der Schwerindustrie nach rechts hin entwickelt hatte, aus der Koalition herausdrängte, in der Finanzminister Moldenhauer diese Partei vertrat.

Die von den Gewerkschaften erzwungene Flucht der SPD aus der Verantwortung fand schon damals und erst recht nach 1945 schärfste Kritik aus den Reihen der Partei. Im Gegensatz zu dem, was er noch 1929 auf dem Magdeburger Parteitag gesagt hatte, schrieb Friedrich Stampfer später: »Da es nicht um eine sozialpolitische Einzelfrage ging, sondern um eine Entscheidung von höchster Bedeutung, hätte die Partei die Führung haben müssen ... Die Partei war aber dazu nicht imstande, denn eine Minderheit bekämpfte die Koalitionspolitik Hermann Müllers heftig und wünschte ihr ein baldiges Ende. Die Parteiführung sah sich, zwischen dem linken Parteiflügel und den Gewerkschaften eingeklemmt, jeder Bewegungsfreiheit beraubt.«[170] In der englischen Ausgabe seiner Memoiren sprach Otto Braun von dem »sturen Gewerkschaftsdoktrinarismus Wissels (Arbeitsminister), der hier jenen radikalen Fraktionsflügel auf seiner Seite hatte, der, stets nach den Kommunisten schielend, ohnehin aus der Regierungsverantwortung herausstrebte« – ein Satz, den Braun in der deutschen Ausgabe gestrichen hatte[171], und Julius Leber (SPD) bemerkte: »Denn an diesem Tage ... charakterisierte sich die Sozialdemokratie als noch immer unfähig zur Staatsführung.«[172]

Hermann Müller hatte die letzte parlamentarisch gebildete Reichsregierung geführt. Seit dem 27. März 1930 erschöpfte der Reichstag sich in der bescheidenen Rolle, Brüning zu tolerieren. Hätten der linke Flügel der SPD und die Gewerkschaften die kommende Entwicklung vorausgesehen, wäre es sicherlich nicht zur Resignation der Regierung Müller gekommen. Doch angesichts des Ansteigens der roten und braunen Flut hätte auch ein Verbleiben der Regierung Müller allenfalls eine aufschiebende Wirkung haben können, was heute oft nicht gesehen und daher die Bedeutung jenes 27. März überschätzt wird.

Das Jahr 1930 hatte es überhaupt in sich. Am 25. September durfte Hitler vor dem Reichsgericht in dem Prozeß gegen drei Reichswehroffiziere aus Ulm unter Eid aussagen, er strebe nur mit legalen Mitteln die Macht an. Angesichts des Artikel 76 WRV und seiner herrschenden Auslegung wunderte ich mich damals darüber, daß dem Nationalsozialismus abgeneigte Bürger sich dadurch beruhigt fühlten. Hitler, sagte ich meiner Berliner Zimmerwirtin, die auch jenen Bürgertypus verkörperte, »wird euch noch die Legalität um die Ohren schlagen«. Einer besonderen prophetischen Gabe bedurfte es nicht: Die nüchterne Beobachtung der Dinge lieferte einen zuverlässigen Schlüssel. Die Illusionen, die damals in bürgerlichen und sozialdemokratischen Kreisen in Umlauf waren, erstaunten und bedrückten mich zugleich.

Brüning

Bezeichnend für die damalige Situation sind zwei Briefe, die der württembergische Staatspräsident Eugen Bolz (Zentrum) an seine Frau schrieb. In dem Brief von Anfang Oktober 1929 hieß es: »Die Parteien sind gar nicht imstande, die großen innerpolitischen Fragen, vor deren Entscheidung wir stehen, zu meistern.« Und am 11. März 1930 schrieb er: »Jeder fühlt die Schwäche und Ohnmacht. Ohnmacht unseres ganzen Regierungssystems. Ich bin längst der Meinung, daß das Parlament die schweren innerpolitischen Fragen nicht lösen kann. Wenn ein Diktator für 10 Jahre möglich wäre – ich würde es wünschen.«[173] Nachträglich habe ich den Eindruck, daß Bolz einer der wenigen damals agierenden Politiker war, die eine realistische Ahnung umtrieb und die weder die

Parteizugehörigkeit noch die Tagesarbeit hinderten, kommendes Unheil zu spüren.

Ein »Diktator« sollte freilich zunächst noch nicht kommen, wohl aber eine verfassungsmäßige (»kommissarische« nannte sie Carl Schmitt) Diktatur aufgrund des Artikel 48 WRV[174], der in den folgenden Jahren eine große Rolle spielen sollte. Schon am 30. März 1930 kam nach Vorarbeiten von Wilhelm Groener, Kurt von Schleicher und Otto Meissner die neue Reichsregierung unter Heinrich Brüning zustande, der erst fünfundvierzig Jahre alt war. Er kam aus der christlichen Arbeiterbewegung Adam Stegerwalds und war der finanzpolitische Experte des Zentrums, dessen konservativem Flügel er angehörte.

Brüning war ein ausschließlich sachlich denkender Mann, der wohl schon aus diesem Grunde sich die Intrigen, die bald um ihn herum gesponnen wurden, kaum vorstellen konnte. Aus dem gleichen Grunde schenkte er auch der Öffentlichkeitsarbeit nicht die geringste Aufmerksamkeit. Er pflegte eine asketische Lebensweise. Er soll drei Monate gezögert haben, seine bescheidene Wohnung im Hedwigskrankenhaus gegen die Reichskanzlei zu tauschen.[175] Es hieß auch, daß er für private Angelegenheiten niemals seinen Dienstwagen, sondern stets ein Taxi benutzt habe. Ich weiß nicht, ob das zutrifft, jedenfalls hätte es durchaus so sein können, es hätte seiner persönlichen Anspruchslosigkeit und rigorosen Pflichtauffassung entsprochen.

An einem »Bad in der Menge« lag ihm nichts, auf Popularität legte er keinen Wert. Um so überraschter war ich, als Brüning im Februar 1933 während des Wahlkampfes zum 5. März im Berliner Sportpalast sprach. Außer Hitler und Goebbels war er der einzige, der damals den Sportpalast bis auf den letzten Platz füllen konnte. Er wurde auf den Schultern seiner Anhänger hereingetragen (oder heraus oder beides – das weiß ich nicht mehr), was ihn sichtlich verlegen machte. Er, der nie Kontakt zum Volk besaß und auch nie gesucht hatte, sprach mit einer Leidenschaft, die ich ihm nicht zugetraut hätte, gejagt von einer panischen Angst vor den kommenden Dingen, von denen Hitler schon seit dem 30. Januar für jeden, der hören und sehen konnte und vor allem wollte, einen hinreichenden Vorgeschmack erlaubt hatte. So war es die pure Angst, die aus dem reservierten und spröden Brüning einen mitreißenden Volksredner gemacht hatte. Der Jubel ist mir unvergeßlich; sehr langsam leerte sich der Sportpalast, den Brüning nur unter besonderen Vorsichtsmaßnahmen hatte betreten und verlassen können.[176]

Als Brüning am 29. März 1930 seiner Berufung zum Kanzler zustimmte, bat er Hindenburg »um die Erlaubnis, ein nicht an Parteien gebundenes Kabinett bilden zu dürfen, und um die Zusage, mir für dieses Kabinett im Notfall die Vollmachten des Artikels 48 zu erteilen. Er sagte sofort zu«.[177]

Fortan regierte Brüning vor allem mit Notverordnungen nach dem Artikel 48. Wenn nach dessen zweitem Absatz die Notverordnungen »auf Verlangen des Reichstages außer Kraft zu setzen« waren, so kam dieser Bestimmung deswegen keine allzu große Bedeutung zu, weil nach Artikel 25 WRV der Reichspräsident den Reichstag jederzeit auflösen konnte; auch die Bestimmung, daß er dieses »nur einmal aus dem gleichen Anlaß« tun durfte, bot kein Hindernis; selbstverständlich war es für die Juristen der Präsidial- und Reichskanzlei eine Kleinigkeit, den jeweiligen »Anlaß« so zu formulieren, daß er nicht der »gleiche« war.

Seit 1930 wurden die Reichsregierungen zutreffend »Präsidialregierungen« genannt, weil sie nicht vom Reichstag, sondern vom Vertrauen des Reichspräsidenten abhingen, der nach Artikel 53 WRV den Reichskanzler und auf dessen Vorschlag die Reichsminister ernannte und entließ.

Durch die Arbeitsunfähigkeit des Reichstages war ein Machtvakuum entstanden, das *automatisch* durch die Reichswehr ausgefüllt wurde, die damit zu einem mitbestimmenden Faktor der Republik geworden war. Es kann nicht deutlich genug gesagt werden, daß es sich eben um einen automatischen Prozeß handelte. In der Generalität hatte nur einer politische Ambitionen; es war, wie schon bemerkt, Generalmajor Kurt von Schleicher, Chef des Ministeramtes im Reichswehrministerium. In diesem Zusammenhang, wie es oft geschieht, auch Wilhelm Groener zu nennen ist nicht ganz zulässig. Denn er fühlte sich zwar der Reichswehr auf das engste verbunden, war aber Generalleutnant außer Dienst, also Zivilist. Innerhalb der Generalität war Schleicher teils unbekannt, teils stieß er wegen seiner politischen Aktivitäten auf Mißtrauen oder Ablehnung; abschätzig nannte man ihn auch einen »Bürogeneral«. Doch er hatte hinter den Kulissen und durch persönliche Verbindungen nach vielen Seiten hin die Zügel in der Hand.

Es geht hier nicht darum, die Reichswehr in Schutz zu nehmen, sondern darum, zu zeigen, daß es in erster Linie der Reichstag war, der ihr durch seine Passivität die neue Rolle zugewiesen hatte, auch wenn das von ihm gewiß nicht beabsichtigt war. Und diese neue Rolle nahm eben zumal Schleicher wahr, was wiederum nicht in der Absicht »der« Reichswehr gelegen hatte, der zum weitaus größten Teil schon die bloßen Informationen fehlten. Im Anschluß an die Herbstmanöver von 1930 hatte Reichswehrminister Groener erklärt: »Im politischen Geschehen Deutschlands darf kein Baustein mehr bewegt werden, ohne daß das Wort der Reichswehr ausschlaggebend in die Waagschale geworfen wird.«[178] Dieses Wort wird heute als Beleg für die Anmaßung und Machtgier der Reichswehr zitiert, doch gab es lediglich den Sachverhalt wieder, der durch die Askese des Reichstages nun einmal entstanden war. Natürlich verdient es Erwähnung, daß General Kurt von Hammerstein-Equord, der seit 1930 als Nachfolger Heyes Chef der Heeresleitung war, zu den engen Freunden Schleichers zählte, politisch mit ihm übereinstimmend, daher auch seine »Intrigen« mitmachte.

Als Sprengsatz zunächst für Groener, der seit 1931 auch Reichsinnenminister war, dann auch für Brüning, erwies sich das vor allem auch von den Ländern verlangte und am 15. April 1932 erwirkte Verbot von SA und SS.[179] Ich werde die Sitzung des Reichstages am 10. Mai nie vergessen, in der Groener das Verbot begründete. Er war ein miserabler Redner. Als er seiner »warmen« Sympathie für die »nationalen« Bestrebungen der nun verbotenen Organisationen Ausdruck verlieh, erhob sich – wenn ich mich recht erinnere, bei allen Parteien außer den Abgeordneten der NSDAP – ein stürmisches Gelächter: Denn als »warm« (also homosexuell) waren Röhm und seine Umgebung bereits bekannt. Nach Brüning und den Ländern war es vor allem Schleicher gewesen, der Groener zu dem Verbot gedrängt hatte: »Es war die alte Methode Schleichers, Persönlichkeiten, die er loswerden wollte, zu scharfen Maßnahmen zu drängen, um Sie dann allein zu lassen.«[180]

1932 lief die Amtszeit Hindenburgs ab. Es war vor allem Brüning, der sich mit einer außerordentlichen Verve, wie ich sie im Februar 1933 im Sportpalast beobachten sollte, erfolgreich für die Wiederwahl des sechsundachtzigjährigen Hindenburg einsetzte. Gegenkandidat war vor allem Hitler.

Aber erst im zweiten Wahlgang am 10. April erreichte Hindenburg die vorgeschriebene Mehrheit. Sein Sohn Oskar schrieb Brüning, er könne »mit der ewigen Dankbarkeit seiner Familie rechnen«.[181]

Man hat Brüning vorgeworfen, daß er sich für die Wiederwahl Hindenburgs eingesetzt habe, obwohl er selber die körperliche und geistige Verfassung des Reichspräsidenten skeptisch beurteilte. Dieser Vorwurf geht an der Tatsache vorbei, daß damals Hindenburg der einzige war, dessen Namen auf das Volk eine größere Anziehungskraft ausübte als der Hitlers. Für jeden, der das Jahr 1932 erlebt hat, ist jener Vorwurf schlechthin seltsam und ahnungslos. Wollte man Hitler fernhalten, mußte man Hindenburg zur Wiederwahl aufstellen, gleichgültig, wie es um sein Befinden stand – eine andere Möglichkeit gab es einfach nicht.

Wie schon damals, wird auch heute Brünings Deflations- und rigorose Sparpolitik angegriffen. Eines seiner Motive war, den Reparationsgläubigern die Zahlungsunfähigkeit des Reiches zu beweisen. Neuerdings ist wieder ein Streit unter Nationalökonomen entstanden, ob Brüning Sachzwängen folgte oder ob er auch andere Optionen gehabt hätte.

Ich verstehe von wirtschaftlichen Dingen nichts. Doch mir hat noch keiner erklären können, warum es den anderen Industriestaaten genauso schlecht ging (in Deutschland waren vor allem wegen Versailles und den Reparationen nur die *innenpolitischen* Folgen andere). Wenn jene Staaten unter dem Druck der Weltwirtschaftskrise anders als Brüning handelten, hätte es ihnen ja sehr viel besser gehen müssen. Doch das war nicht der Fall. Zwar hatte in den USA Roosevelts »New Deal« die Dinge ab 1933 in vieler Hinsicht verbessert, doch 1939 gab es dort wieder zehn Millionen Arbeitslose.

Am 30. Mai 1932 entließ Hindenburg Brüning, wobei er ihn zugleich bat, in einer neuen Regierung das Auswärtige Amt zu übernehmen, was Brüning ablehnte. Die Motivreihe, die zu Brünings Sturz führte, ist vielschichtig. Das SA-Verbot spielte hinein. Die Handhabung der Osthilfe[182] wurde in der Umgebung Hindenburgs, der vorwiegend auf seinem ostpreußischen Gut Neudeck weilte, als »Agrarbolschewismus« bezeichnet. Nicht zuletzt war es Schleicher, der den Sturz Brünings betrieben hatte.

Psychologisch war Hindenburgs Schritt in erster Linie damit zu erklären, daß er von der SPD und den Parteien der liberalen Mitte gewählt worden war, also genau umgekehrt wie bei seiner Wahl 1925. Verständlicherweise war Brüning, der doch vor allem die Wiederwahl mit großem Einsatz betrieben hatte, tief enttäuscht und verbittert, nicht zuletzt über die wortkarge Art seiner Entlassung, die er als schieren Undank empfinden mußte. Der damalige Reichspressechef, der Sozialdemokrat Walter Zechlin, kannte Hindenburg sehr genau. In seinen Erinnerungen schreibt er, Brüning habe die Stimmung des Reichspräsidenten nach seiner Wiederwahl »nie völlig verstanden«. »An und für sich« habe Brüning mit der »Dankbarkeit Hindenburgs rechnen« können, doch sei diese Dankbarkeit »nicht in dem Maße vorhanden wie Brüning voraussetzte, weil Hindenburg sich klar war, daß man ihn nicht um seinetwillen allein, sondern noch mehr deshalb gewählt hatte, um eine Wahl Hitlers zu verhindern«, was Zechlin »ganz menschlich und natürlich« fand.[183]

Die Arbeitslosigkeit

Inzwischen war die Zahl der Arbeitslosen gestiegen, die im Januar 1933 die höchste Zahl mit über sechs Millionen erreichte, nachdem im Sommer und Herbst 1932 durch die Arbeitsbeschaffungsmaßnahmen Papens die Zahl etwas zurückgegangen war. Es ist allerdings zu bedenken, daß jene Zahl sich nicht mit der Summe der wirklich Arbeitslosen deckte. Nicht enthalten sind in ihr jene, die sich genierten, öffentliche Hilfe anzunehmen, vor allem tauchten viele Arbeitslose in der Statistik nicht auf, die den Anforderungen einer Bedürftigkeitsprüfung nicht genügt hatten. So dürfte die Zahl von sieben Millionen und darüber nicht zu hoch gegriffen sein.

Wer die heutige Lage der Arbeitslosen mit der von 1932 vergleicht, verkennt den ungeheuren politischen Sprengsatz, der in der damaligen Arbeitslosigkeit steckte. Denn ein vergleichbares soziales Netz, wie es die Bundesrepublik kennt, gab es damals nicht. Ein paar Angaben mögen es verdeutlichen. Seit dem 5. Juni 1931 (mit Wirkung vom 5. Oktober 1931) war die Höchstdauer der Zahlungen aus der Arbeitslosenversicherung auf zwanzig Wochen, bei »berufsüblich Arbeitslosen« sogar auf sechzehn Wochen gekürzt. Danach verfiel der Arbeitslose der Krisenunterstützung (KrU). Nach der Verordnung vom 16. Juni 1932 erhielt der, der sechsunddreißig Tage versicherungsmäßig Arbeitslosenunterstützung bezogen hatte, eine weitere Unterstützung nur bei Nachweis der Hilfsbedürftigkeit. Für die Gewährung der KrU gab es keine Höchstdauer mehr. Die besonderen Unterstützungssätze für Arbeitslose nach kürzerer Beschäftigung als zweiundfünfzig Wochen fielen fort, ebenso für »berufsüblich Arbeitslose« und für Arbeitslose, »die an einem anderen Ort als dem Unterstützungsort beschäftigt waren«. Die gezahlten Beträge waren nach verschiedenen Kriterien gestaffelt, doch waren sie nicht entfernt mit denen zu vergleichen, die heute ein Arbeitsloser bezieht.[184]

Wir besitzen ein ungemein anschauliches und zugleich zuverlässiges Bild von der Situation der Arbeitslosen. Es ist das Buch »Deutschland so oder so?«[185], das der Amerikaner H. R. Knickerbocker im Auftrag der »New York Evening Post« geschrieben hat. Knickerbocker, der ausgezeichnet Deutsch sprach, gehörte zu der gehobenen Klasse von Journalisten, die absolut seriös, daher vertrauenswürdig sind und präzise zu recherchieren verstehen. Knickerbockers Bericht bezieht sich auf die erste Hälfte des Jahres 1932, das er in Deutschland verbracht hatte.

Schon im Frühjahr 1928 betrug die Zahl der Arbeitslosen rund 2 500 000. Im Herbst waren es bereits 4 438 000. Ein Vergleich ergibt, daß mit der Arbeitslosigkeit der Zulauf zu KPD und NSDAP stieg.

In Berlin machte der Amerikaner die Beobachtung, daß »von insgesamt etwa fünfhundert Gästen in zehn bis zwölf Gasthäusern höchstens ein Zehntel auch nur ein Glas Bier vor sich stehen hatte. Wenn der Deutsche zu arm geworden ist, um sich ein Bier zu kaufen, ist er am Verzweiflungspunkt angelangt.« Es folgt dann eine Statistik des Statistischen Reichsamtes, das den Bierkonsum in jenen Jahren als Index für die wachsende Armut ausweist.[186]

In Berlin lernte Knickerbocker einen kommunistischen Bauarbeiter namens Max kennen, der etwa fünfundvierzig Jahre alt und seit 1924 auf der Suche nach Arbeit war: »Es ist sehr wichtig, darauf hinzuweisen, daß Maxens Unterstützung, die rund 63 Mark im Monat beträgt, weil er fünf Kinder hat, *erheblich über dem Durchschnitt* liegt. Nach den Angaben des Arbeitsamtes in Neukölln beträgt der Reichsdurchschnitt der Unterstützung, die ein beschäftigungsloser Arbeiter mit Frau und Kind bezieht, 51 Mark im Monat. Gemäß den Berechnungen dieser offiziellen Stelle kommen Miete, Beleuchtung, Beheizung und unvermeidliche Nebenkosten auf ein unerbittliches Minimum von 32 Mark 50 im Monat. Für die Ernährung dreier Menschen bleiben also 18 Mark 50 im Monat übrig.«[187]

Knickerbocker war auch in der Sowjetunion gewesen und kam zu der Überzeugung, »daß die Situation des deutschen Unterstüt-zungsempfängers sich im Vergleich zu den Verhältnissen in Rußland in den letzten Monaten verschlechtert hat ... Jetzt haben die unter dem Druck des unaufhörlich steigenden Defizits erlassenen Verord-nungen vom 5. Juni und 6. Oktober die Unterstützung auf einen Durchschnitt von 51 Mark herabgedrückt, und von dieser mehr als unzureichenden Summe müssen schätzungsweise 15 Millionen Deutsche leben.«[188] Das war also Anfang 1932.

Zur gleichen Zeit mußten fünfzehn Millionen Menschen »von einem Durchschnittseinkommen in Höhe von 51 Mark leben, einem Einkommen, das nachweislich unter der Hungergrenze liegt. In Wirklichkeit dürfte die Summe (von fünfzehn Millionen Menschen; W. M.) wahrscheinlich größer sein.«[189]

Im sächsischen Falkenstein trifft Knickerbocker einen Bauarbei-ter, der schon seit 2 Jahren arbeitslos ist. Er saß in der Küche, »dem einzigen geheizten der drei Räume«. »Am schwersten arbeiten hier die Frauen der Arbeitslosen; Tag für Tag müssen sie sechzehn Stun-den lang, um aus der Unterstützung herauszuholen, was herauszu-holen ist, sparen, zusammenkratzen, stopfen und waschen.« Die Fa-milie des Bauarbeiters bestand aus sieben Personen, doch die »sechs-unddreißigjährige, verbrauchte hagere Frau ging schwanger«.[190]

Der Falkensteiner Fußballkapitän Sander schilderte das Budget seiner Eltern: »Vater arbeitslos, 11 Mark Unterstützung, Bruder ar-beitslos, 4 Mark 50 Unterstützung, Schwester, in einer Fabrik be-schäftigt, 8 Mark Lohn; er selbst arbeitslos, 4 Mark 50 Unterstüt-zung – zusammen wöchentlich 28 Mark für eine aus fünf Erwachse-nen bestehende Familie ... Praktisch ernährten sie sich ausschließ-lich von Brot und Kartoffeln.« Eine andere Familie, die Knickerbok-ker aufsuchte, empfing für acht Personen eine Unterstützung von 23 Mark in der Woche. »3 Mark, erzählte die Mutter, verschlinge die, übrigens besonders verbilligte Miete, weitere 3 Mark seien für die Beheizung nötig, 4 Mark für die Bekleidung und andere Notwendig-keiten, zur Ernährung von acht Personen blieben also wöchentlich 13 Mark übrig.«[191]

Auch in Thüringen recherchierte der Amerikaner. Vor dem 16. Juni 1932 konnte der Arbeitslose in der Kategorie »Krisenunterstüt-zung« achtunddreißig bis zweiundfünfzig Wochen bleiben. Danach wurde er an die Wohlfahrt überwiesen, »die sich aus Beträgen des Reichs, der Staaten und Gemeinden und des Wohnorts des Arbeiters zusammensetzt. Hier kann er so lange bleiben, wie das Geld reicht. Nach den Angaben des Neuköllner Arbeitsamtes beträgt der Reichsdurchschnitt dieser Unterstützung 29,68 Mark im Monat. Diese Summe bedeutet wirklichen Hunger für den Empfänger ... Die Höhe der Wohlfahrtsunterstützung hängt von der Höhe der Gemeindeeinkünfte ab, und je länger die Krise währt, desto weniger Geld hat die Gemeinde, desto geringer war die Unterstützung. Die Gemeinden des Thüringer Waldes hätten, den Satzungen gemäß, ein Drittel der Wohlfahrt tragen müssen. Ihre Kassen sind jedoch leer, sie tragen nichts zur Unterstützung bei.« Durch die Aussagen »sämtlicher Zeugen« ist »einwandfrei festgestellt, daß das augenblickliche Ausmaß der Armut ohne jede Parallele ist«. Daß »aber der Lebensstandard im Thüringer Wald nicht weiter heruntergedrückt werden kann, ohne daß es zu wirklichem Verhungern kommt, steht zweifelsfrei fest. Die Bürgermeister von Fehrenbach und Masserberg erklären auf das nachdrücklichste, daß die Situation ihrer Gemeinden unvergleichlich schlimmer sei als zur Zeit der Inflation, schlimmer sogar noch als während des Krieges.«[192]

Ich kenne kein Buch, das die Situation in der ersten Hälfte des Jahres 1932 realistischer und anschaulicher zeichnet als das Knickerbockers, das sich außerdem mit meinen Erinnerungen völlig deckt. Das Buch hat den dokumentarischen Wert einer Photographie, die keiner Retusche und keiner Montage unterworfen ist. Doch es sollte noch schlimmer kommen, wie sich an dem Ansteigen der Arbeitslosigkeit ablesen läßt.

Im Gegensatz zu heute wurde das Arbeitslosengeld nicht überwiesen, jeder mußte es sich beim Arbeitsamt selber abholen. Das hatte zur Folge, daß viele Arbeitslose sich genierten, die ihnen zustehende Unterstützung zu beziehen, daher auch nicht in der Statistik auftauchten. Das traf vor allem auf die Kleinstädte und Dörfer zu, wo es sich rasch herumsprach, wer von öffentlicher Unterstützung lebte, was damals oft als Makel empfunden wurde, den viele der Betroffenen scheuten.

Die Arbeitslosen von damals hatten gegenüber den heutigen nur einen einzigen Vorteil: Es gab genügend Wohnungen, so daß die Mieten sehr billig waren. Dagegen gab es keinen schwarzen Arbeitsmarkt, der heute vor allem durch die in Zeiten der Hochkonjunktur entstandene Überspannung des sozialen Netzes zu erklären sein dürfte, die die legale Arbeit vielfach zu teuer macht, tatsächlich vorhandene Arbeitsplätze nicht besetzen läßt. Wegen des ziemlich ausgedehnten schwarzen Arbeitsmarktes entsprechen die Statistiken über die Arbeitslosigkeit kaum der vollen Wirklichkeit: Viele, die in der Statistik als »Arbeitslose« auftauchen, arbeiten »schwarz«, beziehen also zu ihrem »schwarzen« Einkommen noch Arbeitslosengeld, eine Erscheinung, die es damals nicht gab.

Nach seriösen Schätzungen mußten um die Jahreswende 1932/33 zwanzig bis fünfundzwanzig Millionen Menschen von einem monatlichen Durchschnittseinkommen von hundert Mark und darunter »leben«. Parallel dazu stieg die Zahl der Konkurse – alles in allem ein sozialer und politischer Sprengsatz von höchster Explosivität, der zwar auch der KPD, vor allem aber der NSDAP zugute kam.

Ein Buch, das die ahnungslose Stimmung des Bildungsbürgertums im Jahre 1932 dokumentiert, hat Theodor Heuss, von 1949 bis 1959 Bundespräsident, geschrieben.[193] Nach 1945 hat man es ihm verübelt, daß er es als »etwas Unwürdiges« empfand, daß Hitler 1932 immer noch nicht die deutsche Staatsbürgerschaft erhalten hatte, oder daß er von den »frischen jungen Menschen in guter Haltung« sprach, wie sie bei den Umzügen der SA zu beobachten gewesen seien.[194] Nach 1945 mochten es die Sozialdemokraten auch nicht gern lesen, daß Heuss Vergleiche zwischen Hitler und Lassalle anstellte.[195]

Aber das alles und manche anderen freundlichen Bemerkungen, die Heuss über Hitler und den Nationalsozialismus machte, sind nicht das eigentlich Bestürzende an dem Buch, das den Nationalsozialismus im übrigen durchaus kritisch analysierte. Das Bestürzende ist vielmehr, daß keine einzige Stelle in dem Buch auch nur andeutungsweise die panische Angst erkennen läßt, die wir 1932 empfanden. Für Heuss war der Nationalsozialismus lediglich eine Art interessantes Laborpräparat – nicht mehr. Seine Virulenz begriff er nicht.

Das Buch läßt erkennen, daß Heuss ein völlig unpolitischer Mensch war. Er war ja auch in Berlin Professor nur an der »Hochschule für Politik«, deren objektive Existenzräson nach meinen Beobachtungen darin bestand, daß sich ihre Schüler auch ohne Abitur »Studenten« nennen durften; ich habe viele von ihnen kennengelernt, durchweg ebenso dümmlich-banale wie arrogante Leute, die ihre Bezeichnung »Studenten« auf unerträgliche Weise auskosteten.

Ich habe Heuss Mitte der fünfziger Jahre in Loccum kennenge-

lernt. Er war ein liebenswürdiger und, wie schon sein Buch ausweist, sehr gebildeter Herr. Als Bundespräsidenten konnte man
kaum einen Besseren finden als ihn.

Der Reichspräsident

Als Nachfolger Brünings ernannte Hindenburg Franz von Papen,
der ihm von Schleicher empfohlen worden war. Obwohl er zunächst
instinktsicher – angeblich im »Selbstgespräch« – Brüning gegenüber
geäußert hatte, Papen »wird's nicht schaffen«[196], ernannte er ihn.
Übrigens habe ich Papen nach dem Kriege sehr gut kennengelernt,
er war viel gescheiter, als er 1932 – im doppelten Sinne des Wortes –
wirkte. Über die Episode der Regierung Papen besteht bereits eine
umfangreiche und zumindest zuverlässige Literatur, so daß ich es
mir ersparen kann, auf sie einzugehen.

Nachdem Hindenburg 1919 den Abschied als Soldat genommen
hatte, kehrte er nach Hannover zurück, wo ihm die Stadt in der Seel-
horststraße eine Villa geschenkt hatte. Bevor er 1925 Reichspräsident wurde, bin ich ihm als Schüler auf Spaziergängen in der Eiden-
riede, dem großen Stadtwald Hannovers, sehr oft begegnet. Sein
Nahen kündigte sein vorauslaufender Schäferhund an, mit dem ich
mich flüchtig anfreundete. An Hindenburg fielen mir die ungewöhnlich klugen Augen auf; wie im Falle des Generals von Seeckt
glaube ich nicht, daß es nur sein Ruf war, der mich so tief beeindruckte. Ich riß die Mütze vom Kopf (damals hatte in Deutschland
jede Klasse einer höheren Schule eine eigene Mütze), und Hindenburg dankte freundlich durch Lüften des Hutes. Seine Gestalt war
auch in Zivil imponierend, doch weit imponierender waren eben die
Augen, der Blick.[197]

In der Tat war Hindenburg sehr intelligent. Als Major hatte er die
Aufnahme in den Generalstab mit Glanz bestanden. In dem von
dem damaligen Oberst Graf von Schlieffen, Abteilungschef im großen Generalstab, am 1. Januar 1887 unterzeichneten Qualifikationsbericht heißt es: »Major von Hindenburg ist ein vortrefflicher Gene-
ralstabsoffizier, der sich durch lebhaftes Interesse für den Dienst,
rege Tätigkeit und fördernde Einwirkung auf jüngere Offiziere in
vorteilhaftester Weise bemerkbar macht. Er ist von ernstem und
energischem Charakter, scharfem Verstande und schneller Auffas-

sung. Seine Formen sind durchaus angemessen.« Mit diesem Bericht erklärte sich Waldersee einverstanden und setzte hinzu: »Major von Hindenburg ist ein hervorragend tüchtiger Generalstabs-Offizier und eignet sich *schon jetzt* zum Chef des Generalstabes.« Einverstanden erklärte sich auch Graf Moltke.[198]

Heute muß daran erinnert werden, daß damals der Generalstab vorwiegend aus einer intellektuellen Elite bestand; sein Mitglied zu werden stellte weitaus höhere Anforderungen an den Verstand, als sie heute jemand erfüllen muß, der etwa Professor für Soziologie, Psychologie oder Politologie werden will. Das »i. G.« (im Generalstab) hinter dem Dienstgrad bedeutete eine Auszeichnung hohen Grades, die man sich heute gar nicht mehr vorstellen kann. Durchweg waren die höheren Angehörigen des Generalstabes gebildete Leute mit vielseitigen Interessen; insofern war der geniale »Fachidiot« Erich Ludendorff eine Ausnahme, dessen einziges Interesse sich im militärischen Handwerk erschöpfte, das er allerdings souverän beherrschte; eine gewisse Ausnahme bildete – vor allem im Alter – seine Neigung zum weiblichen Geschlecht. Es war eine Tragödie, daß er unter den geistigen Einfluß seiner zweiten Frau Mathilde, die er Anfang der zwanziger Jahre geheiratet hatte, geriet und deren groteske »Philosophie« propagierte. Ich habe ihn einmal in der Stadthalle von Hannover erlebt, als er lediglich als Conférencier seiner Frau auftrat; dieser Abstieg vom ungewöhnlich begabten Feldherrn zum Narren hat mich tief erschüttert.[199]

Es mag zutreffen, daß Ludendorff während des Ersten Weltkrieges die glänzenderen strategischen Einfälle hatte. Dennoch trug Hindenburg nicht nur formell die Verantwortung. Es ist bekannt, daß Ludendorff während der Entscheidungsschlacht von Tannenberg (1914) in einer bestimmten Situation Zweifel überkamen, doch es war die unerschütterliche Ruhe Hindenburgs, die für ihn so typisch war und die schließlich den Sieg rettete. Als nach dem Kriege Ludendorff den Sieg von Tannenberg für sich in Anspruch nahm, sagte Hindenburg mit Recht, wäre die Schlacht verlorengegangen, hätte man ihn dafür verantwortlich gemacht.[200]

Hindenburg stammte aus altem, aber verarmtem preußischem Adel. Natürlich hatte auch er seine »persönliche Gleichung«, worunter Franz Oppenheimer die Summe alles dessen verstand, was einen Menschen schließlich ausmacht: Erbanlagen, Herkunft, Charakter, Erziehung, Milieu usw. »Persönliche Gleichung« ist also die Konstante eines Menschen. Von Natur aus stand Hindenburg unreflektiert »rechts«, er war ein Konservativer im besten Sinne des Wortes. Seine tiefe Abneigung gegen den »Parteigeist« entsprach den Mahnungen, die 1776 George Washington in seiner berühmten »Farewell Address« seinen Landsleuten zukommen ließ, ohne daß Hindenburg sie gekannt haben dürfte.

Bei allen tiefen Unterschieden zwischen Hindenburg und seinem Vorgänger Ebert hatten beide doch etwas gemeinsam: Beide waren fähig, ihre »persönliche Gleichung« zu durchbrechen. Hindenburg, durch und durch kaiserlich-preußischer Offizier, den vergangenen Verhältnissen und Ideologien eng verhaftet, war doch in der Lage, etwa eine echte Zuneigung zu Sozialdemokraten oder Katholiken zu fassen, auch gelegentlich politische Positionen, die seinen Vorstellungen und Wünschen radikal widersprachen, dann zu beziehen, wenn sie ihm zwingend geboten erschienen; Ebert, der alte Gewerkschaftler, Sozialdemokrat und ehemalige Sattlergeselle, nahm in der chaotischen Nachkriegszeit nicht nur aus Not die Hilfe der kaiserlichen Armee an, sondern zeigte auch tiefes Verständnis für die Mentalität und Forderungen der Offiziere. In welchem Ausmaß Ebert seine »persönliche Gleichung« verlassen konnte, zeigen drastisch zwei Vorgänge: einmal die bekannte Tatsache, daß ihn die Sattlerinnung ausschloß, zum anderen die weniger bekannte Tatsache, daß auf dem Berliner Parteitag der SPD im Dezember 1924 ein – nicht angenommener – Antrag eingebracht wurde, Ebert aus der Partei auszuschließen. Indessen handeln Politiker, sobald sie eine größere Verantwortung übernommen haben, oft anders, als ihre »persönliche Gleichung« es vermuten läßt.

Hindenburg war, was nicht deutlich genug gesagt werden kann, sehr intelligent. Das beweisen zur Genüge jener Qualifikationsbericht von 1887, den schließlich keine Trottel unterschrieben haben, und seine Leistungen im Ersten Weltkrieg. Zu Hilfe kam ihm ein ungewöhnlich gutes Gedächtnis, das nicht selten seine Umgebung in Erstaunen versetzte. Sein Staatsbild war – entsprechend seiner »persönlichen Gleichung« – patriarchalisch; bis zuletzt hing er der Monarchie an, was er keineswegs verbarg. »Gemeinwohl« war für ihn alles andere als eine bloße Floskel, schon deswegen war ihm »Parteihader« zuwider, drohte er doch das »Gemeinwohl« im Kern zu gefährden. Daher schrieb er einmal an die Reichsregierung, er halte »in einer Zeit, in der Millionen schuldlos Not leiden, ein besonderes Opfer derer, die im Überfluß leben, für angebracht«.[201]

Seine »persönliche Gleichung«, die sein Herz wie selbstverständlich »rechts« schlagen ließ, machte ihn aber nicht zu ihrem Sklaven. Obwohl er ein tiefgläubiger Protestant (sein Gottesbegriff dürfte anthropomorph gewesen sein) war, brachte er dem gleichfalls tiefreligiösen Katholiken Brüning lange Zeit großes Vertrauen entgegen. Im Oktober 1930 hatte Brüning im Reichstag einen Zusammenstoß mit dem deutschnationalen Abgeordneten Elard von Oldenburg-Januschau, einem engen Vertrauten und Gutsnachbarn des Reichspräsidenten. Dennoch bestand Hindenburg darauf, daß dieser Brüning einen Besuch und »wenigstens eine Geste der Entschuldigung machte«.[202] Und Stresemann hat einmal berichtet, daß Hindenburg den Sozialdemokraten Hermann Müller als den »edelsten Menschen«, den er kenne, bezeichnet habe.[203]

Daß die »persönliche Gleichung« Hindenburg nicht in eiserne Ketten legte, beweist, wie tief enttäuscht die Rechte nach seiner ersten Wahl (1925) über seine Amtsführung war, während diejenigen, die gegen ihn gestimmt hatten, ebenso verwundert wie erleichtert aufatmeten.[204] Und der sozialdemokratische Ministerpräsident von Preußen, Otto Braun, pflegte teils aus Sympathie, teils aus politischer Klugheit gute persönliche Beziehungen zu Hindenburg, die zunächst auf der Grundlage der gemeinsamen Jagdliebe zustande gekommen waren, sich später aber verflüchtigten.[205] Er hat auch gegen den Rat seiner Freunde und den Widerstand der Rechten 1929 die Annahme des Young-Plans befürwortet.

Nach dem amerikanischen Historiker Andreas Dorpalen, der, soweit ich sehe, die beste und vor allem einfühlsamste Darstellung der Präsidentschaft Hindenburgs geliefert hat, war er, der Fünfundachtzigjährige, keineswegs ein »gefügiges Werkzeug in den Händen des Kanzlers«, auch wenn er Papens Plänen »bereitwillig folgte«. »Auch seinen anderen Beratern gegenüber bewahrte der Präsident seine Unabhängigkeit. Es trifft nicht zu, wie immer behauptet worden ist, daß Hindenburg in den letzten Jahren seiner Präsidentschaft von einer Kamarilla – Meissner, Schleicher, Papen, Sohn Hindenburg – umgeben war, die alle Entschlüsse für ihn traf und ihn eigenmächtig von der Außenwelt abschloß. Hindenburg war kein Mann eigener Ideen und war für Pläne und Maßnahmen auf die Vorschläge seiner Ratgeber angewiesen; aber zu keiner Zeit fügte er sich willenlos, sondern behielt sich grundsätzlich die letzte Entscheidung vor. Daran ändert auch nichts die Tatsache, daß er gewöhnlich den gegebenen Rat annahm – der Entschluß war der seine, und er ist auch nicht immer seinen Ratgebern gefolgt.«[206] Dieses Urteil dürfte grundsätzlich zutreffen, doch scheint nur die *Macht* der Einflüsse, denen Hindenburg von verschiedenen Seiten ausgesetzt war, von Dorpalen untertrieben zu sein, auch wenn in der Tat die letzte Entscheidung stets die seine war.

Hindenburg war kein Staatsmann, dafür war er zu sehr dem militärischen und altpreußischen Denken verhaftet. Wenn Dorpalen ihm einen »feinen Instinkt für politische Gegebenheiten« und ein »feines Gefühl für politische Strömungen«[207] zuspricht, so sagt er doch kurz zuvor mit Recht, daß Hindenburg »sich der Grenzen seines Könnens zu sehr bewußt« war, »auch politisch zu uninteressiert und persönlich zu lethargisch« war. »Er hatte es stets vorgezogen, andere in seinem Namen handeln zu lassen, während er selbst sich vorsichtig zurückhielt.«[208]

Hindenburgs Weltbild war einfach, von ferne erinnert es an das Konrad Adenauers, ohne daß er dessen hohe taktische Begabung gehabt hätte. Er hielt sich streng an das, was er für seine Pflicht hielt. Er hatte in hohem Maße das, was man einen gesunden Menschenverstand nennt, der daher auch Wirklichkeitssinn und Nüchternheit einschloß. Die Forderungen seiner »Pflichtethik« wußte er »in der ihm eigentümlichen, oft unerwartet geschickten, ja mitunter bauernschlauen Weise durchzusetzen«.[209] Er liebte keine, wie er selber schrieb, »Künsteleien des Verstandes«[210] – eine für sein Denken typische Bemerkung.

In unserem Zusammenhang interessiert vor allem der Hindenburg des Jahres 1932. Wie, so lautet die wichtigste Frage, stand es um die geistige Verfassung des inzwischen Fünfundachtzigjährigen? Zweifellos litt er an einer Cerebralsklerose, die indessen höchst unterschiedliche Symptome kennt. Es fällt auf, daß sich in dieser Hinsicht durchaus kompetente Zeitgenossen radikal widersprachen. Brünings Memoiren sind voll von Reminiszenzen an einen senilen Hindenburg, der oft nicht oder nur sehr schwer begriff. Schon am 24. Juli 1930 erkannte er Brüning und seinen Kabinettskollegen Treviranus nicht, als sie ihn am Bahnhof abholten; Oskar von Hindenburg habe seinem Vater zweimal sagen müssen, wer die beiden Herren waren, aber »auch dann ging es nicht völlig in sein Bewußtsein

ein, wer wir waren. Über Nacht war er greisenhaft geworden.«[211] Im Herbst 1931 soll Hindenburg einen »geistigen Zusammenbruch« erlitten haben, der zehn Tage gedauert habe, und Brüning spricht von den »verworrenen Tagen nach dem Zusammenbruch«, den »wir sorgfältig geheimhalten mußten«.[212] Es ist nicht ganz klar, was Brüning unter einem »geistigen« Zusammenbruch verstand. Otto Meissner bestreitet Brünings Darstellung entschieden und sagt, es habe sich lediglich um eine Grippe gehandelt, wobei Hindenburg »trotz Müdigkeit und Beschwerden« seine Dienstgeschäfte weiter versehen und Besucher empfangen habe; er habe sich aber »rasch wieder völlig erholt«.[213] Offenbar war Hindenburg tagsüber klar, um gegen den späten Nachmittag nachzulassen. Brüning selber schreibt, Hindenburg sei »in den späten Abendstunden häufig nicht gut beisammen gewesen«. Vor einiger Zeit berichtete mir ein Dr. K., daß er im Juni 1932 um elf Uhr vormittags bei Hindenburg eine einstündige Audienz gehabt habe: Er sei »völlig klar« gewesen.

Zum Teil mögen Brünings Schilderungen von der Begriffsstutzigkeit Hindenburgs auch darauf zurückzuführen sein, daß er, »obwohl ein sehr klarer und präzis denkender Kopf, manchmal in seinen Ausführungen außerordentlich kompliziert und dunkel und für den Reichspräsidenten schwer verständlich (war), was ich oft aus den von Hindenburg an mich gestellten Fragen nach einem Vortrag des Reichskanzlers beobachten konnte«.[214]

Aber daran, daß Hindenburg 1932 leicht ermüdete und oft – wahrscheinlich – gegen Abend geistig nachließ, ist kaum zu zweifeln. Mögen Brünings Schilderungen manchmal auch von der Bitterkeit über die Art seiner Entlassung berührt sein, so ergeben sie in ihrer Häufung der Hinweise doch ein alarmierendes Bild. Auch Otto Braun erhielt am 30. Oktober 1932 von Hindenburg »einen erschütternd greisenhaften Eindruck«.[215]

Auffallend ist allerdings, daß Brünings Staatssekretär Hermann Pünder – beide verstanden sich ausgezeichnet – in seinem Tagebuch niemals etwas Entsprechendes erwähnt. Im Gegenteil: Am 12. Februar 1932 findet er anläßlich eines Empfanges bei Nuntius Orsenigo Hindenburg so »erfreulich frisch und gesprächig«: »Die Wiederwahl lohnt sich.« Am 21. Februar 1932 freute er sich, daß wieder einmal unzählige Hindenburg »in seiner noch immer großen körperlichen Frische sehen konnten«. Am 26. Mai 1932 notiert er aufgrund eines Berichtes Meissners, der gerade von Hindenburgs

Wohnsitz Neudeck zurückgekommen war, »wie klar der alte Mann noch ist«. Und als er am 15. Oktober 1932 Abschiedsbesuch bei Hindenburg machte, trägt er in sein Tagebuch ein, der Reichspräsident sei »geistig und körperlich ganz außerordentlich frisch«, was er »jetzt gleich noch in dem lebendigen Eindruck hinschreiben möchte«.[216] Derartige Notizen stehen in einem bemerkenswerten Gegensatz zu den Aussagen Brünings, Otto Brauns und auch zu den Befunden Dorpalens.[217]

Von großer Bedeutung und gleichfalls im krassen Gegensatz zu den Bemerkungen Brünings, Otto Brauns und anderer sind die Mitteilungen des Internisten Professor Dr. Hugo Adam, dem Leibarzt Hindenburgs, die er 1950 und 1953 machte: »Sein Gesundheitszustand blieb trotz des hohen Alters ein guter, bis im Frühjahr 1934 ein Blasenleiden sich einstellte.« Und: »Ein Krankenlager im Jahre 1932 hat es nicht gegeben. Selbstgespräche, auch im Schlaf, hat der Reichspräsident niemals geführt ... Bis zu den letzten Wochen seiner schweren Erkrankung war der Reichspräsident im Besitz seiner geistigen Kräfte und waren senile Erscheinungen an ihm in keiner Weise wahrzunehmen. – Solange ich ihn ärztlich betreute, war er niemals bettlägerig krank. Von einem Nachlassen der geistigen Spannkraft in den Nachmittagsstunden habe ich nichts bemerkt ... Vorübergehende Bewußtseinsstörungen, sogenannte Absencen, habe ich beim Reichspräsidenten niemals beobachtet. Erst am Nachmittag des 1. August 1934 trat ein solcher ein, als die Todesnebel ihn bereits umfingen.«[218]

Wilhelm Keil will »nie etwas von Geistesschwäche Hindenburgs gehört« haben. Nach Keil hat der Reichstagspräsident Paul Löbe (SPD) am 30. Mai 1932 aufgrund einer Aussprache mit Meissner erklärt: »Noch weniger hat Hindenburg den Eindruck geistiger Schwäche gemacht bei den Unterredungen, die am 30. Mai zur förmlichen Entlassung Brünings führten. Er selbst hat das Wort geführt, die Bedingung gestellt, daß keine Notverordnungen mehr erlassen werden dürfen, und als Brüning dagegen Bedenken äußerte, kurz und bündig erklärt, dann werde er es eben einmal mit einem anderen Kanzler versuchen müssen.«[219]

Brünings Aussagen werden auch relativiert durch die Meldungen des damaligen britischen Botschafters in Berlin, Sir Horace Rumbold, nach London. Kurz nach Brünings Sturz schrieb Sir Horace am 9. Juni 1932: »Dr. Brüning ... betonte in diesem Zusammenhang das Element der Stabilität, das die Person des Präsidenten Hindenburg darstellt. Er wäre sehr besorgt, wenn in diesen Zeiten jemand anderer als der alte Feldmarschall die Präsidentschaft innehätte.« Und am 9. November 1932 (!!) meldete Rumbold, viele seiner Kollegen, die in den letzten Tagen von Hindenburg empfangen wurden, seien beeindruckt »by his appearance of vigour and freshness of mind«. Tatsächlich »bleibt der alte Feldmarschall weitaus weniger verwirrt durch die sich ständig wiederholenden politischen Krisen als die Minister und andere, die mit diesen Krisen zu tun haben.«[220]

Mit dem Zeugnis Adams deckt sich die Feststellung Meissners: »Der Reichspräsident von Hindenburg, der jetzt im 87. Lebensjahr stand, hatte sich bis zum Frühjahr 1934 stets einer guten Gesundheit erfreut; er war in seinem langen Leben nie krank gewesen, blieb geistig frisch und körperlich rüstig und nahm an allem politischen Leben mit der gelassenen Ruhe des in reichem Erleben gereiften Alters Anteil, wenn auch mehr beobachtend als aktiv. Anfang Mai 1934 erkrankte er an einem Blasenleiden, das ihm zeitweise Schmerzen bereitete; er war aber nicht bettlägerig und führte seine Dienstgeschäfte in seiner bisherigen Zeiteinteilung weiter.«[221] Meissner kannte Hindenburg als Chef der Präsidialkanzlei besonders gut und dürfte ihn während der Regierungszeit Brünings öfter gesehen haben als der Kanzler.

Angesichts dieser Widersprüche seitens durchaus kompetenter und seriöser Zeitgenossen ist es schwer, wenn nicht gar unmöglich, ein zutreffendes Urteil über die geistige Verfassung Hindenburgs in seinen letzten Lebensjahren zu gewinnen. Seinem Alter nach dürfte eine Cerebralsklerose bestanden haben, die aber, wie schon bemerkt, sehr vielfältige Formen kennt. Dennoch scheint sie nicht das Ausmaß gehabt zu haben, wie es Brünings Schilderungen nahelegen. Zu einem – vielleicht beträchtlichen – Teil mag die Erklärung zutreffen, die Zechlin gibt[222], wonach Brünings »außerordentlich komplizierte« und »dunkle« Vortragsweise Hindenburg gegenüber einfach fehl am Platze war. Auch daß Brünings engster Mitarbeiter, Hermann Pünder, in seinem Tagebuch mit keinem Wort auch nur andeutungsweise dessen Beobachtungen erwähnt und eher zu gegenteiligen Feststellungen gelangt, relativiert Brünings Darstellungen beträchtlich, da es kaum vorstellbar ist, daß der Reichskanzler mit ihm nie darüber gesprochen haben sollte. Zumindest dürfte feststehen, daß Brüning häufig – und zwar durchaus bona fide – erheblich übertrieben hat, wobei die Bitterkeit über die Art seiner Entlassung unbewußt eine gewisse Rolle gespielt haben mag. Unbewußt – denn Ressentiments oder gar Rache lagen dem durch und durch noblen Charakter Brünings so fern wie möglich. Anders lassen sich die krassen Widersprüche einfach nicht erklären.

Preußen

In der ganzen Zeit der Weimarer Republik war auf den verschiedensten Ebenen die Rede von einer »Reichsreform«. An Plänen, Vorschlägen, Überlegungen hatte es niemals gefehlt. Bereits der große Soziologe Max Weber hatte 1919 die »Übermacht« Preußens beklagt.[223] Brüning hielt eine Reichsreform schon unter polizeilichen Aspekten für notwendig, da die Polizei auch damals Ländersache war. Er erinnerte an die Erfahrungen, als der Nationalsozialist Frick in Tübingen Innenminister und damit Herr über die dortige Polizei war. Bereits im Mai 1932 hatte Brüning den Text einer Notverordnung ausarbeiten lassen, wonach unter bestimmten Voraussetzungen die Polizeigewalt auf das Reich übergehen sollte. Außerdem plante er die »Einsetzung von Reichskommissaren in den Ländern, um überall die Verwaltungen in Ordnung zu bringen und überall Einsparungen zu machen«.[224]

Papens »Preußenschlag« vom 20. Juli 1932 entbehrte also durchaus nicht einer Vorgeschichte.

Brünings Besorgnisse wegen des Polizei-Föderalismus waren offensichtlich durch das Ergebnis der preußischen Landtagswahlen vom 24. April 1932 akut geworden. Die Mandate der NSDAP schnellten von 8 auf 162. Die Koalition, die bis dahin regiert hatte, bekam von 423 Mandaten nur noch 163. In Voraussicht der Stimmengewinne der NSDAP hatte die Koalition am 12. April 1932 die Geschäftsordnung des Landtages dahin geändert, daß der Ministerpräsident zu seiner Wahl der absoluten Mehrheit bedurfte. So konnte Otto Braun, dessen Gesundheitszustand äußerst labil war, nach Zusammentritt des Landtages am 24. Mai 1932 nur geschäftsführender Ministerpräsident werden.[225] So war damals auch die Lage in vielen anderen Ländern: Das parlamentarische System hatte 1932 im Reich fast gänzlich aufgehört zu funktionieren, angesichts der steigenden braunen und roten Flut war sein totaler Zusammenbruch nur noch eine Frage der Zeit.

Inzwischen war eine Information des Regierungsrats Rudolf Diels vom preußischen Innenministerium – unter Umgehung seines Vorgesetzten, des preußischen Innenministers Carl Severing – zugespielt worden, wonach Staatssekretär Abegg vom preußischen Innenministerium Reichskanzler von Papen über Schleicher am 4. Juni 1932 den kommunistischen Abgeordneten Kasper (preußischer Landtag) und Torgler (Reichstag) ohne Wissen Severings vorgeschlagen haben soll, »in die gemeinsame Kampffront gegen die Nationalsozialisten« einzuschwenken.[226]

Nicht zuletzt wegen dieser Information, aber auch aus ähnlichen Erwägungen, die Brüning im Mai an eine Übertragung der Polizeigewalt auf das Reich durch eine Notverordnung hatte denken lassen, bewog Reichskanzler von Papen am 20. Juli 1932 den Reichspräsidenten, zwei Notverordnungen zu erlassen: Nach der einen, die »zur Wiederherstellung der öffentlichen Sicherheit und Ordnung in Preußen« erging, wurde Papen zum Reichskommissar für Preußen ernannt, der die Dienstgeschäfte des preußischen Ministerpräsidenten übernehmen solle und ermächtigt wurde, preußische Minister zu entlassen; die zweite Notverordnung verhängte den Ausnahmezustand über Groß-Berlin und die Provinz Brandenburg.

Papen hatte mit vorgetäuschten Begründungen am 20. Juli Severing und andere preußische Minister zu sich gebeten, um sie von den Notverordnungen in Kenntnis zu setzen. Nachdem Severing nachhaltig protestiert hatte, sprach er das berühmte Wort, er weiche »nur der Gewalt«. In der Literatur wird ihm das häufig verübelt, als Zeichen mangelnder Entschlossenheit ausgelegt. Indessen blieb Severing tatsächlich nichts anderes übrig, jeder Widerstand war unmöglich. Es ist billig, die Haltung eines Menschen in einer Situation zu kritisieren, in der man sich nicht selber befunden hat. Ich habe am 16. Oktober 1930 die Gelegenheit gehabt, in einer Reichstagssitzung den ungewöhnlichen Mut Severings zu beobachten.[227]

Hindenburgs Eidestrauma

Hindenburg litt an einem Eidestrauma. Nach dem Kriege hatten ihm ehemalige Kameraden unter der Führung Ludendorffs vorgeworfen, er habe dem Kaiser gegenüber seinen Eid gebrochen. Er wollte nicht, daß ihm dieser Vorwurf noch einmal gemacht wurde.

Es gibt zahllose Zeugnisse dafür, daß er in altprotestantischer und altpreußischer Gewissenhaftigkeit den Eid, den er 1925 und 1932 auf die Verfassung, die ihm innerlich so fremd wie möglich war, geleistet hatte, peinlich, geradezu skrupulös beachtete. Amüsant ist die entsetzte Äußerung des völkischen Abgeordneten von Graefe 1925: »Er wird diesen Eid auch noch halten.«[228]

Hindenburg war der Artikel 48 WRV unheimlich, zum einen, weil er das politische Hervortreten seiner Person und ein aktives Handeln scheute, zum anderen, weil er häufig unsicher war, ob eine Anwendung des Artikels 48 im konkreten Fall sich mit der Reichsverfassung, also seinem Eide auf sie, vereinbaren ließ. In seiner ersten Amtsperiode war er vor dem Erlaß von Notverordnungen »geradezu zurückgeschreckt«. Er hat »weit seltener von diesen präsidialen Vollmachten Gebrauch gemacht als sein Vorgänger Ebert«. »Nur ganz allmählich hat sich Hindenburg ... durch den Hinweis auf die Ausnahmegesetzgebung seines Vorgängers Ebert von der Notwendigkeit des Artikels 48 in solcher Notzeit überzeugen lassen.« Er hatte den Weg der Notverordnungen »jedesmal nur sehr ungern und zögernd beschritten«.[229]

Beachtet man diesen Wesenszug Hindenburgs, dann darf es als sicher gelten, daß es ihn zutiefst getroffen und verstört hat, als am 25. Oktober 1932 der Staatsgerichtshof die Notverordnung »zur Wiederherstellung der öffentlichen Sicherheit und Ordnung« in Preußen vom 20. Juli 1932 für teilweise verfassungswidrig erklärte.[230] In der Literatur wird es häufig gerügt, daß der Staatsgerichtshof nicht die gesamte Notverordnung für verfassungswidrig erklärt hat. Eine solche Rüge geht an der Mentalität Hindenburgs einfach vorbei. Im Gegenteil: Es ist nicht undenkbar, daß uns Hitler erspart geblieben wäre, wenn der Staatsgerichtshof die ganze Notverordnung für verfassungskonform erklärt hatte. Doch das gehört natürlich in das Reich der Spekulationen. Immerhin steht fest, daß Hitler nur noch mit Hilfe des Artikels 48 hätte ferngehalten werden können, dessen Durchschlagskraft aber der Staatsgerichtshof vermindert hat. Man wird jedenfalls die Ereignisse, die schließlich zum 30. Januar 1933 führten, auch im Zusammenhang mit jenem Urteil und der Mentalität Hindenburgs sehen müssen. Das Urteil hatte ohnehin die vorhandene Furcht Hindenburgs, die Verfassung zu verletzen, erheblich verstärkt, was auch ohne Quellenbelege als sicher gelten darf. Nun mußte der gegen die Verfassung gerichtete Volkswille in den

Augen des Reichspräsidenten an Relevanz gewinnen, konnten auch die taktisch klügsten »Intrigen« Hitler nicht mehr allzu lange den Weg zur Macht versperren.

Dennoch war Hindenburg einmal zu einem Bruch der Verfassung bereit. Am 1. Dezember schlug Papen ihm vor, den Reichstag so lange nicht einzuberufen, bis eine Verfassungsreform verabschiedet sei, was »gegebenenfalls einen Bruch der Weimarer Verfassung« bedeutet hätte. Der Verfassungsbruch hätte darin gelegen, daß die Bestimmung des Artikels 25 mißachtet worden wäre, wonach die Neuwahl des Reichstages »spätestens am sechzigsten Tage nach der Auflösung« stattfinden mußte. Hindenburg stimmte zu. »Diesen Entschluß des alten Feldmarschalls, selbst einen Verfassungsbruch auf seine pflichtbewußten Schultern zu nehmen, hatte er (Schleicher, der dabei war) nicht erwartet.«[231]

Diese Zustimmung zu einem Verfassungsbruch ist erstaunlich. Sie widerspricht radikal dem, was alle – von rechts bis links – über des Reichspräsidenten skrupulöse Furcht vor einer Verfassungsverletzung bezeugt haben. Es gibt nur eine Erklärung: Nach Papen fand die Besprechung »abends« statt, zu einer Tageszeit also, wo der Fünfundachtzigjährige nach Brünings Zeugnis »nicht gut beisammen war«. Daß in diesem Alter gegen Abend die Konzentrationsfähigkeit nachläßt, ist auch dann anzunehmen, wenn Hindenburg nach anderen, die ihn kannten, über eine erstaunliche »körperliche und geistige Frische« verfügte. So mag ihm das, was Papen vorschlug, in seiner ganzen Tragweite nicht ganz zum Bewußtsein gekommen sein. Anders ist jene Zustimmung, vor allem angesichts des Urteils des Staatsgerichtshofs vom 25. Oktober 1932, kaum zu erklären.

Die Kabinettssitzung, die Papen am 2. Dezember um neun Uhr eröffnete, begann für ihn mit einer herben Enttäuschung. Nahezu alle Minister, die er vorgesehen hatte, versagten ihre Mitwirkung unter Hinweis auf ein Planspiel, das Oberstleutnant Eugen Ott, der im Reichswehrministerium die Wehrmachtsabteilung leitete, veranstaltet hatte. Danach war die Reichswehr zusammen mit den Polizeien der Länder und der Technischen Nothilfe nicht in der Lage, einen Bürgerkrieg gegen die Links- und Rechtsradikalen durchzustehen, zumal wenn ein Generalstreik proklamiert werden sollte; auch die Grenzen seien unter solchen Umständen nicht zu schützen. (Hierzu muß man wissen, daß man damals zumal in Ostpreußen –

zu Recht oder Unrecht – stets mit einem Angriff Polens rechnete.)

Nun rief Schleicher Eugen Ott herein, der das Ergebnis des Planspiels ausführlich vortrug und es am 15. Dezember 1947 in einer Niederschrift wiedergab.[232] Daraufhin eilte Papen am gleichen Vormittag zu Hindenburg, um ihm zu berichten. Er schlug ihm vor, wenn er angesichts der Sachlage nicht bei seinem gestrigen Entschluß bleibe, solle er Schleicher zum Reichskanzler ernennen. Der Reichspräsident entschloß sich für Schleicher, wobei seine Stimme »nichts von der Entschlossenheit des Vortages (Abend!) an sich hatte«.[233]

Das Experiment Schleicher

So wurde Schleicher zwangsläufig Kanzler. Zwangsläufig, denn er hatte sich nie dazu gedrängt. Er hatte es stets vorgezogen, nicht im Vordergrund zu stehen, sondern hinter den Kulissen – allerdings äußerst aktiv – Pläne zu ersinnen, die Fäden zu ziehen und Verbindungen nach nahezu allen Seiten intensiv zu pflegen, um sie zu nutzen und vor allem um informiert zu sein. Hindenburg hatte ihn in der Hoffnung ernannt, nicht nur vor einem Verfassungsbruch bewahrt zu werden, sondern auch von der ständigen Anwendung des Artikels 48 abzukommen, also eine Mehrheit im Reichstag zustande zu bringen.

Schleicher war hochintelligent und kultiviert, amüsant und manchmal von zynischem Witz. Die »Intrigen«, derentwegen er so oft beschuldigt wurde, waren nur selten auf persönlichen Ehrgeiz zurückzuführen, sondern beruhten meist auf sachlichen Motiven, mögen die ihnen zugrundeliegenden Rechnungen falsch oder richtig gewesen sein, abgesehen davon, daß die Haltung des Volkssouveräns »Intrigen« nahezu unumgänglich machte, wollte man Hitler von der Macht fernhalten. Und dies war 1932 Schleichers Hauptziel, schlimmstenfalls galt es, wie der General sich ausdrückte, ihn zu »zähmen«.

Durch eines vor allem zeichnete Schleicher sich aus: Er war völlig frei von jedem Klassen- und Standesdenken, wohl der tiefste Grund, warum später sein Name im Hause Hindenburg nicht mehr erwähnt werden durfte; er war alles andere als ein »Reaktionär«. Ihn dennoch für einen solchen gehalten zu haben war der tödliche Irrtum vor allem der damaligen SPD-Führung, die daher eine große, die letzte Chance – wenn es denn eine war – versäumen sollte. Wenn er sich einen »sozialen General« nannte, so war das weder Koketterie noch Verstellung. Selbstverständlich lehnte er den Kommunismus genauso ab wie Hitler. Aber die Arbeiterschaft mit ihren Vorstellungen, Wünschen und Forderungen war für ihn eine Realität, die es zu beachten und zu achten galt; sie war ein beträchtlicher Teil der politischen Substanz, die dem Staatsmann vorgegeben war, an der er nicht vorbeiplanen und -handeln konnte. Sie war eine unübersehbare Größe in dem politischen Kalkül. Anders als Hugenberg und seine DNVP, als die Schwerindustriellen und Großagrarier, war Schleicher ein *echter* Konservativer, der nicht auf die Interessen der eigenen sozialen Schicht fixiert war, sondern die Realität in ihrer Ganzheit sah und zu berücksichtigen suchte. Er »intrigierte« gegen Brüning und Papen, als es ihm klar wurde, daß sie die Situation innenpolitisch nicht in den Griff bekamen.

Dank seiner Intelligenz war von seiner »persönlichen Gleichung« kaum etwas übriggeblieben, nicht erst 1932, sondern spätestens schon seit 1918. Es ist auch nicht so, daß er nur solche Verbindungen suchte und pflegte, die ihm von Nutzen waren. Als Beispiel erwähnt Heinz Höhne mit Recht, daß Schleicher regelmäßig zum Geburtstag Eberts bei dessen Witwe Luise erschien, um mit ihr eine Marzipantorte zu verzehren, obwohl sie »gewiß weder Macht noch Informationen zu vergeben hatte«.[234] »Untreu« wurde er nur, wenn es ihm sachlich geboten schien, nicht aus schurkischer Veranlagung. Er gehörte zu den bedeutendsten Politikern, die die Republik hervorgebracht hatte. Gewiß: Auch seine Rechnung ging schließlich nicht auf; doch die Frage ist erlaubt, wessen Rechnung damals aufgegangen wäre – außer der Hitlers.

Schleicher hatte den klugen und höchst unorthodoxen Gedanken, jenseits der Parteien eine »Gewerkschaftsachse«, eine »Querfront« zu bilden, die von der Reichswehr, den Gewerkschaften, dem »Stahlhelm«, dem Reichsbanner und dem linken Strasser-Flügel der NSDAP getragen werden sollte. Auch wenn der Plan schließlich nicht in Erfüllung ging – nicht zuletzt durch die Schuld der SPD und Papens –, so war er doch damals der einzige, der Aussicht auf Erfolg gehabt hätte: Mit den Parteien war nichts mehr anzufangen, es *mußte* ein anderer Weg gesucht werden.

Zunächst wandte Schleicher sich an den ihm bereits bekannten

Gewerkschaftsführer Leipart, der schon in seinem Neujahrsaufruf seine grundsätzliche Bereitschaft zur Zusammenarbeit mit dem Reichskanzler bekundet hatte. Doch als Leipart sich wieder mit ihm besprechen wollte, redete der Vorsitzende der SPD-Reichstagsfraktion, Rudolf Breitscheid (damals »der schöne Rudi« genannt), am 6. Januar Leipart jede Zusammenarbeit mit Schleicher aus. Noske, dem Leipart den Vorgang berichtet hatte, bemerkt dazu: »Einige Male hatte ich in den letzten Jahren mit Schleicher gesprochen ... Daß er keine schroffen Experimente gegen die Arbeiterschaft machen würde, war mir bekannt. Er hätte, wie er mir sagte, gern mit mir zusammen gearbeitet, aber bei den Berliner Sozialdemokraten nur Ablehnung gefunden ... Schleicher hätte manches tun müssen, was mit der bisherigen sozialdemokratischen Agitation nicht übereinstimmte, aber er hätte doch die Partei, ihre Presse, die Gewerkschaften und andere Institutionen bestehen lassen, wenn man ihm vorerst freie Hand gelassen und dazu einem Ermächtigungsgesetz zugestimmt hätte ... Er hat versucht, sich besonders mit den Gewerkschaften zu verständigen ... In einer *Verranntheit,* wie sie in der Geschichte aller Parteien mir sonst nicht bekannt geworden ist, widersetzten sich Leute, die sich einbildeten, Führer zu sein, der *letzten* Möglichkeit, sich und ihre Einrichtungen vor der drohenden Vernichtung zu bewahren ... Nie ist eine politische Situation gründlicher verkannt worden. Schleicher hatte den Führer der Gewerkschaften, Leipart, zu einer Aussprache über eine Zusammenarbeit mit den Vertretern der organisierten Arbeiterschaft gebeten. Im Vorstand der Sozialdemokratischen Partei hatte man davon gehört. Leipart wurde aufgefordert, vor dem Gespräch mit Schleicher in das Parteibüro zu kommen. Dort wurde ihm von Breitscheid eröffnet, daß die Parteileitung jede Zusammenarbeit mit dem *Reaktionär* Schleicher ablehne und dieselbe Haltung von ihm erwarte. Leipart, der mir diese Unterhaltung geschildert hat, fügte sich dem Parteigebot. General Schleicher war gewiß nicht das Ideal eines Staatsmannes. An seiner Entschlossenheit, unter einem Ermächtigungsgesetz den Nationalsozialisten Halt zu bieten, hege ich nach dem Gespräch, das ich in jenen Tagen mit ihm hatte, keinen Zweifel. Er mußte als Reichskanzler abtreten. Dann kam Hitler! Namhafte sozialdemokratische Führer versicherten *seelenruhig,* das bedeute keine große Gefahr für die Zukunft, denn dieser Kanzler werde niemals die erforderliche Zweidrittelmehrheit im Reichstag für eine

Änderung der Weimarer Verfassung erhalten. Man löse sich vorübergehend vom *Feind*, um neue Kraft zum erfolgversprechenden Vormarsch zu sammeln.«[235]

Ein mir bekannter Universitätslehrer war im Januar 1933 (!) bei Breitscheid zum Abendessen. Breitscheid, so berichtete er mir, sei völlig von dem Gedanken besessen gewesen, daß ein General Kanzler war, die Gefahr Hitler habe er überhaupt nicht gesehen! Dazu paßt es, daß der Reichstag Anfang Dezember gegen die Stimmen der DNVP und KPD eine Änderung des Artikels 51 WRV dahin durchsetzte, daß der Reichspräsident im Falle seiner Verhinderung nicht durch den Reichskanzler, sondern durch den Präsidenten des Reichsgerichts zu vertreten sei. Die NSDAP, die den Antrag einbrachte, hatte ihn nicht begründet, doch ihre Motive lagen auf der Hand.[236] Die SPD dürfte ihr »Generals-Komplex« zur Zustimmung bewogen haben. Der objektive Aberwitz wird deutlich, wenn man sich die enormen politischen Befugnisse des Reichspräsidenten vor Augen hält: Er wurde für jeweils sieben Jahre vom Volk gewählt (Artikel 41 und 43), was ihm gegenüber dem Reichstag eine große Eigenständigkeit verlieh; er war Oberbefehlshaber der Reichswehr (Artikel 47); er ernannte und entließ den Reichskanzler (Artikel 53); er konnte den Reichstag ohne weiteres auflösen (Artikel 25); nur er konnte »über den Haushaltsplan, über Abgabengesetze und Besoldungsordnungen« einen »Volksentscheid veranlassen« (Artikel 73 Abs. 4). Schließlich war er der Herr des Ausnahmezustandes (Artikel 48) und damit, um mit Carl Schmitt zu sprechen, der eigentliche Souverän. Und diese Befugnisse sollten nun, falls der Reichspräsident verhindert war, auf einen Richter übergehen? Das erinnert an den Einfall der Väter des Grundgesetzes, in extremis die politische Souveränität einem Gericht, dem Bundesverfassungsgericht, zuzuschieben; in gewisser Weise, wenn auch ungewollt und unbewußt, folgten sie damit jenem Antrag der NSDAP vom Dezember 1932: Welche Ironie!

Schleicher wollte nicht nur die Mitarbeit der Gewerkschaften, sondern auch die des linken Flügels der NSDAP unter Gregor Strasser, was auf die Spaltung der Partei hinauslief. Strasser leitete die Organisation der NSDAP, in der er über eine große Anhängerschaft verfügte. Er war durchaus ein gemäßigter und vernünftiger Mann, der Hitler für »hysterisch« hielt. Nach den nationalsozialistischen Stimmenverlusten bei der Reichstagswahl vom 6. November 1932 und angesichts einer katastrophalen Kassenlage glaubte er nicht mehr an die Möglichkeit einer Alleinherrschaft seiner Partei, sondern dachte an eine Koalitionsregierung. Strasser glaubte vor allem, sich auf die Parteimitglieder verlassen zu können, die Mandate im Reichstag und in den Landtagen hatten; sie, so meinte er, würden ihn schon deshalb unterstützen, um ihre Pfründe nicht zu verlieren. So waren die Spekulationen Schleichers durchaus realistisch, auch wenn sie sich schließlich als verfehlt herausstellten.[237] Der General wollte Strasser mit dessen Einverständnis zum Vizekanzler machen. Doch innerhalb der Partei triumphierte Hitler: Nach schweren Auseinandersetzungen legte Strasser, krank und resigniert, am 8. Dezember 1932 alle seine Ämter, auch sein Reichstagsmandat, nieder und zog sich nach Südtirol zurück. Doch Hitlers Haß reichte aus, ihn am 30. Juli 1934 ermorden zu lassen.

Gleichwohl gab Schleicher seine Hoffnung nicht auf, eine »Gewerkschaftsachse«, eine »Querfront« zustande zu bringen, schon deshalb nicht, weil ihm nichts anderes übrigblieb. Nach wie vor beschäftigte er sich mit Plänen, »die Nationalsozialisten heranzuziehen, faßte aber andererseits auch die Möglichkeit eines Kampfes gegen sie« ins Auge. Mitte Dezember erklärte er auf einer Tagung der Gruppen- und Wehrkreiskommandeure u. a.: »... anzustreben bleibt: Mitarbeit der Nazis unter Strasser unter Messiassegen« Hitlers. Auf der gleichen Tagung wußte Oberstleutnant Ott (zuletzt Botschafter in Tokio) zu berichten, es seien »sehr gute Fortschritte« auf dem Gebiete der »Heranführung der Jugend an den Staat« und der »militärischen Ertüchtigung« zu verzeichnen, und es habe ein »Wettlauf der Verbände (einschließlich Nazi und Reichsbanner)« um die vom Reichswehrministerium für die Jugendertüchtigung zur Verfügung gestellten Gelder eingesetzt.[238]

Inzwischen traf sich Papen, der nach wie vor ungehinderten Zutritt zu Hindenburg hatte, am 4. Januar 1933 im Hause des Kölner Bankiers Kurt von Schröder, der, ohne daß Papen es offenbar wußte, Mitglied der NSDAP war und ihr auch schon Geld gespendet hatte, mit Hitler, Himmler, Heß und Keppler. Nach Papens Angaben ging es lediglich um die Frage, ob Hitler zu einem Eintritt in die Regierung Schleicher bereit sei; die »Frage der Bildung eines Hitler-Kabinetts als einer Alternative zu der Schleicher-Regierung« sei »nicht mit einem Wort erörtert« worden.[239] Höhne schreibt, bei dem Gespräch sei es lediglich um ein »Abtasten« zwischen Papen und Hitler gegangen, alles andere sei eine »hartnäckige Fama«.[240] Dagegen stehen die Überlegungen und Forderungen Brachers sowie eine Feststellung Meissners, die sich auf eine Mitteilung Kepplers stützt.[241]

Bald nach dem Treffen sagte Papen dem Reichspräsidenten, Hitler sei bereit, mit ihm und anderen »nationalen« Politikern eine Regierung ohne Parteibindungen zu bilden. Hindenburg ersuchte ihn, »persönlich und streng vertraulich« mit Hitler in Verbindung zu bleiben.[242] Jenes Ersuchen Hindenburgs, das dem Kanzler gegenüber nicht eben loyal war, zeigt, daß er sich bereits von Schleicher zu lösen begonnen hatte. In dem Maße, in dem seine Amtsmüdigkeit, Konzentrationsschwäche und die allgemeine Verwirrung zunahmen, nahm auch der Einfluß seines Sohnes Oskar zu, der sich nicht gerade durch einen brillanten Intellekt auszeichnete und dessen fast einzige Sorge es war, den »Mythos« des Hauses Hindenburg zu pflegen und zu retten. Offenbar aber verfügte er über die Fähigkeit, seinen Vater richtig zu nehmen und ihm in den geeigneten Augenblicken das einzureden, was ihm geboten schien. Schließlich war er ständig bei ihm, verfügte also über einen ungestörten »Zugang zur Macht« (Carl Schmitt) in einem Maße wie kein anderer. Die Zeit war vorbei, da Hindenburg noch zu Brüning sagte, sein Sohn habe »in der Politik nichts zu melden«.[243]

Neben Papen und Oskar von Hindenburg wurde im Januar auch Joachim von Ribbentrop, der erst 1932 der NSDAP beigetreten war, äußerst aktiv, seine Villa in Berlin-Dahlem wurde zur geheimen Anlaufstelle für diejenigen, die an dem Sturz Schleichers arbeiteten. Das entscheidende Treffen fand am 22. Januar statt. Hitler und Oskar von Hindenburg sprachen zwei Stunden lang unter vier Augen, während Papen, Meissner und einige NS-Führer sich in einem anderen Zimmer aufhielten. Danach sprachen Hitler und Papen, der sich nun auch für eine Kanzlerschaft Hitlers stark machte. Nach der Unterredung habe Oskar, der bis dahin ebenso wie Meissner gegen eine Kanzlerschaft Hitlers gewesen war, zu dem Staatssekretär gesagt, er sei der Meinung, es gebe keine andere Möglichkeit mehr als eine Kanzlerschaft Hitlers, zumal von Papen selber »damit einverstanden sei, nur Vizekanzler zu werden«.[244] Doch am nächsten Morgen mußte Papen feststellen, daß der Reichspräsident sich noch immer gegen eine Kanzlerschaft Hitlers sträubte.

Hindenburg weigerte sich nach wie vor, Hitler die Macht anzubieten. Auch wenn die »nationale« NS-Phraseologie ihm durchaus

126

nicht unsympathisch sein konnte, so befremdeten den alten preußischen Offizier doch die lärmenden, prügelnden und auch mordenden Haufen des in der SA organisierten braunen Mobs auf das äußerste. Die persönliche Bekanntschaft, die er am 13. August 1932 mit Hitler gemacht hatte, verstärkte nur seine Abneigung; die Unterredung endete, wie Papen schreibt, »mit einem eisigen Abschied«. Den Feldmarschall mußte es auch stutzig machen, daß Hitler es in den vier Jahren Krieg – trotz ausgewiesener persönlicher Tapferkeit – nur zum Gefreiten gebracht hatte. Und so ein Mann wollte Kanzler werden? Höchstens »Postminister« hatte Hindenburg einmal voller Verachtung gesagt.

Manche Historiker verzeichnen eine »Sorglosigkeit« Schleichers in jenen Tagen. Ich glaube, es war eher Hilflosigkeit. Er spürte, daß Hindenburg nicht mehr voll hinter ihm stand, er wußte, daß Papen, der beim Reichspräsidenten aus und ein ging, selber wieder an die Macht drängte. Das an sich so realistische Konzept einer »Gewerkschaftsachse« hatte ihm die SPD verdorben. Die Karte Strasser stach nicht. Die DNVP begann sich von ihm abzuwenden, der Reichslandbund und der Reichsverband der Deutschen Industrie wurden immer ungeduldiger. Durch ihren Wahlsieg in dem kleinen Ländchen Lippe vom 15. Januar hatte die NSDAP neue Hoffnung geschöpft und wurde aggressiver denn je. Es war für Schleicher keine ermutigende Situation, er war wohl alles andere als »sorglos«. Man kann nicht gut annehmen, daß ausgerechnet ihm die Klemme, in der er sich befand, nicht völlig klar gewesen sein soll.

Am 20. Januar 1933 hatte der »Vorwärts« die allgemeine Verwirrung in die bezeichnenden Worte gefaßt: »Hitler bei Papen, Strasser bei Schleicher, Hugenberg bei Hitler, Papen bei Hugenberg, Hugenberg bei Hindenburg. Alvensleben schiebt vorne, Thyssen schiebt hinten. Strasser wird Vizekanzler, Hitler will das Reichswehrministerium, Schleicher ist für dieses geneigt, Hindenburg für jenes. Wer findet sich noch durch ...« So war es!

In seiner bedrängten Lage forderte Schleicher am 23. Januar von Hindenburg die Ausrufung des Staatsnotstandes, Auflösung des Reichstages und eine vorläufige Aussetzung von Reichstagswahlen. Formell also das gleiche, was Papen am 2. Dezember verlangt hatte. Doch gab es einen großen Unterschied: Papen hatte eine reine Rechtsdiktatur vorgeschwebt, Schleicher hingegen die Einbeziehung auch der Arbeiterschaft. Doch Hindenburg verwies auf das

Planspiel des Oberstleutnants Ott vom 2. Dezember und lehnte einen Verfassungsbruch ab. Vergebens legte Schleicher dar, daß seine Position eine völlig andere sei als die Papens am 2. Dezember.

Man kann Hindenburgs Motive nur vermuten. Sicher ist nur seine Angst, den Eid auf die Verfassung zu verletzen. Wenn er Anfang Dezember dennoch dazu bereit gewesen war, so ist daran zu erinnern, daß Papen seinen Vorschlag am Abend machte, zu einer Tageszeit also, als Müdigkeit und Konzentrationsschwäche bei Hindenburg entscheidend in den Vordergrund traten; nach Brüning war Hindenburg nach siebzehn Uhr, »wie vielfach hochbetagte Leute, nie sehr aufnahmefähig«.[245] Bei Menschen im hohen Alter pflegt der Alterungsprozeß in rasantem Tempo voranzuschreiten. Wenn also Brüning schon zu seiner Amtszeit jene Beobachtung machen mußte, dann kann man sich vorstellen, daß sie im Dezember 1932 ungleich mehr galt.

Aber auf Hindenburg lag nicht nur die Last des Alters. Schleichers Staatssekretär Erwin Planck hatte ihn in »vorsichtiger Form« davon unterrichtet, daß die NSDAP erwäge, gegen ihn beim Staatsgerichtshof Anklage wegen seines Vorgehens gegen Preußen am 20. Juli 1932 zu erheben.[246] Außerdem befürchtete er wahrscheinlich Nachforschungen in Sachen Osthilfe. Auch mochte ihm Schleicher wegen seiner Neigung, mit den Gewerkschaften zusammenzugehen, als zu »links« erscheinen. Doch eindeutig ist nur Hindenburgs Angst vor einem Verfassungsbruch, außerdem seine allmähliche Abkehr von Schleicher, die am 23. Januar schon sehr fortgeschritten war. Im übrigen handelte es sich nur um Gerüchte und Vermutungen, die aber, wie Bracher schreibt, »von demokratischer Seite in fortdauernder Verkennung der Lage unterstützt wurden, sie sorgten doch dafür, daß der Widerstand sowohl Hindenburgs wie der DNVP gegen eine Kanzlerschaft Hitlers jetzt rasch zusammenbrach«.[247]

Fest steht auch, daß Hindenburg ohne Wissen Schleichers inzwischen den Generalleutnant Werner von Blomberg als Reichswehrminister vorgesehen hatte. Blomberg, der Anthroposoph war, gehörte der deutschen Delegation bei der Genfer Abrüstungskonferenz an. Vorher war er Wehrkreis-Befehlshaber in Ostpreußen gewesen, wo ihn Hindenburg bereits kennengelernt hatte. Er und sein Stabschef, Oberst Walther von Reichenau (der spätere Feldmarschall), gehörten zu den wenigen – vielleicht einzigen – höheren Offizieren, die

eine Kanzlerschaft Hitlers befürworteten, was Hindenburg möglicherweise nicht klar war. An welchem Tage die entscheidende Begegnung zwischen dem Reichspräsidenten und Blomberg stattfand,
ist umstritten.[248] Jedenfalls war mit seiner Wahl Schleichers Schicksal endgültig besiegelt.

Da der Kanzler das alles nicht wußte, wiederholte er Hindenburg
gegenüber am 28. Januar seinen Vorschlag, den er zugleich in der
von ihm finanzierten »Täglichen Rundschau« veröffentlichte; in ihr
warnte er vor einem von ihm vermuteten »Diktatur-Kabinett«
Papen-Hindenburg. Schleicher stellte Hindenburg vor die Wahl:
entweder ein Präsidialkabinett mit den erbetenen Vollmachten oder
eine parlamentarische Mehrheitsregierung, die ohne Hitlers Kanzlerschaft kaum möglich sei. Hindenburg lehnte wiederum die Vollmacht ab, und Schleicher erklärte daraufhin am Mittwoch seinen
Rücktritt.

Dennoch war der Reichspräsident noch keineswegs entschlossen,
Hitler zum Kanzler zu machen. Noch am 26. oder 27. Januar – die
Angaben widersprechen sich – warnte General von Hammerstein-
Equord, der beim Reichspräsidenten am Vormittag (sic!) erschienen
war, ihn vor einer Ernennung Hitlers, worauf Hindenburg entgegnete, er denke gar nicht daran, »den österreichischen Gefreiten zum
Wehrminister oder Reichskanzler zu machen«.[249] Nach Brüning hat
Hindenburg »bis wenige Stunden vor der Ernennung Hitlers geschwankt«, und Bracher spricht von dessen »langem, respektablem
Widerstand«.[250]

Otto Braun veröffentlichte im »Vorwärts« und Prälat Kaas in der
»Germania«, beide am 29. Januar, einen Brief an Hindenburg, in
dem sie vor einem »offenen Hochverrat« durch Schleicher warnten.
Am 6. Januar freilich hatte Braun Schleicher vorgeschlagen, die Notverordnung vom 29. Juli aufzuheben, ihn als preußischen Ministerpräsidenten einzusetzen, den Reichstag und den preußischen Landtag aufzulösen, die Wahlen »bis weit in das Frühjahr hinauszuschieben«, um dann mit scharfen Notverordnungen gegen Hitler zu regieren. Schleicher war damals darauf nicht eingegangen, weil er noch
Hoffnungen auf Strasser setzte. Auch wenn Hagen Schulze mit einleuchtenden Argumenten begründet, warum Braun Ende Januar
eine gegenteilige Haltung einnahm, so traf seine und des Prälaten
Kaas Warnung doch Hindenburgs empfindlichsten Punkt und war
alles andere als geeignet, Hitler von der Macht fernzuhalten.[251]

Papen hatte indessen Hitler zugesichert, dessen Kanzlerschaft bei Hindenburg durchzusetzen. Doch der Widerstand des Reichspräsidenten wurde erst durch das – falsche – Gerücht vom Nachmittag des 29. Januar gebrochen, wonach auf Veranlassung Schleichers Hammerstein die Potsdamer Garnison alarmiert habe und Hindenburg nach Neudeck abgeschoben werden solle. »Dies«, schreibt Bracher, »entschied über Hindenburgs letzte Bedenken«. Bei seinem Vertrauen zu Papen hatte schon einiges dazu gehört!

Friedrich Ebert hatte zu Otto Gessler wiederholt gesagt: »Wenn der Tag kommt, an dem die Frage auftaucht: Deutschland oder die Verfassung, dann werden wir Deutschland nicht wegen der Verfassung zugrunde gehen lassen.«[252] Ein Ebert würde also in der Situation des Januar 1933 Schleichers Vorschlägen wahrscheinlich zugestimmt haben. Von Hindenburg mit seinem Eidestrauma war das nicht zu erwarten. Um seinen Eid nicht zu brechen, überwand er seine starke instinktive Abneigung gegen Hitler. Außerdem mag bei ihm die Überlegung – bewußt oder unbewußt – mitgeschwungen haben, daß der Artikel 48 WRV einen Ausnahmezustand zwar legitimiere, daß dieser aber irgendwann der Normalität – also der Herrschaft einer Reichstagsmehrheit – weichen müsse; diese Mehrheit aber konnte ihm nur einer, eben Hitler, verschaffen. Mit Recht schreibt Theodor Eschenburg, wäre Hindenburg »mehr Demokrat, mehr Politiker gewesen, so hätte er einen Staatsstreich, um die verfassungsmäßige Ordnung zu retten, gewagt und hätte nicht aus formaler Verfassungskorrektheit die demokratische Republik ihren Gegnern ausgeliefert«.[253] So wurde gerade die Verfassungstreue Hindenburgs unser Unglück.

So kam es am 30. Januar nicht zu einer »Machtergreifung«, sondern zu einem Koalitionskabinett unter Hitler. Papen wurde Vizekanzler und von Hindenburg verpflichtet, bei jedem Gespräch, das der Reichspräsident mit Hitler führte, dabeizusein; dies hätte eine gewisse Sicherung bedeuten können. Doch Hindenburg bat schon im April Papen, von dem gemeinsamen Vortrag Abstand zu nehmen, da Hitler dies als Mißtrauen empfinde.[254] So hatte die Stellung eines Vizekanzlers jede Bedeutung verloren. Auch, daß Papen Reichskommissar für Preußen wurde, fiel nicht ins Gewicht, da Göring als preußischer Innenminister die Gewalt über die Polizei erhielt. Zudem bekam der Nationalsozialist Frick das Reichsinnenministerium.

Schließlich war entscheidend, daß Blomberg, der zusammen mit seinem Stabschef, Oberst von Reichenau, Hitlers Kanzlerschaft befürwortet hatte, Reichswehrminister war. Wenn die bürgerlichen Minister auch in der Mehrzahl waren, so irrte sich Hugenberg doch vollständig, wenn er siegessicher meinte, Hitler »eingerahmt« zu haben; genauso hatte sich Papen verrechnet, als er davon sprach, man habe Hitler »engagiert«. Von den bürgerlichen Ministern hatte nur einer eine Partei, die DNVP, hinter sich, außerdem verfügte er über ein Presseimperium: Hugenberg, der Reichswirtschaftsminister wurde. Aber schon wenige Monate später resignierte er, der nur in dem Sinne »konservativ« war, als er nur an der Erhaltung der Eigentumsverhältnisse interessiert war – ein höchst beschränkter, törichter »Konservativismus« also.

Die politisch allein ausschlaggebenden Posten befanden sich nun in nationalsozialistischer Hand. Dennoch ist es falsch, von einer »Machtergreifung« zu sprechen. Diese vollzog sich vielmehr in Etappen: die Notverordnungen vom 4. und 28. Februar 1933, das Ermächtigungsgesetz vom 23. März 1933, die Ermordung Röhms am 30. Juni 1934, die Vereidigung der Wehrmacht auf die Person Hitlers am 2. August 1934, die Übernahme des Oberbefehls über die Wehrmacht durch Hitler am 4. Februar 1938 und schließlich auch über das Heer am 19. Dezember 1941.

Es ist vielfach üblich geworden, die Regierungsbildung vom 30. Januar 1933 als »scheinlegal« oder nur »formal« legal zu bezeichnen. Doch es gibt keine Bestimmung der Weimarer Reichsverfassung, die damals verletzt worden wäre. Auch einer Berufung auf den »wahren« Sinn der Verfassung steht der bereits behandelte Artikel 76 WRV entgegen, der nach der damals herrschenden Interpretation auch den Feinden der Verfassung ein potentielles Recht einräumte. Hitler war tatsächlich, wie er es im Ulmer Reichswehrprozeß geschworen hatte, durchaus legal Kanzler geworden. Der verfassungsrechtlich beschlagene Arnold Brecht schreibt, Hitler habe die Legalität zum erstenmal erst am 14. Juli 1933 gebrochen, als er alle Parteien außer der eigenen verbot, was gegen die Bestimmung des Ermächtigungsgesetzes verstoßen habe, wonach »die Einrichtung des Reichstages als solche« erhalten bleiben sollte.[255]

Zumindest von demokratischer Seite ist die Frage irrelevant, wer damals die NSDAP finanziell unterstützt hat. Denn nach dem demokratischen Menschenbild, mit dem allein sich das allgemeine aktive Wahlrecht begründen läßt, ist jeder Bürger, sobald er ein bestimmtes Alter erreicht hat, an der Politik so interessiert, daß er ihrem Studium seine gesamte Freizeit opfert, um in allen Sach- und Personalfragen selbst eines hochindustrialisierten und hochdifferenzierten Großstaates an der Urne ein vertretbares (wenn auch nicht unbedingt richtiges) Urteil abzugeben. Für einen Demokraten kann also die Frage nach der Finanzierung der NSDAP nur von untergeordneter Bedeutung sein, da der Bürger ja »mündig« ist. Daß »Mündigkeit« nicht vor Torheit schützt, sieht jenes Menschenbild nicht vor.

Nach 1945 machte man viele ausfindig, die an Hitler »schuld« waren: Hindenburg, die »Kamarilla« um ihn, Papen, Schleicher, Hugenberg, die ostelbischen Junker, die rheinische Schwerindustrie – die Fahndungsliste ließe sich beliebig verlängern. Lucas zählt das Wirken Hindenburgs als Reichspräsident zu den »wesentlichen Ursachen«, die zum 30. Januar führten. Doch wir haben gesehen, daß er sich gegen einen Reichskanzler Hitler bis zur letzten Stunde gesträubt hat, und Dorpalen sagt mit Recht, Hindenburg habe die Folgen des 30. Januar weder vorausgesehen noch gewollt; daß Hitlers Ernennung »kein unbedachter Akt der Senilität« gewesen sei, gehe »aus seinem ganzen Verhalten hervor«.[256] In der Tat: Der müde Reichspräsident war des Regierens mit dem Ausnahmezustand nach Artikel 48 WRV müde, er wollte endlich wieder eine verfassungskonforme Normalität, also die Herrschaft von Exponenten einer Reichstagsmehrheit.

Die Blindheit aller Parteien in jenen Tagen kannte keine Grenzen. Verhängnisvoll war es vor allem gewesen, daß die Führung der SPD die Chance, die ihr Schleicher geboten hatte, ausschlug. Dem bereits zitierten Urteil Gustav Noskes ist nichts hinzuzufügen. Mit Recht schreibt Höhne, »allein« Schleicher habe eine »echte, wenn auch nur kleine Chance« geboten, mit dem Nationalsozialismus fertig zu werden. Doch die SPD unter Otto Wels und Rudolf Breitscheid begriff die Lage nicht, die »meisten SPD-Führer« sahen »die eigentliche Bedrohung der Republik« in der »Reaktion«, also »im jeweiligen Präsidialkabinett«.[257] Man dachte in parlamentarischen Kategorien, denen aber keine Wirklichkeit mehr entsprach. Dieser fatale Irrtum trug nicht wenig zum 30. Januar bei.

Die Formel, »Hitlers Steigbügelhalter« sei Papen gewesen, erfreut sich allgemeiner Beliebtheit; zu groß war nach 1945 die Wonne des

Entzückens, endlich den wahren Schuldigen entdeckt zu haben. Betrachtet man lediglich sein Wirken im Januar, so scheint sie viel für sich zu haben. Doch in einem größeren historischen Kontext gibt es nur *einen* »Steigbügelhalter«, den »mündigen« Volkssouverän. Er hatte seit dem 31. Juli 1932 unentwegt die Demokratie und die Verfassung abgelehnt, er allein hatte eine Lage geschaffen, in der »Intrigen« geradezu notwendig waren, um sich seinem – wenn auch gespaltenen – Willen zu entziehen.

1933 gab es nur eine einzige Möglichkeit, Hitler fernzuhalten: den Verfassungsbruch. Doch für den war Hindenburg leider nicht zu haben. Das ist, wenn man will, seine Schuld. Wer aber hatte ihn sich 1925 und 1932 als Reichspräsident ausgesucht? Es war der Volkssouverän. Man kann doch nicht gut die Agonie Weimars beschreiben, ohne die Folgen der Wahlergebnisse in ihrer *ganzen* Bedeutung in die Betrachtung einzubeziehen; statt dessen pflegt man mit merkwürdiger Genugtuung darauf hinzuweisen, daß die NSDAP noch nicht einmal am 5. März 1933 die absolute Mehrheit bekommen hat.

Eine Zusammenfassung aller Ursachen, die zum Zusammenbruch der Weimarer Republik führten, ergibt folgendes Bild. Der Revolution von 1918 lag – außer auf seiten der Unabhängigen und Kommunisten – kein tragfähiges Konzept zugrunde, sie war vor allem das Ergebnis einer nationalen Ermüdung. Fehlen einer demokratischen Tradition und Kultur. Versailles; sein Schuldartikel 231 drückte mehr auf das Bewußtsein des Volkes, als ausländische Politiker begriffen und es heute vorstellbar ist; die durch Versailles geschaffene Unsicherheit der deutschen Ost- und Westgrenzen, die durch die polnischen Angriffe auf Oberschlesien zu Anfang der zwanziger Jahre und die französische Besetzung des Ruhrgebiets von 1923 allen sichtbar geworden war; die Reparationslast war ungeheuerlich, da wir nach dem Young-Plan von 1930 bis 1988 (!) Reparationen hätten zahlen müssen. Wenn also London, Washington und vor allem Paris nicht alle Sinne beisammenhatten, dann fragt sich, warum man ausgerechnet vom deutschen Volke Rationalität erwartete. Die psychologisch verfehlte Wahl der Reichsfarben, ein nicht zu unterschätzender atmosphärischer Motor Hitlers. Der brisante Antikommunismus, den die enormen Verluste durch kommunistische Aufstände automatisch erzeugt hatten. Durch Inflation und Währungsreform von 1923 waren große Teile des Volkes enteignet worden, ohne daß sie in den folgenden Jahren das wieder ausgleichen konnten. Die hohe Zahl der Arbeitslosen zumal in den letzten Jahren. Der Mangel an Entgegenkommen gegenüber den Weimarer Reichsregierungen, das London und Paris dann aber Hitler gegenüber bewiesen: Die völlige Verkennung der Lage durch die demokratischen Parteien im Jahre 1932 und Anfang 1933. Und schließlich der Wille des Volkssouveräns, der, auch wenn er wegen seiner Not mildernde Umstände beanspruchen kann, zuletzt als einzigen *parlamentarischen* und *verfassungskonformen* Ausweg nur noch die Kanzlerschaft Hitlers zuließ. Allen diesen Faktoren gegenüber ist die Schuld (besser: das Versagen) einzelner Personen nur höchst partiell und tertiär. Das Unheil hatte sich jahrelang zusammengebraut und hätte – um es noch einmal zu betonen – nur durch einen Verfassungsbruch, wenn überhaupt, abgewandt werden können.

7. KAPITEL

Als Dissident im Dritten Reich

Die Schwierigkeit

Lange habe ich gezögert, bis ich mich schließlich doch entschloß, dieses Kapitel zu schreiben. Denn der Versuch, das Leben im Dritten Reich, seinen Alltag, Ausländern und nachgeborenen Deutschen so darzustellen, daß sie wenigstens eine gewisse Ahnung gewinnen, schien mir lange aussichtslos zu sein. Noch heute halte ich die Aussicht für sehr gering. Dennoch wage ich den Versuch; bei einigen wenigstens, so hoffe ich, ist er nicht vergebens, erweitert Kenntnis und Erkenntnis, öffnet die Möglichkeit *konkreter* Vorstellungen.

Selbst in den ersten Jahren nach der Niederlage von 1945 wäre der Versuch nicht sonderlich leichter gewesen. Dagegen sprachen die ehemals Gläubigen, die »treuen Gefolgsleute«. Der nationale Zusammenbruch war auch ihr eigener gewesen. Dennoch wollten sie – was man ihnen kaum verübeln kann – weiterleben, ihre Familien ernähren, eine neue Existenz aufbauen. Das Leben war weitaus wichtiger als die historische Wahrheit. Es war vor allem der Zwang, den das fatale Unternehmen »Entnazifizierung« ausübte, unter dessen herrischem Druck sie sich daran machten, ihre Vita zu retuschieren und zu fälschen. Schlimmer noch: Oft begannen sie, das selber zu glauben, was sie in den Spruchkammerverfahren vorgetragen hatten, um einigermaßen unbehelligt zu bleiben. Gelegentlich redeten sie sich in ihrer Bedrängnis sogar in einen »Widerstand« hinein, den sie gar nicht geleistet hatten, an den auch nur zu denken sie damals ihr Glaube oder eine vollauf berechtigte Vorsicht gehindert hatte. Sie waren noch nicht einmal stolz auf die gewaltigen Leistungen, die sie während des Krieges als Soldaten oder Zivilisten, als Männer oder Frauen, aktiv oder passiv vollbracht hatten.[258] Im Gegenteil: Sie schämten sich ihrer eher, bramarbasierten allenfalls mit alkoholischer Nachhilfe am Stammtisch. Ihre Kinder ahnten meist instinktiv, daß das, was ihre Eltern erzählten, von der Wirklichkeit abwich, von der sie aber ihrerseits – außer einigen öffentlich bekannten Daten – nichts wußten. So war das Mißtrauen groß, das sich oft auch auf Bereiche erstreckte, die mit der Vergangenheit gar nichts zu tun hatten.

Da waren die bewußten Dissidenten und diejenigen, die unreflektiert, »einfach so« keine Anhänger Hitlers waren. Auch sie waren häufig Opfer der Entnazifizierung, wenn sie gleichwohl nur formal einer NS-Organisation angehört hatten. Oft genug fehlte auch ihnen die Fähigkeit, sich zu artikulieren und zu argumentieren, so daß sie gleichfalls mit ihren Kindern Schwierigkeiten hatten, die ein schlechtes Gewissen ihrer Eltern vermuteten.

Da waren die »Antifaschisten«, die tatsächlich aktiv gewesen waren. Sie hofften, an dem Sieg der Alliierten teilzuhaben, was nicht selten zu herben Enttäuschungen führte, da die Okkupanten ihrer eigenen Propaganda erlegen waren, wonach alle »Krauts« (Deutsche) von Natur aus so verderbt seien, wie es für Hitler die Juden waren. Zu ihrer großen Verblüffung mußten auch die »Antifaschisten« zunächst erfahren, daß es den Okkupanten streng verboten war, mit ihnen zu »fraternisieren«. Bevor mit den Lizenzen für alle Berufszweige für sie die großen, die verführerischen Chancen kamen, war ihre schon vor 1945 genährte Hoffnung, nun als eine »Elite« dazustehen, vergebens und auch ein wenig lächerlich. Auch sie waren Opfer der Nachkriegsatmosphäre mit ihren sonderbaren nachträglichen Anforderungen an das Verhalten während der NS-Zeit. Und da Bonn nach 1949 Widerstand, wenn er mit nachweislichen Nachteilen verbunden war, honorierte, war auch bei ihnen die Versuchung groß, ihre Vergangenheit zu überhöhen, also gleichfalls ein wenig zu retuschieren, um den materiellen Gewinn so hoch wie möglich zu halten. Finanzielle Belohnung durch Bonn und Entnazifizierung wirkten auf eine merkwürdige Weise zusammen und hatten oft grobe Fälschungen zur Folge. Ich kenne manche Fälle, in denen Leute einen nicht geleisteten Widerstand und nicht erfahrene Nachteile durch allerlei Operationen »umfunktionierten«, um in den Genuß des Bonner Geldsegens zu kommen.

Da waren schließlich die »ewig Gestrigen«, die »Unverbesserlichen«. In gewisser Hinsicht waren sie die Aufrichtigsten, weil sie zu ihrer persönlichen Vergangenheit standen, es also ablehnten, ihre Vita zu verleugnen. Doch um vor sich selber in Ehren bestehen zu können, waren sie gezwungen, die Geschichte bis hin zur »Auschwitzlüge« zu fälschen, grausige Ereignisse einfach zu bestreiten. Einer der bekanntesten Vertreter war der Oberst der Luftwaffe, Ulrich Rudel, der im Kriege Unglaubliches und Atemberaubendes geleistet hatte und der einzige Träger der höchsten Stufe des Ritterkreuzes war.[259]

Es versteht sich, daß hier nur einige grobe Grundmuster menschlichen Verhaltens gegeben werden können. Die Wirklichkeit kannte zahllose Mischungen, Abweichungen und Differenzierungen. Grundhaltungen, die in den ersten Jahren nach der Niederlage fixiert worden waren, blieben nicht auf diese Jahre beschränkt, sondern überdauerten die Zwänge, die zu ihnen geführt hatten, zu einem großen Teil deswegen, weil viele das, was sie damals von sich gegeben hatten, um Nachteile abzuwenden, schließlich selber fest glaubten. So hatte Jahre und Jahrzehnte nach der Niederlage eine differenzierte Darstellung des Dritten Reiches keine großen Chancen.

Wohl hat die zeitgeschichtliche Forschung Hervorragendes geleistet und ganze Bibliotheken gefüllt, so daß man glauben möchte, dadurch eines abgerundeten Bildes des Dritten Reiches in seiner *ganzen* Fülle habhaft werden zu können. Doch das trifft merkwürdigerweise nicht zu. Denn naturgemäß, also durchaus verständlicherweise, beschränkt sich die Zeitgeschichte meist darauf, den NS-Irrwegen, den Greueln, den schuldhaften Verstrickungen jenseits aller Zweifel nachzugehen und diese zu dokumentieren. Zudem trat die Zeitgeschichte zunächst als Quasi-Beauftragte der »reeducation« an, so daß nicht wenige Historiker im Talar des Strafrichters daherkamen. Dieses Talars bemächtigen sich noch heute die Medien, wenn sie »Vergangenheitsbewältigung« offerieren, ohne freilich sich der Akribie zu befleißigen, um die die wissenschaftliche Zeitgeschichte bemüht ist. Die übliche »Vergangenheitsbewältigung« verewigt das bereits im Ansatz verfehlte Unternehmen der »reeducation«, obwohl dessen Urheber schon bald nach dem Kriege von ihm Abstand genommen hatten.

Indem die Zeitgeschichte vor allem bei den schrecklichen Ereignissen der NS-Zeit verweilt, wie Konzentrationslager, »Reichskristallnacht« (dieser Ausdruck war keineswegs, wie heute viele glauben, ein NS-Zynismus, sondern mit ihm distanzierte sich damals der Volksmund ironisch vom 8./9. November 1938), Krieg, Mißhandlung der slawischen »Untermenschen« und »Endlösung«[260], gewinnen die Nachgeborenen kein vollständiges Bild von jener Zeit, zumal die Medien bei der »Vergangenheitsbewältigung« selektiv verfahren, nicht zuletzt deswegen, weil nur diese Methode saftige Honorare abwirft und den Konsumenten die gleiche Spannung verschafft, die von Kriminalgeschichten auszugehen pflegt. Daß es außer jenen furchtbaren Exzessen auch einen *Alltag* gab, ist daher den Nachgeborenen gar nicht bewußt. Und doch war es gerade er, ohne den Menschen wie beispielsweise ich die Zeit kaum unbeschadet überstanden hätten. Er beruhte darauf, daß das Dritte Reich auf weiten Gebieten ein normaler Staat war, etwa auf dem Gebiet der Verwaltung, der Zivil- und (nichtpolitischen) Strafjustiz, der Arbeitswelt, des Verkehrswesens, der Wirtschaft, und auch darauf, daß das NS-Regime zwar totalitär sein *wollte*, aber mangels einer geschlossenen, theoretisch abgesicherten Ideologie nicht sein konnte, im Gegensatz zum Kommunismus, der über eine ausgefeilte Dogmatik, Exegese und (freilich nach den jeweiligen Machtverhältnissen wechselnde) Patristik verfügt. Redensarten, wie etwa »Blut und Boden«, »Herrenrasse« oder auch ein noch so besessener Antisemitismus machten noch keine Ideologie aus. Zwar gab es eine Fülle rivalisierender Hierarchien und Zuständigkeiten, die sich oft gegenseitig lahmlegten. Dieser antagonistische Pluralismus, dieses Prinzip des »divide et impera« war eines der wichtigsten Herrschaftsinstrumente Hitlers. Doch außer den Beamten und sonstigen Funktionsträgern in Staat und Partei spürte der durchschnittliche Bürger nichts oder nur gelegentlich etwas davon. Im übrigen bot das Regime *selber* dem Dissidenten wie dem unreflektierten Nichtnazi die Tarnung an: »Heil Hitler« und der »Deutsche Gruß«.

Das alles gilt natürlich nicht für die unseligen »Nichtarier«, für die auch der Alltag eine eskalierende Hölle war, die schließlich im millionenfachen Mord endete. Es gilt auch nicht für jene Dissidenten, die es an Umsicht und Vorsicht fehlen ließen, indem sie fahrlässig daherredeten oder sich gar auf einen ineffektiven, daher sinnlosen »Widerstand« einließen, wofür sie oft schrecklich büßen mußten. Ebensowenig gilt es für viele Personen, die sich in den Augen des NS-Regimes in der Weimarer Zeit »belastet« hatten, obwohl gleichzeitig führende Sozialdemokraten wie Carl Severing, Gustav Noske oder Paul Löbe (nach anfänglichen Scherereien) ihre, wenn auch gekürzte, Pension unbehelligt genießen konnten.

Lutz Graf Schwerin von Krosigk (1932–1945 Reichsfinanzminister, zuletzt unter Dönitz »Leitender Minister«), einer der souveränsten Geister, denen ich je begegnet bin, schreibt: »Ich glaube, daß diejenigen, die die Zeit seit 1933 nicht selbst in Deutschland miterlebt haben – die Komplexität der damaligen Lage, die alle Entscheidungen erschwerende Vermischung von Gutem und Bösen, von begrüßenswerten Zielen und verwerflichen Methoden, von richtigen Ansätzen und verderblicher Fortführung, von edlen Theorien und unedler Praxis und umgekehrt von abscheulichen Theorien und erträglicher Praxis –, die Haltung der Menschen in der damaligen Zeit und Lage nur schwer richtig verstehen und werten können.«[261]

Genauso war es, darin liegt heute die unermeßliche Schwierigkeit des Begreifens, des Nachempfindens. Aus den erwähnten Gründen versprechen auch noch so minutiöse Ergebnisse der zeitgeschichtlichen Forschung nur einen partiellen Gewinn, so groß ihre Verdienste auch sind.

1933 wäre ich gern emigriert. Doch gab es im Ausland keine Auffangorganisationen für unbekannte, junge »Arier«. Heute bin ich froh, daß ich wenigstens siebeneinhalb Jahre im Dritten Reich gelebt habe. So lernte ich Dimensionen menschlichen Handelns und Verhaltens kennen, die Ausländer und nachgeborene Deutsche noch nicht einmal ahnen, geschweige denn sich konkret vorstellen können. Gerade weil ich ein Dissident, ein innerlich Distanzierter also war, dem es zudem nicht an Beobachtungsgabe fehlte, war für mich das Dritte Reich ein Lehrstück, das ich unter keinen Umständen missen möchte. Es nicht erlebt zu haben, ist keineswegs ein Vorzug. Es dennoch erlebt zu haben, ist aber für die NS-Gläubigen deswegen kein Vorzug, weil ihr Glaube sie an einer reflektierten Erfahrung hinderte; außer allenfalls einiger materieller Früchte, die ihnen eine braune Karriere für ein paar Jahre einbrachte, haben sie vom Dritten Reich wenig gehabt: Ihre Überzeugung stand dem Erkennen im Wege.

Im übrigen haben auch die meisten Antinazis aus der Erfahrung des Dritten Reiches kaum erkenntnisreichen Nutzen gehabt, denn sie hockten zusammen und schimpften auf das Regime, hatten aber mit Nazis allenfalls beruflich eine höchst oberflächliche Berührung. Mir hingegen waren solche Berührungsängste fremd. Ich verkehrte schon deswegen mit mehr oder minder hochgestellten Angehörigen der Partei oder der SS, um zu erfahren, was in ihren Köpfen vor sich ging. Daher dürfte ich mehr Einblicke in das Regime gehabt haben als die landläufigen Antinazis.

Nach dem Kriege erfuhren fast alle eine Fehlentwicklung. Neben der Entnazifizierung, die sie zum Lügen zwang, verfielen sie in eine dumpfe Sprachlosigkeit oder Halsstarrigkeit oder in eine masochistische Haltung. Wieder verstanden sie die Welt nicht. Nur wenige überstanden den Bruch ihres Lebens in souveräner Haltung. Die Nazis als Opfer des Nationalsozialismus – welches Thema!

Freilich hat es auch nicht wenige gegeben, die zunächst geglaubt hatten, denen dann aber der Gang der Dinge die Augen öffnete. Manche von ihnen fanden den Weg zur Verschwörung des 20. Juli 1944 und büßten ihre Konversion mit dem Tode. Andere wieder, die sich aus ihren anfänglichen Illusionen befreit hatten, begingen Selbstmord wie 1937 der bedeutende protestantische Theologe Rudolf Otto, Verfasser des großartigen und weltberühmten Werkes »Das Heilige«.

Martin Niemöller war ein spektakulärer Sonderfall. Auch er hatte zunächst seine Hoffnungen auf Hitler gesetzt. Sein Weg »Vom U-Boot zur Kanzel« gewann einen internationalen, doch ein wenig legendären Ruf. Zwar fehlte es ihm nicht an persönlichem Schneid, wohl aber an Umsicht. Ende 1934 sagte mir der evangelische Landesbischof von Hannover, Marahrens, selber ein Führer der »Bekennenden Kirche«, unter Anführung eindrucksvoller Beispiele, Niemöllers oft recht unbedachte Bravour bringe der Sache mehr Schaden als Nutzen. Wenn er beispielsweise von der Kanzel in Berlin-Dahlem trotz des Verbotes seitens der Gestapo sonntags die Namen der aus der Kirche Ausgetretenen verlese, so sei das schlechthin überflüssig; ob die Namen verlesen würden oder nicht, sei vom Interesse der Kirche her völlig belanglos, sie stehe vor Kämpfen mit dem Nationalsozialismus, bei denen es um ihre Existenz und den Glaubenskern gehe. Demgegenüber seien solche »Mätzchen« – so der besorgte und irritierte Bischof wörtlich – ohne jeden Nutzen und Sinn. Niemöllers Märtyrerkrone verliert an Glanz, wenn man weiß, daß er im KZ Vorzugsbehandlung genoß und zu Anfang des Krieges sich freiwillig, wenn auch vergebens, zur Marine meldete. Auch nach dem Kriege zeichnete er sich mehr durch die Eigenschaften eines querulatorischen und sprachmächtigen Haudegens aus als durch theologische und menschliche Weisheit; die Gnade des Alters blieb ihm versagt, dazu fehlte es ihm wohl an geistiger und seelischer Tiefe. Warum gerade er zum weltweiten Symbol des kirchlichen Widerstandes wurde, habe ich nie recht verstanden; es lag wohl vor allem daran, daß er von seinem Wesen her besonders »mediengerecht« war, er war der Eklat persönlich.

Weder auf katholischer noch auf protestantischer Seite hat es an echten Märtyrern gefehlt. Ein mir befreundeter katholischer Pfarrer in Helmstedt, Christoph Hackethal, wurde 1943 in Dachau erwürgt. Doch diesem tief bescheidenen, leisen und in sich ruhenden Priester war alles, was Aufsehen erregen könnte, wesensfremd; allenfalls sein grausamer Tod hätte es vermocht, wäre er bekannt geworden. Es war typisch für Niemöller, dem Freiheit ganz gewiß ein zentrales Herzensbedürfnis war, daß er eine sowjetische Auszeichnung entgegennahm, von einem Regime also, das den Atheismus gnadenlos predigt und dem Freiheit ein Greuel ist; darin lag gewiß Inkonsequenz, aber keine Unredlichkeit, sondern eine Naivität von jener Sorte, die weder der Erfahrung noch irgendeiner Therapie zugänglich ist. Dieser besonderen und hartnäckigen Form der Naivität hat ein amerikanischer Soziologe ein aufschlußreiches und sorgfältig belegtes Buch gewidmet.[262]

Denke ich an meinen ermordeten Freund Christoph Hackethal, fallen mir manche andere ein, nur nicht Martin Niemöller. Man sollte mich nicht mißverstehen: natürlich gönnte ich es ihm, daß er die Zeit überstanden hatte. Nur, sein »Martyrium« war nun einmal nicht so leuchtend, wie die meisten glauben. Sein Name steht für manche Fehlvorstellungen, die mit dem Dritten Reich verbunden sind.

Die Prognose

Die Haltung, die jemand im Dritten Reich einnahm, hing nicht zuletzt von der Prognose der Lebenserwartung des Regimes ab. Wohl zahllose Menschen – weit überwiegend natürlich unbewußt – haben sich damals auf eine solche Prognose eingelassen. Nach Abwägung aller mir bekannten Umstände, doch vor allem auf mehr instinktive Ahnungen gestützt, schätzte ich 1933 die Lebenserwartung auf etwa zehn Jahre, also kein Grund für mich, mich auch nur äußerlich mit dem Regime zu identifizieren, indem ich etwa einer NS-Organisation beitrat, wozu ich übrigens auch niemals gezwungen wurde, sieht man vom »Reichsverband der Deutschen Presse« ab, der aber keine spezifische NS-Organisation, sondern ein reiner Berufsverband war; ihm anzugehören war damals die unumgängliche Voraussetzung zur Ausübung des Berufes. Ich kann nicht wissen, wie ich mich verhalten haben würde, wenn ich die Lebenserwartung des NS-Regimes mit der eigenen gleichgesetzt hätte: Vielleicht hätte ich sogar einen höheren Rang in der NS-Hierarchie eingenommen.

Die Illusionen unter den Gegnern des Regimes waren erstaunlich. Hitler werde in wenigen Wochen oder Monaten »abwirtschaften«, war eine gängige Meinung. Nicht weniger gängig war der Glaube, »das Ausland« werde nicht lange zusehen. Als mystische Größe spielte »das Ausland« schon damals seine Rolle, 1933 als Ansatzpunkt für schweifende Hoffnungen, später in der Bundesrepublik bei der zweimaligen Änderung der Mordverjährung als Ansatzpunkt der Furcht. Was »das Ausland« in diesen Zusammenhängen sein soll, ist mir nie verständlich gewesen. Sind es die ausländischen Regierungen, die Völker oder die Medien? Bei jenen Änderungen des Strafgesetzbuches mochte der Bundestag wohl vor allem die ausländischen Medien und bestimmte Organisationen im Sinne gehabt haben, obwohl dazu kein Grund vorlag, denn die bereits anhängigen Verfahren gegen NS-Täter wären ja weitergelaufen, auch wenn es bei der Mordverjährung geblieben wäre. Auch dann mußten sich aus Beweisnot Urteile ergeben, deren »Milde« zumal im Ausland schokkiert und die permanente Entrüstung mit Stoff versorgt, bis der letzte NS-Täter gestorben ist. So hätte sich also auch dann nichts geändert, wenn der Bundestag sich auf die fragwürdige Aufhebung der Mordverjährung nicht eingelassen haben würde.

Zumal einige Führer der SPD waren 1933 geradezu erleichtert, als Hitler Reichskanzler wurde, hielten sie das doch für den sichersten Weg, ihn endlich loszuwerden, weil sie an sein baldiges Scheitern felsenfest glaubten. Harry Graf Kessler notierte am 22. Februar 1933 in Berlin, Staatssekretär Abegg habe ihm versichert, der »Spuk« werde »glücklicherweise« nicht lange dauern, weil die Nazis und Papen-Hugenberg aneinander geraten müßten. Er schätzte etwa sechs Wochen, spätestens aber bis Juli. Selbst ein so nüchterner Kopf wie Heinrich Brüning, von dem Kessler meint, er habe »zweifellos aus tausend Quellen die genauesten Informationen«, sagte am 20. Juli 1935 dem Grafen: »Die Katastrophe, in die das Regime hineintreibe, lasse sich vielleicht ein bis anderthalb Jahre hinausschieben ... Aber dann müsse die Explosion so oder so (durch Krieg oder Revolution) erfolgen.« Also, wie Kessler hinzufügt, »etwa im Spätwinter oder Frühjahr 1937.«[263] Nie habe ich so intensiv wie damals erfahren, wie häufig selbst bei ernsthaften Leuten der Wunsch zu kaum begreiflichen Illusionen führen kann.

Vor den Reichstagswahlen vom 31. Juli 1932 hatte Carl Schmitt in einer Zeitschrift davor gewarnt, die NSDAP zu wählen, und dabei die berühmte Formel von der »politischen Prämie auf den legalen Machtbesitz« geprägt. Das Wort hatte einen tiefen Eindruck auf mich gemacht. So sah ich 1933 keinen Grund, warum dem »legalen Machtbesitz« nicht auch die »politische Prämie« folgen sollte. Oswald Spengler warnte in seinem Buch »Jahre der Entscheidung«, das 1933 erschien und die für damals ungewöhnliche Auflage von hundertsechzigtausend erreichte, die von Hoffnungen trunkenen Massen davor, die Mobilmachung mit dem Sieg zu verwechseln. Das Buch wurde, wie Heinz Friedrich in seinem Vorwort zu der Neuauflage von 1980 schreibt, zu einer »Art Brevier des nationalen Widerstandes«.

Wenn ich damals die Lebenserwartung des Regimes auf etwa zehn Jahre schätzte und mich *deswegen* nicht »belastete«, so hatte das mit Moral nichts, mit Kalkül aber alles zu tun. Zwar bin ich einigermaßen überzeugt, daß ich aufgrund meiner konservativen Erziehung und der Religion *innerlich* niemals Nationalsozialist geworden wäre, aber wie ich mich *äußerlich* verhalten haben würde, entzieht sich vollständig meinem Urteil; vielleicht wäre ich SS-Obergruppenführer geworden. Ich hatte sogar einige Wochen ernsthaft erwogen, der SS beizutreten, da es mir klar war, daß man in dieser Organisation am ehesten etwas »dagegen tun« könne. Glücklicherweise behielt der Widerwille die Oberhand. »Glücklicherweise?« Für meine eigene Person trifft das sicherlich zu. Aber auch für die Sache? Ich denke an den SS-General Breithaupt, den Chef der »Obersten SS- und Polizeigerichte« (ein reines Disziplinargericht). Die SS hatte ihn aus dem Heer übernommen. Er war ein völlig unpolitischer Kopf, also auch kein »Antinazi«. Aber er hatte einen hochentwickelten Sinn für Gerechtigkeit; erfuhr er, daß jemandem Unrecht widerfahren war, suchte er zu helfen. Und er hat vielen geholfen, was er *nur* tun konnte, weil er SS-General war. Was also heißt »glücklicherweise« – außer für die eigene Person? Man lese nur, was Schwerin von Krosigk über den damaligen Reichsjustizminister Franz Gürtner schreibt.[264]

1933 beschloß ich, mich für die Zeit nach Hitler aufzuheben und daher – da ich schon damals alle Sinne beisammen hatte – keinen Widerstand zu leisten. Heute mag das wie ein Zeugnis der Feigheit, des Opportunismus, wohl auch des Zynismus erscheinen. Doch mit Recht nennt Rudolf Diels in seinen Memoiren das Volk in seinem damaligen Zustand einen »wütenden Stier«. Nun, einem wütenden Stier geht ein Vernünftiger aus dem Wege, nur ein hinreichend Bewaffneter kann es wagen, ihm entgegenzutreten. Doch über adäquate Waffen verfügte ich nicht, meine einzige »Waffe« waren die List und Vorsicht des Ohnmächtigen.

Auch Diels bietet ein Beispiel dafür, daß ich das »glücklicherweise« in Frage stelle. Bis April 1934 war er der erste Chef der *preußischen* Gestapo (genauer stellvertretender Chef; Chef war Göring). 1933 ging bei uns »Staatsfeinden«, wie die Dissidenten genannt wurden, in Berlin die Parole um, wenn einer von uns in Gefahr gerate, solle er alles versuchen, nicht in die Hände der SA, sondern der Gestapo zu fallen. In der Tat hat Diels vielen geholfen, wenn er selbstverständlich auch nicht nur rechtsstaatlich verfahren konnte. 1935 traf ich in Haifa den mir befreundeten Richard Behrendt, einen Juden, wieder. 1933 war er in Berlin Generaldirektor gewesen (der Name der Firma ist mir entfallen. Das Werk befand sich in Elbing.). Ihn hatte die SA in ein Konzentrationslager gesperrt, aus dem er jedoch fliehen konnte. Es gelang ihm, zu dem ihm persönlich völlig unbekannten Diels vorzudringen, der ihm einen falschen Paß mit dem Rat gab, sofort zu emigrieren. Natürlich war Behrendt voll des Lobes über Diels. Nachdem er, der den Ehrenrang eines SS-Oberführers hatte, 1937 Regierungspräsident meiner Heimatstadt Hannover geworden war, hatte ich mich eng mit ihm befreundet. Er war ungewöhnlich intelligent und gebildet, außerdem zeichnete er sich durch einen ausgeprägten und subtilen Sinn für Humor aus. Damals sind mir nur wenige begegnet, die so entschieden das Regime ablehnten. Wenn Diels Gast auf einer hannoverschen Gesellschaft war, nannte er zuweilen ungeniert und laut Hitler einen »Verbrecher«, der »den Krieg will«; die meisten Gäste erstarrten dann vor Angst. Konnte der SS-Oberführer sich das nicht nur deshalb herausnehmen, weil er ein »Spitzel« war? Die Erklärung ist einfach: Göring hatte einen Narren an ihm gefressen und hielt bis zum 20. Juli 1944, als auch Diels verhaftet wurde, obwohl er mit der Verschwörung nichts zu tun hatte, seine schützende Hand über ihn.

Seine Erinnerungen »Luzifer ante portas« sind glänzend gedacht, wenn auch sachlich nicht immer zuverlässig. Diels hatte eine starke feuilletonistische Ader, wenn ihm seine Version besser gefiel als das tatsächliche Geschehen, zog er sie im Gespräch vor; so auch manchmal in seinen Memoiren, die zu lesen dennoch ein großer Gewinn ist.

Ich aber war weder Gestapochef noch SS-General – so konnte ich niemandem helfen. An beiden Beispielen, die viele Parallelen haben, ist deutlich zu erkennen: Im Dritten Reich waren *effektiver* Widerstand und »Belastung« (im heutigen Sinne) häufig *Korrelate,* was sich leicht an den Biographien vieler Verschwörer des 20. Juli ablesen läßt. Ebenso wie effektiver Widerstand war auch effektive Hilfe damals oft nur dann möglich, wenn der Helfer über irgendeine Macht verfügte, sich also »belastete« – anders als durch »Belastung« war aber keine Macht zu gewinnen und halten. Dies sollte eine *zentrale* Erkenntnis für alle sein, die sich um das Verständnis des Dritten Reiches bemühen, vor allem auch für diejenigen, die heute bei dem Geschäft (im doppelten Sinne des Wortes) der »Vergangenheitsbewältigung« oft Menschen denunzieren und an den TV-Pranger stellen, nur weil man an ihnen irgend etwas entdeckt hat, was sich in die heutigen Kategorien der »Belastung« einfügt, Kategorien, die zunächst die Okkupanten und »Umerzieher« ersonnen hatten, die noch heute aber zu einem ebenso geltenden wie falschen Maßstab geworden sind. Damals hatte ich gewünscht, daß möglichst viele eine »Belastung« auf sich nahmen; daß ich selber diesen Weg nicht gegangen bin, rechne ich mir keineswegs als Verdienst an. Mein damaliger Widerwille gegen einen Eintritt in die SS läßt sich auch als Feigheit, als Angst vor Verantwortung deuten.

Damals sind viele Dissidenten, um Schwierigkeiten zu vermeiden, der Reiter-SS oder dem NSKK (Nationalsozialistisches Kraftfahr-Korps) beigetreten. Beide Organisationen wurden am langen Zügel geführt, nichts wurde sonderlich ernst genommen, so daß sie schließlich zu einer Art Sammelbecken für »Staatsfeinde« wurden. Auch das ist heute völlig unbekannt. Andere wiederum »emigrierten« – wie man damals sagte – in die Wehrmacht, um vom Nationalsozialismus nicht belästigt zu werden. Wenn ich recht informiert bin, wurde 1945 die Reiter-SS nur deswegen nicht in die Liste »verbrecherischer Organisationen« aufgenommen, weil die niederländische Königin Juliane interveniert hatte, denn ihr Gatte, der deutschstämmige Prinz Bernhard, soll der Reiter-SS angehört haben. Das jedenfalls hörte man damals in Nürnberg. Es klang glaubwürdig genug, und wenn es wahr ist, dann ist es höchst amüsant, wirft ein bezeichnendes Licht auf manche Skurrilitäten der ersten Nachkriegsjahre.

Der Nationalsozialismus

Vor 1933 hatte ich keine NS-Literatur gelesen. Nur einmal – 1931 oder 1932 – hatte ich in Hannover einer NS-Versammlung beigewohnt. Es sprach Roland Freisler, damals Rechtsanwalt in Kassel und später der berüchtigte Präsident des Volksgerichtshofes. Die Versammlung befremdete mich auf das äußerste. Freisler sprach kaum normal, sondern schrie meistens, er schien sich in einer seltsamen Form der Ekstase zu befinden. Erst sehr viel später glaubte ich den Schlüssel für das Spektakel gefunden zu haben: um seine Vergangenheit als bolschewistischer Kommissar (1920 in der Ukraine) vergessen zu machen, sie also zu »bewältigen«. Wie oft sollte uns nach 1945 das gleiche Phänomen in dieser oder jener Form begegnen!

Meine Kenntnis vom Nationalsozialismus erschöpfte sich 1933 in dem, was »man« wußte. Hitler sollte Diktator werden, ein aggressiver Antisemitismus überschlug sich, die Menschen seien nach der zoologischen Kategorie der »Rasse« einzuteilen, den »Vertrag« von Versailles galt es zu »zerreißen«, die Deutschen seien ein »Volk ohne Raum«, eine »Herrenrasse« obendrein, Arbeiter und Bauern wurden zu Leitfiguren, der »Marxismus« sei »auszurotten«, wobei unter ihm höchst großzügig alles verstanden wurde, was nicht »national« gesinnt war, dem Kapitalismus und Sozialismus hatte der Kampf in gleicher Weise zu gelten, »Fanatismus« zählte mehr als Einsicht – und dergleichen mehr.

Natürlich hatte ich auch nahezu täglich johlende und prügelnde Horden der SA gesehen; es war nicht zuletzt dieser Anblick gewesen, der zusammen mit dem bedrohlichen Ansteigen der NS-Wählerstimmen 1932 in mir jene lähmende Angst ausgelöst hatte, von der in dem Buch »Hitlers Weg« von Theodor Heuss nichts zu spüren war, obwohl sein Erscheinen in das gleiche Jahr fiel. Auf der Universität hatte ich auch viele NS-Kommilitonen mehr oder minder gut gekannt; einige waren dümmlich-banal, andere rüpelhaft, wieder andere intelligent und sehr angenehm.

Von unten gesehen war der Nationalsozialismus zu einem beträchtlichen Teil eine parareligiöse Erweckungsbewegung gewesen. Hitler war nicht irgendein, wenn auch noch so bedeutender Politiker, sondern ein Messias, der die Erlösung nicht nur von Versailles und der Arbeitslosigkeit, sondern auch von jeglichem Übel in Aussicht stellte. Verspricht der Kommunismus die Erlösung durch die Unterwerfung unter die marxistisch-leninistische Doktrin, so sollte im Nationalsozialismus die Erlösung, die freilich nur für die »Arier«, in Sonderheit die »Germanen«, reserviert war, durch die Unterwerfung unter den Willen Hitlers kommen. Auch der Philosoph Hermann Graf Keyserling sah 1933 im Nationalsozialismus »in Wirklichkeit eine religiöse Erhebung«.[265] Wer die verzückten Zustände der Massen, besonders der Frauen, beobachtete, wußte, daß das alles in deren Bewußtsein nichts mit Politik im üblichen Verstande zu tun hatte, sondern eine vorbehaltlose, ekstatische und besinnungslose Hingabe war.

Bei Begriffen wie »Drittes Reich« oder ›Tausendjähriges Reich«[266] schwangen chiliastische und eschatologische Untertöne mit. Wie der Kommunismus, wollte der Nationalsozialismus die Welt in einen paradiesischen Zustand, wenn auch nur für die »Arier«, überführen. Wie der Kommunismus seine Gegner überhöht, ihnen das Menschsein abspricht, so tat man es ihm gleich. Was für den Kommunismus der »Klassenfeind« oder der »imperialistische Kapitalismus« ist, war für den Nationalsozialismus »der Jude«, der innerweltliche Satan, der kein menschliches Antlitz mehr trug. Es war gerade diese innerweltliche Eschatologie, die Heilslehre, die den Nationalsozialismus mit dem Kommunismus verband. Das hob ihn auch vom italienischen Faschismus ab, der mehr eine Art Anweisung zur Steigerung der nationalen Vitalität plus einem konventionellen Imperialismus war. Beide hatten nur den Entstehungsgrund (Versagen der Demokratie) und die permanente Mobilisierung der Massen sowie den Führerkult gemein. Erst recht hatte der Nationalsozialismus nichts mit dem spanischen oder portugiesischen »Faschismus« zu tun, den man eher als autoritäres Regime definieren kann. Sowohl Franco wie Salazar waren zu gläubige Katholiken, um innerweltlich-eschatologische Anwandlungen zu haben. (Übrigens widerlegte das iberische System Francos und Salazars den Gemeinplatz, daß jede Diktatur expansionistisch sei und daher zwangsläufig zum Kriege führe.) Auch Sebastian Haffner siedelt Hitler »näher bei Stalin als bei Mussolini« an und betont den Unterschied zwischen Nationalsozialismus und Faschismus.[267]

Noch heute läßt man sich durch die Anordnung im Reichstag täuschen, in dem die NS-Abgeordneten auf der rechten Seite saßen. So gilt der Nationalsozialismus als eine »rechte« oder »rechtsradikale« Partei und Bewegung. Er war nichts weniger als das, auch wenn er sich gern einer »rechten« Phraseologie bediente. Allein schon seine innerweltliche Eschatologie wies ihn eher als »links« aus, sie trennte ihn auch von dem Populismus, wie er gelegentlich in Erscheinung tritt. Die Parteihymne, das Horst-Wessel-Lied, beklagt pathetisch die »Kameraden«, die »Rotfront und Reaktion erschossen«. Die »Reaktion« – das waren wir, die Konservativen. Haffner weist in seinem gescheiten Buch darauf hin, daß lediglich die Konservativen Hitler bis zum Schluß ernsthafte Schwierigkeiten machten: »Die Liberalen, Zentrumsleute und Sozialdemokraten haben ihm nie im geringsten zu schaffen gemacht, ebensowenig die Kommunisten.« Und: »Hitler ist keineswegs so leicht als extrem rechts im politischen Spektrum einzuordnen, wie es viele Leute heute zu tun gewohnt sind.«[268]

Höchst widerwillig mußte ich damals und erst recht in den folgenden Jahren erkennen und anerkennen, daß aus den demoralisierten, verzweifelten und amorphen Massen ein vor Vitalität strotzendes Volk wurde. Es war, als ob Hitler es mit einem Zauberstab berührt habe.

Es ist eine gängige Vorstellung, daß die überraschend schnelle Beseitigung der Arbeitslosigkeit auf die Aufrüstung zurückzuführen sei und daß Hitler 1939 den Krieg gesucht habe, um einer wirtschaftlichen Krise auszuweichen. In Wirklichkeit hat die Aufrüstung in den ersten Jahren eine verhältnismäßig geringe Rolle gespielt. Schwerin von Krosigk schreibt, Deutschland habe »unendlich viele andere Möglichkeiten« als Aufrüstung gehabt wie »Straßenbau, Wohnungsbau, Bau von Krankenhäusern und Sportanlagen«, und Hitler habe »niemals vor der Alternative ›Krise oder Krieg‹ gestanden«.[269] Als Reichsfinanzminister mußte er das beurteilen können.

Was waren das für Menschen, die sich dem Nationalsozialismus zuwandten? Nach der heutigen Vorstellung hätten es Narren, Ungebildete, Halbgebildete oder moralisch Defekte sein müssen. Wer, außer ihnen, konnte schon auf Hitler »hereinfallen«? Die heute so beliebte Formel, bei der Anhängerschaft habe es sich um »Kleinbürger« gehandelt, widerspricht nicht nur den soziologischen Untersuchungen, sondern wirft auch die Frage auf, was »Kleinbürger« eigentlich sind. Zeichnen sie sich durch eine spezifische Höhe des Vermögens und Einkommens aus? Wenn ja: Welche Höhe macht einen Menschen zum Kleinbürger? Was hat man eigentlich gegen diese Höhe? Ist sie Anlaß zur Verachtung oder zum Neid? Ist es eine bestimmte geistige Haltung, eine bestimmte Art der Lebensführung, die einen Menschen zum »Kleinbürger« stempelt, ihn zur Marionette seiner finanziellen Verhältnisse werden läßt? Den Demokraten ist es schließlich ins Gedächtnis zu rufen, daß auch der »Kleinbürger«, was immer das heißen mag, nach *ihrer* Theorie jedenfalls ein »mündiger« Bürger ist.

Das alles hat mit der Wirklichkeit nichts zu tun. Dem Nationalsozialismus geneigt waren Vertreter der obersten wie der mittleren und unteren sozialen Schichten, Intelligente und Dummköpfe, Gebildete, Halbgebildete und Ungebildete, Nachdenkliche wie einfach Dahinlebende, moralisch Hochstehende wie Schurken, religiöse wie areligiöse Naturen, Gesättigte wie Verzweifelte – kurz, Menschen jeder Art, jeder Herkunft und jeden Niveaus. Verstanden habe ich sie nicht, doch konnte ich nicht gut umhin, den Sachverhalt zu registrieren. Der Nationalsozialismus blieb für mich ein unheilvolles Phänomen, das uns in den Abgrund zu führen drohte. Ich fühlte mich als das hilflose Opfer volkssouveränen Willens und Rausches, als einer, der einem Schicksal ausgeliefert war, ohne die geringste Chance, ihm zu entrinnen oder es gar zu wenden.

Die Nebelhaftigkeit der NS-Ideologie, die nur wenige verpflichtende Schlagworte hatte, führte dazu, daß der Begriff »Nationalsozialist« kaum zu definieren ist. Es gab Leute, die für den Nationalsozialismus nichts übrig hatten, von Hitler aber Großes erwarteten, ein Typ, der besonders häufig vertreten war; angesichts der Greuel, die er wahrnahm oder von denen er hörte, nahm er gutgläubig Zuflucht zu der naiven, geflügelten Formel: »Wenn das der Führer wüßte!« Andere bejahten den Nationalsozialismus, lehnten aber den Antisemitismus, der doch ein Kernstück war, ab; umgekehrt gab es Antisemiten, die von ihm nichts wissen wollten, wie jener Hamburger Landgerichtsdirektor, der mir 1933 sagte, er werde es Hitler nie verzeihen, daß es einem anständigen Menschen nicht mehr erlaube, Antisemit zu sein. Arbeitslose wandten sich dem Nationalsozialismus in der verständlichen, dann auch erfüllten Hoffnung zu, wieder Arbeit und Brot zu finden, ohne weiter über ihn nachzudenken. Sehr viele ließen sich ohne anstrengende Grübeleien von dem allgemeinen Rausch einfach fortreißen. Devitalisierte Intellektuelle verfielen der Faszination der Macht; es war der gleiche Typus, der bis heute von Freiheit, Menschenwürde und Menschenrechten schwärmte, zugleich aber Moskau seine Referenzen erwies und die USA denunzierte, der gleiche, der von der Höhe seines manipulierten Geistes jegliche Form des Antikommunismus als »primitiv« verurteilt und damit verrät, daß ihm in Wahrheit Freiheit, Menschenwürde und Menschenrechte über das verbale Bekenntnis hinaus nicht allzuviel bedeuten.

Vielen Kommunisten fiel der Übergang zum Nationalsozialismus nicht schwer, der ihre Lust an Gewalt und der Unterdrückung anderer nicht weniger befriedigte als der Marxismus-Leninismus; schon 1932 sprach man von den »roten SA-Stürmen« oder »Beefsteak-Stürmen« (außen braun, innen rot) in den Berliner Stadtvierteln Moabit und Wedding: Die Übergänge vom roten zum braunen Totalitarismus und Terrorismus waren fließend. Den Wunsch nach einer Revision des »Vertrages« von Versailles hatten alle demokratischen Regierungen und Parteien (und auch die KPD) vertreten; kein Wunder, daß viele sich Hitler nur deshalb anschlossen, weil er diesen Wunsch in besonders nachdrücklicher Weise in den Vordergrund seiner Propaganda rückte. Zumal ältere Offiziere fühlten sich durch die NS-Pöbeleien gründlich abgestoßen, doch die Aussicht auf eine Aufrüstung übte auch auf sie ihren Reiz aus. Es war gerade ihre »unpolitische« Erziehung durch Seeckt gewesen, die sie nach 1933 zu Opfern des Nationalsozialismus werden ließ.

Eine unwägbare, aber bedeutende Rolle spielte es, daß wie bei vielen anderen Völkern auch bei den Deutschen eine mehr oder minder bewußte Sehnsucht nach einer Personalisierung des Staates schwelte. Auch bei jenen, die nicht entschiedene Gegner der Demokratie waren, ließ doch die farblose »Anonymität« des Staates, wie sie in dem ständigen Wechsel der Regierungen der Weimarer Republik zum Ausdruck kam, das *Herz* unberührt. Zwar hatte in den ersten Jahren der Republik die imponierende, vornehme und überparteiliche Person Eberts weit über die Kreise der Linken und Mitte hinaus sich Respekt verschafft. Zwar hatte der Feldherrnruhm Hindenburgs seit 1925 den Glanz der Vergangenheit auf die Spitze des Staates übertragen, also der Demokratie ihre »Anonymität« weitgehend genommen. Doch gegen Ende der Republik ließ Hindenburgs Alter keine entsprechenden Hoffnungen mehr zu. Neben dem Wunsch nach dem »starken Mann«, den noch immer und überall eine Zerrüttung der Verhältnisse automatisch aufkommen läßt, war es eben auch jene vage Sehnsucht nach einer Personalisierung des Staates, die Hitler zugute kam. Es macht die Stärke der skandinavischen, niederländischen, belgischen und britischen Demokratie aus, daß die Krone jene Sehnsucht erfüllt, obwohl ihr politische Vollmachten fehlen.

So gab es zahlreiche und unterschiedliche Motive, zum Nationalsozialismus überzugehen. Seine Anhängerschaft setzte sich aus so unendlich vielen Varianten zusammen, daß es fast unmöglich war, jemanden ausfindig zu machen, von dem man sagen konnte, er sei ein lupenreiner Idealtypus eines Nationalsozialisten. Daher gab es auch nicht wenige Anhänger, die in Wirklichkeit unbewußte Dissidenten waren; es waren nicht zuletzt sie, die den Alltag auch für den bewußten Dissidenten einigermaßen erträglich machten.

Das gilt indessen nur für die größeren Städte, in deren Anonymität der »arische« Dissident unauffällig und einigermaßen unbehelligt leben konnte. Anders war es in den Kleinstädten und auf dem Lande, wo eine jederzeit zur Denunziation bereite Nachbarschaft aufmerksam das Verhalten eines jeden beobachtete und kontrollierte.

Wohl verstand ich das Argument, Politiker hätten in der Opposition noch immer anders gesprochen, als in der Regierungsverantwortung gehandelt. Das ist in der Tat so, eine banale, alltägliche Erfahrung. Aber da waren die brutalen braunen Horden, die explosiven, ekstatischen Erwartungen! Wie hätte Hitler, selbst wenn man ihm einen guten Willen unterstellte, mit dem, was er mit allen Kräften und allen Mitteln angeheizt, geschaffen hatte, fertig werden, es in moderate Bahnen lenken können? Ich hielt es für völlig ausgeschlossen. Dieser Machtwechsel war mit den üblichen demokratischen Regierungswechseln nicht zu vergleichen, er war substantiell etwas völlig anderes.

Es war 1931/32 jedem Einsichtigen klar, daß die Republik sich in einem Zustande befand, der irgendeine, und zwar durchgreifende Änderung *gebot*. Von der Sache her stand die Demokratie gar nicht mehr zur Debatte, nur noch, was und wer nach ihr kommen werde. Damals wurde die Frage nach dem »Danach« intensiv diskutiert. Besonderen Eindruck machte auf uns die kleine Schrift »Autoritärer oder totaler Staat« von Ziegler.[270] Aber der letzte, der ein »autoritäres« Regime, gestützt auf ein Bündnis der Reichswehr mit der bürgerlichen Mitte und der gemäßigten Linken, hatte errichten wollen, Kurt von Schleicher, war unter anderem an dem Eidestrauma Hindenburgs und an der Torheit der SPD-Führung gescheitert, auch an jenen, deren »Konservativismus« sich in dem Streben nach Erhaltung der bestehenden Eigentumsverhältnisse und Privilegien erschöpfte.

In der *Öffentlichkeit* trat der Terror nur 1933 und in der »Reichskristallnacht« vom November 1938 in Erscheinung; im sehr eingeschränkten Sinne auch am 30. Juni 1934 beim »Röhm-Putsch«. Das Wüten der SA und SS in den ersten Monaten des Jahres 1933 war grauenhaft. Schlägertrupps überfielen und mißhandelten scheinbar wahllos Menschen, vor allem Juden, auf offener Straße und in Lokalen, schleppten sie in Folterstätten und Konzentrationslager, die sie zunächst in eigener Regie führten. Sie verwüsteten und plünderten jüdische Geschäfte, malten blutrünstige Parolen an die Hauswände. Besonders widerlich war der antijüdische Boykott-Tag am 1. April 1933. Allenthalben wurden »Stürmer«-Kästen angebracht (nicht nur 1933), in denen die berüchtigte Wochenschrift des pathologischen Julius Streicher zur Schau gestellt wurde – übrigens das einzige pornographische Organ, das erscheinen durfte; wahrscheinlich hatte es viele Abonnenten (vor allem Zwangsabonnenten) und Leser, doch bin ich niemandem – auch keinem überzeugten Nationalsozialisten – jemals begegnet, der den »Stürmer« nicht abgelehnt hätte. Juden und solchen »Ariern«, die der »Rassenschande« verdächtig waren, hing man diffamierende Schilder um und jagte sie durch die Straßen. Gefürchtet waren die Folterstätten der SA – in Berlin beispielsweise in der Hedemannstraße – und der SS im Columbia-Haus. Ein spätpubertäres Machtgefühl lebte sich aus und genoß die Wehrlosigkeit der Opfer. Es war ein Phänomen, an das ich Ende der sechziger Jahre – wenn auch in weitaus kleinerem Maßstab und mit anderen Zielobjekten – durch das Treiben der Apo erinnert wurde; auch die Feigheit der Kultusminister und die vorsichtige Verlegenheit der Professoren. – Es durfte wohl ein Einzelfall gewesen sein, daß der Heidelberger Staatsrechtler Hans Schneider einer flegelhaften »Studentin« einfach eine Ohrfeige versetzte. Das alles fügte sich zu einem Bilde, das mir nur allzu vertraut war. Gewiß

nunzierte. Neben anderen wurden Elisabeth von Thadden und der Gesandte Dr. Otto Kiep (Vater von Walther Leisler Kiep) hingerichtet. Scherpenberg erhielt zwei Jahre Zuchthaus, nur weil er Kiep nicht angezeigt hatte. Als einige Teilnehmer an dem Teenachmittag verhaftet worden waren, ließ Scherpenberg mich warnen, ihn anzurufen oder zu besuchen. Kurz darauf wurde auch er verhaftet.[292]

Auch ich übte die gleiche Vorsicht wie Hilger, als mich die befreundete Gräfin C. zu einer Party einlud, an der auch der Presseattaché einer »Beute-Gesandtschaft« (so wurden die ausländischen Vertretungen der von uns unterworfenen oder abhängigen Staaten genannt) teilnehmen sollte. Da ich ihn nicht kannte, erkundigte ich mich nach ihm ganz besonders: Gräfin C. legte für ihn beide Hände ins Feuer. So redete ich in dem Kreise reichlich sorglos, was mir zum Verhängnis wurde, denn der »Beute-Attaché« war ein Spitzel des RSHA.

Bald darauf teilte mir der deutsche Presse-Attaché, Legationsrat Dr. Staudacher, ein sehr anständiger Mann, mit dem ich gut stand, mit, daß ich demnächst nach Berlin gerufen und verhaftet werden würde. Er nannte mir im ganzen sieben Beschuldigungen, die gegen mich vorgebracht wurden.

In der Tat bat mich schon bald meine Redaktion unter einem Vorwand, nach Berlin zu kommen. Es war die »Vera«, ein Auslandspressedienst, dem rund fünfunddreißig regionale Zeitungen angeschlossen waren. Mit irgendeiner Begründung schob ich meine Reise hinaus.

Inzwischen dachte ich mir halbwegs glaubhafte Versionen zu den sieben Beschuldigungen aus. Außerdem brachte ich mir bei, ein Schriftstück »über Kopf« zu lesen, denn es war sehr wichtig zu wissen, was die Gestapo wirklich wußte und was nicht.

Obwohl mir die Stockholmer konservative Zeitung »Svenska Dagblad« angeboten hatte, in ihre Redaktion einzutreten, entschloß ich mich zu fahren, um meine Mutter und meine beiden Schwestern nicht der Gefahr einer Sippenhaft auszusetzen. So flog ich am 30. Juni 1943 nach Berlin.

Noch am Abend des 29. Juni besuchten mich auf Veranlassung eines befreundeten Kollegen zwei sehr angenehme und gut erzogene Amerikaner, um mich zu fragen, ob ich bereit sei, für einen US-Geheimdienst zu arbeiten. Mir war es reichlich unklar, wie ich ausgerechnet von Stockholm aus in dem gewünschten Sinne tätig sein sollte. Der Hinweis, daß ich nicht wisse, ob ich zurückkommen könne, beendete schließlich das nicht uninteressante Gespräch mit den beiden liebenswürdigen »Feinden«. Es sollte mein letztes Erlebnis in Stockholm, meine letzte Begegnung mit der Spionage sein. Hätte das die Gestapo gewußt!

Am Flugplatz in Berlin wurde mir der Paß abgenommen, und ich wurde für den nächsten Tag zur Abt. IV (Gestapo) des RSHA in die Prinz-Albrecht-Straße bestellt. Dort las mir ein subalterner, nicht unhöflicher Beamter die Beschuldigungen vor und vernahm mich dazu. Ich konnte die Akte dank meiner Übung mitlesen, so wußte ich, daß das, was mir Staudacher mitgeteilt hatte, alles war. Ich trug meine Versionen, die ich mir vorher in Stockholm zurechtgelegt hatte, vor. Dann verlangte ich, den Vorgesetzten des Vernehmungsbeamten zu sprechen. Es war ein jüngerer Kriminalrat Clemens (oder Klemens), der außerordentlich zuvorkommend war, mir den Paß zurückgab und sagte, ich könne wieder nach Stockholm zurückgehen. Ich hatte das Gefühl, daß der Kriminalrat selber ein Dissident war, zumindest mir gegenüber eine gewisse Sympathie hegte.

Erleichtert fuhr ich am 2. Juli nach Hannover, um meine Mutter zu besuchen. Dort blieb ich etwa zwei Tage, um nach Berlin zurückzukehren und dann nach Stockholm zu fliegen. In Berlin wohnte ich im Hotel »Kaiserhof«, das vor der »Machtergreifung« das Hauptquartier Hitlers gewesen war. Kaum war ich dort, bat mich der Kriminalrat wieder zu sich und eröffnete mir, daß ich weder meinen Beruf ausüben noch ins Ausland reisen dürfte. Ganz offensichtlich bedauerte er die Entscheidung. Es bedrückte mich nicht, daß ich nun ein »politisch Verfolgter« war, was nur meiner Karriere nach dem Kriege förderlich sein konnte. Ich gab auch der Gestapo keine Schuld. Ich wußte ja, daß es sie gab und welche Aufgaben sie hatte. Schuld gab ich ausschließlich mir selber, meiner Unvorsichtigkeit, die allein mich in jene Lage gebracht hatte; verglichen mit anderen, denen Furchtbares widerfuhr, war sie noch glimpflich.

Die Annahme ist falsch, im Ausland habe es der Dissident besser gehabt, er habe offen reden können. Das Gegenteil traf zu. Wenn man über einige Menschenkenntnis verfügte, konnte man bei einem deutschen Gesprächspartner dessen Gesinnung einigermaßen abschätzen. Einem Ausländer gegenüber war das ungleich schwieriger, wenn nicht unmöglich. Redete der Dissident – außer gegenüber vertrauten Freunden – offen, mußte er sich auf drei Möglichkeiten der

Reaktion gefaßt machen: Endlich ein Deutscher, der so denkt wie wir, war die eine, was mit einiger Sicherheit bald zu unerwünschten Ohren kam, da die, die so erfreut waren, keine Vorstellung von den Gefahren hatten, die Offenherzigkeit auf sich zog; wenn der so redet, kann das nur ein Agent sein, Vorsicht! war eine andere Reaktion; die dritte schließlich war Abscheu gegenüber dem, »der sein eigenes Nest beschmutzt« – auch keine sehr angenehme Folge. Am günstigsten war es, wenn man im Ausland als Nazi galt: Das wurde ohnehin angenommen, man wußte, wie man sich ihm gegenüber zu verhalten hatte; vor allem brauchte die Polizei des betreffenden Landes nicht befürchten, der Dissident werde einen Asyl-Antrag stellen. Wenn der Dissident höflich war und über gute Umgangsformen verfügte: um so besser!

Als ich 1941 in Stockholm ankam, warnten mich Freunde: Der dortige Kripochef, ein Herr L., arbeite mit der Gestapo zusammen. Natürlich konnte ich das nicht nachprüfen. Jedenfalls habe ich in Stockholm bei Telefonaten mit Deutschen stets mit »Heil Hitler« gegrüßt, viel öfter, als ich es in Deutschland gewohnt war.

So merkwürdig es heute klingen mag: Menschenkenntnis, Vorsicht und Umsicht vorausgesetzt, war der Dissident in Deutschland viel »freier« als im Ausland. Er kannte die Verhältnisse, also auch die Gefahren, er konnte die Umwelt und den jeweiligen Gesprächspartner mit einiger Sicherheit beurteilen. Diese »Stützen« fielen im Ausland fort. Nur wirklichen Freunden gegenüber, deren Diskretion man sicher sein konnte, war Offenheit angebracht. Zu diesen Freunden gehörte in Stockholm auch jene Gräfin C., deren Menschenkenntnis oder Informationen aber in dem Falle versagten, der mir zum Verhängnis wurde.

Meinungsfreiheit und Kunst

Die Meinungs- und Pressefreiheit wurden 1933 sofort eingeschränkt, in dem heute bekannten Umfang freilich erst nach Kriegsbeginn. Selbstverständlich bestanden auch vorher eine Reihe von Tabus, die man kannte, ohne daß entsprechende Anweisungen des Propagandaministeriums notwendig waren. Doch gab es genügend Themen, die einer Bevormundung nicht unterworfen waren; so konnte man etwa für oder gegen London, Paris oder Washington schreiben, ohne Konsequenzen befürchten zu müssen. Ich selber hatte mich auf das Problem der ethnischen Minderheiten in Ost- und Südosteuropa spezialisiert und wertete die Berichte des »Europäischen Nationalitätenkongresses« aus. Auf diesem ebenso wichtigen wie interessanten Gebiet besaß ich eine Art Monopol, ohne eine Einmischung des Propagandaministeriums befürchten zu müssen, ich konnte also das schreiben, was ich dachte und wußte.

Die Pressefreiheit ist politisch gewiß notwendig, sie ist ein Instrument der öffentlichen Hygiene. Andererseits ist sie durchaus ambivalent, kann sich also positiv oder negativ auswirken. Ich selber habe freilich noch nie geglaubt, daß es sonderlich viel Meinungen gibt, die zu äußern oder gar zu veröffentlichen lohnt. Diese Einsicht erlaubte es mir, die Einschränkung der Pressefreiheit, auch wenn ich mir der unerfreulichen Folgen durchaus bewußt war, nicht so tragisch zu nehmen wie viele Kollegen. Ich hielt mich an das Wort des Augustinus: ubi spiritus ibi libertas. Wo meine Freunde beisammen waren, herrschte spiritus, also auch libertas. Ob die libertas auch Publizität erfuhr oder nicht, schien mir oft nur von untergeordneter Bedeutung zu sein – oft, nicht immer!

Im übrigen ist eine gelenkte Presse nicht selten weitaus aufschlußreicher als eine freie. Man lernte es sehr bald, zutreffende Rückschlüsse zu ziehen, wenn eine Nachricht nicht erschien oder in welcher Aufmachung und auf welcher Seite sie präsentiert wurde. 1941 beispielsweise war ich gespannt, ob die Souveränität der baltischen Staaten wiederhergestellt werden würde oder nicht. Da aber weder sie noch die Balten erwähnt wurden, war es klar, daß Hitler nicht beabsichtigte, ihnen Freiheit zu gewähren. So ermöglichte gerade der Mangel an Pressefreiheit oft genug, die richtigen Schlüsse zu ziehen. Wichtig war es auch, regelmäßig das »Schwarze Korps«, das Organ der SS, zu lesen; denn da es weniger vom »Promi« (Propagandaministerium) abhängig war als die übrige Presse, konnte man in ihm manche interessante Information finden.

Der Nationalsozialismus hatte die aberwitzig-infantile Idee, »entartete Kunst« zu – wenn auch nur vage – definieren, anzuprangern und zu verjagen, während er eine »Kunst« monopolisierte, die dem »sozialistischen Realismus« eng verwandt war. Wenn mein Sinn für Malerei auch bei Turner, den französischen Impressionisten, den frühen Expressionisten, bei Lovis Corinth, Max Slevogt, Max Liebermann und einigen Werken Emil Noldes stehen geblieben ist, so

172

empfand ich doch jene Idee als schlechtin lächerlich; sie entlarvte den Seelenzustand der NS-Spitze, die die Malerei mit Farbphotographie verwechselte. Es kann auch nicht zu den Aufgaben eines Staates gehören, es Museumsverwaltungen – auch wenn sie psychisch noch so gestört sein mögen – zu verbieten, etwa ein »Werk« von Joseph Beuys zu einem unverständlichen Preis zu erwerben, sie zu diffamieren, zu verbieten oder gar des Landes zu verweisen. Dem Staat steht kein Kunstmonopol zu, auch wenn er das Recht hat, Subventionen zu verweigern, so wie er das Recht hat, bestimmte Künstler zu fördern. Und jeder hat ein Recht auch auf einen abwegigen Geschmack, ein Recht, ihn zu kultivieren, absonderliche Produkte für Kunst zu halten, sie zu verkaufen oder zu erwerben und mit ihnen sein Heim zu dekorieren.

Es gehört zu den Pikanterien des Dritten Reiches, daß nach 1933 Emil Nolde auf die Liste der »Entarteten« geriet und Malverbot erhielt, obwohl er schon in den frühen zwanziger Jahren der NSDAP beigetreten war, zu einer Zeit, als man in Norddeutschland (Nolde lebte seit 1918 teils in Berlin, teils in Nordfriesland und war in Südtondern geboren) von der Hitlerei noch kaum Notiz nahm. Nach seinem Tode (1956) soll seine Witwe von der Angst gehetzt worden sein, seine »Vergangenheit« könne ans Licht kommen. Die Tragikomik eines großen Malers, die in der politischen Unschuld so vieler Künstler wurzelt.

Wie aber hatte das Volk auf Hitlers Kunstdiktatur reagiert? Goebbels hatte durchaus recht, als er 1933 erklärte, die Moderne sei »eine Kunst, die mit dem Volk eigentlich gar nichts mehr zu tun hat, gekauft und hingenommen lediglich von einer ganz kleinen Oberschicht ... So wie die Kunst das Volk verließ, so hat das Volk die Kunst verlassen.« Der Kunsthistoriker Wilhelm Worringer konstatierte 1946, das große Publikum habe herzlich überzeugt der Kunstdiktatur Hitlers zugestimmt: »Denn sie hatte den Nagel des Publikumsgeschmacks auf den Kopf getroffen ... Jede heutige Volksabstimmung würde ihr wieder recht geben.« Und Wolf Jobst Siedler präzisierte 1979 in der »Zeit« diesen »heute ungern zugegebenen Aspekt«: »Wie das Regime auf weite Strecken und über viele Jahre hinweg plebiszitäre Züge hatte, so konnten auch seine Literatur und Kunst auf einen Applaus rechnen, der *nicht aus der Unterdrückung* kam ... Für die Künstler Weimars ... kann es nicht das Schwerste gewesen sein, daß sie der siegreiche Gegner unterdrückte; damit wird man fertig. Daß aber über Nacht das eigene Publikum davonlief, das … muß verzweifelt gemacht haben. Es war ja nicht so, daß sie alle über Nacht Arbeitsverbot gehabt hätten; es wollte sie nur niemand mehr … Gestern noch waren Ernst Barlach und Käthe Kollwitz unbezahlbar; nun suchten ihre Galerien vergeblich nach Interessenten.«[293]

So war es! Nicht nur die Politik Hitlers, sondern auch sein Geschmack fanden im Volk breiteste Zustimmung. Definiert man Demokratie als Herrschaft der Mehrheit, so war das Dritte Reich durchaus eine Demokratie. Zwar »herrschte« die Mehrheit nicht, was auch in der repräsentativen Demokratie nicht der Fall ist. Aber sie fühlte sich – und das ist entscheidend – durch den Nationalsozialismus repräsentiert, identifizierte sich mit ihm.

Den meisten ist es unbekannt, daß Demokratie und Rechtsstaatlichkeit keineswegs identisch, ja Gegensätze sind. Will die Demokratie die Herrschaft der Mehrheit, so soll Rechtsstaatlichkeit das Individuum und Minderheiten vor der Mehrheit gerade schützen, was durch einige Prinzipien geschehen soll: Verfassung, Grundrechte, Teilung der Gewalten (richtiger: Trennung der Zuständigkeiten von Legislative, Exekutive und Judikative), Bindung des Staates an das Gesetz, Verwaltungsgerichtsbarkeit, Instanzenzug bei der Zivil- und Strafjustiz, Unabhängigkeit der Richter – um nur die wichtigsten Prinzipien zu nennen.

»On a confondu le pouvoir du peuple avec la liberté du peuple« hatte schon Montesquieu geschrieben – eine frühe Warnung vor dem Dritten Reich. Im westlichen Kulturkreis reichen die Wurzeln der Rechtsstaatlichkeit viel weiter zurück als die der Demokratie. Ich nenne nur die »Petition of Right« (1628) in England, der die »Habeas-Corpus-Akte« (1679) folgte, ferner das dreibändige Werk »L' Esprit des Lois« (1748) von Montesquieu; erst 1762 veröffentlichte Jean Jacques Rousseau seinen »Contrat social«, die Bibel (oder Fibel) der (direkten) Demokratie; den Gedanken der Gewaltenteilung hatte er mit Hohn übergossen und die englische Demokratie »Sklaverei« genannt, weil die Engländer nur alle vier Jahre für den kurzen Augenblick der Unterhauswahlen »frei« seien; doch auch er meinte, sein Modell eigne sich nur für »états pétits et pauvres«.

Die liberalen Staatstheorien des 19. Jahrhunderts verneinten nicht den Staat, sondern setzten ihn voraus. Sie wußten noch, daß nur ein starker Staat Rechtsstaatlichkeit gewährleisten kann, wozu ein schwacher Staat gar nicht in der Lage ist. Es war der törichte Irrtum des früheren Bundesinnenministers Gerhart Baum (FDP), Rechtsstaatlichkeit sei um so sicherer aufgehoben, je schwächer der Staat ist. So warf er einer Zusammenarbeit der Nachrichtendienste und der Polizei genüßlich Knüppel zwischen die Beine und erhob den Datenschutz zu einem destabilisierenden Fetisch.

In der modernen Demokratie sind also zwei an sich antagonistische Prinzipien eine Verbindung eingegangen, ohne dadurch aufgehört zu haben, verschieden zu sein. Das Verlangen, die Staaten der Dritten Welt sollten in unserem Sinne demokratisch organisiert sein, ist an Torheit und Irrealismus kaum zu übertreffen: Denn dort fehlen alle psychologischen und soziologischen Voraussetzungen. So sind denn auch Militärdiktaturen die Regel. Die Problematik der Entwicklungshilfe besteht darin, daß in der Dritten Welt eine funktionsfähige Bürokratie nicht vorhanden und für lange Zeit auch nicht denkbar ist.

Aus dem prinzipiellen Unterschied zwischen Demokratie (als Herrschaft der Mehrheit verstanden) und Rechtsstaatlichkeit geht hervor, daß eine rechtsstaatliche Diktatur oder Oligarchie durchaus vorstellbar ist. Eine rechtsstaatliche Oligarchie hat es immerhin schon einmal gegeben: in England vor 1918. Das Dritte Reich aber war eine Demokratie ohne Rechtsstaatlichkeit. Im übrigen muß jedes Regime, will es von Dauer sein, insofern »demokratisch« sein, als es der Billigung der Volksmehrheit bedarf; zumindest muß sie es als erträglich empfinden.

Der »Röhm-Putsch« – Kronstadt 1934

Teils aus Neugier, teils im Sinne meiner Überlebensstrategie suchte ich Kontakt zu denen, die damals an der Macht mehr oder minder teilhatten. So war ich froh, durch einen Studienfreund, der vom »Stahlhelm« in die SA übernommen worden war, in eine nähere Beziehung zu dem SA-Oberführer Hans von Falkenhausen, stellvertretender Chef des Politischen Amtes der OSAF (Oberste SA-Führung), treten zu können. Auch er kam vom »Stahlhelm«. Er war ein hochdekorierter Offizier aus dem Ersten Weltkriege, der ihn ein Bein gekostet hatte. Falkenhausen war ein ungewöhnlich anständiger und zuverlässiger Mann. Er war kein Anhänger des Nationalsozialismus, wohl aber glaubte er an Hitler. Zwischen uns hatte sich ein freundschaftliches Verhältnis entwickelt, ich besuchte ihn mehrmals in der Woche in seinem Amt, das sich im Berliner Tiergartenviertel befand. Wir redeten völlig offen miteinander, so daß er um meine Distanz zum Nationalsozialismus und zu Hitler genau Bescheid wußte. Eine Denunziation hatte ich nicht zu befürchten, denn er war ein *Herr*. Er wollte, daß ich in die SA eintrete, um mir dann einen höheren Rang zu geben und mich in sein Amt zu übernehmen. Um ihn, den so liebenswerten Mann, nicht zu enttäuschen, sagte ich zu, behandelte die Angelegenheit aber dilatorisch; ich bemühte mich keineswegs um die notwendigen Papiere wie Ariernachweis und polizeiliches Führungszeugnis, sagte ihm aber, ich habe das eine oder andere Papier noch nicht bekommen.

Im Juni 1934 war die Atmosphäre auf eine – jedenfalls für mich – unbestimmte Weise unheilschwanger geladen. Man wußte – gerüchtweise – lediglich, daß es Spannungen zwischen der Reichswehr und Ernst Röhm, den Führer der SA, gab, dem eine Milizarmee unter seiner Führung vorschwebte. Was sich im einzelnen zwischen Reichswehr und SA abspielte, habe ich erst sehr viel später erfahren.

In der zweiten Hälfte des Juni erzählte mir Falkenhausen, der Chef des Amtes, SA-Gruppenführer Georg von Detten, den ich nicht kannte, habe sich von Hitler verabschiedet, um wegen eines Nierenleidens in Bad Wildungen eine Kur zu absolvieren; dabei habe er ihm eine Akte über Untaten von Goebbels übergeben. Der Führer sei sehr liebenswürdig gewesen und habe Detten gesagt, er solle sein Nierenleiden auskurieren und brauche nicht zu der Versammlung der SA-Führer in Bad Wiessee am 30. Juni zu kommen. Daher weiß ich, daß Hitler selbst spätestens Mitte Juni die Tagung der SA-Führer in Bad Wiessee angesetzt hat. Wenn behauptet wird, daß Hitler erst am 28. Juni beschlossen habe, die SA-Führer nach Bad Wiessee zu befehlen, dann ist das ein Irrtum; allenfalls hat er am 28. Juni lediglich die Art seines Vorgehens beschlossen.

Am 29. Juni war ich wieder bei Falkenhausen. Während wir sprachen, rief das Büro von Rudolf Heß an: Auch von Detten müsse nach Wiessee kommen. Falkenhausen erstaunt: Hitler habe selber Detten doch gesagt, er brauche nicht zu kommen, sondern solle in Bad Wildungen bleiben. Antwort: Es sei ein »Führer-Befehl«. Falkenhausen suchte vergebens nach einer Erklärung.

Im übrigen sagte mir Falkenhausen, er freue sich auf die Tagung in Bad Wiessee, da dort hoffentlich die »Mißverständnisse« zwischen Hitler und der SA ausgeräumt würden. Wir verabschiedeten uns, keiner ahnte, daß wir uns nicht mehr wiedersehen sollten. Es ist jetzt über ein halbes Jahrhundert her, aber es ist mir so, als ob es gestern gewesen wäre.

Der 30. Juni, ein Sonnabend, war ein herrlicher Sommertag. Ich begab mich morgens wieder in das Amt, da ich noch einiges zu besprechen hatte. Doch nahezu alle, die am Vortage gegen 20 Uhr Falkenhausen zum Anhalter Bahnhof gebracht hatten, waren sachlichen Gesprächen unzugänglich. Sie hatten die Nacht durchgezecht und lallten irgendwelche Mädchengeschichten, die sie erlebt haben wollten. Ich stellte bald fest, daß mit den Leuten in ihrem Zustande nichts anzufangen war, und verließ das Amt. Etwa eine halbe Stunde später wurden alle Angehörigen des Amtes für rund acht Wochen in ein KZ gebracht. Ich war nur knapp dem gleichen Schicksal entkommen, nur weil die Leute nicht nüchtern und daher auch nicht gesprächsfähig waren.

Schon bald kamen Meldungen über einen »Röhm-Putsch«, den Hitler entschlossen »niedergeschlagen« habe. Mir war es sofort klar, daß es sich nicht um einen Putsch gehandelt haben konnte. Ich wußte ja, daß Hitler die Tagung in Bad Wiessee selber einberufen hatte. Außerdem war es nicht gut möglich, daß Röhm, wenn er putschen wollte, die höheren SA-Führer in Wiessee versammelte, statt sie bei ihren Verbänden zu lassen. Gerade die für einen Putsch wichtigste Person, der Berliner SA-Chef, Gruppenführer Karl Ernst, wurde am 30. Juni in Bremen verhaftet, als er sich zu einer verspäteten Hochzeitsreise nach Madeira[294] einschiffen wollte – wohl kaum, um an einem Putsch mitzuwirken. Und schließlich war zwischen Falkenhausen und mir ein so enges Vertrauensverhältnis entstanden, daß es mir nicht denkbar erschien, er habe mir gegenüber nicht die geringste Andeutung gemacht, falls er etwas gewußt hätte. Im übrigen dürfte Röhms militärischer Sachverstand ausgereicht haben, um die Sinnlosigkeit eines Putsches der zwar fünfhunderttausend Mann starken, aber kaum ausgebildeten und schlecht bewaffneten SA gegen die Reichswehr zu begreifen; allenfalls mochte er – was offenbar der Fall war – hoffen, Hitler für seine Pläne zu gewinnen; doch zu diesem Zeitpunkt wäre auch das nicht möglich gewesen, da der Oberbefehlshaber der Reichswehr, Hindenburg, noch lebte, von dem Hitler wußte, wie empfindlich er auf Versuche reagierte, seine verfassungsrechtlichen Prärogativen anzutasten.

Zu den letzten, die in der Nacht vom 1. zum 2. Juli in Berlin-Lichterfelde ermordet wurden, gehörten von Detten und von Falkenhausen. Ich hörte damals, sie seien die einzigen gewesen, denen man vor der Hinrichtung nicht die Orden und Rangabzeichen abgerissen habe; offenbar hatte man es sehr eilig gehabt.

Weder Detten noch Falkenhausen paßten zu den Kategorien von Personen, die damals auf den verschiedenen Mordlisten geführt wurden. Ihre Ermordung dürfte von Goebbels veranlaßt worden sein, über den Detten bei seinem Abschiedsbesuch Hitler eine Akte übergeben hatte; Goebbels nahm wohl an, daß auch Falkenhausen den Inhalt der Akte gekannt hatte.[295]

Nach ausländischen Pressemeldungen sollen mehrere Tausend ermordet worden sein; nach den offiziellen Angaben betrug die Zahl der Opfer dreiundachtzig, doch ist diese Zahl mit Sicherheit zu niedrig.[296]

Nach dem Kriege gelang es der zeitgeschichtlichen Forschung, Geschichte und Vorgeschichte des »Röhm-Putsches« aufzuhellen. Die Konkurrenz zwischen der Reichswehr und der SA war von vornherein gegeben, lag in der Natur der Sache. Heinz Höhne schreibt in seinem hervorragenden Standardwerk über die SS, es habe in der SA eine »brodelnde Mißstimmung« geherrscht, ihr »bunt zusammengewürfeltes Führerkorps« habe nur in der »Gewißheit« übereingestimmt, »daß ihm die ganze Richtung nicht paßte, die ›Adolf‹ seit dem 30. Januar 1933 eingeschlagen hatte.«[297]

Die SA, ursprünglich nur als Saalschutz gedacht, war in der Weimarer Republik die, wie wir heute sagen würden, »außerparlamentarische Opposition« gewesen. Sie hatte, wie Ende der sechziger Jahre die Apo gegen die »Ordinarien-Universität«, die Straße mobilisiert, hatte die blutigen Straßenkämpfe getragen, ihren Kopf für die »Idee« hingehalten. Es war verständlich genug, daß sie nach der »Machtergreifung« auf eine entsprechende Prämie hoffte und wartete.

Die Prämie wurde ihr insofern gewährt, als ihre Schlägertrupps in den ersten Monaten des Jahres 1933 gegen die wirklichen oder vermeintlichen Gegner des neuen Regimes auf das grausamste wüten durften, unbehelligt von der Polizei und der Justiz. So war es die SA gewesen, die der durchaus legalen »Machtergreifung« das Siegel einer auch äußerlich erkennbaren Revolution aufdrückte.

Wie aber sollte es weitergehen, nachdem sich der spätpubertäre Blutrausch gründlich ausgetobt hatte und die SA in Preußen vorübergehend sogar zur »Hilfspolizei« erhoben worden war? Daß einige SA-Führer als Polizeipräsidenten eingesetzt worden waren – konnte das als »Prämie« genügen?

Entscheidend war, daß an der Spitze der SA ein Berufs-Militär, der ehemalige Hauptmann Ernst Röhm, stand. So war es nur natürlich, daß seine Gedanken und Wünsche sich in eine militärische Richtung bewegten, daß die »Prämie« militärischer Art sein sollte.[298] Sicherlich wäre er am liebsten Reichswehrminister und Oberbefehlshaber der Reichswehr geworden, in die dann die SA mit den entsprechenden Chargen übernommen und die Reichswehr zu einer Milizarmee umorganisiert werden sollte. Doch solchen Plänen standen zwei Hindernisse entgegen: der Oberbefehlshaber der Reichswehr, Feldmarschall von Hindenburg, lebte noch, und die Reichswehrführung lehnte den Gedanken einer Milizarmee entschieden ab. Dazu kam, daß die höheren Offiziere den Emporkömmling Röhm zutiefst verachteten, zumal schon 1932 seine Homosexualität öffentlich dokumentiert worden war. Für die Unruhe, die in der SA umging, war es auch von erheblicher Bedeutung, daß sehr viele ihrer Angehörigen noch arbeitslos waren.

Röhms Wünsche konnten nur einen Adressaten haben: Adolf Hitler. Doch der befand sich in einem schweren Dilemma. Einerseits benötigte er die Offiziere als unentbehrliche Fachleute für die geplante Aufrüstung. Andererseits hatte er einen merkwürdigen Treuekomplex gegenüber »alten Kämpfern«, er wußte, was er der SA zu verdanken hatte, außerdem war Röhm sein einziger Duzfreund. Wie häufig in ähnlichen Lagen unternahm Hitler nichts, sondern ließ die Dinge laufen, also »reifen«, er hoffte, daß der Konflikt sich eines Tages »irgendwie« von selber lösen werde. Wohl auch diese Hoffnung hatte ihn bewogen, Röhm am 1. Dezember 1933 als Reichsminister ohne Geschäftsbereich in die Regierung zu holen. Doch auch das galt in den Augen vieler Führer und Unterführer der SA noch nicht als eine ausreichende Belohnung, auf die sie nach der »Machtergreifung« gehofft hatten.

Die Differenzen zwischen Reichswehr und SA sollten durch ein Treffen im Reichswehrministerium am 28. Februar 1934 beigelegt werden, an dem Hitler, von Blomberg und Röhm teilnahmen. Dabei wurde vereinbart, daß die Reichswehr der einzige Waffenträger des

Staates sei, während der SA die vor- und nachmilitärische Ausbildung obliegen sollte. Kurz darauf ließ Röhm im Kameradenkreise seiner Zunge freien Lauf, wobei er sich äußerst despektierlich über den »lächerlichen Gefreiten« Adolf Hitler äußerte, der »treulos« sei und »mindestens auf Urlaub« gehen müsse.[299] Ein Teilnehmer des Kreises, der SA-Obergruppenführer von Hannover, Viktor Lutze, denunzierte Röhm erst bei Rudolf Heß, dann bei Hitler und schließlich bei Generalmajor von Reichenau. Der Stein war vor allem durch die Vorsprache bei Reichenau ins Rollen gekommen, der Heydrich informierte.

Von nun an gab es eine eskalierende Welle von Gerüchten, später auch von lokalen Aktionen und Reaktionen. Röhms Feinde taten sich zusammen: Reichenau, Himmler, Heydrich, Göring und Goebbels, zu denen sich später auch der bayerische Gauleiter und Innenminister Adolf Wagner gesellte.

Gerüchte waren es, aber sie waren so konkret, und die Atmosphäre war so geladen, daß manche hohe Offiziere sogar nach dem Kriege noch an einen Röhm-Putsch glaubten. Die Spannung erhöhte sich, als Franz von Papen am 17. Juni in Marburg seine bekannte, ungewöhnlich mutige Rede hielt. Generaloberst Jodl erklärte in Nürnberg, es habe zwar keinen Röhm-Putsch gegeben, aber er habe »unmittelbar bevorgestanden«; im Reichswehrministerium sei man »bis an die Zähne bewaffnet« gewesen, und Röhm »war ein wirklicher Revolutionär und kein Gehrockputschist«.[300] Der englische Historiker John Wheeler-Benett hielt sich damals in Berlin auf und berichtet, ihm sei in einer Bar die Liste eines »Schattenkabinetts« gezeigt worden.[301]

Es gab freilich auch manche Offiziere, die nicht an einen Putsch glaubten. Oberst Gotthard Heinrici vom Allgemeinen Heeresamt erinnert sich, daß viele Kameraden das Bevorstehen eines Putsches annahmen, während ihm selber keine entsprechenden Meldungen vorgelegen hätten. Nach der Auffassung seines Chefs, Oberst Fromm, notierte Heinrici, damals sei in der SA »nicht genügend Entschlußkraft« vorhanden gewesen. Der Wehrkreiskommandeur von Schlesien, General Ewald von Kleist, wollte sich selber überzeugen, was es mit den Gerüchten auf sich hatte. Er ließ Edmund Heines, SA-Führer von Schlesien und Polizeipräsident von Breslau, zu sich kommen, der ihm, wie Kleist in Nürnberg bezeugte, ehrenwörtlich versicherte, die SA plane keinen Putsch. Am 29. Juni flog

Kleist nach Berlin und meldete den Generalen von Fritsch und Beck sein Gespräch mit Heines. Als Kleist seinen Eindruck äußerte, daß »wir – die Reichswehr und die SA – von dritter Seite, ich dachte an Himmler, gegeneinander gehetzt werden und daß viele Nachrichten von ihm ausgehen«, habe Fritsch Reichenau hinzugebeten, der Kleists Vermutungen anhörte und dann sagte: »Das mag stimmen ... jetzt aber ist es zu spät.«[302]

Auf seiten der Reichswehr war zweifellos Reichenau die treibende Kraft. Es ist zu bezweifeln, daß er Blomberg in alles eingeweiht hat, der zwar als klug und gebildet, aber auch als labil und etwas wirklichkeitsfremd galt. Am 25. Juni ließ Reichenau Röhm wegen standeswidrigen Verhaltens aus dem »Reichsverband deutscher Offiziere« ausschließen.

Als am 4. Juni Hitler und Röhm sich verständigt hatten und übereingekommen waren, die SA für den Monat Juli zu beurlauben, glaubte die Reichswehr, das Spiel gewonnen zu haben, doch Heydrich sah seinen Plan gefährdet, Röhm zu beseitigen und die SA zu entmachten. So heizte er die Gerüchte durch Falschmeldungen gehörig an, um eine Panikstimmung erst recht hochkommen zu lassen.

In seiner Rechnung war, wie der 4. Juni gezeigt hatte, Hitler ein Unsicherheitsfaktor ersten Ranges. Die Vermutung Wheeler-Benetts, Hitler habe sich am 21. Juni zu dem Schlag gegen Röhm entschlossen, dürfte falsch sein.[303] Dagegen spricht so ziemlich alles. »Hitler hatte in den entscheidenden Tagen vor dem Röhm-Eklat drei verschiedene Versionen über das künftige Schicksal des SA-Chefs verbreitet: Dem Reichswehrminister kündigte er die Verhaftung Röhms an, mit dem er ›abrechnen‹ wolle, dem Röhm-Gegner Lutze avisierte er die Absetzung Röhms, und dem Ritter von Knauzer (SA-Obergruppenführer und Stellvertreter Röhms. W. M.) prophezeite er eine Versöhnung mit dem Freund. Ein so schwankender Führer aber paßte dem Trio Himmler-Göring-Heydrich nicht ins Konzept. Hitler mußte vor Beginn des letzten Aktes von den Schalthebeln der Macht ferngehalten werden.[304]

Eben diese Fernhaltung von den »Schalthebeln der Macht« ergab sich, als Hitler mit Göring am 28. Juni in Essen an der Hochzeit des westfälischen Gauleiters Josef Terboven teilnahm. Nun klingelte in Essen das Telephon: »Der in Berlin gebliebene Himmler las Hitler die immer düsterer klingenden Meldungen über die Machinationen der SA vor, während neben Hitler der treue Göring stand, bereit, sofort die Himmler-Nachrichten zu interpretieren.« Viktor Lutze, der gleichfalls anwesend war, hatte das Gefühl, »als wenn bestimmte Kreise ein Interesse daran hatten, gerade jetzt, wo der Führer von Berlin abwesend war und nicht selbst alles schriftlich, sondern nur telephonisch sehen bzw. hören konnte, die ›Sache‹ zu verschärfen und voranzutreiben.«[305]

»Irritiert« (Höhne) zog sich Hitler in das Essener Hotel »Kaiserhof« zurück, wobei auch Göring und Lutze anwesend waren. Doch auch im »Kaiserhof« klingelte das Telephon »fast ununterbrochen«, notierte Lutze in seinem Tagebuch, und der »Führer überlegte stark, war sich aber scheint's klar darüber, daß er nun zuhauen wollte.«[306] Ob er sich zu dieser Stunde bereits »klar« war, steht dahin; denn noch am 29. Juni, so erzählte Ritter von Knauzer kurz vor seiner Hinrichtung einem Mithäftling, habe ihm Hitler versichert, »daß er die Gelegenheit der SA-Führertagung in Wiessee dazu benützen wolle, um sich mit Röhm und den Gruppenführern gründlich auszusprechen und alle Differenzen und Mißverständnisse zu beseitigen ... Hitler sei auch sehr versöhnlich gestimmt gewesen gegen seinen getreuen Mitkämpfer Ernst Röhm, der auch in seinem Posten bleiben werde.«[307] Nun, die gleiche Hoffnung hatte Falkenhausen mir gegenüber am gleichen Tage geäußert. War es eine der habituellen Lügen Hitlers, Verstellung, Doppelspiel? Oder schwankte der »miserabel informierte Hitler« (Höhne) noch? Und wenn er, wie Lutze meinte, »zuschlagen« wolle: gegen – außer Röhm – wen, auf welche Weise und in welchem Umfang? Die Frage ist wohl nicht mehr zu klären.

Von Essen war Hitler in das Hotel Dreesen in Bad Godesberg übergewechselt, wo ihn weitere Meldungen alarmierten. Spätestens dann entschloß er sich zu dem grausigen Massaker des 30. Juni. Er selber raste in die Pension Hanselbauer in Bad Wiessee, riß die erschreckten und ahnungslosen SA-Führer aus dem Schlaf, verhaftete sie und ließ sie außer Röhm erschießen.

Zugleich begann die SS im ganzen Reich, vor allem in Schlesien, zu wüten. Dabei wurden auch Männer umgebracht, die mit Röhm überhaupt nichts zu tun hatten wie der ehemalige bayerische Staatskommissar von Kahr und der Ministerialdirektor im Reichsverkehrsministerium, Dr. Erich Klausener, Leiter der »Katholischen Aktion«; auch zwei Vertraute Papens, von Bose und Jung, wurden ermordet. Auch Gregor Strasser ereilte das Schicksal, Papen selber kam mit einigen Tagen Hausarrest davon.

General a. D. Kurt von Schleicher wurde zusammen mit seiner Frau erschossen, ebenso General a. D. Ferdinand von Bredow, der Nachfolger Schleichers als Chef des Ministeramts gewesen war. Schleicher hatte wohl im Vertrauen darauf, daß der Schutz der Reichswehr auch ihm gelte, offenherzige und unvorsichtige Gespräche geführt. Ich glaube aber nicht, daß er deswegen ermordet wurde. Daß er 1932/33 der gefährlichste Gegenspieler Hitlers war, dürfte vollauf genügt haben.

Die Führung der Reichswehr duldete schweigend die Ermordung ihrer ehemaligen Kameraden. Doch am 28. Februar 1935 erklärte Feldmarschall von Mackensen vor dem Schlieffenbund, einer Vereinigung aktiver und ehemaliger Generalstabsoffiziere, die beiden Generale seien »als Ehrenmänner auf dem Schlachtfeld der Ehre gefallen, auf das sie ihr Schicksal gestellt hat«.[308]

Der damalige Oberleutnant Claus Schenk von Stauffenberg irrte, als er meinte, es sei lediglich »eine Eiterbeule aufgestochen« worden.[309] Die »Eiterbeule« waren in Wirklichkeit Hitler und seine Spießgesellen gewesen. »Hitler kannte die Reichswehr – aber die Reichswehr kannte ihn nicht«, schreibt Hermann Foertsch.[310]

Reichenau glaubte das Spiel gewonnen zu haben. Offenbar war er nicht über die letzten Mordpläne unterrichtet, denn Foertsch bezeugt aus eigener Kenntnis Reichenaus »ehrliches Erstaunen«, aber auch dessen »Bewunderung« der Taten Hitlers.[311] In Wirklichkeit war die Reichswehr der große Verlierer, denn anstelle des vergleichsweise harmlosen Röhm trat fortan die SS auf, die am 20. Juli 1934 aus der SA ausgegliedert wurde; sie sollte schon bald zum zweiten »Waffenträger der Nation« werden und genau zehn Jahre später über die Wehrmacht blutige Triumphe feiern.

Noch am 1. Juli wollte Hitler den gefangenen Röhm leben lassen. Doch Göring und Himmler ließen keine Ruhe, bis Hitler dem SS-Brigadeführer Theodor Eicke den Befehl gab, Röhm zu erschießen, falls dieser selber einer Aufforderung zum Selbstmord nicht nachkomme. Er starb am 1. Juli um 18 Uhr mit den Worten »Mein Führer, mein Führer«. Und der SA-Gruppenführer Peter von Heydebreck, der am gleichen Tage ermordet wurde, vor seinem Tode: »Es lebe der Führer. Heil Hitler!« Putschisten?

Die Wut auf die SS unter den SA-Führern war grenzenlos. Selbst Viktor Lutze, der doch den Stein erst ins Rollen gebracht hatte, beklagte sich am 17. August 1935 im Stettiner Hotel »Preußenhof« bitter über das Morden. Ein mir befreundeter jüdischer Gerichtsreferendar war Ende 1934 zu einer großen Gesellschaft im Berliner Tiergartenviertel eingeladen. Als er ein Bild an der Wand betrachtete, trat ein SA-Obergruppenführer auf ihn zu und fragte, ob er der SA angehöre. Auf die verneinende Antwort hin fragte ihn der SA-Führer, ob er dann vielleicht Mitglied der SS sei. Der junge Mann erwiderte: »Sehen Sie denn nicht, daß ich ein Jude bin?« Erleichtert sagte sein Gesprächspartner: »Dann ist ja alles gut! Setzen Sie sich doch bitte zu uns!« Der Referendar verbrachte den Abend im Kreise von SA-Gruppen- und Obergruppenführern, die ihn aufs herzlichste willkommen hießen! Dies bestätigte mir einer der Teilnehmer, SA-Gruppenführer B., der im Kriege gefallen ist.

Die vagen Hoffnungen, die sich die SA auf eine Prämie gemacht hatte, waren dahin. Seit dem 30. Juni spielte sie nur noch die Rolle eines kollektiven Laufburschen, der hier und da zu irgendwelchen Handlungen benutzt wurde. Mehr und mehr trat die SS in den Vordergrund. Zwar wurde das Dritte Reich nicht zum »SS-Staat«, wie der Titel des bekannten Buches von Eugen Kogon lautet, das trotz seiner vielen Fehler noch immer in subalterneren Bereichen der »politischen Bildung« für ein Standardwerk gehalten wird.[312] Immerhin wurde die SS unter den verschiedenen Hierarchien die einflußreichste.

Daß die Revolution ihre Kinder frißt, ist eine historische Erfahrung. Stets und notwendigerweise gibt es solche, die sich um den Lohn ihrer revolutionären Tätigkeit betrogen fühlen. In der Französischen Revolution gerieten viele ihrer Anführer wie Danton und Robespierre unter die Guillotine. 1921 erhoben sich gegen Moskau die Soldaten und Matrosen von Kronstadt, die wesentlich dazu beigetragen hatten, daß Lenins Staatsstreich (es war keine »Revolution«) erfolgreich verlief. Der Aufstand dauerte vom 2. bis zum 18. März 1921, ehe Trotzki ihn niedergeschlagen hatte. Der Vergleich mit der unruhigen SA liegt auf der Hand. Der Unterschied liegt »nur« darin, daß jene Soldaten und Matrosen tatsächlich putschten, während der »Röhm-Putsch« weder geplant war noch gar stattgefunden hat.

Die Juden und ich

Aus einem Grunde, den ich heute nicht mehr weiß, begann ich etwa 1927, mich mit den Strukturen des zeitgenössischen Judentums intensiv zu befassen. Dabei interessierte mich besonders der Zionismus, dessen faszinierende Geistesgeschichte nichts anderes ist als ein Spätausläufer der deutschen Romantik. Um die Quellen lesen zu können, lernte ich Hebräisch und – autodidaktisch – Jiddisch; ich eignete mir auch die hebräische Kursivschrift an.

Wie sicher ich auf diesem Gebiete war, zeigt eine kleine Episode. Nora, ein junges jüdisches Mädchen, führte mich 1931 in Berlin in ihre Familie ein unter der Bedingung, daß ich nichts von meiner nichtjüdischen Identität merken lasse. Denn der Vater, ein Bäckermeister namens Tannenwald, gehörte der ultraorthodoxen »Achduth« (»Einheit«)-Gemeinde an. Mit ihm führte ich häufig Gespräche über innerjüdische Fragen; er hat niemals auch nur geahnt, daß ich kein Jude bin. Ein orthodoxer Handwerker pflegt über eine große Bildung – wenn auch nicht in unserem Sinne – zu verfügen. Schon von Kind auf ist er mit der weiten Welt des Talmuds vertraut, dessen Studium vor allem auch das Denken schult. Nach dem Kriege, das sei beiläufig bemerkt, schrieb mir Nora, daß ihre Familie noch rechtzeitig nach Peru ausgewandert ist.

Zumal das ostjüdische orthodoxe Milieu fesselte mich besonders. In Berlin war es vor allem in der Grenadierstraße anzutreffen, wo ich fast wie zu Hause war. Dem Leben in dieser Straße galt auch mein erster Zeitungsaufsatz, der 1931 in dem Zentrumsorgan »Germania« erschien. Dort befand sich ein »Cheder« (wörtlich »Raum«, Plural »chadarim«, Elementarschulen) nach dem anderen, wo Kinder, die noch nicht das schulpflichtige Alter erreicht hatten, Hebräisch lernten und in den Talmud eingeführt wurden; man kann sich denken, eine wie lebhafte Intelligenz das zur Folge hatte. Mich auf Jiddisch[313] zu verständigen, bereitete mir keine Schwierigkeiten.

In der Grenadierstraße konnte ich den Ausläufer jener jüdischen *Gesellschaft* beobachten, wie sie damals vor allem in Polen vorhanden war. Das heißt, das individuelle und soziale Leben stand vom Morgen bis zum Abend unter dem Gebot der Thorah.[314] Dort war man also nicht nur im Sinne einer Religion oder Konfession jüdisch, sondern in einem totalen, den ganzen Menschen, die ganze Gesellschaft und das ganze Leben umfassenden Sinne.

Den ersten großen Einbruch erlitt das Judentum nicht durch Pogrome, sondern durch die Aufklärung und die Emanzipation um die Wende des 18. und 19. Jahrhunderts.[315] Der Preis für die Emanzipation war die Assimilation, also der progressive Abbau der jüdischen Sonderexistenz, eben die Assimilation. Entgegen der landläufigen Meinung war das entscheidende Motiv der Emanzipation keineswegs »philosemitisch«, sondern im Gegenteil: die Ablehnung des überlieferten Judentums und seiner Daseinsweise. Die vorher geltende Form des Judentums vertrug sich nicht mit der Forderung nach der »Nation une et indivisible«, auch nicht mit der aufklärerischen Idee vom »allgemeinen Menschentum«. Entscheidend war, daß das westliche Judentum die negative Bewertung seiner Lebensform übernahm; die Folge war eine riesige Welle des Abfalls, der Taufe und der Mischehen. Nur vom Ostjudentum wurde ihm immer wieder neues Blut zugeführt. Selbst die westliche Orthodoxie geriet in jenen Sog, weil auch sie einer Teilhabe an der Emanzipation nicht im Wege stehen wollte; es sollte etwas miteinander vereint werden, was sich nicht vereinen ließ: Festhalten an der Thorah bei gleichzeitiger Atomisierung der Gesellschaft.[316] Als Reaktion auf den Prozeß der Auflösung entstand 1896/97 der politische Zionismus, der freilich überwiegend säkularisiert und insofern selber ein Produkt der Assimilation war. Er verstand das Judentum nur als Nation, nicht als »Religionsnation«.[317] Nur ein kleiner Teil des Zionismus war orthodox und hatte sich 1902 unter dem Namen »Misrachi« (Zusammenziehung aus »merkas« und »ruchani«, d. i. »Geistiges Zentrum«) als Partei konstituiert. Die überwältigende Mehrheit der Weltorthodoxie war antizionistisch, ihr war der Gedanke, daß sich ausgerechnet im Heiligen Lande eine säkularisierte jüdische Bevölkerung ansiedeln wollte, ein Greuel; sie hatte sich 1912 als »Agudas Jisroel« (aschkenasische Aussprache und Schreibweise von »Agudath Jisrael«, d. i. Bund Israel) organisiert.[318]

Heute wird übersehen, daß die Katastrophe der »Endlösung« weniger quantitativer als qualitativer Art war. Im Osten wurde die letzte jüdische *Gesellschaft* vernichtet.[319] Das Judentum hat in seiner Diasporageschichte mehrere Amputationen erfahren, aber der – größere – Rest war stets intakt. Der Ausgang des Experiments Israel, wo eine neue, aber zu einem großen Teil eben säkularisierte Gesellschaft entstanden ist, ist noch offen. Wie es sich auswirkt, daß dort jetzt die sephardischen Juden die Mehrheit bilden, bleibt abzuwarten. Abgesehen von Israel ist die These erlaubt, daß heute das Judentum überwiegend nur noch durch einen latenten oder offenen Antisemitismus zusammengehalten wird. Man kann auch schwer sagen, was in Israel geschehen würde, falls einmal der arabische Druck auf seine Grenzen aufhören sollte; vielleicht stünde dann ein schwerer Kulturkampf bevor, den sich das gefährdete Israel jetzt noch nicht leisten kann.

Meine Neigung brachte es mit sich, daß ich viele jüdische Bekannte und Freunde hatte; schon allein deswegen war der Nationalsozialismus für mich keinen Augenblick diskutabel oder gar akzeptabel. Einen besonders engen Kontakt pflegte ich zu dem Büro der ZVfD (Zionistische Vereinigung für Deutschland) in Berlin, Meineckestraße 10. Ich unterhielt ein freundschaftliches Verhältnis zu Kurt Blumenfeld, von 1924 bis 1933 Präsident der ZVfD, und Dr. Robert Weltsch, Chefredakteur der »Jüdischen Rundschau«.

Blumenfeld[320] war der faszinierendste Redner, dem ich je begegnet bin, bei aller Routine war diese nie zu spüren. Jede seiner Reden war etwas Einmaliges. Faszinierend war er auch als Gesprächspartner. Eine weite Bildung, messerscharfe Gedanken in vollendeter Formulierung, zugleich wurde eine unbegrenzte Wärme seiner Persönlichkeit spürbar. Er war vielleicht der brillanteste zionistische Theoretiker, auch wenn er leider außer seinen Memoiren kein Buch hinterlassen hat; nur sporadische Aufsätze hielten seine großen Ideen fest. Seine außerordentliche Stärke lag in der Rede und im persönlichen Gespräch, ebenso in seinen reichen organisatorischen Fähigkeiten, die er – auch international – entfaltete. Den Antisemitismus nahm er ernst. Wenn er sich nicht durch Argumente beeinflussen lasse, schrieb Blumenfeld einmal, beweise er damit, daß er echt sei. Ebenso wie für Rathenau war der Antisemitismus für ihn weitaus mehr als ein beliebiges, aus bloßer Unkenntnis stammendes »Vorurteil«, er war vielmehr eben »echt«. Jedes Wort, das Blumenfeld sprach, war bedeutend, schon deswegen, weil es von ihm kam. Nicht zuletzt ihm habe ich meine kritische Distanz zu den seichten, aber verbreiteten Formen des Fortschrittsglaubens und des Liberalismus zu verdanken.

Ich war etwas erstaunt, als ich nach dem antijüdischen Boykott-Tag vom 1. April 1933 Blumenfeld in tiefster Verzweiflung und Resignation antraf. Hatte er nicht jahrzehntelang die Unsicherheit jüdischer Diaspora-Existenz wortgewaltig beschrieben und betont? Es war wohl die Tatsache, daß gerade der irrationale und pöbelhafte Flügel des Antisemitismus die Herrschaft errungen hatte, was ihn so verstörte. Schließlich: Welcher Prophet des Unheils ist nicht erschüttert, wenn es auch eintritt? Bei jener Gelegenheit fragte Blumenfeld mich mit einem ängstlichen Unterton, ob man sich wenigstens auf mich verlassen könne. Davon, daß meine rückhaltlos bejahende Antwort zutraf, konnte er sich später hinreichend überzeugen.

Vor 1933 erzählte er mir eine erschütternde Begebenheit. Im April 1922 besuchte er zusammen mit Albert Einstein, den er für kurze Zeit für die zionistische Sache gewonnen hatte, Walther Rathenau, um ihm klarzumachen, daß er angesichts der antisemitischen Stimmung als Jude nicht ausgerechnet Außenminister sein dürfe. In einem stundenlangen Gespräch gelang es den beiden nicht, Rathenau zu überzeugen. Bald darauf wurde er ermordet.[321]

Blumenfeld wanderte schon 1933 nach Palästina aus. Erst in Jerusalem sollten wir uns wiedersehen.

Robert Weltsch, aus Prag gebürtig, war gleichfalls von der abendländischen Humanitas, der deutschen und europäischen Kultur geprägt. Auch er war ungewöhnlich klug. Im Gegensatz zu Blumenfeld vertrat er die Idee eines »binationalen« Staates in Palästina, in dem die Araber volle Gleichberechtigung genießen sollten. Diese Vorstellung wurde vom »Brith Schalom« (»Friedensbund«) gepflegt, einem kleinen Kreise bedeutender, aber einflußloser Intellektueller. Doch jener Gegensatz belastete nicht das Vertrauensverhältnis, das zwischen den beiden bestand. Weltsch war, wie Blumenfeld schreibt, »ein heiterer Selbstunterschätzer«; Eitelkeit, Dünkel waren ihm so fremd wie möglich. Gelegentlich erlaubte ich mir den Spaß, seine Frau Rosa unter vollkommener Imitation seiner Stimme und Sprechweise anzurufen und so in seinem Privatleben einige Verwirrung zu stiften. Als Chefredakteur der »Jüdischen Rundschau« verfaßte er am 4. April 1933 den berühmten Artikel »Tragt ihn mit Stolz, den gelben Fleck«. In dem Artikel, der auf den antijüdischen Boykott-Tag vom 1. April reagierte, hieß es: »Der 1. April kann ein Tag des jüdischen Erwachens und der jüdischen Wiedergeburt sein. Wenn die Juden wollen, wenn die Juden reif sind und innere Größe besitzen.« Wie vorher nichts anderes, hatte der 1. April auf schauerlich-drastische Weise die Richtigkeit der zionistischen Diagnose und Prognose bestätigt.

Ich traf Weltsch erst 1946 in Nürnberg beim IMT-Prozeß wieder; er trug eine amerikanische Uniform, in der er sich etwas seltsam vorkam. Er starb in Jerusalem im Alter von einundneunzig Jahren, nachdem er mir noch kurz vorher geschrieben hatte.

In der Meineckestraße ging ich aus und ein. Nur der große Altersunterschied verbietet es mir, Blumenfeld und Weltsch meine Freunde zu nennen. In der Meineckestraße lernte ich viele zionistische Führer und Funktionäre kennen, wie Arthur Hantke, Georg Landauer und Martin Rosenblüth, Bruder des ersten Justizministers Israels, Pinchas Rosen.

Vor 1933 brachte mich Rosenblüth im Berliner »Romanischen Café« mit der bekannten Dichterin Else Lasker-Schüler zusammen. Sie verhielt sich äußerst abweisend. Als Rosenblüth ihr sagte, ich interessiere mich für den Zionismus, entgegnete sie unwirsch, das gehe sie nichts an. Doch plötzlich, aus einem nicht erkennbaren Grund, schlug ihre Stimmung um, sie entschuldigte sich und war dann sehr liebenswürdig. So ergab sich ein außerordentlich fesselndes Gespräch von etwa drei Stunden.

Die zionistische Diagnose der Judenfrage ist zweifellos richtig. Ob das gleiche auch von der Therapie, also dem Experiment Israel, gilt, kann nur die Zukunft erweisen. Trotz der bisherigen israelischen Siege auf dem Schlachtfeld ist der Staat äußerst gefährdet. Der Jom-Kippur-Krieg von 1973 hat gezeigt, daß die arabischen Armeen vieles von der Harmlosigkeit verloren haben, die sie bis dahin ausgezeichnet hatte. Auch die internationale politische Konstellation ist für den Staat äußerst ungünstig.

Im Westen fanden die zionistischen Warnungen vor der labilen Diaspora-Existenz der Juden nur wenig Gehör. Pogrome, so meinte man dort, seien allenfalls noch in kulturell rückständigen Ländern denkbar, nicht jedoch in zivilisierten. Es war Hitler, der diese Vorstellung widerlegte und damit die Richtigkeit der zionistischen These bewies. So fand der Zionismus auch im Westen immer mehr Zustimmung. Hatte bis dahin die deutsche Kultur im Weltjudentum hohes Ansehen genossen, so schlug es verständlicherweise in blanken Haß um. Das galt zumal für die Ostjuden. Nicht nur die slawische Pogrom-Bereitschaft hatte sie an unsere Seite getrieben, sondern gerade sie bevorzugten die deutsche Kultur. In ihren Hausbibliotheken nahmen deutsche Klassiker eine bevorzugte Stelle ein, erst weit dahinter rangierte die slawische Literatur.

Die große innere Tragik des deutschen Judentums bestand in seiner innigen Liebe zur deutschen Kultur. Dies ist eine der Erklärungen dafür, daß gerade Juden im deutschen Kulturleben – Theater, Literatur, Verlagswesen – eine herausragende Rolle spielten, wozu die für jede Minderheit typische Neigung kam, Freunde und Mitglieder der eigenen Familie oder Sippe beim sozialen Aufstieg zu bevorzugen.

Eine kleine Zahl wie beispielsweise Walther Rathenau[322] war voll assimiliert. Sie fühlte sich ohne Ab- und Bindestrich als deutsch, frei von jeder Bindung zum Judentum, auch wenn sie – wiederum wie Rathenau – nicht auf den Gedanken kam, die jüdische Abstammung zu verleugnen. Andere bestritten sogar diese, wie etwa der große Pianist Karl Friedberg, so als ob diese Herkunft etwas Anstößiges sei; er war äußerst verlegen, als man den Grabstein seiner Eltern auf einem jüdischen Friedhof fand.

Die große Mehrheit war im »Centralverein deutscher Staatsbürger jüdischen Glaubens«, kurz C. V. genannt, organisiert. Schon der Titel war irreführend. Die Wörter »Staatsbürger« (obwohl juristisch natürlich zutreffend) und »Glauben« sollten die ethnischen Unterschiede verschleiern, vor allem hatten die Mitglieder keineswegs einen jüdischen »Glauben«, allenfalls nur in einer sehr rudimentären Form. C. V. und der »Deutsche Verein zur Abwehr des Antisemitismus« hatten in den zwanziger Jahren Millionen für »Aufklärung« ausgegeben, natürlich ohne den geringsten Erfolg, da der Antisemitismus, um mit Blumenfeld zu sprechen, »echt«, also noch so richtigen Argumenten unzugänglich war. Heute erinnern mich daran die gut gemeinten Bemühungen, das Ausländerproblem durch »Aufklärung« wenigstens zu entschärfen. Dort, wo Existenzängste im Spiele sind, oder wo Ausländer – wie im Berliner Stadtteil Kreuzberg – Kolonien bilden, oder wo besonders fremdartig wirkende Menschentypen wie die Pakistani in größerer Zahl nicht nur Hilfe erhoffend, sondern auch fordernd auftreten – dort ist jede »Aufklärung« zum Scheitern verurteilt, mögen ihre Argumente noch so richtig sein; nur die Aufhebung der Ursachen könnte helfen. Und wenn etwa den Türken »Integration« angeraten wird, so steckt dahinter die gleiche Verachtung türkischer Kultur und Identität, wie nach 1789 hinter der Emanzipation die Verachtung des Judentums, genauer: der geschlossenen jüdischen Gesellschaft steckte.

Ähnlich wie der C. V. verhielt sich der »Reichsband jüdischer Frontsoldaten« (RJF), der rund vierzigtausend Mitglieder hatte und dessen Organ »Der Schild« war. Im Ersten Weltkrieg hatten die Juden prozentual etwa den gleichen Blutzoll entrichtet wie ihre »arischen« Kameraden. Ja zuweilen waren sie besonders hervorgetreten. Der Dichter des »Haßgesang auf England« war der Jude Ernst Lissauer. Der jüngste Kriegsfreiwillige war ein Josef Zippes, der unter Korrektur seines Alters in die Armee aufgenommen worden war; in Jerusalem traf ich seinen ehemaligen Pflegevater. Der erste Flieger, der den Pour le mérite bekam, war ein getaufter Jude aus Frankfurt. Der Zionist Hugo Zuckermann[323] hatte das »Österreichische Reiterlied« (»Drüben am Wiesenrand hocken zwei Dohlen. Fall' ich am Donaustrand? Sterb' ich in Polen?«) gedichtet; es war damals das beliebteste Soldatenlied, hätte es schon den Rundfunk gegeben, würde es sicherlich die Popularität erreicht haben wie »Lili Marleen« im Zweiten Weltkrieg. Der RJF fühlte sich durch die allgemeine Wertschätzung des Frontsoldatentums geborgen. Um so härter traf ihn das Jahr 1933.

Eine zahlenmäßig kleine, aber besonders aktive Gruppe war der »Verband nationaldeutscher Juden«, den der Berliner Rechtsanwalt Dr. Max Naumann leitete. Die Mitglieder gehörten überwiegend der Deutschnationalen Volkspartei oder dem rechten Flügel der Deutschen Volkspartei an. Sie fühlten sich sozusagen deutscher als die Deutschen, so daß ihr Schicksal besonders tragisch war. Naumann, den ich gut kannte, hielt seine Kriegsauszeichnung, das E.K. I, für eine Art Talisman. Vergebens hatte ich ihn beschworen, auszuwandern. Er sah die Notwendigkeit nicht ein, konnte sich die Gefahren nicht vorstellen. Er starb 1939 eines natürlichen Todes.

Relativ gelassen wie die Zionisten waren zunächst nur die Orthodoxen. Hatten die Zionisten die Unsicherheit der jüdischen Diaspora-Existenz gelehrt, so lebten die Orthodoxen in und mit ihrer Geschichte; daß es Diffamierungen und Verfolgungen gab, war ihnen geläufig.

Obwohl ich zahlreiche jüdische Freunde und Bekannte hatte, und obwohl ich mich in den Interna des zeitgenössischen Judentums recht gut auskannte, ging ich sorgfältig der naheliegenden Gefahr aus dem Wege, »Philosemit« zu sein. Denn der Philosemitismus ist nur die Kehrseite des Antisemitismus. Beiden ist gemein, daß sie den Juden die Normalität verwehren, der eine, indem er sie ablehnt oder gar verteufelt, der andere, indem er in ihnen fast überirdische Wesen sieht.

Es ist heute völlig unbekannt, daß 1933 die Juden bei gleichzeitiger Diffamierung und Drangsalierung zwei ungewöhnliche Privilegien erhielten. Den spezifisch jüdischen Blättern wie die »Jüdische Rundschau«, die assimilatorische »CV-Zeitung« und das orthodoxe Organ »Der Israelit« wurde eine relative Pressefreiheit gewährt. In ihnen konnten Nachrichten und Berichte erscheinen, die jedem »arischen« Journalisten zumindest Berufsverbot eingebracht hätten. Der Nationalsozialismus und seine Maßnahmen konnten – mit gebührender Vorsicht zwar, aber immerhin – kritisiert werden. Von dieser Möglichkeit machte vor allem die »Jüdische Rundschau« einen ebenso klugen wie mutigen Gebrauch. In ihr erschienen auch über die JTA (Jüdische Telegraphenagentur) Meldungen aus dem Ausland, die in anderen Zeitungen nicht zu lesen waren. Die Folge war, daß 1933 die Auflage der »Jüdischen Rundschau« rasant anstieg, da zahllose »Arier« das Blatt abonnierten, um über In- und Ausland besser informiert zu sein. Erst nach einigen Monaten kam Goebbels dahinter und verbot zwar nicht das Blatt, wohl aber, daß Nichtjuden es abonnierten. Im übrigen hatten auch Kirchenblätter das gleiche Privileg, doch keines von ihnen hat die Möglichkeiten so ausgeschöpft wie der kluge und couragierte Robert Weltsch. Bei manchen seiner Artikel blieb mir der Atem stehen. Daß gerade die »Jüdische Rundschau« von jenem Privileg einen besonders ausgiebigen Gebrauch machte, lag nicht nur an der Souveränität eines Robert Weltsch, sondern auch daran, daß das Blatt von seiner Existenzräson her ein politisches Organ war, das durch die Internationalität des Zionismus nicht nur an den Vorgängen in Deutschland, sondern auch in der Welt interessiert war. Die anderen jüdischen Organe – ebenso wie die kirchlichen – waren auf Sonderinteressen eingeengt.

Das andere Privileg hatte eine besonders große Bedeutung und Wirkung. Dank der außerordentlichen strengen Devisenbewirtschaftung seit 1931 war es einem »Arier« so gut wie unmöglich, sein Vermögen – jedenfalls legal – ins Ausland zu bringen. In dieser Situation bedeutete es zumal für die ärmeren und mittelständischen Juden in Deutschland eine außerordentliche Erleichterung, als am 28. August 1933 das »Haavera«-Abkommen (»haaverah« heißt »Transfer«; bei der Transkription wird meistens das hebräische »h« am Ende eines Wortes fortgelassen), das unter Beteiligung von zionistischen Stellen und dem Reichswirtschaftsministerium geschlossen wurde. Danach konnte ein Jude bei der »Paltreu« (»Palästina-Treuhandstelle zur Beratung deutscher Juden G. m. b. H.«) in Berlin bis zu 50.000,– Mark einzahlen. Hatte das Reich entsprechend Waren nach Palästina exportiert, erhielt der Auswanderer in Tel Aviv von der Gegenstelle (»Trust and Transfer Office Haavera Ltd.«) sein Vermögen in palästinensischer Währung zurück; auch die Reichsbank stellte in einem bestimmten Rahmen Devisen zur Verfügung.[324] Bis 1939 haben davon rund fünfzigtausend Juden Gebrauch gemacht. Auch Kriegsrenten und Pensionen wurden bis zu einer bestimmten Höhe auf diese Weise transferiert.

Die zionistischen Motive lagen auf der Hand. Auf seiten des Reiches waren sie sehr komplex. Der NS-Wunsch, die Juden zur Auswanderung zu bewegen, gleichzeitig im Ausland einen positiven Eindruck auszulösen; Wahrnehmung der Chance, einen wenn auch noch so kleinen Markt für den Export zu gewinnen und eine Bresche an die internationale Boykottbewegung zu schlagen; nicht zuletzt auch humanitäre Erwägungen vor allem auf seiten des Regierungsrats Hans Hartenstein, der im Reichswirtschaftsministerium die zentrale Reichsstelle für Devisenbewirtschaftung leitete. Nach Hjalmar Schacht war die Idee, »die Juden möglichst friedlich aus Deutschland abzuschieben, wenn's geht, ohne Aufsehen, ohne Krach. So wollte es Hitler damals.«[325] Diese Äußerung aus dem Jahre 1970 klingt sehr zynisch, und Schacht lag Zynismus nicht fern. Doch kannte ich ihn gut genug, um zu wissen, daß er den NS-Antisemitismus auf das schärfste mißbilligte, dem er in seinem Bereich oft und mutig entgegengetreten ist. Da er die grundsätzlich antisemitische Politik als solche nicht ändern konnte, suchte er nach möglichst humanen Bedingungen, unter denen die Juden auswandern konnten, wobei nicht zu vergessen ist, daß das Haavera-Abkommen dem Reich auch Devisen kostete, die damals so rar waren; diese stellte Schacht als Reichsbankpräsident zur Verfügung.

In Jerusalem lernte ich eine deutsche »Arierin« – eine Nichte Carl Schmitts – kennen, die die ungewöhnliche Chance begriffen hatte. Anfang 1934 »bekehrte« sie sich in Berlin zum Judentum und konnte daher über die »Paltreu« ihr Vermögen ins Ausland schaffen. Leider waren nicht alle Juden so gewitzt wie diese liebenswürdige junge Dame, die in Jerusalem ein unbeschwertes Leben führte, wo sie in dem sehr gepflegten deutsch-jüdischen Stadtviertel Rechavia wohnte.

Wegen der furchtbaren Ahnungen, die allein schon Hitlers Stimme in mir erweckt hatte, begann ich schon 1933 auf meine jüdischen Freunde einzureden und sie zu beschwören, auszuwandern. Nur bei wenigen fand ich Gehör. Die meisten suchten Trost in dem Gemeinplatz, daß nichts so heiß gegessen wie es gekocht werde. Sehr viele glaubten ernsthaft, der Nationalsozialismus richte sich nur gegen die eingewanderten Ostjuden, auf die sie selber herabsahen. Andere, vor allem Juristen, hinderte ihr erlernter Beruf, mit dem im Ausland nichts anzufangen war. Bei anderen gab ihr hohes Alter den Ausschlag.

Aber selbst diejenigen, die grundsätzlich zur Auswanderung bereit waren, standen vor der harten Tatsache, daß im Ausland der Wille und die Fähigkeit, jüdische Emigranten aufzunehmen, *äußerst* begrenzt waren. Auch die westlichen Staaten waren von der internationalen Wirtschaftskrise geschüttelt, und die hohe Arbeitslosigkeit nahm nicht in dem gleichen Tempo ab wie in Deutschland. Gelegentlich waren auch gerade jüdische Organisationen eine treibende Kraft, weil sie befürchteten, eine Aufnahme jüdischer Flüchtlinge in größerem Ausmaß könne den heimischen Antisemitismus stärken oder erst wecken, eine Furcht, die in einen tragischen Konflikt mit dem natürlichen Mitleid und einer grundsätzlichen Hilfsbereitschaft geriet.

Aber selbst diejenigen Staaten, die eine vorwiegend streng dosierte und an bestimmte Bedingungen geknüpfte Einwanderung zuließen, verweigerten den Emigranten meist die Arbeitserlaubnis, die sie allenfalls in Mangelberufen gewährten. Als ich während des Krieges fast drei Jahre in Stockholm lebte, hatten dort nur zwei deutschjüdische Fachärzte Arbeitserlaubnis, da es nicht hinreichend entsprechende Mediziner gab. Alle anderen Flüchtlinge waren auf die karge Unterstützung durch das Flüchtlingskomitee angewiesen. Hinzu kam, daß manche ausländische Behörden keineswegs frei von Antisemitismus waren. So beklagten sich in Berlin viele Juden, daß sie das US-Generalkonsulat, das sie um ein Einreisevisum ersuchten, »wie Dreck« behandle.

Zumal nach der Besetzung Österreichs im Jahre 1938 wurde die Einwanderungspolitik der Schweiz außerordentlich restriktiv. Es war vor allem Dr. Rothmund, Chef der Polizeiabteilung im Eidgenössischen Justiz- und Polizeidepartement, der restriktive Maßnahmen verlangte, um eine »Überfremdung«, eine »Verjudung« der

Schweiz zu verhüten. Schließlich gab das deutsche Auswärtige Amt, vertreten durch Geheimrat Roediger – der Geheimrats-Titel stand damals einem Vortragenden Legationsrat zu – dem Drängen nach; am 7. September 1938 konnte der Schweizer Geschäftsträger in Berlin der eidgenössischen Abteilung für Auswärtiges berichten, man sei von deutscher Seite, »um der Schweiz soweit wie möglich entgegenzukommen«, grundsätzlich bereit, die jüdischen Pässe zu kennzeichnen; ein deutscher Vorschlag gehe dahin, »auf der ersten Seite des Passes links oben einen Stempel anzubringen, bestehend aus einem Kreis von ca. 2 cm Durchmesser und dem Buchstaben J.« Am 5. Oktober erging dann eine deutsche »Verordnung über Reisepässe von Juden«. Danach wurden »alle deutschen Reisepässe von Juden ..., die sich im Reichsgebiet aufhalten«, ungültig. Die »mit Geltung für das Ausland ausgestellten Reisepässe werden wieder gültig, wenn sie von der Paßbehörde mit einem von dem Reichsminister des Innern bestimmten Merkmal versehen sind, das den Inhaber als Juden kennzeichnet.«

Die Schweiz hatte Deutschland durch die Kündigung des deutsch-schweizerischen Visumabkommens vom 9. Januar 1926 unter Druck gesetzt. Nachdem Berlin entgegengekommen war, wurde am 29. September die Kündigung zurückgenommen. Dennoch hatte es Rothmund »Überwindung gekostet«, der Regelung zuzustimmen, da sie »eine sofortige lückenlose Kontrolle über die Einreise deutscher Emigranten vor dem Eintreffen an der Grenze nicht bringe«.

Der Druck, den die Schweiz mit der Kündigung des Visumabkommens ausübte, muß in Berlin sehr ernst genommen worden sein, denn die Kennzeichnung von jüdischen Reisepässen war der vom Nationalsozialismus gewünschten Auswanderung der Juden nicht gerade förderlich. Jedenfalls geht die Einführung des »J« in den Judenpässen auf eine Schweizer Initiative zurück. Nach einer telephonischen Weisung der Schweizer Polizeiabteilung, die mit Zustimmung des Bundesrates am 26. September 1942 an die Grenzorgane erging, hatten Flüchtlinge aus Rassegründen »nicht als politische Flüchtlinge« zu gelten. In der Praxis wurde freilich manches abgemildert.[326]

Ende Dezember 1938 begab sich Hjalmar Schacht mit Billigung Hitlers nach London, um einen großen jüdischen Hilfsfonds zusammenzubringen, der den Juden eine Auswanderung ermöglichen sollte. Sein Plan scheiterte. Schacht vermutete, daß Chaim Weizmann, damals Präsident der Z. O. (Zionistische Organisation), hinter der Ablehnung steckte.[327] Schachts Vermutung freilich, daß Weizmann den Plan torpediert habe, damit »große Opfer« der zionistischen Sache »einen Aufschwung geben«, ist wohl abwegig. Zum einen dürfte auch Weizmann nicht die Schlächterei der »Endlösung« für möglich gehalten haben, zum anderen könnte auch bei ihm die Furcht, eine Auswanderung großen Stils würde den Antisemitismus verstärken, eine gewisse Rolle gespielt haben. Ich kannte Weizmann und halte daher einen solchen Zynismus bei ihm für völlig ausgeschlossen.

Rolf Vogel hat recht, wenn er schreibt: »Das Problem der jüdischen Auswanderung ... ließ sich nicht so regeln, wie man es theoretisch von human eingestellten Staaten eigentlich erwartet hätte.« Wirtschaftskrise, Arbeitslosigkeit, auch Furcht vor einem Erwachen oder Wachsen des Antisemitismus minderten die Möglichkeit einer Auswanderung.

Wichtig ist auch, daß es damals noch kein Fernsehen gab, das uns anweist, wann und worüber wir uns jeweils aufzuregen haben. Vielleicht hätten es sonst die deutschen Juden bei der Auswanderung leichter gehabt. Aber eben nur vielleicht, denn man kann nicht wissen, in welche Richtung damals die »Sinnvermittler« (Schelsky) im Fernsehen die Emotionen gelenkt haben würden, möglicherweise also auch gerade zum Nachteil der deutschen Juden. Es ist nicht immer leicht zu wittern, was in den Köpfen von TV-Redakteuren vor sich geht.

Damals ereignete sich manches, was heute wohl auf völlige Verständnislosigkeit trifft. Der Vorsteher der Berliner jüdischen Gemeinde Georg Kareski, ein Zionist, der aber Differenzen mit Kurt Blumenfeld hatte, sagte mir einmal: »Sie sind mir ein lieber Freund. Aber leider sind Sie kein Nazi, so daß Sie uns nichts nützen. Wir müssen mit denen zusammenarbeiten, die Macht haben, das ist in erster Linie die Gestapo.« Das war durchaus realistisch gedacht, auch wenn es sich später als Illusion erwies. Es versteht sich, daß Kareski niemals ein »Spitzel« der Gestapo war.

Vor 1933 galt es in der gehobenen Schicht als äußerst unhöflich, einen Juden merken zu lassen, daß man um seine Abstammung wußte. Es war eine Zeit, schreibt Hans Tramer in seinem Vorwort zu Blumenfelds Memoiren, »da man am liebsten das Verschweigen des

196

Judenproblems mit seinem Verschwinden gleichsetzte«. Vorher war es auch unmöglich gewesen, positiv über den Zionismus zu schreiben. Denn die jüdischen Redakteure waren antizionistisch, denunzierten den Zionismus als eine jüdische Variante des Nationalsozialismus, die »arischen« Redakteure nahmen ihrerseits Rücksicht auf ihre jüdischen Kollegen. 1931 wohnte ich dem Zionistenkongreß in Basel bei, allerdings für die kleine Zeitung »Germania«, wo jene Rücksichten überflüssig waren.

Das änderte sich 1933. Max Hildebert Böhm prägte den Ausdruck »Dissimilation«, also die Umkehrung der Assimilation. Das lag auf der Linie der Zionisten, die immer in der Assimilation einen ebenso würdelosen wie vergeblichen Versuch gesehen hatten, der Judenfrage zu entgehen. Natürlich war »Dissimilation« innerhalb eines überwiegend voll assimilierten Judentums nicht so leicht. Es fehlten der Wille und die Möglichkeit. »Dissimilation« hätte beispielsweise ein eigenes jüdisches Schulwesen, möglichst mit hebräischer Unterrichtssprache gefordert – eine Utopie. So leicht war der Prozeß der Assimilation nicht mehr umzukehren. Näher lag da die Auswanderung. Wenn nach der Verordnung vom 4. Juli 1939 jüdische Kinder nur jüdische Schulen besuchen durften, dann hatte das nichts mit einer human gemeinten »Dissimilation« zu tun, sondern verfolgte lediglich den Zweck, die Juden noch mehr zu diffamieren und zu quälen. Im übrigen war die Verordnung insofern blanker Zynismus, als es schon längst keine jüdischen Schulen mehr gab.

Durch eine Baronesse Brigitte erhielt ich Zugang zu ihrem Vater, einem Deutschnationalen, der Ministerialrat im Propagandaministerium war. Ihn bat ich mit Erfolg, mir zwei jiddische Zeitungen aus Warschau zukommen zu lassen, wobei ich ihm versprach, wichtige Artikel zu übersetzen. Natürlich dachte ich nicht daran, dies zu tun. So erhielt ich etwa sechs Monate lang die beiden Zeitungen »Hajnt« und »Moment«, bis man merkte, daß ich mein Versprechen nicht erfüllte, worauf die Zustellung unterblieb. Wahrscheinlich hatte ich es Brigittes Fürsprache zu verdanken, daß meine Abstinenz ohne Folgen blieb.

Die intelligenteren Nazis hatten mit Genugtuung gemerkt, daß es seit dem Ende des 19. Jahrhunderts eine jüdische Bewegung gab, die eine Auswanderung propagierte. So war von Anfang an die prozionistische Strömung im Nationalsozialismus sehr lebhaft. Zu diesen Nazis gehörte auch Walther Groß, der Chef des »Rassenpolitischen

Amtes der NSDAP«. Die zionistische »Hachscherah« (»Vorbereitung«, vor allem auf landwirtschaftliche Berufe) wurde gebilligt, so daß es in Deutschland mehrere jüdische Lehrfarmen gab, die der Vorbereitung auf landwirtschaftliche Arbeit in Palästina galten.

1934 veröffentlichte der SS-Untersturmführer Leopold von Mildenstein unter dem Pseudonym »Lim« (Umkehrung der ersten Silbe seines Familiennamens) im »Angriff« eine Serie »Ein Nazi fährt nach Palästina«. Die Serie war keineswegs »völlig nüchtern«, wie Heinz Höhne[328] meint, vielmehr war sie so hemmungslos prozionistisch, daß »Lim« von den Problemen, denen der »Jischuv« (die jüdische Bevölkerung Palästinas) sich gegenüber sah, nichts merkte. Da ich Mildenstein kannte, weiß ich, daß er von solchen Problemen tatsächlich nichts bemerkt hat, zu sehr hatte der Zionismus ihn fasziniert.

Der Zionismus fügte sich in mein Spezialgebiet, die Lage ethnischer Minderheiten, ein. So erhielt ich ohne Schwierigkeiten die damals so kostbaren Devisen, um im August 1933 über den Zionistenkongreß in Prag für die »Deutsche Allgemeine Zeitung« sachlich zu berichten. Obendrein wohnte ich in Prag bei einer jüdischen Familie.

In Prag hatte ich ein merkwürdiges Erlebnis. Am 30. August traf ich auf dem Kongreß Professor Theodor Lessing, der während des Krieges kurze Zeit auf dem Gymnasium mein Deutschlehrer gewesen war. Wir unterhielten uns etwa eine halbe Stunde. Am nächsten Tag wurde er in Marienbad ermordet. Eine Kollegin warnte mich, ich werde als Mörder Lessings verdächtigt und solle sofort nach Deutschland zurückkehren. Ich sagte dies meinem Freunde Dr. Martin Rosenblüth, der inzwischen bei der »Jewish Agency« in London war, und bat ihn, nach spätestens zwei Tagen meine Freilassung zu erwirken. Ich wurde zwar nicht verhaftet, aber auf das Polizeipräsidium bestellt. Dort erfuhr ich den Grund: Lessing hatte einer Begleiterin gesagt, ich sei sicherlich nur ein NS-Agent. Wie verabredet, erschien Rosenblüth nach zwei Tagen beim Polizeipräsidenten, dem er sagte, man kenne mich genau und vertraue mir völlig, Lessings Bemerkung entspringe einer »Emigrantenpsychose«. Daraufhin entschuldigte sich die Polizei, die mich sehr höflich behandelt hatte, bei mir, und die Sache war erledigt. Im übrigen nahmen deutsche Zionisten aus begreiflichen Gründen an dem Kongreß nicht teil; sie wirkten über ihren Vertrauensmann Rosenblüth hinter den Kulissen, so daß kaum antideutsche Töne laut wurden. Rosenblüth unterrichtete mich laufend über seine erfolgreichen Bemühungen.

Im Juli 1934 schrieb ich unter dem Pseudonym »Rudolf Goltz« in der »Tat« einen größeren Aufsatz: »Der Weg des Zionismus«. Das wäre vor 1933 unmöglich gewesen.[329]

Mein spezielles Interessengebiet brachte mich Anfang 1934 mit Dr. Bernhard Lösener zusammen, der in der Abteilung I im RMI (Reichsministerium des Inneren) von Mitte 1933 bis Ende 1942 das Referat für »Rasserecht« leitete. Ich habe schon in der Einleitung auf diesen bemerkenswerten Fall hingewiesen. Er war schon 1931 der Partei beigetreten aus dem verbreiteten Gefühl heraus, »daß es so nicht weitergeht.« Doch war er bereits 1933 auf das tiefste über die Behandlung der Juden entsetzt; noch vor seinem Eintritt in das RMI war der »Arierparagraph«[330] ergangen. Er wollte sich immer wieder versetzen lassen. Ich war dabei, als ihn zwei Juden verzweifelt baten, zu bleiben: »Was soll werden, wenn ein wirklicher Nazi ausgerechnet Ihr Referat übernimmt?« – ein Argument, dem er sich nicht verschließen konnte, abgesehen davon, daß er hoffte, einen moderaten Einfluß ausüben zu können, was ihm teilweise auch gelungen ist. Er ließ sich erst Anfang 1943, als er nichts mehr für die Juden tun konnte, in das Reichsverwaltungsgericht versetzen. Am 11. November 1944 wurde er von der Gestapo im Zusammenhang mit dem 20. Juli verhaftet und kam erst bei Kriegsende frei.

Lösener hatte einen so noblen und tapferen Charakter, wie man ihn nur sehr selten antrifft. Nach dem Kriege stellte ihn die »German Mission« der weltweiten jüdischen Hilfsorganisation »Joint Distribution Committee« in Frankfurt ein, bis er in der Kölner Oberfinanzdirektion Regierungsdirektor wurde. Leider erfuhr ich das von Hans Globke erst, nachdem er 1952 gestorben war.

Im Jerusalemer Eichmann-Prozeß hat auch Propst Grüber nachdrücklich für ihn ausgesagt. Lösener hat damals mehr geleistet und mehr Mut gezeigt als viele, die sich heute auf ihren »Widerstand« berufen. In seinem erwähnten Bericht schreibt Lösener: »Glücklicherweise gab es auch im Innenministerium eine ganze Anzahl Mitarbeiter, die die Partei mit allen Mitteln bekämpften, und zwar bis zuletzt. Sie kannten sich alle und leisteten sich jede erdenkliche Hilfe in diesem Kampf, der, wenn man die Summe der Erfolge zusammenzählen könnte, sich als viel wirksamer erweisen würde, als heute noch gewöhnlich angenommen wird. Der Sieg ist freilich diesem zähen und immer gefährlichen Ringen versagt geblieben.«

In diesem Zusammenhang nennt Lösener mehrmals den damaligen Oberregierungsrat Hans Globke, der ihm mit seinem »klugen Rat« geholfen habe. So war es, und es gilt von vielen anderen Ministerien und Behörden. Doch die Nachgeborenen verstehen es nicht, können es wohl auch nicht verstehen. So bedenken sie die mit Schimpf und Schande, die damals zu retten versuchten, was zu retten ihnen nicht immer, aber doch oft gelang. Sie kennen und sehen nur den barbarischen Text der Gesetze und Verordnungen, wissen aber nichts – und können es auch nicht wissen – von den internen Kämpfen, die ihnen oft vorausgegangen waren, um diese oder jene Milderung zu erreichen, um dies oder jenes zu verhindern.

Himmler führte den Titel: »Reichsführer SS und Chef der deutschen Polizei im *Reichsinnenministerium*«. Nachgeborene *müssen* daraus den Schluß ziehen, der Reichsinnenminister, der indolente und schwache Frick, sei sein Vorgesetzter gewesen, habe ihm befehlen können, sei daher auch für das Schlimmste, die »Endlösung«, verantwortlich gewesen. So kann schon ein bloßer Titel die Nachwelt täuschen!

Am 13. September 1935 wurde Lösener, der gerade seine Beförderung zum Ministerialrat feierte, nach Nürnberg beordert, wo der Reichsparteitag stattfand und der »Reichstag« zusammengetreten war. Lösener wurde nur gesagt, es handle sich um ein »Judengesetz«. Er war keineswegs bedrückt, sondern sah eine »große Chance …, durch die Formulierungen des Entwurfs bestimmte Erfolge zu erzielen, die in dem bisherigen ewigen Hin und Her der Diskussion mit der Partei nicht zu erreichen gewesen waren«. Da Hitler selber das sogenannte Blutschutzgesetz unterzeichnen wollte, so würde dann endlich, »so meinten wir damals«, eine »wenn auch noch so unbefriedigende Rechtsgrundlage« geschaffen werden »und Ruhe auf diesem Gebiet eintreten«. In Nürnberg war es vor allem der »Reichsärzteführer« Dr. Gerhard Wagner, der sich ständig in der Nähe Hitlers aufhielt und ein »möglichst erbarmungsloses Gesetz« herbeiführen wollte. Von seiten der Partei war unter anderem gefordert worden: Sterilisierung oder Todesstrafe für »Rassenschänder«, Sterilisierung aller Juden und Halbjuden, Zwangsscheidung der Mischehen. Bescheiden schreibt sich Lösener »ein gewisses Verdienst« daran zu, daß solche Forderungen in die Nürnberger Gesetze nicht aufgenommen wurden.

Schließlich gelang es Lösener über Frick, Hitler zu der Annahme der mildesten der vier Entwürfe zu bewegen, die »Fassung D«. Doch hatte Hitler den Satz, auf den Lösener den größten Wert gelegt hatte, eigenhändig gestrichen: »Dieses Gesetz gilt nur für Volljuden«.

Damit hatte der Kampf Löseners und Globkes begonnen, für die »Mischlinge« aller Grade möglichst viel herauszuholen: *Nur* unter diesem Gesichtspunkt ist Globkes Kommentar zu den Nürnberger Gesetzen zu verstehen. Zu Recht stellt Lösener fest, es sei »falsch«, in jenen Gesetzen den Beginn der Judenverfolgungen zu sehen. In der Tat hatten sie auf der Straße schon im Februar 1933 begonnen, die erste »Rechts«-Grundlage war das Gesetz zur Wiederherstellung des Berufsbeamtentums vom 7. April 1933 gewesen. Eine Lektüre der Nürnberger Gesetze ergibt, wie richtig Löseners Bemerkung ist, daß »die vollends teuflische Form der Judenverfolgung der späteren Jahre *nicht infolge, sondern trotz der Nürnberger Gesetze* zur schaurigen Wirklichkeit geworden ist«.

Nach Lösener wurden jene Gesetze »nicht nur als Verfolgungsgesetze angesehen, sondern ... auch von direkt Betroffenen mit einer gewissen Erleichterung begrüßt«, weil sie einen »Zustand völliger Rechtsunsicherheit ein Ende zu setzen« schienen. Daß dies – ich selber befand mich damals in Jerusalem – zutrifft, geht aus einer Bemerkung des letzten Präsidenten der ZVfD, Dr. Friedenthal, hervor, der mir Anfang 1939 sagte, die deutschen Juden hätten gehofft, durch die Nürnberger Gesetze einen sicheren, wenn auch noch so beengten Lebensraum zu finden, in dem sie sich hätten einrichten können; leider hätten die Nazis ihre eigenen Gesetze nicht beachtet. Nun, jene Hoffnung hatte auch Lösener gehegt; sie hatte ihn bewogen, ein schweres Kreuz auf sich zu nehmen.

Der größte Triumph – neben zahlreichen Niederlagen und bitteren Enttäuschungen – war Lösener beschieden, als es ihm gelang, durch die Fassung des § 7 des »Gesetzes über Mietverhältnisse mit Juden« vom 30. April 1939, den Begriff der »privilegierten Mischehen« zu schaffen. Danach waren nur solche Mischehen nicht privilegiert, in denen die Kinder als Juden zu gelten hatten, ferner solche, die kinderlos waren und in denen der Mann Volljude war. Nach Lösener war nun der »weitaus größte Teil aller Mischehen privilegiert«

und entging so der »Endlösung«. Nur gegen Ende des Krieges wurden die jüdischen Frauen und die Kinder solcher Mischehen zur O. T. (Organisation Todt) zu Bauarbeiten herangezogen.[331]

»Alles«, schreibt Lösener, »was an Terror gegen die Juden selbst verübt wurde, ging ohne vorheriges Wissen der Beamten des RMdI vor sich. Wir erfuhren die Dinge wie jeder andere Einwohner Berlins durch die Presse oder durch mündliche Erzählungen. Himmler und Heydrich zogen immer mehr Befugnisse jeder Art, nicht nur in der Judenfrage, an sich, und in diesem Kampf unterlag Stuckart immer mehr« (Dr. Wilhelm Stuckart, ein gemäßigter Nationalsozialist, war Staatssekretär des Reichsinnenministeriums und hatte Lösener weitgehend unterstützt). »Einer der parteifrommen Beamten auf meinem Platz«, schreibt Lösener mit Recht, »hätte ein zusätzliches Unglück für unzählige Menschen bedeutet«. Und: »Meine persönlichen und politischen Freunde sowie Ratsuchende aus allen Kreisen der Betroffenen haben mir oft und oft, wenn mir der Ekel bis zum Halse stieg, zugeredet, dort zu bleiben.« Da ich Lösener gut kannte, kann ich das bestätigen, auch seinen »Ekel bis zum Halse«, der ihn fürchterlich quälte. Wie oft hat er mir gegenüber sein Herz ausgeschüttet!

Unter der Hand hat Lösener vielen seiner »Klienten« Tips gegeben, zum Beispiel mit der Frage, »ob sie denn keine Anhaltspunkte dafür hätten, daß ihre urkundliche jüdische Abstammung nicht mit ihrer biologischen Abstammung übereinstimme, ob sie etwa nachweisen könnten, daß der kritische jüdische Vorfahre im Ehebruch von einem Deutschblütigen gezeugt sei usw.« Gelegentlich gab er Hilfesuchenden auch Hinweise auf Gesetzeslücken. Das gleiche gilt von Globke, den Lösener seinen »nächsten Verbündeten« nennt, dessen »laufende Beratung« er als »unschätzbar« bezeichnet.

Meines Wissens gibt es nur diesen einen ausführlichen Bericht eines ministeriellen Insiders. Doch es gab ein Heer gleichgesinnter Beamter (darunter auch sonst überzeugte Nazis), dem eine Armee von Dissidenten Hilfe, Freiheit oder gar Leben zu verdanken hat. Wahrscheinlich ist es nicht mehr möglich, dies dokumentarisch zu belegen. Doch jeder, der das Dritte Reich wachen Sinnes erlebt hat, weiß, daß es so war.

1934 gab mir Hans Peters, Ordinarius für öffentliches Recht in Berlin, für meine Dissertation das Thema »Der Arierparagraph«. Peters war ein Antinazi, er gab mir gerade dieses Thema, weil er wußte, daß ich auch einer war; so brauchte er keine Hymne zu fürchten. Wir beide konnten uns eine Zeit nicht vorstellen, die die bloße Kommentierung des Willens des Gesetzgebers mit einer Identifizierung verwechseln würde, was nach dem Kriege zur Regel wurde.

Die ZVfD in der Meineckestraße war froh, daß gerade ich das Thema bekommen hatte. Sie unterstützte mich mit Berichten aus dem ganzen Reich, was sehr wichtig war, denn damals wurde der »Arierparagraph« je nach der Einstellung des Ortsgruppen-, Kreis- oder Gauleiters noch unterschiedlich angewandt.

Ich war mitten in der Arbeit, als Martin Rosenblüth mir eine Einladung der Londoner »Jewish Agency« nach Palästina überbrachte. Angesichts der schwierigen Devisenbeschaffung glaubte ich, in Palästina höchstens zwei Wochen bleiben zu können, um danach meine Dissertation zu beenden. Der Tatsache, daß ich dort zwei Jahre blieb, habe ich es zu verdanken, daß aus der Dissertation glücklicherweise nichts wurde: Ich dürfte heute als »Kommentator des Arierparagraphen« den Mund nicht aufmachen, außer ich wäre der SPD beigetreten, die als einzige Partei den lobenswerten Mut hat, ihren Mitgliedern die volle Absolution von ihrer Vergangenheit zu gewähren.

Meine Abreise im Januar 1935 war von seltsamen Umständen begleitet. Die Zionisten hatte es nicht ruhen lassen, daß die deutschjüdische Auswanderung über den »Lloyd Triestino« erfolgte. So gründeten sie eine eigene Schiffahrtsgesellschaft, die »Palestine Shipping Company« und erwarben von dem Hamburger Reeder Arnold Bernstein den Passagierdampfer »Hohenstein« (fünfzehntausend Tonnen), der vorher zwischen Hamburg und New York verkehrt hatte. Für zwei Millionen Mark wurde er renoviert.

Als Kapitän wurde ein Mitglied der NSDAP, Leidig, gewonnen, ein überaus liebenswerter Herr und alles andere als antisemitisch gesonnen. Den ersten Offizier stellte ein Jude namens Rosenthal, der sich mit Leidig hervorragend verstand. Der Rest der Besatzung setzte sich aus »Ariern« zusammen, von ein paar jüdischen Schiffsjungen abgesehen. Die Bordkapelle dirigierte ein gewisser Sonnenschein, einer von denen, die das schon erwähnte »Österreichische Reiterlied« von Zuckermann vertont hatten.

Zu den Passagieren gehörten der Chemiker und Nobelpreisträger (1931) Otto H. Warburg und der bekannte Berliner Rabbiner Leo

Baeck. Ich war der einzige »Arier« unter den Passagieren, die weit überwiegend aus vollassimilierten Juden bestanden; die wenigsten wollten auswandern, die meisten beabsichtigten nur, in Palästina die Möglichkeiten einer – vielleicht – späteren Auswanderung, einer Existenzchance zu erkunden. Die Stimmung war gelöst, noch gab es die Nürnberger Gesetze nicht, das Jahr hatte eine gewisse Beruhigung der antisemitischen Aktivitäten gebracht. Noch hoffte man auf ein Scheitern des Nationalsozialismus, noch konnte man sich das Undenkbare, die »Endlösung«, nicht denken.

Als wir in Bremerhaven ausliefen, intonierte Sonnenschein die zionistische Hymne »Hatikwah« (»Die Hoffnung«), die außer Baeck und Warburg wohl nur noch ich kannte. Ich erlaubte mir den Spaß, meine Tischgenossen, ein Rechtsanwaltspaar aus Berlin, aufzufordern, sich zu erheben; zögernd standen schließlich alle anderen auf, ohne den Grund zu ahnen – ein Anblick, der mich sehr amüsierte.

In Genua sollte sich der Übergang der »Hohenstein« in den Besitz der »Palestine Shipping Company« vollziehen. Schon wurde an dem Bug in hebräischen Lettern der neue Name des Schiffes »Tel Aviv« angebracht. Aus irgendeinem Grunde verzögerte sich aber die Übergabe der Papiere. Daher blieb der Dampfer noch ein deutsches Schiff, mußte also am Heck die Hakenkreuzflagge führen, bis in Neapel die Übergabe endlich erfolgen konnte.

Mich bewegte es tief, als viele Passagiere beim Anblick der palästinensischen Küste in Tränen ausbrachen. Vorher war Zion für sie eine bloße Vokabel gewesen, eine blasse Erinnerung allenfalls. In seinem Buch »Der Judenstaat« hatte Theodor Herzl als Siedlungsgebiet Palästina nur neben anderen genannt, doch bemerkte er, für dieses spräche »die mächtige Legende«. Die Tränen erhoben die »Legende« zur Gegenwart, zur Konkretisierung.

Der »Lloyd Triestino« bekämpfte die neue Konkurrenz mit allen Mitteln. Er vertrieb Photos, die die »Hohenstein« mit der Hakenkreuzflagge am Heck und den hebräischen Buchstaben am Bug zeigten. Seinen Schiffen, die nach Palästina fuhren, gab er die Namen palästinensischer Städte und übergab sie jüdischen Kapitänen, nicht ohne darauf hinzuweisen, daß der Kapitän der »Tel Aviv« Mitglied der NSDAP war. Seine Kapitäne waren in der jüdischen Seefahrer-Schule in Civitavecchia ausgebildet worden, die Mussolini, als er für kurze Zeit prozionistisch war, 1933 gegründet hatte. Mit dieser Propaganda und diesen Maßnahmen trieb der »Lloyd Triestino« 1937 die »Palestine Shipping Company« in den Konkurs. Der »Nazi« Kapitän Leidig weigerte sich 1937 auf seiner letzten Reise so lange, den Hafen von Haifa zu verlassen, bis die Engländer entgegen ihren rigorosen Einwanderungsbestimmungen den Passagieren die Einreise erlaubten. Leidig war eines der vielen Beispiele dafür, daß längst nicht jedes Mitglied der NSDAP ein »Nazi« war, was heute den meisten völlig unbekannt, ja unbegreiflich ist.

Ich hatte mir zwar von der »Deutschen Allgemeinen Zeitung« (DAZ) einen Auftrag als Auslandskorrespondent besorgt, doch bekam ich keine Devisen, die Honorare gingen auf ein Sperrkonto. Es fügte sich, daß ich in der Jerusalemer Vertretung des DNB und des »Eildienstes für Außenhandel und Auslandswirtschaft« eintreten konnte und ein Gehalt in Devisen bezog. Der Chef war ein Dr. Franz Reichert, der auch für den SD arbeitete. Er war nicht sonderlich intelligent, aber sehr anständig, denn obwohl ihm meine Einstellung bekannt war, hat er mich niemals denunziert. Außer mir gehörten dem Büro noch ein deutschjüdischer Gerichtsreferendar namens Klein und eine schwedische Sekretärin an.

Obwohl Reichert schon lange Jahre im Nahen Osten lebte, konnte er keine der dortigen Sprachen und noch nicht einmal Englisch. Er unterhielt Beziehungen zu Feivel Polkes, einem der Kommandeure der illegalen »Haganah« (»Selbstschutz«), die später den Kern der israelischen Armee bildete. Wir durften von dieser Verbindung nichts wissen, erfuhren sie aber dennoch. Es amüsierte uns, wenn Reichert von einem Treffen mit Polkes zurückgekommen war und Schauergeschichten nach Berlin meldete, die Polkes ihm aufgebunden und für die er wahrscheinlich nicht wenig Geld bekommen hatte; sie erschienen dann in großer Aufmachung vor allem im »Völkischen Beobachter«, dessen Redakteure die Dinge natürlich noch weniger kannten als Reichert.

In Jerusalem wohnte ich in der orientalistischen Bibliothek des »Deutschen Vereins vom Heiligen Lande«. Sie befand sich unmittelbar neben dem Jaffa-Tor, also kurz vor dem Beginn der »Via dolorosa«.

Ich freundete mich mit dem deutschen Generalkonsul Heinrich Wolff an. Wegen seiner jüdischen Frau Ilse wurde er Ende 1935 entlassen. Wolff war ein ungewöhnlich kluger Gentleman und in wirtschaftlichen Fragen ein Fachmann ersten Ranges. Außer bei den dortigen Deutschen genoß er hohes Ansehen bei dem britischen Hochkommissar, General Sir Arthur W., der seinen Rat suchte, wie bei den zionistischen und arabischen Führern. Als er entlassen wurde, wollte er nicht zurückkehren, mehrere Monate lang bemühte er sich, eine Tätigkeit zu finden. Doch trotz seines hohen Ansehens und seiner großen Qualitäten schlugen alle Versuche fehl, und er mußte verbittert nach Berlin zurück. 1943 nahm sich seine jüdische Schwiegermutter das Leben, als die Gestapo sie abholen wollte; offenbar hatte sie, die eine ungewöhnlich anziehende alte Dame war, nicht den Schutz einer »privilegierten Mischehe« genossen.

Wolff förderte mit allen Kräften die Abwicklung des Haaverah-Abkommens. Wohl vor allem deswegen haßten ihn die Palästina-Deutschen, die wie die meisten Auslandsdeutschen dem Nationalsozialismus fanatisch ergeben waren, was insofern verständlich ist, als sie vor 1933 nur geringes Ansehen genossen, nun aber im Ausland respektiert wurden.[332]

Wolffs Nachfolger, Döhle, war innerlich wahrscheinlich kein Nazi, bemühte sich aber eifrig, als ein solcher zu erscheinen. Er nahm sich vor allem der Deutschen an und suchte das Haaverah-Abkommen möglichst zu sabotieren.

Ich lernte das großartige zionistische Aufbauwerk gründlich kennen. Häufig wohnte ich in Kibbuzim, wo man nicht nach der Herkunft und dem Zweck des Besuches gefragt wurde und auch nichts zu zahlen brauchte; dort wurde ich oft für einen Juden gehalten, und nicht selten beteiligte ich mich – ein Gewehr in der Hand – an den Nachtwachen. Ebensooft besuchte ich den anderen Siedlungstyp »Moshaw owdim« (Arbeitersiedlung), der schon damals zahlenmäßig die Kibbuzim überrundet hatte; dort waren nur die großen landwirtschaftlichen Maschinen, der Absatz und der Boden dem privaten Eigentum entzogen. Im übrigen war meine Stellung sehr delikat. Ich mußte mich vor Denunziationen seitens der Deutschen hüten. Von den Juden wurde ich beargwöhnt, abgesehen von denen, die mich schon aus Deutschland kannten wie Kurt Blumenfeld, Arthur Hantke oder Georg Landauer. Einmal wollte die Zeitung »Dawar« einen Artikel bringen, der mich als Nazi-Agenten »entlarven« sollte. Ich erfuhr rechtzeitig davon und alarmierte Hantke, der das Erscheinen des Artikels verhindern konnte. Es war eine schwierige, aber äußerst fruchtbare Periode meines Lebens.

Im April 1936 brach, von Jaffa ausgehend, der große arabische

Aufstand aus, der drei Jahre dauerte. Es war ein Partisanenkrieg, den die Engländer trotz eines großen Aufgebots nicht militärisch, sondern nur politisch (durch das Weißbuch von 1939) beenden konnten. Die Heckenschützen lauerten überall, und nicht selten konnte ich beobachten, daß Juden durch Judäa und Samaria nur zu reisen wagten, wenn sie an ihrem Auto eine Hakenkreuzfahne führten, so daß sie von den Arabern für Deutsche gehalten wurden – damals der zuverlässigste Schutz. Anfang 1937 kehrte ich nach einem kurzen Besuch bei schwedischen Freunden in Kairo nach Deutschland zurück.

Da ich Leopold von Mildenstein kannte und wußte, daß er Judenreferent beim SD war, berichtete ich während des arabischen Aufstandes für die »DAZ« unbekümmert zugunsten der Juden. Als 1945 die Amerikaner meine Berichte lasen, waren sie auf das äußerste verblüfft und hielten mich für einen Heros des »Widerstandes«, nicht bedenkend, daß, wenn die Berichte Widerstand gewesen wären, sie gar nicht hätten veröffentlicht werden können. Ich wurde sofort auf die »weiße Liste« gesetzt, durfte also meinen Beruf ohne jede Einschränkung ausüben, damals eine Seltenheit bei einem Journalisten, der nur auf dem Gebiet der Politik tätig gewesen war.

Manches in der NS-Zeit war auch skurril. Beispielsweise hätte Theodor Herzl, als er seine Gedanken über einen künftigen Judenstaat seinem Tagebuch anvertraute, schon im Juni 1895 das Ehestandsdarlehen und den RAD (Reichsarbeitsdienst) vorweggenommen. Jeder könne »Arbeitsmarschall« werden, dem »Arbeitsheer möglichst militärähnliche Organisation geben«, Dienst im »Arbeitsheer« solle »wie in der Armee« zur Pensionierung führen, »Arbeitskompanien werden wie Militär unter Klängen einer Fanfare zur Arbeit ausziehen und ebenso heimkehren«. Auch das »Mutterkreuz« hatte Herzl vorweggenommen, als er daran dachte, »Prämien auf Fruchtbarkeit« einzuführen. Und als Ribbentrop seine Diplomaten uniformieren ließ, dachte ich wieder an Herzl: »Uniformiert alle Beamten.«[333]

Bei aller Grauenhaftigkeit der damaligen Judenpolitik erheiterte es mich, daß ausgerechnet der Nationalsozialismus – natürlich ahnungslos – Gedanken von Herzl verwirklichte. Als nach dem Kriege Konstantin Hierl, der den RAD geführt hatte, vor die Spruchkammer kam, konnte ich mir den Spaß nicht versagen, ihm Herzls Gedanken zu einem »Arbeitsheer« mitzuteilen und ihm zu raten, er solle erklären, er habe lediglich zionistische Vorstellungen in die Tat umgesetzt. Er antwortete mir darauf nicht. Wahrscheinlich glaubte Hierl, der ein ungewöhnlich einfältiger Mann gewesen war, ich wollte ihn verhöhnen.

Anfang 1939 sagte mir der Zahnarzt Dr. Fleischhacker, der in Hannover die zionistische Ortsgruppe leitete, der Präsident der ZVfD, Dr. Friedenthal, wolle mich sprechen. Ich fuhr sofort nach Berlin. Ich kannte Friedenthal noch nicht, doch er wußte um meine Einstellung. Er sprach mit rückhaltloser Offenheit: Es werde Krieg geben, und Hitler werde die Gelegenheit benutzen, die Juden zu ermorden. Auf meine Frage antwortete er, die NS-Judenpolitik sei in einem Maße vorangetrieben, daß nur noch eine einzige Steigerung denkbar sei: der Mord. Es bereitete ihm Sorge, daß in letzter Zeit die Gestapo mit der Erteilung von Ausreise-Visa sehr zurückhaltend war und erkundigte sich, ob ich da nicht helfen könne, was ich leider verneinen mußte. Friedenthal wußte, daß ich über keinerlei Macht verfügte; daß er sich dennoch an mich wandte, sich an mich wie an einen Strohhalm klammerte, beweist allein schon, in welcher verzweifelten Lage die Juden sich damals befanden. Wieder muß ich an das Fragezeichen denken, das ich hinter das »glücklicherweise« gesetzt habe. Hätte ich damals etwa eine hohe Stellung im RSHA bekleidet, hätte ich vielleicht helfen können. Ja, Georg Kareski hatte recht, als er mir sagte, ich sei »leider« kein Nazi und könne daher den Juden nichts nützen.

Die Löseners und Globkes saßen in allen Ministerien und Behörden, sogar in der Partei; selbst in der Gestapo hatte ich einige kennengelernt. Sie trachteten nicht danach, das Regime zu stürzen, was sie auch gar nicht gekonnt hätten. Aber sie milderten es in aller Stille. So fehlt ihrem Tun jede Dramatik, daher steht ihnen auch nicht die weite Publizität zur Seite, die jene genießen, die heute als Widerstandskämpfer gefeiert werden.

»Den« Juden konnte ich, weil ich mich nicht »belastete«, nicht helfen. Aber gegen Ende des Krieges hatte ich die Genugtuung, wenigstens einigen von ihnen hilfreich sein zu können. Nachdem ich 1943 aus Stockholm zurückgekehrt war, lernte ich den evangelischen Gefängnispfarrer von Tegel, Dr. Harald Pölchau[334], kennen; im Laufe der Zeit kamen wir uns sehr nahe. Pölchau, der viele auf ihrem letzten Weg in Plötzensee begleitet hatte, war nicht nur sehr intelligent und gebildet, sondern verfügte auch über eine große Portion Gerissenheit und Schläue. Er sah so »germanisch« aus, wie Goebbels gern ausgesehen hätte. Seine äußere Erscheinung war eine Art natürlicher Tarnung. So unendlich viel Pölchau auch für die Bedrängten und Verfolgten tat, nie gewann sein tiefes Mitgefühl die Oberhand über seine Nüchternheit, seinen hochentwickelten Sinn für List und trickreiche Schliche; gerade deshalb konnte er so vielen helfen. Er nahm Risiken für seine Freiheit und sein Leben auf sich, aber stets konnte er sie durch seine Umsicht und Vorsicht auf ein Minimum beschränken. Er war eine seltene Mischung aus Intelligenz, Mut und Pfiffigkeit. Bald faßte Pölchau Zutrauen zu mir und beteiligte mich an zahlreichen Rettungsaktionen zugunsten »Untergetauchter«, also illegal in Berlin lebender Juden. Die Hilfe wurde systematisch geleistet, d. h. ohne vorausgegangene persönliche Bekanntschaft. Wir gewährten und verschafften ihnen Unterkunft, Geld und Nahrungsmittel. Sahen sie nicht allzu jüdisch aus, verschafften wir ihnen auch Ausweise: Wenn gerade ein Haus durch Bomben zerstört war, sahen wir im Adreßbuch nach, wer dort gewohnt hatte, noch günstiger war es, wenn der betreffende Hausmeister noch lebte und uns die Namen der Mieter nennen konnte. Dann schickten wir unseren Schützling auf das zuständige Polizeirevier, wo er unter falschem Namen angab, er sei gerade bei einem der Mieter eingezogen, durch den Bombenangriff habe er alles, auch seine Ausweise, verloren. Er erhielt dann den »Grünen Bombenausweis«.[335] Das Chaos, das in den letzten Jahren des Krieges durch die Bombardierung Berlins entstanden war, stellte eine große Hilfe dar. Nichts konnte mehr so exakt kontrolliert werden wie vorher. Heute klingt unser Tun sehr heroisch, doch war es das wegen des erwähnten Chaos und der mangelhaften Polizeikontrollen keineswegs. Es war an der Tagesordnung, daß viele durch die Bombardierung ihre Papiere verloren. Nur so ist es zu erklären, daß der »Grüne Bombenausweis« völlig genügte, sein Besitzer konnte sich frei bewegen und irgendwo legal wohnen. Dieses Verfahren war völlig risikolos bei Jüdinnen und jüdischen Männern, die nicht mehr im wehrfähigen Alter waren, denn sie liefen nicht Gefahr, angehalten und nach ihrem Militärverhältnis gefragt zu werden.

Ich war zunächst Junggeselle und wohnte zur Untermiete, nachdem ich meine Wohnung in Berlin-Grunewald durch Bomben verloren hatte. Erst nach meiner Heirat im September 1944 bezog ich in Berlin-Schmargendorf eine Wohnung. Kurz darauf rief Pölchau meine Frau – ich selber wurde in Spandau als Rekrut ausgebildet – an und sagte ihr, sie brauche doch sicherlich eine Haushaltshilfe. Meine Frau, die ich erst drei Tage vor unserer Heirat kennengelernt hatte, war eingeweiht, so daß sie sofort verstand, was Pölchaus Anruf bedeutete. Kurz darauf führte er uns eine neunzehnjährige Jüdin namens Eva Gerichter zu, die wir in unsere Wohnung aufnahmen. Da sie sehr jüdisch aussah, konnten wir den Trick nicht riskieren, sie in einem Polizeirevier um einen »Grünen Bombenausweis« nachsuchen zu lassen. Deswegen mußte sie bei Bombenangriffen auch stets einen anderen Keller aufsuchen. Im Februar 1945 hatten wir unsere Wohnung aufgegeben, da meine Frau zu ihren Eltern im Chiemgau zog und ich an die Front mußte. Natürlich hatten wir zuvor Eva bei zuverlässigen Leuten untergebracht. Kurz vor Ende des Krieges wurde sie durch eine Bombe getötet.

Auch auf manche andere Weise konnte ich helfen. Beispielsweise erteilte ich zwei untergetauchten Jüdinnen Sprachenunterricht, der einen in Englisch, der anderen, die nach Palästina auswandern wollte, in Hebräisch.

Manche Juden verhielten sich merkwürdigerweise unvorsichtig. Sie waren zunächst in dem vollen Bewußtsein untergetaucht, daß ihr Leben bedroht war. Doch wenn wir sie untergebracht hatten, ließen sie es oft an der auch dann gebotenen Vorsicht fehlen, als ob ihr Leben nicht mehr in Gefahr wäre. Solche Juden stellten für uns oft einen hohen Risikofaktor dar. Das galt vor allem von einem, der sich »Martin« nannte und angab, er sei Violinist beim Philharmonischen Orchester in Dresden gewesen. Ich brachte ihn in der Güntzelstraße in der Wohnung von Freunden unter, die sich evakuiert hatten. Eines Tages war er verschwunden, während seine Geige noch in der Güntzelstraße war. Offenbar war er erkannt und deportiert worden. Einige Zeit hatte ich große Angst, weil er besonders labil war und ich deswegen fürchtete, er werde auch ohne Folterung sofort meinen Namen preisgeben. Doch es erfolgte nichts. Später erfuhr ich, daß die Polizei sich in solchen Fällen nicht lange mit Verhören aufhielt, sondern die betreffenden Personen sofort deportierte.

Wie Pölchau schreibt, sind unsere »Schützlinge oft nach 1945 verschwunden ... ohne die Verbindung zu halten«.[336] Wenn schon Pölchau, der in Berlin geblieben war, diese Erfahrung machen mußte, dann gilt das erst recht von mir, der ich im Chiemgau wohnte; ich hatte gerade nur von dem tragischen Tode Evas durch Pölchau erfahren.

Selbstverständlich habe ich Pölchau nie nach dem Namen anderer Helfer gefragt. Der Kreis muß aber sehr groß gewesen sein, denn jedesmal, wenn ich Pölchau einen untergetauchten Juden zuführte, wußte er sofort eine Unterkunft. Obwohl ich in seiner Wohnung einmal mit Freya Gräfin von Moltke – ihr Gatte Helmut war damals zwar schon in Haft, aber noch nicht hingerichtet – zusammengetroffen war, habe ich erst nach dem Kriege erfahren, daß er in engster Verbindung mit dem Kreisauer Kreis stand.

Es ist meiner Frau und mir niemals in den Sinn gekommen, unsere Tätigkeit als »Widerstand« zu qualifizieren. Sie war für uns nur die selbstverständliche Erfüllung einer Menschenpflicht. Außerdem war sie dank Pölchaus Umsicht relativ frei von Risiken. Ich hatte mir schließlich schon 1933 vorgenommen, keinen Widerstand zu leisten. Diesem Vorsatz bin ich treu geblieben. Daß die Gestapo, wäre sie hinter unser Wirken gekommen, dieses als »Widerstand« empfunden hätte, wäre ihre, nicht meine Sache gewesen.

»Widerstand« und Widerstand

Nach dem Kriege wurde ein gegen das NS-Regime gerichteter Widerstand oder eine erlittene Verfolgung zu einer Art Adelsprädikat, das um so mehr begehrt wurde, als auch finanzielle Honorierung (»Wiedergutmachung« genannt) in Aussicht stand. Häufig spielte die Hoffnung mit, sich irgendwie auf der siegreichen Seite zu finden. Die Rückdatierung von Motiven und Haltungen wurde zu einem Massenphänomen, das seine Hoch-Zeit unter der Geißel der Entnazifizierung erlebte. Widerstandskämpfer mit und ohne Gänsefüßchen traten mit dem gleichen elitären Anspruch auf wie in der NS-Zeit die »alten Kämpfer«, zu deren Gegenbild sie wurden. Das Dauergerede von Widerstand und Verfolgung fügt sich in die »Vergangenheitsbewältigung«. Je lichter die Widerständler und Verfolgten erscheinen, um so düsterer jene, die Widerstand erfahren oder die verfolgt hatten.

Der allgemeine Wettlauf um das begehrte »Adelsprädikat« hat die an sich so ehrenvollen Begriffe wie Widerstand und Verfolgung inflationiert und relativiert; würden einmal die Spruchkammerakten publiziert, dürfte es sich herausstellen, daß die Verschwörung des 20. Juli mindestens Divisionsstärke gehabt haben müßte. Ich kannte nicht wenige, denen nichts ferner als Widerstand gelegen hatte, die sich aber vor der Spruchkammer der intimsten Beziehungen zu irgendwelchen Verschwörern rühmten, wobei sie natürlich nur solche angaben, die als Zeugen nicht mehr zur Verfügung standen. So hat auch die Entnazifizierung das ihrige getan, um jene Begriffe herabzuwürdigen.

Nach den gängigen Kategorien bin auch ich ein politisch Verfolgter, weil ich Anfang Juli 1943 von der Gestapo Auslandsverbot erhielt, was einem Berufsverbot gleichkam. Indessen habe ich das der Gestapo nie verübelt, denn ich kannte ja ihre Aufgaben. So hatte nicht sie Schuld, sondern ich hatte mein Schicksal selber heraufbeschworen, als ich in Stockholm einmal allzu offen vor unpassenden Ohren geredet hatte.

Vielleicht hätte ich nach dem Kriege von Bonn Entschädigung für ein entgangenes Einkommen verlangen können, doch hätte ich mich geniert, die Frage auch nur zu erwägen oder gar zu prüfen: Wieso sollte die Bundesrepublik für etwas haften, was nichts als meine Unvorsichtigkeit war? Selbst wenn ich damals in ein KZ gekommen wäre (womit ich gerechnet hatte), würde mir der Gedanke, Bonn zur Kasse zu bitten, kaum gekommen sein.

Es erfordert eine mir nicht ganz verständliche Mentalität, sich für ein Risiko, das man kannte und eingegangen war, dann entschädigen zu lassen, wenn es auch eingetreten ist. Im Grunde haben nur Juden und Zigeuner einen moralischen Anspruch auf Entschädigung, denn sie hatten keine Wahl, konnten ihre Abstammung nicht stornieren; sie wurden verfolgt, gleichgültig, was sie dachten, sagten und taten. Das gilt auch für alle, die wegen ihrer politischen Vergangenheit oder ihrer Religionszugehörigkeit verfolgt wurden. Den gleichen Anspruch haben die Opfer der Sippenhaft, die nicht sie verschuldet hatten; auch sie waren bloße Objekte einer barbarischen Prozedur, sie hatten ihr Schicksal nicht in ihrer Hand, sondern es wurde ihnen aufgezwungen. Auch wenn ich diese Perspektive für richtig halte, so ist doch mein Mitleid mit vielen, die sich durch Unvorsicht und Überschätzung ihres Tuns ins Unglück gestürzt haben und furchtbar dafür büßen mußten, so groß, daß ich ihnen ihre spätere Entschädigung durchaus gönne. Aber es ist eben nur Mitleid, keine prinzipielle Anerkennung ihres Anspruchs.

Obwohl ich Dissident und von Anfang an über die NS-Schandtaten einigermaßen orientiert war, hielt ich doch Distanz gegenüber vielen Formen dessen, was heute als Widerstand gilt. Ich bin meinem Entschluß treu geblieben, niemals Widerstand zu leisten; denn weder besaß oder erstrebte ich eine Position, die ihn auf eine *sinnvolle* Weise ermöglicht haben würde. Da ich überdies 1933 die Lebenserwartung des Dritten Reiches auf etwa zehn Jahre geschätzt hatte, überließ ich es gewissermaßen dem geschichtlichen Verlauf, das Regime entweder gewaltsam zu beseitigen oder es an sich selber scheitern zu lassen, wobei ich eher an eine gewaltsame Lösung glaubte; weder in dem einen noch in dem anderen Falle hätte ich eine Rolle spielen können. Ich verstand auch jene nicht, die sich weigerten, »Heil Hitler« zu rufen oder den »Deutschen Gruß« zu erweisen. Abgesehen davon, daß diese Riten eine überaus bequeme Tarnung boten, fand ich sie auch viel zu läppisch, um ihretwegen Unannehmlichkeiten zu riskieren; es hätte sich nicht mit meinem Verständnis vom Savoir vivre, vor allem vom Savoir survivre vereinbaren lassen. Selbstverständlich habe ich stets dort, wo es mir angebracht schien, »Heil Hitler« gerufen und den Arm zum »Deutschen Gruß« erhoben. Auf eine Verweigerung dieser Riten trifft mutatis mutandis das Wort Ernst Jüngers zu, es gäbe nur wenige, denen zu widersprechen sich lohne.

Fragt man nicht nur, wogegen, sondern auch wofür Widerstand geleistet wurde, ergeben sich neue Kriterien. Ich vermag beim besten Willen dem kommunistischen Widerstand, wie er sich etwa in der großen Spionageorganisation »Rote Kapelle« manifestierte, keine positiven Seiten abzugewinnen, da er den braunen Terror lediglich durch den roten ersetzen wollte. Ich finde es reichlich gleichgültig, ob der Henker oder Sklavenhalter sich braun oder rot kostümiert. Das hindert mich nicht, bei aller Verurteilung der Motive und Ziele den Opfermut des einzelnen auf das höchste zu respektieren. Beispielsweise gehörte 1940 im Auswärtigen Amt meine Sekretärin Ilse Stöbe ohne mein Wissen der kommunistischen Widerstandsgruppe um Scholze-Boysen und Harnack an, die über Funk mit Moskau in Verbindung stand. Ich schätzte sie wegen ihrer charakterlichen und intellektuellen Qualitäten außerordentlich hoch. 1943 erfuhr ich durch Harald Pölchau, daß sie am 22. Dezember 1942 wegen ihrer Spionagetätigkeit hingerichtet worden war. Es wäre subaltern, hätte ich jene Achtung revidiert, als ich von ihrer subversiven Arbeit erfuhr. Nur eines erstaunte mich. Sie war eigentlich zu klug, um Kommunistin zu sein. Meine späteren Nachforschungen legten mir den Verdacht nahe, daß der wohl tiefste Grund ihre starke persönliche Bindung an den Kommunisten Rudolf Herrnstadt war, den sie in Warschau kennen und lieben gelernt hatte.

Heute genießt das törichte Märchen allgemeine Geltung, damals sei gerade »die« Arbeiterschaft gegen den Nationalsozialismus gewesen. Das Gegenteil war der Fall. Vor dem Kriege gehörte ich drei Jahre einem großen Rüstungswerk an. Meine Aufgabe war es, da der Generaldirektor das Regime ablehnte, die Organisation KdF (Kraft durch Freude) vom Betriebe dadurch fern zu halten, daß ich alle paar Wochen größere künstlerische Veranstaltungen und sonstige Arten der Unterhaltung der Belegschaft bot, was einen engeren Umgang mit ihr notwendig machte. Mit den Vorstandsmitgliedern und mit den meisten Abteilungsleitern konnte man in rückhaltloser Offenheit reden, Hitler und das Regime mit den schonungslosesten Epitheta belegen. Doch gerade den Arbeitern und kleinen Angestellten gegenüber war die allergrößte Vorsicht ratsam. Ich verstand sie sehr gut, gehörten doch gerade sie zu den Nutznießern des Regimes, das sie von jahrelanger und qualvoller Arbeitslosigkeit befreit hatte; so zogen sie die neue »Volksgemeinschaft« dem Klassenbewußtsein vor, das man ihnen vorher eingeredet hatte. Nach dem Kriege ergaben demoskopische Untersuchungen, daß die meisten Arbeiter sich damals mehr respektiert gefühlt hatten als in der neuen Zeit; die Zahl dieser Gruppe nahm naturgemäß in dem Maße ab, in dem die persönliche Erfahrung nicht mehr gegeben war. Streiken war nicht nur verboten, sondern es wäre auch kaum einem in den Sinn gekommen, selbst wenn er gedurft hätte. Jeder betrachtete es als eine »Ehre«, vom Arbeiter zum »Volksgenossen« zu avancieren, und diese Ehre hatte durchaus den Wert eines zusätzlichen, und zwar beträchtlichen Lohnes. Hier lag eines der größten und wirksamsten Meisterstücke der NS-Propaganda. »Die« Arbeiter gegen Hitler – diese Vorstellung entlockt jedem, der die Zeit, obendrein einige Jahre in einer Fabrik erlebt hat, ein nachsichtiges Lächeln. Selbstverständlich gab es sozialistisch geschulte Facharbeiter und Gewerkschaftler, die der NS-Faszination nicht erlagen, doch waren sie alles andere als repräsentativ.

Mit dem Wort »Widerstand« kam ich das erste Mal schon 1933 auf amüsante Weise in Berührung. Ich kannte ein paar Leute, die es in vollem Ernst als »Widerstand« empfanden, wenn sie mit einer Jüdin geschlafen hatten; die jungen Damen wären sicherlich verblüfft gewesen, hätten sie gewußt, eine wie merkwürdige Interpretation ihre vergnüglichen Stunden erfahren sollten. Einer dieser »Widerstandskämpfer« war übrigens der SS-Obersturmführer Günther U., den ich von der Universität her kannte und der mit Hitler nichts, mit jüdischen Mädchen aber alles im Sinne hatte: ein kleines Beispiel dafür, in welche Verlegenheit jeder Versuch führte, den Begriff »Nationalsozialist« zu definieren. Die Entnazifizierung hatte es da leichter. Ihre groben Definitionen und Kategorien waren ebenso einfach wie falsch.

Um die sonderbare Atmosphäre der ersten Nachkriegsjahre dem heutigen Vorstellungsvermögen zugänglich zu machen, greife ich aus einer Vielzahl von Fällen einige heraus, in denen zurückdatierte Motive und Haltungen eine Rolle spielten, auch solche, in denen die Bedeutung tatsächlich geleisteten Widerstandes erheblich übertrieben wurde. Sie sind insofern typisch, als sie belegen, was damals möglich war.

1940 war im Auswärtigen Amt mein Vorgesetzter ein Legationsrat Dr. S. Wegen Unfähigkeit wurde er von einem Posten auf den anderen geschoben, nach Möglichkeit auf solche, wo er am wenigsten Unheil anrichten konnte. Wahrscheinlich war er kein überzeugter Nazi, gerierte sich aber um so lärmender als ein solcher. Als beispielsweise einmal seine Sekretärin Ursula Schulz ihn um einen Tag Urlaub bat, weil ihr Bruder von der Westfront gekommen war, brüllte S. sie an und drohte ihr, sie in ein KZ oder in eine Munitionsfabrik stecken zu lassen. Er schrie so laut, daß ich ihn nebenan hören konnte. Ich hatte den Eindruck, es mit einem schweren Psychopathen zu tun zu haben; nicht nur wegen jenes absonderlichen Vorfalls, der vielmehr für ihn typisch war.

Nach dem Kriege ließ er sich als Rechtsanwalt in Traunstein nieder. Es dauerte nicht lange, bis er wegen Betruges, Parteienverrat und anderer Delikte zu Gefängnis verurteilt wurde. Standeswidrig hatte er unter Untersuchungshäftlingen Zettel verteilen lassen, in denen er sich selber als Verteidiger empfahl; einem deswegen drohenden Ausschluß aus der Anwaltskammer kam er durch freiwilligen Austritt zuvor. Während der Verhandlung kam auch heraus, daß er sich 1940 um die Mitgliedschaft der NSDAP beworben hatte (Ortsgruppe Charlottenburg), jedoch vergebens. Es gab eben auch dort zuweilen helle Köpfe.

In den sechziger Jahren lernte ich den letzten Personalchef des

Auswärtigen Amtes, Ministerialdirektor Hannes Schröder, kennen. Er beklagte sich bitter darüber, daß Dr. S. es verstanden habe, als politisch Verfolgter anerkannt zu werden. Er habe behauptet, er sei wegen seiner antinazistischen Gesinnung damals nicht befördert worden, habe die entsprechenden Bezüge nachgezahlt bekommen und lebe nun von der Pension eines Generalkonsuls. Ob ich da nicht etwas unternehmen könne, fragte Schröder.

Dazu wäre ich nur allzugerne bereit. Doch zu Hause entdeckte ich in meinem Archiv ein »Affidavit« (Eidesstattliche Versicherung), demzufolge S. nur wegen seiner antibraunen Gesinnung um seine Beförderung gekommen sei. Unterzeichnet war das Affidavit von Hannes Schröder. Leider war er bald nach unserem Gespräch gestorben, so daß mir das Vergnügen entging, ihm das Schriftstück vorzuhalten.

Wegen der Irrealität und damit Ungerechtigkeit der Entnazifizierung wurden damals viele solche Affidavits – »Persilscheine« genannt – ausgestellt, um Leuten aus einer Klemme zu helfen. Das war zu einer solchen Routine (ich selber habe Affidavits zu Dutzenden produziert) geworden, daß man – eben wie Schröder – schon bald einfach vergaß, wem man was bescheinigt hatte.

Warum Dr. S. in die alberne Mühle der Entnazifizierung geraten war, obwohl er dank der Umsicht der NSDAP kein Parteimitglied war, weiß ich nicht mehr; vielleicht war ein braunes Schriftstück, das er unterzeichnet hatte, aufgetaucht. Jedenfalls hatten wir mit Dr. S. einen »politisch Verfolgten« mehr, den Bonn wegen seines behaupteten Ungemachs »entschädigte«, ein kaum vereinzelter Fall, der die korrumpierende Wirkung der Entschädigungspraxis sichtbar machte. Als ich einen entsprechenden Brief an das Auswärtige Amt schrieb, in dem ich auch auf das Traunsteiner Urteil hinwies, antwortete man mir, angesichts des Affidavits von Schröder sei nichts zu machen.

In den letzten Monaten vor Kriegsende war das »Hauptamt SS und Polizeigericht« (ein reines Disziplinargericht) von München nach Prien evakuiert worden. Wie schon erwähnt, war der Chef jener SS-General Breithaupt, der weder Nazi noch Antinazi war, aber ein hochempfindliches Gerechtigkeitsgefühl hatte. Er hatte vielen geholfen, denen Unrecht geschehen war.

Am 28. April 1945, sechs Tage vor dem Einmarsch der Amerikaner, ermordete ihn sein Untergebener, SS-Untersturmführer K. L., durch Genickschuß, nachdem ihn Breithaupt auf seine Bitte hin in seinem PKW mitgenommen hatte. Als ich davon erfuhr, war ich einigermaßen fassungslos. Ausgerechnet Breithaupt war ermordet worden, und ausgerechnet sein Mörder ließ sich als »Widerstandskämpfer« feiern! Wochenlang mußte ich recherchieren, bis mir der Sachverhalt bis in die letzte Einzelheit klar war.

Der Fall lag schwierig. In der damaligen Atmosphäre war ein »Widerstandskämpfer« nahezu altarfähig, und konnte ein hoher SS-Offizier nicht seinen Rang nur deswegen erreicht haben, weil er die Natur einer Bestie hatte? War daher seine Ermordung in Wahrheit nicht eine von höchster Moral inspirierte Tat gewesen? Es waren wohl solche Gedanken, die es dem Traunsteiner Staatsanwalt ratsam erscheinen ließen, es bei den Ermittlungen gegen K. L. bewenden zu lassen, sie einerseits nicht abzuschließen, andererseits aber auch keine Anklage zu erheben. Wer war damals schon geneigt, sich mit einem »Widerstandskämpfer« anzulegen und damit in den Verdacht zu geraten, heimlich mit einem SS-General zu sympathisieren?

Glücklicherweise war damals bayerischer Justizminister Josef Müller (»Ochsensepp«), den ich gut kannte. Er zählte zu den echten Widerständlern und war entsprechend verfolgt worden. So empfand er keine Ehrfurcht gegenüber K. L., sondern sah ihn als das an, was er war: ein besonders heimtückischer und widerwärtiger Mörder, der aus den niedrigsten Motiven gehandelt hatte. Es bedurfte keiner besonderen Rhetorik meinerseits, um Müller zu veranlassen, das Verfahren nach München zu ziehen. Es kam zur Anklage vor dem Schwurgericht.

Die Hauptverhandlung bestätigte voll das günstige Bild, das vorher regimefeindliche Kreise von Breithaupt gewonnen hatten. Er hatte es auch gefördert, daß der SS-Obersturmführer Dr. Konrad Morgen Verbrecher in den Reihen der KZ-Bewacher seit 1943/44 strafrechtlich verfolgte, wobei es ihm gelang, den Kommandanten von Buchenwald, Koch (der inzwischen Kommandant des Vernichtungslagers Lublin geworden war), hinrichten zu lassen. Damals schwebten rund vierhundert Verfahren gegen SS-Leute. Als Morgen auch den Kommandanten von Auschwitz, Rudolf Höß, in seine Ermittlungen einbezog, entzog ihm Himmler die Genehmigung Mitte April 1944. Im Prozeß erfuhr man, daß Breithaupt dennoch einen Haftbefehl gegen Höß verlangt hatte, aber an Himmler gescheitert war.

Die Beweisaufnahme ergab eindeutig, daß K. L., der schon 1933 der SS beigetreten war, seinen Chef vor allem deswegen ermordet hatte, um eine Absolution von seiner SS-Karriere zu erlangen. Eindeutig waren auch die Kriterien des Mordtatbestandes gegeben: K. L. hatte aus »niedrigen Beweggründen« gehandelt, seine Tat war »heimtückisch« und mit »gemeinfährlichen Mitteln« begangen. Dennoch erkannte das Gericht im Dezember 1949 nur auf fünf Jahre Gefängnis wegen Totschlags. Offensichtlich befand sich das Gericht in arger Verlegenheit: Einerseits konnte es nicht gänzlich das Ergebnis der Beweisaufnahme ignorieren, andererseits machte es die damalige Atmosphäre nicht eben leicht, den Mord an einem SS-General zu ahnden. Wie auch immer, K. L. war seinen Heiligenschein als »Widerstandskämpfer« los.

Ich habe die Fälle Dr. S. und K. L. herausgegriffen, weil ich sie in allen Einzelheiten kannte und weil sie typisch für die damalige Bewußtseinslage waren. »Typisch« bedeutet nicht, daß sich ähnlich gelagerte Fälle in der Mehrzahl befunden hätten. Typisch waren sie aber, weil man an ihnen die Möglichkeiten ablesen kann, die sich für seltsame Nachkriegskarrieren ergaben. Die Annahme ist geradezu zwingend, daß nicht wenige von diesen Möglichkeiten Gebrauch gemacht haben.

Im Januar 1983 stellte das ZDF als »Zeugen der Zeit« einen Drehermeister vor, den es als »Widerstandskämpfer« bezeichnete. Zwar war der biedere Handwerker bescheiden genug, diesen Titel für seine Person abzulehnen, berichtete dann aber eingehend über seine Aktivitäten, die ihn in einen schlimmen Konflikt mit dem Regime gebracht haben. So hatte er beispielsweise Stinkbomben (er nannte sie wohl irrtümlich »Gasbomben«) in NS-Gruppen und Versammlungen geworfen und ähnliches vollbracht. Überwiegend handelte es sich um die Allotria, die wir in der Quarta getrieben hatten, um unsere Lehrer zu ärgern. Der arme Kerl kam erst in ein Zuchthaus, dann in ein KZ und landete schließlich bei einem Strafbataillon. Obwohl er sich sein hartes Schicksal durch Unvorsichtigkeit selber zuzuschreiben hat, hoffe ich doch, daß Bonn ihn einigermaßen entschädigt hat.

Damals hielt ich mich sorgfältig von Leuten fern, die etwa nachts Parolen an die Häuserwände malten, Flugblätter verteilten und dergleichen. Zweifellos gehörte Mut dazu, der indessen lediglich auf einer Unterschätzung der Gefahren für Freiheit und Leben beruhte.

So war es nur subjektiv Mut, objektiv jedoch der bare Leichtsinn. Zugleich überschätzten solche Leute die Wirkung ihres Tuns, die natürlich gleich Null war; auch nur von Nadelstichen zu sprechen, wäre eine arge Übertreibung.

Legt man den Begriff des Widerstandes großzügig aus, so kannte er zahllose Formen. Dann könnte man die Verweigerung der NS-Grußriten dazu zählen. Ebenso die vielen, die der NS-Faszination bewußt nicht erlagen, was besonders im religiösen Bereich beider Konfessionen nicht selten der Fall war. Hilfeleistungen für Verfolgte, selbst Gesten der Sympathie ihnen gegenüber, wären Widerstand gewesen. Man hört heute gelegentlich von einem »Widerstandskreis um X«, doch wurde dort lediglich, um das Bonmot Hans-Georg von Studnitz abzuwandeln, »gegen Hitler geredet«: Insofern habe auch ich nicht wenigen »Widerstandskreisen« angehört, doch käme es mir nicht in den Sinn, dergleichen als Widerstand zu deklarieren. In Wirklichkeit waren es keine »Widerstands«-, sondern Dissidentenkreise. Verbal das NS-Regime zu mißbilligen, kann man nicht gut als »Widerstand« bezeichnen. Ehrenhaft war ihr Treiben – nicht mehr und nicht weniger.

Gewiß, die Personen der genannten und ähnlicher Art haben dem Nationalsozialismus »widerstanden«, sie verdienen unseren Respekt. Doch zögere ich, ihr Verhalten als »Widerstand« zu qualifizieren. Ich meine, es gehört doch etwas mehr dazu.

Damals wie heute halte ich eine Definition für richtig, wonach man von Widerstand nur sprechen kann, wenn der Einsatz in einem vernünftigen Verhältnis zu dem zu erwartenden Erfolg stand. Diese Definition schützt den Begriff des Widerstandes vor der gängigen Inflationierung, bewahrt seine Würde.

Danach wäre etwa die »Weiße Rose« kein Widerstand gewesen, sondern der dramatische Aufschrei eines überwiegend religiös bestimmten und gequälten Gewissens. Es läßt sich nichts denken, was politisch sinnloser gewesen wäre, als 1943 in der Münchner Universität Flugblätter zu streuen. Es wäre die Pflicht des Professors Kurt Huber gewesen, als Erwachsener die unseligen jungen Leute von ihrem Tun abzuhalten, das von vornherein aussichtslos war und nur zum sicheren Tod führen konnte. Ihnen war es nicht einmal vergönnt, im eigentlichen Sinne des Wortes Märtyrer zu sein; denn der Märtyrer setzt Adressaten, eine Öffentlichkeit voraus, vor der er Zeugnis ablegt; die Gestapo und der Volksgerichtshof konnten nicht gut als »Öffentlichkeit« gelten. Doch der Platz vor der Münchner Universität wurde ausgerechnet nach Kurt Huber benannt, auf dessen Konto das Leben einiger prachtvoller und bewundernswerter junger Leute ging.

Unter jene Definition fällt auch der Ressort-Widerstand, wie ich ihn anhand des Falles Lösener-Globke dargestellt habe; vielleicht ist dieser Fall der einzige, der sich heute so einwandfrei rekonstruieren läßt. Doch wer die damalige Zeit erlebt hat, weiß, daß es ihn in fast allen Behörden gegeben hat. Tatsächlich stand hier der Einsatz in einem vernünftigen Verhältnis zu dem zu erwartenden Erfolg, der das Leben der Bürger oft erleichterte, wie gelegentlich auch vor dem Schlimmsten bewahrte.

Ein anderer Fall von Ressort-Widerstand, der einen besonders großen Erfolg hatte, ist genau nachweisbar. Der letzte Staatssekretär des Auswärtigen Amtes, Steengracht von Moyland, enthüllte als Angeklagter im Nürnberger Wilhelmstraße-Prozeß am 28. Juni 1948, daß auf Ansuchen des Auswärtigen Amtes Hitler genehmigt hatte, siebenhundert ungarischen Juden Schweizer Schutzpässe zu erteilen. Steengracht hängte an die Zahl einfach eine Null an, so daß er sechstausenddreihundert ungarischen Juden das Leben rettete. Seine Aussage wurde durch den Vortragenden Legationsrat Horst Wagner eidlich bekräftigt, wie mir das Münchner Institut für Zeitgeschichte mit Schreiben vom 17. September 1984 bestätigte. Der Fall ist ein besonders typisches Beispiel dafür, daß Widerstand und Belastung nicht selten Korrelate waren.

In dem uferlosen Gerede und Gefasel zum Widerstandsthema ist der Name eines Mannes fast völlig untergegangen, auf den meine Definition nahtlos zutrifft. Der Schreinergeselle Johann Georg Elser, der am 8. November 1939 versucht hatte, mittels einer Höllenmaschine im Münchner Bürgerbräukeller Hitler zu töten. Er war äußerst diskret, weihte niemanden in seinen Plan ein und ging mit hoher technischer Intelligenz zu Werke; daß Hitler rund zehn Minuten früher als üblich den Saal verließ und so mit dem Leben davonkam, konnte Elser nicht ahnen. Sein Einsatz stand in einem vernünftigen Verhältnis zu dem zu erwartenden Erfolg.

Daß der Name Elser ausgerechnet bei dem Widerstandsthema nahezu untergegangen war, hat mehrere Gründe. Warum wurde Elser, der kurz nach dem Attentat verhaftet wurde, nie der Prozeß gemacht? Warum genoß ausgerechnet der potentielle Mörder Hitlers in den Konzentrationslagern Sachsenhausen und Dachau als »Sonderhäftling« eine Vorzugsbehandlung? War es der bekannte »Instinkt« Hitlers, der ihn veranlaßte, die Versammlung früher als gewöhnlich zu verlassen, oder kannte er am Ende den Zeitpunkt, auf den die beiden Uhren der Höllenmaschine eingestellt waren? Und war ein Mann wie der schlichte Schreinergeselle Elser überhaupt in der Lage, einen so komplizierten Attentatversuch allein und ohne Mitwisser monatelang vorzubereiten? Fragen über Fragen.

Es war Hitler selber, der Elser allein die Tat nicht zutraute. Für ihn war es undenkbar, daß er keine »Hintermänner« gehabt haben sollte, die er im britischen Secret Service vermutete. Er blieb bei seiner Vermutung auch, als es den vernehmenden Beamten nicht gelungen war, selbst bloße Indizien, die auf »Hintermänner« hätten hinweisen können, auszumachen.

Jene Fragen waren in der Tat hochinteressant. So war es kein Wunder, daß nach dem Kriege das Thema viele beschäftigte, einander entgegengesetzte Versionen überschlugen sich. Elser habe der SS, andermal der SA angehört. Elser habe im Auftrag Hitlers gehandelt: Waren so nicht dessen rechtzeitiges Verlassen des Lokals, Elsers Vorzugsbehandlung sowie das Ausbleiben eines Prozesses zu erklären? Natürlich konnte auch die Lesart nicht ausbleiben, Elser habe in kommunistischem Auftrag und mit entsprechender Unterstützung gehandelt.

Erst 1969 gelang es Anton Hoch, die Affäre jenseits aller Zweifel aufzuklären. Danach ist es sicher, daß Elser auf eigene Initiative handelte, ohne jemanden einzuweihen. Den Entschluß zur Tat hatte er schon im November 1938 gefaßt. Er ging mit großer Umsicht und hoher technischer Intelligenz an die Arbeit. Seine Wechsel des Wohnorts und des Arbeitsplatzes sowie die Beschaffung von Material wußte er stets seiner Umgebung plausibel zu erklären. Er war auf die äußerste Perfektion bedacht, wieder und wieder kontrollierte er die Zuverlässigkeit seiner Arbeit. 1939 verbrachte er mehr als dreißig Nächte im Bürgerbräukeller, um in die Säule nahe dem Rednerpult seine gebastelte Apparatur einzubauen. Diese bestand aus Sprengstoff, der durch zwei Uhren (eine hätte ihm keine ausreichende Garantie geboten) mit einer Laufdauer von vierzehn Tagen gezündet wurde; so konnte er »hundertvierundvierzig Stunden oder sechs Tage vorher ungefähr auf eine Viertelstunde genau den Zeitpunkt der Explosion einstellen«, wie er in dem Verhör vom 23. November 1939 angab.

Aus kleinen und zerrütteten – der Vater war Trinker – Verhältnissen stammend, mußte er als Kind und junger Mann hart arbeiten, um den Eltern in Königsbrunn behilflich zu sein. Die Volksschule absolvierte er unauffällig; Schönschreiben, Zeichnen und Rechnen waren seine Lieblingsfächer. Er entschloß sich, Schreiner und Kunsttischler zu werden. Seine handwerkliche Begabung und seine Sorgfalt ermöglichten es, daß er als Bester seiner Gruppe die Gesellenprüfung bestand. Er reagierte stets empfindlich, wenn er sein Recht verletzt glaubte, doch war er kein Michael Kohlhaas. Obwohl er niemanden in seine Attentatspläne einweihte, war er kein Einzelgänger. Er liebte Geselligkeit, Tanzereien und Musik, die er mit verschiedenen Instrumenten auch selber ausübte, ohne Noten zu kennen. Er war umgänglich und höflich, hatte aber zuletzt keine engeren Freundschaften. Seinem bescheidenen Liebesleben entsprang ein unehelicher Sohn namens Manfred.

Elser wurde im April (wahrscheinlich am 9.) 1945 in Dachau ermordet. Er war sechsunddreißig Jahre alt.

Früher hatte Elser die KPD gewählt und war auf Zureden auch in den »Roten Frontkämpferbund« eingetreten. Dennoch war er kein Kommunist. Denn er hatte weder von der marxistischen Theorie noch von den Verhältnissen in der Sowjetunion eine Ahnung. Die KPD hatte er lediglich in der vagen Vorstellung gewählt, daß sie »für die Arbeiter« sei. Entsprechende Schriften hatte er nicht gelesen. Zu dem »Kommunisten« Elser paßt es auch nicht so recht, daß er öfter evangelische und katholische Kirchen aufsuchte, um zu beten. Kommunismus schien für ihn kaum mehr zu sein als eine potenzierte Sozialstaatlichkeit bei optimaler Anhebung des Lebensstandards für die Arbeiter.

Als er im November 1938 den Entschluß zum Attentat faßte, wollte er den Krieg verhindern, in der richtigen Erkenntnis, daß Hitler die treibende Kraft war. Zur Zeit des Attentats hatte der Krieg schon begonnen; so wollte er wenigstens dessen Ausweitung verhüten. Als einen Grund gab er die Befürchtung an, »daß Deutschland anderen Ländern gegenüber noch weitere Forderungen stellen und sich andere Länder einverleiben wird und daß deshalb ein Krieg unvermeidlich ist.«

Den Nationalsozialismus wollte er nicht beseitigen (Schutzbehauptung?), sondern lediglich »die Führung treffen«. Über seine Absicht hinaus, eine Ausweitung des Krieges zu verhindern, scheint er sich keine Gedanken gemacht zu haben. Er war im Grunde ein völlig unpolitischer Kopf: Um so erstaunlicher ist es, daß er die unheilvolle Rolle Hitlers nicht nur richtig einschätzte, sondern auch beschloß, ihn auszuschalten.

Soviel man weiß, wurde er zunächst auf unmenschliche Weise gefoltert. Gleichwohl ist es glaubhaft, wenn er seinen Vernehmern sagte: »Nachdem er (der Attentatsplan) nicht gelungen ist, bin ich überzeugt, daß er nicht gelingen sollte und daß meine Ansicht falsch war.« Diese Prädestinations-Vorstellung hatte ja auch Carl Goerdeler, der gegen das Attentat Stauffenbergs gewesen war und in dessen Scheitern ein »Gottesurteil« sah: »Es hätte nicht geschehen dürfen, weil es der sittlichen Weltordnung widersprach; darum hatte Gott es scheitern lassen.«

»Den kleinen Mann Elser«, schreibt Anton Hoch, »haben die Eigenart seines Falles, dessen Behandlung durch die Machthaber und das Vorurteil der Zeitgenossen um die verdiente Anerkennung seiner Tat, ja bis heute um jeden Nachruhm gebracht.« In der Tat: Wir überschlagen uns, wenn es um die »Vergangenheitsbewältigung« oder um »Widerstand« geht, doch ist noch keine Stadt auf den Gedanken gekommen, wenigstens eine Straße nach dem unscheinbaren und tapferen Schreinergesellen zu benennen. Nur schäbige zehn Minuten waren es, die eine der bedeutendsten Figuren des Widerstandes hinderten, die Welt vor dem Abgrund zu bewahren. Volle fünfzig Jahre sollte es dauern, bis die sonst so hellwache Filmindustrie das Attentat des Georg Elser als lohnenden Filmstoff entdeckte.

Der Kreisauer Kreis war durchaus Widerstand im Sinne meiner Definition. Der Einsatz (Freiheit und Leben) stand in einem vernünftigen Verhältnis zu dem zu erwartenden Erfolg. Es war so sinnvoll wie möglich, daß viele Männer und Frauen sich zusammenfanden, um konkrete Vorstellungen von der staatlichen Ordnung nach Hitler und nach dem Kriege zu diskutieren und zu entwickeln. An der Qualifikation als Widerstand ändert es auch nichts, daß der Erfolg versagt blieb. Schließlich hat leider keine Form des Widerstandes Erfolg gehabt, der auf die Beseitigung Hitlers oder des Nationalsozialismus zielte. Nur der behördliche und diskrete Ressort-Widerstand hatte in seinem Rahmen viele Erfolge, aber er hatte nicht die Beseitigung des Nationalsozialismus im Sinne gehabt, sondern »nur« bedrängten Menschen zu helfen.

Schon vor dem Kriege hatte es Überlegungen gegeben, die sich mit dem »Nachher« befaßten. So hatte 1937 Friedrich Alfred Schmid Noerr (bis 1916 Professor für Philosophie und Aesthetik in Heidelberg, nachher freier Schriftsteller), der dem Kreis um Oster, Heinz und Liedig angehörte, einen »Entwurf einer Deutschen Reichsverfassung« entworfen. Interessant ist, daß es darin heißt, »Volksgemeinschaft steht über allem, außer über dem Sittengesetz«. Mehr als vierzigmal kommt das Wort »Volksgemeinschaft« vor. Es ist höchst bemerkenswert, daß selbst bei Gegnern des Regimes die »Volksgemeinschaft« im Ansehen stand. Sie war in der Tat mehr als eine bloße propagandistische Floskel, wie man es heute gern verächtlich sieht. In ihr spiegelte sich die Überwindung des Klassendenkens und des Parteiwesens mit ihren destruktiven Begleiterscheinungen wider, zu dem damals auch Gegner des Regimes nicht zurückkehren wollten. Auch wenn »Volksgemeinschaft« selbstverständlich längst nicht überall praktiziert wurde, so hatte sie doch als Zielvorstellung ihren nicht zu unterschätzenden Wert.

1937 war Weimar noch in lebendiger Erinnerung. Schließlich hatte es Hitler geboren, konnte also nicht unbedingt nachahmenswert sein. War nicht gerade das Parteiwesen schuld an der Lähmung des Staates gewesen? Und wohin das Mehrheitsprinzip geführt habe, schrieb Schmid Noerr, das habe man ja gesehen. Noch stand Weimar, dessen Ende erst vier Jahre her war, im Vordergrund der Überlegungen, so wie 1948/49 die Schrecken des NS-Regimes das Denken beherrschten und zum Grundgesetz führten.

1940 erfuhr ich vom Auswärtigen Amt in einem sehr kleinen und diskreten Kreise die Namen Goerdeler sowie anderer Mitverschworener. Ich erfuhr, das Ziel sei die Vernichtung des NS-Regimes.

Etwa im Frühjahr 1942 war ich in eine schwedische Gesellschaft geladen. Die Dame des Hauses, eine völlig unpolitische Frau, verkündete ihren Gästen, Goerdeler sei gerade in Stockholm, um den Bankier Wallenberg zu besuchen, er sei das Haupt einer deutschen Verschwörung gegen Hitler. Von wem die Indiskretion ausgegangen war, ob von Goerdeler oder Wallenberg, weiß ich nicht. Jedenfalls glaubte ich natürlich, das, was ich 1940 im Auswärtigen Amt erfahren hatte, müsse eine Fehlinformation gewesen sein. Denn es erschien einfach undenkbar, daß ein so hochexplosives Geheimnis im Besitze ausgerechnet einer politisch so ahnungslosen Schwedin gewesen sein sollte. Mein Erstaunen war daher groß, als ich nach dem

20. Juli 1944 die Namen derer erfuhr, die schon 1940 der Verschwörung angehört hatten.

Die Frage ließ mich fortan nicht mehr los: War es denkbar, daß zwar diese Schwedin informiert war, nicht aber ausgerechnet Heinrich Himmler? Das schien und scheint mir nach wie vor unmöglich.

Das Rätsel schien sich zu lösen, als ich 1947 das Buch »Germany's Underground« von Allan Welsh Dulles las.[337] Daraus erfuhr ich, daß der hochbegabte Johannes Popitz am 26. August 1943 bei Himmler war, während der Berliner Rechtsanwalt Dr. Carl Langbehn (ein Mitschüler von mir) im Vorzimmer zusammen mit SS-Obergruppenführer Karl Wolff wartete. Popitz soll Himmler unter anderem gesagt haben, es gelte das NS-Gedankengut zu retten und es bestehe Aussicht auf Verhandlungen mit dem Westen, wenn der Führer sich mit verhandlungsfähigen Menschen umgebe, zu denen Ribbentrop nicht gehöre. Popitz wagte sich offenbar weit vor, auch wenn er aus Vorsicht keineswegs rückhaltlos geredet haben dürfte, zumal dieses Gespräch nur einer Sondierung diente, der weitere Gespräche folgen sollten.[338]

Kurz darauf fuhr Langbehn auf Weisung Himmlers in die Schweiz. Eine alliierte Stelle informierte durch chiffrierten Funkspruch ihre Regierung über Sondierungen Langbehns, wie die Alliierten auf einen Sturz Hitlers und seine Ersetzung durch Himmler reagieren würden. Die Gestapo dechiffrierte den Funkspruch und gab ihn nicht nur an Himmler, sondern auch an Hitler weiter. Dennoch hatte Langbehn noch nach seiner Schweizer Reise eine Unterhaltung mit Himmler, offenbar bevor dieser den dechiffrierten Funkspruch kannte. Er mußte Langbehn nun verhaften.

In den letzten Tagen des Krieges wurde ein Güterwagen in der Nähe Berlins bei einem Luftangriff getroffen, wobei zahlreiche Akten herausgeschleudert wurden. Dulles gelang es, einige von ihnen in die Hand zu bekommen. Daraus sei hervorgegangen, daß Himmler schon 1943 »nicht abgeneigt war, gegen seinen Führer zu konspirieren«.[339]

Himmlers Rolle ist nicht ganz klar. Natürlich ist es möglich, daß er von der Verschwörung zwar wußte, aber erst zu einem späteren Zeitpunkt zugreifen wollte. Schon ein paar Monate vor dem Attentatsversuch hatte er zu Admiral Canaris, dem Chef der militärischen Abwehr – von dem er noch nicht ahnte, daß auch er der Verschwörung angehörte – gesagt, er wisse, daß eine Reihe von Offizieren mit Aufstandsgedanken spiele, doch sei er darüber so eingehend informiert, daß er es sich erlauben könne, den günstigsten Zeitpunkt abzuwarten. Er nannte dabei sogar Ludwig Beck und Carl Goerdeler.

Dem steht entgegen, daß Himmler in den letzten Wochen des Krieges auf eigene Faust versuchte, mit dem Westen zu verhandeln, worauf Hitler ihn Ende April 1945 mit Schimpf und Schande aus allen Ämtern jagte, weil er »ohne mein Wissen versucht hat, die Macht im Staate an sich zu reißen«. Überdies hatte Walter Schellenberg, Chef des Amtes VI im RSHA, der Hitler beseitigen wollte, schon längst Himmler in den Ohren gelegen.

Beide einander entgegengesetzte Deutungen lassen sich nur dann auf einen Nenner bringen, wenn man Himmler eine Neigung zum Schwanken unterstellt, wofür es nicht wenige Indizien gibt.

Später, nach dem Strafprozeß gegen SS-Obergruppenführer Karl Wolff, sagte mir Gero von Gaevernitz, der deutschstämmige Adlatus von Dulles, der Plan, mit der SS gemeinsame Sache zu machen, sei die »intelligenteste Idee« der Verschwörung vom 20. Juli gewesen. Es ist anzunehmen, daß Gaevernitz auch die Meinung seines einstigen Chefs wiedergab.

Pläne, Hitler zu stürzen oder wenigstens seine Absichten zu durchkreuzen, gehen schon auf das Jahr 1937 zurück. Der Kreis der Opposition wuchs. Es kam zu engen Kontakten vor allem zwischen Angehörigen des Auswärtigen Amtes und Spitzen des Heeres. Zum frühen Stadium der Fronde gehörten – um nur einige Namen zu nennen – Staatssekretär von Weizsäcker, die Brüder Erich und Theo Kordt, Hasso von Etzdorf, Adam von Trott zu Solz, Carl Goerdeler, Hans Bernd Gisevius, Graf Helldorf, Arthur Nebe, Hjalmar Schacht, Oberst (später Generalmajor) Hans Oster, Admiral Wilhelm Canaris, Generaloberst Ludwig Beck, General (später Feldmarschall) Erwin von Witzleben, Generaloberst Franz Halder, der 1938 Ludwig Beck als Chef des Generalstabes des Heeres ablöste. Die Teilnahme an der Fronde kannte verschiedene Grade der Intensität. Im Auswärtigen Amt deckte Staatssekretär Ernst von Weizsäcker die Verschwörung, im Heer übernahm diese Aufgabe der Chef der Abwehr, Admiral Canaris. Auch der Oberbefehlshaber des Heeres, Generaloberst (später Feldmarschall) Walther von Brauchitsch war in einer bestimmten Phase eingeweiht.

Bis zum 20. Juli 1944[340] hatte sich der Kreis der frondierenden höheren Offiziere, denen sich inzwischen auch Gewerkschafter wie Wilhelm Leuschner nach Julius Leber angeschlossen hatten, erheblich ausgeweitet. Schon diese Tatsache allein müßte diejenigen, die den 20. Juli grundsätzlich (also nicht nur wegen seiner Durchführung und des Scheiterns) verurteilen, zumindest stutzig machen. Hat ein Pronunciamiento jemals zu ihrer Tradition gehört?[341] War nicht gerade aus den Reihen des Heeres die Theorie vom Primat der Politik (Clausewitz) entwickelt worden? Welches ungeheure Ausmaß an Not und Verzweiflung gehörte dazu, jene Tradition zu verlassen!

Man hat es vor allem Hans Oster geifernd nachgetragen, daß er 1940 Holland und Norwegen über die Angriffstermine informierte. Formell war es freilich Landesverrat. Doch einem Regime gegenüber, das auf die Vernichtung von Recht und Freiheit, auf die Zerstörung nicht nur Deutschlands aus war, verlieren Begriffe wie Hoch- und Landesverrat ihren Sinn, werden sogar – je nach Kenntnisstand – zur moralischen Pflicht, die sich auf das berufen kann, was die Juristen einen übergesetzlichen Notstand nennen.

Daher habe ich auch moralische Bedenken gegenüber einer Ermordung Hitlers, von denen nicht wenige Oppositionelle geplagt waren, nie verstanden. Hatte Hitler nicht jeglicher Moral gekündigt und sich damit selber vogelfrei gemacht? Im übrigen hat auch, was wenig bekannt ist, General von Reichenau Belgien gewarnt, der gleiche Offizier also, der 1933 die Kanzlerschaft Hitlers besonders lebhaft begrüßt hatte. Ausgerechnet Reichenau also ein schäbiger »Landesverräter«? Wem der damaligen Fronde gegenüber nichts anderes als Verwünschung einfällt, muß sich den Verdacht gefallen lassen, daß sein Verstand Defekte aufweist. Eine solche Ablehnung war allenfalls noch während des Krieges verständlich, aber spätestens das Ende des Krieges beweist, daß nicht Hitler, sondern seine Gegner recht hatten.

Es versteht sich, daß der Träger eines Staatsstreiches nur die bewaffnete Macht, also die Wehrmacht (vor allem das Heer) sein konnte ... Zumindest theoretisch kam auch noch die Waffen-SS in Frage, die sich im Laufe des Krieges immer mehr jeglicher Ideologie entzogen und sich innerlich dem Heer angenähert hatte, mit dem sie die Verachtung für das, was hinter der Front geschah, voll teilte. Beispielsweise sprach sich schon im Juni 1942 SS-Obergruppenführer Sepp Dietrich einem meiner Freunde gegenüber voller Empörung über das aus, was sich in Rußland hinter der Front zutrug. Interessanterweise hatte ich damals eher einen Staatsstreich von der Waffen-SS als vom Heer erwartet, schon deswegen, weil sie weniger von der Tradition, also auch vom Dogma des Primats der Politik geprägt war. Angeblich hat Heydrich kurz vor seinem Tode entsprechende Andeutungen gemacht. Die zivilen Mitglieder der Fronde mußten sich damit begnügen, Informationen zu sammeln und auszutauschen, dieses und jenes zu verhindern, andere zu gewinnen und zu versuchen, auf Regierungskreise in London und Rom einzuwirken. Aber auch damit war der Einsatz der Freiheit und des Lebens verbunden.

Der erste Staatsstreichplan ging 1938 vor allem von Halder und Witzleben aus, der Befehlshaber des Berliner Wehrkreises war. Er scheiterte daran, daß der englische Ministerpräsident Chamberlain nach München[342] kam, obwohl er von der Fronde eindringlich beschworen worden war, eine feste Haltung zu bewahren, was ihm freilich nicht gerade leichtgemacht wurde, weil Prag die große sudetendeutsche Minderheit nie sonderlich fair behandelt hatte; schließlich ging dies auch aus dem Bericht Lord Runicmans hervor, der zur Prüfung der Beschwerden in die Tschechoslowakei gesandt worden war. Bis München hatte Hitler ja auch nur solche Teile des Versailler Vertrages – wenn auch gewaltsam – liquidiert, derentwegen man in Paris und vor allem in London schon längst ein schlechtes Gewissen hatte. Und nicht zu vergessen: Bis dahin hatten die westlichen Staatsmänner von dem *realen* Hitler keine Vorstellungen, so daß ihnen die Beschwörungen der Opposition als übertrieben erscheinen konnten, wenn nicht mußten. Wie sehr Chamberlain von Hitler getäuscht worden war, bewies er, als er bei seiner Rückkehr ausrief: »Peace for our time.«

Das deutsche Volk war überglücklich. Es hatte nichts weniger im Sinne als Krieg, hatte Hitlers Beteuerungen seiner friedlichen Absichten für bare Münze genommen. München versetzte es in einen Freudentaumel; Erich Kordt notierte, daß der Bierkonsum auf dem Münchner Oktoberfest sich verdreifachte. Als ein Jahr später die Truppen nach Polen verladen wurden, war von der karnevalistischen Stimmung des August 1914 nichts zu spüren; die Soldaten wurden nicht wie damals von einem ausgelassenen Jubel begleitet. Eine tiefe Depression und Betroffenheit hatten selbst engagierte Nazis befallen.

Angesichts dieser gelösten und erlösten Stimmung des Volkes war an einen Staatsstreich 1938 nicht zu denken. Hatte Hitler nicht erneut seine außenpolitische Brillanz bewiesen, seine unerreichte Meisterschaft, auf friedlichem Wege unerhörte Erfolge zu ernten? Das Volk geriet in Ekstase, gerade weil es den Frieden wollte und nichts so sehr fürchtete wie den Krieg. Daran änderte es nichts, daß es die Aufrüstung aus vollem Herzen bejaht hatte; in seinen Augen zielte sie nicht auf Krieg, sondern lediglich auf die Beendigung einer Wehrlosigkeit, die angesichts der hochgerüsteten Nachbarn als unerträglich empfunden werden mußte. Jedenfalls blieb in dem Klima, das München geschaffen hatte, Halder und Witzleben nichts anderes übrig, als auf ihre Pläne zu verzichten.

Weitaus günstiger wäre die psychologische Lage ein Jahr später gewesen, als der gefürchtete Krieg Wirklichkeit wurde. Aber kurz zuvor war Witzleben versetzt worden, ohne den Halder, der als Generalstabschef des Heeres ohne Befehlsgewalt war, nichts unternehmen konnte. Auch die Zeit der Blitzsiege, die erst im Winter 1941/42 ihr Ende fand, gab keinen günstigen psychologischen Nährboden für einen Staatsstreich ab. Es fehlte nicht nur an den stimmungsmäßigen Voraussetzungen, sondern auch die Militärs, die der Fronde angehörten, waren durch das Kampfgeschehen zu sehr in Anspruch genommen; schließlich waren sie für ihre Soldaten verantwortlich. Überdies waren es gerade die Blitzsiege gewesen, die im Volk die Illusion eines baldigen Kriegsendes nährten.

Es ist ungerecht und unverständig zugleich, den Offizieren vorzuwerfen, daß sie erst handelten, als es zu spät war, abgesehen davon, daß es schon vor dem 20. Juli drei gescheiterte Attentatspläne von Offizieren gegeben hatte. Der zivilen und militärischen Fronde standen zahllose Hindernisse entgegen. Bei günstiger Frontlage war kein positives Echo im Volke zu erwarten und umgekehrt – eine erbarmungslose Zwickmühle. Eine gewisse Rolle spielte auch der Fahneneid, den zu brechen manche Offiziere schwere Bedenken hatten. Ich habe freilich diesen Aspekt nie verstanden: was bedeutete schon ein Eid, den man einem, um es so milde wie möglich auszudrücken, Halunken geschworen hatte? Vielfach mochte der Rückzug auf den Eid auch nur als unbewußter Vorwand gedient haben, das eigene Gewissen zu sedieren. Manche Kommandeure, die an sich bereit gewesen waren, schreckten zurück, als sie hörten, das militärische Haupt der Verschwörung sei Ludwig Beck: er galt – zu Recht oder Unrecht – als »Zauderer«, dem man nicht zutraute, eine Verschwörung durchzuhalten. Feldmarschall Fedor von Bock (Heeresgruppe

Mitte) sagte im Juli 1943 seine Teilnahme nur unter der Bedingung zu, daß man gemeinsam mit der Waffen-SS vorgehe; in diesem Gespräch mit Carl Langbehn warnte er vor der Zuverlässigkeit des Generaloberst Friedrich Fromm, dem als BdE (Befehlshaber des Ersatzheeres) eine Schlüsselrolle zugewiesen war – eine Warnung, die sich ein Jahr später bestätigen sollte. Kommandeuren, die im Osten in die schwersten Abwehrkämpfe verwickelt waren, konnte man kaum zumuten, daß sie sich gleichzeitig mit Plänen eines Staatsstreiches befaßten. So ist es kein Zufall, daß die Verschwörer in der übergroßen Mehrzahl Stabsoffiziere ohne Befehlsgewalt waren. Nur im besetzten Frankreich hatten auch Kommandeure wie Feldmarschall Günther von Kluge und zuletzt auch Feldmarschall Erwin Rommel an der Verschwörung teilgenommen. Kluge war schon vorher, als er noch an der Ostfront war, eingeweiht worden.

Als eines der schwersten Hindernisse erwies sich, daß es den Verschwörern trotz guter Beziehungen nicht gelungen war, von den Westmächten bindende Zusagen für den Fall zu erhalten, daß Hitler gestürzt würde. Manche Generale mit Befehlsgewalt, die grundsätzlich bereit gewesen waren, verweigerten ihre Teilnahme, als sie davon erfuhren. Auch insofern spielte die törichte Formulierung von Casablanca »Bedingungslose Kapitulation« ihre verheerende Rolle. Nichts konnte mehr abschrecken als diese Formel, die doch nur besagte, daß die deutsche Zukunft auch nach einer Beseitigung Hitlers ohne konkrete Chancen war.

Auf seiten der Westmächte war der Hauptgrund, die erbetene Verpflichtung zu verweigern, das Bündnis mit der Sowjetunion; es galt, auch nur den Schatten einseitiger Zusagen zu vermeiden, zumal Moskau mißtrauisch genug war. Ohne die Rote Armee war der Krieg nicht zu gewinnen, jedenfalls nicht in absehbarer Zeit. Ein anderer Grund war, daß mit der Dauer des Krieges die Unterscheidung zwischen Nazis und Deutschen zugunsten einer Identifizierung aufgegeben wurde. Auch die Westmächte hatte die Kriegspsychose ereilt.

Stalin hatte da weniger Bedenken. Nach Stalingrad errichtete er das »Nationalkomitee Freies Deutschland« und den »Bund deutscher Offiziere«, ein brillanter propagandistischer Einfall. Über beide Organisationen ließ er es nicht an Verlockungen fehlen. Während der Westen unzugänglich und stumm blieb, kamen aus Moskau wenn auch noch so vage Ermunterungen. Überdies waren es nicht die Sowjets, die Deutschland bombardierten. Es war kein Wunder, daß sich innerhalb der deutschen Opposition neben der West- auch eine Ost-Option entwickelte; ein Wunder war es nur, daß die Westoption die Oberhand behielt.

Über den Verlauf des 20. Juli gibt es eine große Literatur, so daß ich mich auf einige Anmerkungen beschränken kann. Die Verschwörung bekam einen neuen Motor, als der in Afrika schwer verwundete Oberst i. G. Claus Schenk Graf von Stauffenberg im Juni 1944 Chef des Stabes des Generalobersten Fromm wurde, was ihm Dienstreisen in das Führerhauptquartier erlaubte – eine wichtige Voraussetzung zur Verübung eines Attentats. Stauffenberg war ein energischer, zum Handeln entschlossener Offizier, ein realistischer Idealist, der über eine ungewöhnliche persönliche Ausstrahlung verfügte.

Politische Aussichten konnte ein Attentat 1944 nicht mehr eröffnen: die Rote Armee rückte unaufhaltsam vor, und ebenso unaufhaltsam waren die westlichen Alliierten nach der geglückten Landung in der Normandie. Doch Ludwig Beck und einer der aktivsten Hauptverschwörer, Generalmajor Henning von Tresckow, glaubten dennoch an die Notwendigkeit eines Umsturzes, nicht mehr aus politischen, sondern nur noch aus moralischen Gründen. Sollte das Attentat nicht gelingen, so müsse dennoch in Berlin gehandelt werden, ließ Tresckow Stauffenberg ausrichten: »Denn es kommt nicht mehr auf den praktischen Zweck an, sondern darauf, daß die deutsche Widerstandsbewegung vor der Welt und vor der Geschichte den entscheidenden Wurf gewagt hat. Alles andere ist daneben gleichgültig.« Und Ludwig Beck sagte am Morgen des 20. Juli: »Es geht nur noch darum, daß aus dem Kreis des deutschen Volkes selbst die Handlung gegen das verbrecherische System erfolgt.« Auch Stauffenberg war dieser Meinung.

Der Staatsstreichversuch scheiterte an mehreren Umständen. Der entscheidende war, daß Hitler den Anschlag überlebte, nicht zuletzt deswegen, weil Stauffenberg durch das Erscheinen des Oberfeldwebels Vogel daran gehindert wurde, die zweite Bombe in den Konferenzraum mitzunehmen; wäre es geschehen, hätte niemand eine Chance gehabt, Peter Hoffmann meint, der Staatsstreich hätte immer noch gelingen können, wenn Generaloberst Fromm mitgemacht hätte; ich kann es mir nicht vorstellen. Man hat es Stauffenberg nachgetragen, daß er das Attentat nicht mit der Pistole verübt hat. Ein reichlich absurder Vorwurf. Erstens konnte Stauffenberg wegen seiner schweren Verwundungen keine Pistole mehr handhaben. Zweitens trug Hitler eine schußfeste Weste. Drittens ist es nicht leicht, einen Kopf mit tödlicher Sicherheit zu treffen. Halder hat mir einmal gesagt, das Problem habe in der folgenden Alternative bestanden: Mit einem Offizier, der in der Lage sei, seinen Gesprächspartner zu erschießen, habe man politisch nicht zusammenarbeiten können; ein Offizier dagegen, mit dem eine politische Zusammenarbeit möglich gewesen sei, wäre zu einem Pistolenattentat unfähig gewesen. Ein Sprengstoffanschlag dagegen hatte – vom Täter aus gesehen – eine Art Anonymität, selbst wenn es klar war, wem er galt.

Seinem abgrundtiefen Charakter entsprechend, sprengte Hitlers Rache alle Grenzen des Normalen. Er, der die Niederlage schon vor Augen hatte, gab sich im eigenen Todeskampf noch einmal einem Blutrausch hin, sein Haß auf die Konservativen und die hohen Offiziere tobte sich in den Zuckungen seiner eigenen Niederlage aus. Typisch für ihn war, daß er die Hinrichtungen durch den Strang befahl. Mehrere tausend Menschen wurden noch in den Todeswochen des Tyrannen seine Opfer. Hingerichtet wurden nicht nur die Verschwörer, sondern auch diejenigen, die ihr Bedauern über das Fehlschlagen des Attentats geäußert hatten (im Volksmund »Schade«-Prozesse genannt).

Allgemein wird – auch von Peter Hoffmann – die Version verbreitet, Hitler habe sich die Filme mit den Hinrichtungen angesehen. Zu meinem Erstaunen teilte mir der frühere Luftwaffenattaché Hitlers, Oberst Nicolaus von Below, im Schreiben vom 19. April und 15. Mai 1981 mit, daß dies nicht zutreffe, obwohl Fegelein ihn dazu gedrängt habe. Es würde nicht so recht zu der bösartigen, ja perversen Mentalität Hitlers passen, daß sein Blutrausch nicht auch dessen Dokumentation hätte genießen sollen.

Gewiß waren nicht alle Beteiligten gleichwertig, was bei der Heterogenität der Opposition nicht verwundert. Es gab unter ihnen zwielichtige Figuren wie Otto John, der in der Bundesrepublik als Präsident des Bundesamtes für Verfassungsschutz nach Ostberlin überlief. Es gab natürlich auch Gegensätze unter den Verschwörern. Beispielsweise waren Popitz und von Hassel gegen Goerdeler, Stauffenberg sprach unter Anspielung auf ihn von einer »Revolution der Greise«, während dieser umgekehrt in Stauffenberg einen »eigensinnigen Querkopf« sah. Es kamen Indiskretionen vor, die für jemanden, der die Zeit erlebt hat, völlig unverständlich sind. Schacht sagte mir einmal, er habe grundsätzlich nicht mit von Hassel gesprochen, da er gewußt habe, daß Hassel noch am gleichen Tag alles mit vollem Namen in sein Tagebuch eintragen werde. Seltsamerweise hat sogar auch Admiral Canaris Tagebuch geführt!

In dieser Beziehung tat sich besonders Goerdeler hervor, der eine Denkschrift nach der anderen und vorgesehene Kabinettslisten verfaßte und versandte und der selbst in der Haft noch die Namen von Verschwörern verriet. Selbst sein Freund und Biograph, der Historiker Gerhard Ritter, kam nicht umhin, diese merkwürdigen Seiten Goerdelers zu erwähnen und für sie allerlei Deutungen anzubieten. Als Goerdeler versuchte, Kontakt mit Konrad Adenauer aufzunehmen, ließ dieser sich nicht darauf ein, weil ihm Goerdelers Mitteilsamkeit bekannt war. Dennoch kann man pauschal sagen: Nach dem Staatsstreichversuch endete die Elite der deutschen Nation, des deutschen Adels und des Offizierskorps am Galgen.

Im Ausland begriff man die Tragödie nicht. Die angelsächsische Presse bot hämische Kommentare, und Winston Churchill erklärte am 2. August 1944 im Unterhaus, die Ereignisse des 20. Juli und die Massenexekutionen hätten für England nur das eine Interesse, mitanzusehen, wie sich die Machthaber des Dritten Reiches gegenseitig umbrächten. Ärger konnte die Verständnislosigkeit kaum sein.

Die Ereignisse gingen am Bewußtsein des Volkes vorbei. Jeder war mit seinen eigenen Sorgen zu sehr beschäftigt. Überlebt der Vater, der Bruder oder der Sohn die Schlachten? Und in den bombardierten Städten trat noch die Frage hinzu, ob morgen noch die eigene Wohnung oder das eigene Haus stehe.

Es berührt ein wenig peinlich, bei den üblichen Gedenkfeiern zu Ehren der damals Umgekommenen regelmäßig Herren zu beobachten, deren äußeres Erscheinungsbild mit einiger Sicherheit darauf schließen läßt, daß sie zu jener Zeit kaum zu den Männern gezählt haben würden, deren Andenken sie ohne die geringste Verlegenheit so routiniert feiern; es ist ihnen nicht anzumerken, daß sie sich auch nur die Frage stellen, ob sie selber das Format hätten, um, wie Tresckow sich ausdrückte, das »Nesselhemd« anzuziehen.

Da gemeinhin die Geschichte des Dritten Reiches vor allem nach dem Grade der Spektakularität seiner Untaten gesehen wird, wird konsequenterweise der gleiche Maßstab an die Aktionen von Widerstand angelegt, gleichgültig ob sie – wie der 20. Juli – Sinn hatten oder – wie etwa die Weiße Rose – nicht. Bei dieser Methode, die vorgibt, ein Verstehen der NS-Zeit zu vermitteln, ist es nur konsequent, wenn auch nur jener Widerstand, dem etwas Spektakuläres anhaftete, als solcher gewertet wird. Daß Staatssekretär Steengracht von Moyland 6300 ungarischen Juden das Leben rettete, ist nur denen bekannt, die damals in Nürnberg dem Wilhelmstraße-Prozeß beiwohnten oder die entsprechenden Protokolle gelesen haben. Und nur die, die jene Zeit erlebt haben, wissen, daß in fast allen Behörden Leute saßen, die in aller Diskretion unsereins halfen, ohne sich im Sinne des Regimes zu belasten. Keiner kennt die Zahl jener Strafrichter, die für geringfügige Delikte unverhältnismäßig hohe Strafen verhängten, weil sie ein baldiges Ende des Krieges erwarteten und daher wußten, daß die Delinquenten nur eine geringe Zeit der Strafe absitzen mußten. Der Grund für die hohen Strafen war, daß besonders bei politischen Straftaten die Gestapo vor dem Zuchthaus wartete, um den Entlassenen in ein KZ zu bringen. Dies wurde durch die Höhe der Strafen gegen Ende des Krieges verhindert. Doch heute sieht man nur die harten Urteile, nicht aber die Motive. Spektakuläres ging von ihnen nicht aus. Nur wer jene Zeit selber erlebt hat, genießt – um das bekannte Wort von Helmut Kohl abzuwandeln – »die Gnade der frühen Geburt«, nur er weiß um die zahllosen diskreten, daher nicht dokumentierten Fälle.

Um den Nachgeborenen eine gewisse konkrete Vorstellung von dem zu geben, wie z. B. Beamte einem Dissidenten diskrete Hilfe zuteil werden ließen, ohne daß sie deswegen mit dem Gesetz in Konflikt kamen und ohne daß sie nach 1945 entsprechend gewürdigt wurden, möchte ich ein Beispiel anführen, das höchstwahrscheinlich schon mehrmals eine Tatsache war und ist. Mit hoher Wahrscheinlichkeit gab es DDR-Grenzwächter, die auf einen Flüchtenden befehlsgemäß schossen, aber absichtlich danebenzielten. Mit dem Regime der DDR hatte er deswegen keine Schwierigkeiten, doch hier sah man in ihm einen Schurken, der den Schießbefehl befolgte. Analogien zu einem solchen Beispiel gab es unter dem NS-Regime viele.

Der Mitläufer

Ein erfahrener General sagte einmal, in jedem Bataillon gebe es bei allen Armeen der Welt rund zwanzig tapfere Leute. Die eigentliche Führungskunst bestehe darin, die übrigen 600 Mann zum »Mitlaufen« zu bringen. Erst hier begännen die Qualitätsunterschiede der einzelnen Armeen.

So mag es sein. Und zwar nicht nur beim Militär; nur ist dieses in der Lage, mit den ihm eigentümlichen Mitteln auch den »Mitläufer« zu einem heldenhaften Verhalten zu bewegen.

Nach dem Kriege ereignete sich viel Sonderbares, das meine Verwunderung erregte. Dazu gehörte, daß der Mitläufer an den Pranger gestellt, der allgemeinen Verachtung preisgegeben wurde.

Die Vorstellung, der Mitläufer sei ein besonders übler und feiger Bursche, war so diffamierend, daß niemand dazugerechnet werden wollte. Ich kannte aktive Nazis, die eine Spruchkammer als »Mitläufer« eingestuft hatte und die darob empört waren. Und ich kannte Dissidenten, die formell einer NS-Organisation angehört hatten und ebenso eingestuft wurden: Auch sie waren nicht weniger entrüstet. NS-Aktivisten und Dissidenten hätten alle möglichen Charakterisierungen hingenommen, nur Mitläufer wollte keiner gewesen sein. Denn dies kam vielen als eine Art Exkommunikation aus der Gemeinschaft, als eine negative Stigmatisierung vor. Jeder wollte sich abgehoben wissen von den andern, sei es als NS-Aktivist, sei es als Dissident. »Mitlaufen« galt als die verächtlichste aller denkbaren Verhaltensweisen; peinliche Assoziationen wie etwa »Herdenvieh« boten sich an, und wer wollte schon als hirn- und willenloses Glied einer Herde gelten?

Es erhebt sich die Frage, was *der* Mensch eigentlich ist. Ein Held, ein Märtyrer, ein Feigling, ein Fanatiker? Nun, auf *den* Menschen trifft keine dieser Kategorien zu, er ist vielmehr ein Mitläufer. Schon unsere Selbstachtung sollte es uns daher verbieten, in seine allgemeine Verfemung einzustimmen.[343]

Der Mitläufer ist auch der schwache Mensch – zumindest jeder vorkonziliare Theologe kann es bestätigen. Aber er ist der normale, also der übliche. Es gibt ihn wie Sand am Meer, aber wer auf ihn baut, hat nicht auf Sand gebaut.

Daher rechnet die politische wie die wirtschaftliche Werbung mit ihm. Ohne ihn gäbe es keine Demokratie, keine Parteien und keine

Mode. Harmlos und segensreich wirkt er als verläßliche Stütze aller derer, die etwas zu verkaufen haben, sei es einen Politiker, eine Politik, einen Rasierapparat oder eine Mittelmeerreise.

In allen diesen Bereichen behandelt man ihn mit ausgesuchter Höflichkeit, nennt ihn »Wähler«, »Kunde« oder »Gast«. Man redet ihm sogar das beglückende Bewußtsein ein, besonders »reif« oder »mündig« zu sein; wenn er diese oder jene Partei wähle, einen ungewöhnlich erlesenen Geschmack zu haben, wenn er diese oder jene Weinmarke bevorzuge. Dem Mitläufer, also dem Menschen, in allen seinen Eigenschaften, Wünschen und Hoffnungen, sucht man demoskopisch auf seine Schliche zu kommen und entsprechend zu traktieren. Doch der Königswurf der Werbekunst besteht darin, daß sie ihm, läuft er endlich mit, die Vorstellung vermittelt, in Wahrheit laufe er voraus.

Jeder, der nicht gerade das Zeug zum Helden hat, wird einer Gefahr, die er für unabwendbar hält, nicht widerstehen, sondern ihr aus dem Wege gehen, er wird sich dem anschließen, von dem er sich Schutz vor der Gefahr verspricht. La Fontaine läßt in einer Fabel das Schilfrohr zur Eiche sagen: »Je plie et je ne romps pas« (»Ich biege mich, so zerbreche ich nicht«) – *die* Formel des Mitläufers. Selbst wer in seiner Umgebung (Ortschaft, Partei, sonstige Verbindungen und Gemeinschaften) auch nur eine herrschende Tendenz, eine herrschende Meinung ausgemacht hat, wird ihr häufig noch nicht einmal verbal entgegenzutreten wagen (Elisabeth Noelle-Neumanns »Schweigespirale«).

Doch 1945 war man sich über die Identität von Normalmensch und Mitläufer nicht klar. Der Grund liegt darin, daß er unter gewöhnlichen Verhältnissen nicht auffällt, er ist bei nichts Bösem dabei, weil das niemand von ihm verlangt. Doch unter extremen Bedingungen – etwa denen einer totalitären und gewalttätigen Diktatur – richtet sich, sobald die Verhältnisse sich gewandelt haben, die allgemeine Aufmerksamkeit tadelnd auf ihn. Hat er nicht das gesagt oder gar getan, was die Tyrannen von ihm forderten, ist er nicht durch sein Mitlaufen schuldig geworden?

Verlegen stand er 1945 und danach am Pranger, den Alliierte und Spruchkammern für ihn errichtet hatten. Doch wer die Geschichte kennt, fragte sich allerdings vergebens, wann und wo der Mensch sich unter extremen Bedingungen jemals anders verhalten haben sollte.

Sehen wir hier von dem Karrieristen ab, der aus solchen Bedingungen für sich besondere Vorteile herauszuholen sucht. Beschränken wir uns auf den schlichten Mitläufer, der von sich und den Seinen nur besondere Nachteile fernhalten mußte.

Im Jahre 250 betrieb der römische Kaiser Decius Traianus die Christenverfolgung besonders rabiat. Zahllose Christen, darunter Kleriker und sogar Bischöfe, zogen daher den Götzendienst dem Märtyrertod vor. Man nannte sie die »Lapsi«, die Gefallenen. Als die Verfolgung nachgelassen hatte (Decius Traianus fiel 251 im Kampf gegen die Goten), wollten die Lapsi wieder in die Kirche aufgenommen werden. Daraus ergab sich für diese ein schweres Problem. Bis dahin hatte neben Mord und Ehebruch der Götzendienst zu den nicht oder kaum vergebbaren Todsünden gehört. Beließ die Kirche es dabei, war sie wegen der großen Zahl der Lapsi quantitativ in ihrem Bestande bedroht. Eine rigoristische Richtung lehnte eine Absolution der Lapsi ab. Schließlich entschloß sich die Kirche aber zu einer Lockerung der Bußdisziplin, so daß auch die Lapsi in den Genuß der Absolution kamen.[344] Die Ironie will es, daß damals nicht sie das Christentum gerettet haben, sondern eben die Lapsi.

In den letzten Jahrzehnten vor der Vollendung der Reconquista wurden die iberischen Juden von der Kirche und von örtlichen kirchlichen Instanzen hart bedrängt. Die Maßnahmen unterschieden sich je nach Zeit und Region. Sie gingen von der alternativen Forderung, daß die Juden entweder emigrieren oder sich taufen lassen sollten, über die Zwangstaufe und schließlich bis zur Vertreibung selbst der getauften Juden (»Marranen«) aus Spanien (1492) und 1498 aus Portugal, wo Juden (»judios publicos«) wie Marranen (»judios occultos«) aus Spanien Zuflucht gesucht hatten.[345] Vor ihrer Vertreibung hatten die Marranen oft eine bedeutende Rolle im öffentlichen, wirtschaftlichen und gesellschaftlichen Leben gespielt. Die Marranen sind wohl die berühmteste historische Mitläufer-Bewegung, ohne daß sie in einen negativen Ruf gekommen wären. Eine Ausnahme bildete nur jener unbekannte Rabbi, der im 12. Jahrhundert die nordafrikanischen Scheinmohammedaner verdammte; er war ebenso eifrig und vor allem ahnungslos wie unsere heutigen »Vergangenheitsbewältiger«, die von ihrem peinlichen Vorbild freilich nichts wissen.

In der Zeit der Verfolgung haben die iberischen Juden oft in ihren Gemeindehäusern zu hebräischen Texten christliche Melodien gesungen, um die Spitzel der Inquisition zu täuschen. Wenn ich mich richtig erinnere, sandte der Vatikan 1928 eine Musik-Kommission in eine sefardische[346] Synagoge in Amsterdam, um dort nach Melodien zu forschen, die in der Kirche selber verlorengegangen waren.

Sogar der berühmte Talmud-Philosoph Maimonides (Rabbi Mosche ben Maimon, abgekürzt auch »Rambam« genannt) war, als er im 12. Jahrhundert in Marokko lebte, einige Zeit Mitläufer des Islams, um einer Ausweisung zu entgehen. Damals herrschte dort die strenge islamische Richtung der Almohaden (auch Almowahidin: »Unitarier«); sie stellten Juden wie Christen vor die Alternative, entweder die Einzigartigkeit Gottes und die prophetische Mission Mohammeds vorbehaltlos anzuerkennen oder das Land zu verlassen. Die Synagogen wurden geschlossen, und ein öffentliches Bekenntnis zum Judentum wurde mit dem Tode bestraft.

Damals behauptete ein Rabbiner, der die Dinge nur von außen kannte (eine interessante Parallele zur Gegenwart), jeder Jude, der auch nur zum Scheine und unter Zwang den Propheten anerkenne, sei ein Renegat, selbst wenn er an den jüdischen Bräuchen insgeheim festhalte. Das veranlaßte Maimonides zu seiner ersten veröffentlichten Schrift, die auch seiner eigenen Verteidigung galt: »Iggereth hasch'mad« (etwa »Sendschreiben über die Abtrünnigkeit«; die Veröffentlichung lag zwischen 1160 und 1164). Darin heißt es, Abtrünnigkeit sei nur die innere Preisgabe der Überzeugung, nicht aber die äußerliche, vorgetäuschte und aus Todesangst veranlaßte; man zwinge die Juden auch nicht, die mohammedanischen Riten zu befolgen, »sondern nur das (den Glauben an den Prophetenberuf Mohammeds verbürgende) Wort zu sprechen, wobei die, die uns dazu zwingen, wohl wissen, daß wir an dieses Wort nicht glauben und es nur aussprechen, um dem Zorn des Sultans zu entgehen«. Im übrigen, schrieb Maimonides, hätten die Almohaden »nicht viel dagegen«, wenn die Juden nach ihren eigenen Vorschriften leben. Nach Graetz freilich mußten die Scheinmohammedaner »dann und wann die Moscheen besuchen«, doch hätten die Almohaden »keine Polizeispione« unterhalten, »um das Treiben der Neubekehrten zu beobachten.« Dennoch, auf offenes Bekenntnis zum Judentum stand immerhin die Todesstrafe. Und, wie Graetz weiter schreibt, seien »die afrikanischen Gemeinden in ihrem Bekenntnisse schwankend geworden. Stets zum Schein die aufgezwungene Religion üben und doch im Innern der angeerbten mit ganzer Seele treu zu bleiben vermögen nur starke Geister. Die gedankenlose Masse gewöhnte sich allmählich an das aufgenötigte Bekenntnis, sah in der unbarmherzigen Unterdrückung des Judentums den Untergang desselben, machte mit dem Scheine Ernst ... und fing an zu glauben«, daß Gott »die Araber statt der Israeliten auserwählt habe«. Maimonides selbst wanderte 1165 über Palästina nach Ägypten aus.

Es ist interessant, wie analoge Situationen in den verschiedenen Sprachen analoge Vokabeln hervorbringen. Dem Ausdruck »Lapsi« des Jahres 250 entsprach es, daß wir diejenigen, die unter dem Eindruck der Wahlen vom 5. März 1933 einer NS-Organisation beigetreten waren, »März-Gefallene« nannten. Und während sich die Scheinmohammedaner Nordafrikas im 12. Jahrhundert und die iberischen Scheinchristen des 14. und 15. Jahrhunderts auf Hebräisch als »anussim« (»Gezwungene«) bezeichneten, sprachen wir 1933 von den »Hineingepreßten«. Gewiß war die Situation der »Lapsi« und der »Anussim« ernster als die der Dissidenten im Dritten Reich: Die »März-Gefallenen« und die »Hineingepreßten« überschätzten die Nachteile, die ihnen bei einem anderen Verhalten drohten; allerdings war in zahllosen Fällen ein Berufsverbot oder die Unmöglichkeit zu studieren zu erwarten. Und immerhin stand im 12. Jahrhundert den nordafrikanischen »Anussim« als Alternative auch die Auswanderung offen, was zum Teil auch auf die iberischen Juden im 14. und 15. Jahrhundert zutraf. Am wenigsten paßt der Vergleich zu den »Lapsi«, denn ihre Alternative war nur der Märtyrertod. Und daß im 15. Jahrhundert selbst die Marranen ihre Heimat verlassen mußten, war humaner als die grauenhafte »Endlösung«. Jedenfalls belegen jene historischen Parallelen die Identität der »normalen« Verhaltensweisen von Menschen unter extremen Bedingungen. Doch genügt es schon zu zeigen, nicht nur wie die Deutschen im Dritten Reich reagierten, sondern auch wie sich die Völker unter der NS-Besatzung im Zweiten Weltkrieg verhielten.

In Dänemark und Norwegen war die Besatzungspolitik relativ milde; so wurde eine Widerstandsbewegung erst in den letzten Kriegsjahren manifest. In Norwegen gab es von Anfang an die »Quislinge«, die zwar eine Minderheit, aber zur aktiven Zusammenarbeit bereit waren. Als ich noch in Stockholm lebte, habe ich mehrfach Flüchtlinge aus Norwegen gesprochen, die übereinstimmend aussagten, daß in den dortigen Konzentrationslagern zwar die Gestapo befahl, aber daß es Norweger waren, die die Befehle ausführten. In Stockholm rissen sich die Schweden zunächst um uns Deutsche, die wir dort lebten; wir wurden häufig eingeladen. Repräsentierten wir nicht den kommenden Sieger? Doch nach Stalingrad änderte sich das schlagartig, nur wirkliche Freunde unter den Schweden verkehrten nach wie vor mit uns. Für die anderen galt es, schleunigst mit denen »mitzulaufen«, die nun als Sieger festzustehen schienen.

Als Bundespräsident Gustav Heinemann in Stockholm einen Staatsbesuch absolvierte, kam er natürlich mit tiefer Abscheu auf unsere »Vergangenheit« zu sprechen. Die Schweden, die das hörten und Bescheid wußten, mögen insgeheim sich nicht wenig amüsiert haben. Denn während des Krieges belieferte uns Schweden mit Erz aus Kiruna, außerdem stellte es uns seine Eisenbahn für den militärischen Nachschub nach Norwegen zur Verfügung. Nicht nur das, jeder deutsche Deserteur, der innerhalb von 2 km längs der Bahnlinie und der norwegischen Grenze gefaßt wurde, wurde ausgeliefert. Ein mir befreundeter schwedischer Hauptmann, der an der norwegischen Grenze stationiert war, ließ sich versetzen, weil er die Tragödien, die sich bei einer Auslieferung abspielten, nicht länger ertragen konnte.

Die Schweden mögen mir die Erinnerung an Tatsachen nachsehen. Ich habe mich in Stockholm außerordentlich wohl gefühlt und das Volk lieben gelernt. Ich denke nicht daran, die Schweden zu tadeln. Sie haben sich damals eben so verhalten, wie es unter solchen Bedingungen von jedem zu erwarten war; ich kann darin nichts Anstößiges sehen.

Nach der Niederlage von 1940 bestand in Frankreich – auf einen breiten Consensus gestützt – eine echte Bereitschaft zum Frieden, was Hitler, der nach seiner Veranlagung gar nicht friedensfähig war, nicht zu nutzen verstand. Zunächst konnte sich dort jeder deutsche Offizier überall frei bewegen, ohne gefährdet zu sein. Die Résistance begann erst virulent zu werden, als im Winter 1941/42 vor Moskau sich die erste deutsche Niederlage abzeichnete. Je länger der Krieg dauerte, um so mehr Franzosen hielten es für ratsam, nun mit de Gaulle statt mit Pétain oder gar den Deutschen zu kooperieren und in der Résistance aktiv zu werden oder sie in irgendeiner Form zu unterstützen. Auch darin ist nichts zu sehen, was Tadel verdiente, jener Prozeß spiegelte lediglich die übliche Verhaltensweise der Menschen wider, etwas anderes war nicht zu erwarten gewesen.

Anders lagen die Dinge natürlich dort, wo die NS-Besatzung mit brutaler Härte vorging, also im Osten. Waren unsere Truppen in der Ukraine mit Jubel begrüßt worden, so gelang es unserer Besatzungs-»Politik« sehr bald, aus den Ukrainern Partisanen zu machen. Ein Wunder ist es nur, daß es dem russischen General A. Wlassow, der im Winter 1941/42 als Kommandeur der 20. sowjetischen Armee Moskau verteidigt hatte, als Kriegsgefangenen gelang, noch 1945 zwei russische Divisionen zum Kampf gegen die UdSSR aufzustellen. Doch sein Motiv war nicht das eines Mitläufers, sondern die Einsicht, daß das kommunistische System schlimmer war als der Nationalsozialismus.

Es macht die Schande (oder verschuldete Unschuld) der westlichen Alliierten aus, daß sie Wlassow und seine Armee der UdSSR auslieferten; der General wurde am 1. August 1946 in Moskau hingerichtet.

Die gängige Vorstellung ist falsch, der »kalte Krieg« habe erst 1947 (Truman-Doktrin) oder 1948 (kommunistische Machtergreifung in Prag) begonnen. Er begann schon 1941 – der Westen hatte es nur nicht begriffen.

Mitläufer saßen in allen Behörden. Gerade sie waren es, die uns Dissidenten – jedenfalls soweit wir »Arier« waren – halfen, das Leben einigermaßen erträglich machten.

Ein totalitäres Regime will den Aktivisten, nicht den Mitläufer. Diesem mißtraut es, weil es nicht weiß, was er in Wirklichkeit denkt. Aber es kann ihm nicht beikommen, denn er vollzieht die vorgeschriebenen Riten, wahrt die äußere Konformität. So ist das Regime auf bloße Vermutungen angewiesen und muß obendrein befürchten, daß die Mehrheit so denkt wie er – ein Verdacht, der das Regime beunruhigt. Auch das hatte man vergessen, als man nach dem Krieg den Mitläufer verhöhnte und verachtete.

Sollte es eines Tages wirklich zu einer Wiedervereinigung »in Frieden und Freiheit« kommen, dann wären die Deutschen der DDR nur dann befreit, wenn sie lediglich Mitläufer des Kommunismus wären. Wären sie aber Kommunisten, dann würde eine Wiedervereinigung für sie nicht Befreiung, sondern das Gegenteil bedeuten. Das gleiche gilt bei allen Völkern des Ostens.

Und ich? Gewiß, ich war Dissident und nach den Kategorien der Entnazifizierung »nicht betroffen«. In Dissidentenkreisen war ich auch durchaus »mutig«, hielt also mit meiner Meinung nicht zurück. Aber außerhalb jener Kreise war ich nichts anderes als ein Mitläufer. Im Jahre 250 wäre ich höchstwahrscheinlich ein »Lapsus« geworden, da ich noch niemals eine Berufung zum Märtyrer bei mir entdeckt habe. Auch wenn ich im Dritten Reich keiner NS-Organisation beigetreten war und nichts Braunes geschrieben habe, so war ich äußerlich doch »angepaßt«, fühlte mich also wie ein Marrane, deren Geschichte mich stets fasziniert hat; alles Nötige zu meiner und auch aller »Hineingepreßten« Rechtfertigung hat kein Geringerer als eben Maimonides vor über 800 Jahren gesagt. Und wie die Marranen vor ihrer Vertreibung habe auch ich nicht gerade ein schlechtes Leben geführt. Wenn es mir auch erspart blieb, aus dem Lande verjagt zu werden, so endete meine »Karriere« 1948 immerhin mit einem Berufs- und Auslandsverbot, also weitaus milder als das schließliche Schicksal der Marranen. Um mit La Fontaine zu sprechen: Ich war wahrhaftig keine »Eiche«, sondern nur ein Schilfrohr, das sich bog, um in den braunen Stürmen nicht zu zerbrechen. Ich vermag keinen Grund zu sehen, mich deswegen zu genieren oder gar schuldig zu fühlen.

Selbstverständlich steht der Märtyrer auf einer weitaus höheren moralischen Ebene als der Mitläufer, ohne den schließlich auch das Dritte Reich nicht möglich gewesen wäre. Indessen ist die objektive Funktion des Mitläufers in extremen Zeiten wohl noch wichtiger als die des Märtyrers, was die Kontinuität und die Erhaltung von Werten angeht.

Anmerkungen

[1] Der sog. Küstriner Putsch vom 1. Oktober 1923 ist nicht »nennenswert«. Er wurde sofort von der Reichswehr erstickt. Der Anführer des »Putsches«, der ehemalige Major Buchrucker, versicherte mir nach 1945 durchaus glaubwürdig, er habe keinen Putsch beabsichtigt, sondern nur ein »Fanal« setzen wollen.

[2] Arnold Brecht, Aus nächster Nähe, Stuttgart 1966, S. 316 f. Brecht war jahrelang Ministerialdirektor im preußischen Innenministerium gewesen. 1932 vertrat er Preußen im Reichsrat.

[3] Staat und Heer, in: »Merkur«, Heft 12, Dezember 1956, S. 1139. Als Philipp Scheidemann am 9. November 1918 die Republik ausrief, wurde er ein paar Minuten später von einem zornigen Ebert mit Vorwürfen überschüttet, die in dem Satz gipfelten: »Du hast kein Recht, die Republik auszurufen! Was aus Deutschland wird, ob Republik oder was sonst, das entscheidet eine Konstituante.« Philipp Scheidemann, Memoiren eines Sozialdemokraten, Dresden 1928, 2. Band, S. 313. Scheidemann rechtfertigt sich damit, er habe Liebknecht, der die »Sowjetrepublik« auszurufen bereit war, zuvorkommen wollen – a.a.O. S. 310 f. – Tatsächlich waren die Forderungen der SPD im wesentlichen durch die Verfassungsreform vom 28. Oktober 1918 erfüllt worden, die den Kaiser und die Regierung der parlamentarischen Kontrolle unterwarfen.

[4] Darstellungen aus den Nachkriegskämpfen deutscher Truppen und Freikorps, 6. Band, Die Wirren in der Reichshauptstadt und im nördlichen Deutschland 1918–1920, Berlin 1940, S. 1. Zwar werden an der gleichen Stelle auch nichtmilitärische Gründe für den Zusammenbruch aufgeführt, wie z. B. »die Grippe« oder »das Gift der Zersetzung, das von der kraftlos gewordenen Heimat her Eingang fand«, aber es wird kein Zweifel daran gelassen, daß auch diese Dinge »den Zusammenbruch der Heimat ebensowenig verhindern (konnten), wie den Vormarsch der Feinde aufhalten.« Es ist daran zu erinnern, daß damals die »Forschungsanstalt des Heeres« dem Zugriff Goebbels entzogen war.

[5] Der linksextremen Propaganda bot die Hungersnot der letzten beiden Kriegsjahre einen fruchtbaren Nährboden. Es ist auch ohne Agitation erklärlich, daß die Matrosen der Hochseeflotte, die seit der Seeschlacht von Skagerak (1916) untätig im Kieler Hafen lag (es gibt kaum eine schwerere Belastung der Disziplin als jahrelange Untätigkeit an Bord), den Dienst versagten, als sie am 29. Oktober 1918 zur Schlacht auslaufen sollte. Schon stand ihnen die Niederlage vor Augen, die Nachrichten von der Westfront waren schlecht, General Ludendorff war bereits entlassen, der Notenwechsel mit dem US-Präsidenten Wilson wegen eines Waffenstillstandes war bekannt und hatte, wie sich später herausstellen sollte, irreale Hoffnungen ausgelöst. So nimmt es nicht wunder, daß das, was mit einer Dienstverweigerung der Heizer begonnen hatte, am 4. November in eine Meuterei der Matrosen umschlug, die die »Revolu-

tion« einleitete. Dennoch sollte man die linksextreme Propaganda als einen wenn auch nicht meßbaren Faktor nicht unterschätzen. Vgl. u. a. Reinhard Höhn, Sozialismus und Heer, 3. Band, Bad Harzburg 1969, S. 714 f. und passim, ferner Gerhard Ritter, Staatskunst und Kriegshandwerk, 4. Band, München 1968, S. 451 f. Ritter spricht von der ständigen »Wühlarbeit« der extremen Linken, zuletzt unterstützt von dem sowjetischen Botschafter in Berlin, Joffe; aber auch Ritter schreibt, das alles hätte nicht ausgereicht, wäre »nicht die Erschöpfung durch Hunger, durch Kriegsseuchen (schwere Formen der Grippe) und Mangel an allem Lebensnotwendigen so grenzenlos« gewesen. Es habe »schon sehr viel zusammenkommen« müssen, »um aus dem braven, tapferen, in tausend Gefahren und Nöten bewährten deutschen Frontsoldaten jenes Gesindel zuchtloser Meuterer im roten Halsschal zu machen, das man im November/Dezember 1918 in allen deutschen Großstädten sich herumtreiben sah«. Der damalige Führer des Seemannsbundes, Hase, sagte am 30. August 1919 in Geestemünde: »Wir haben schon vom Beginn des Krieges, von Anfang des Jahres 1915 an, systematisch für die Revolution der Flotte gearbeitet. Wir haben von unserer Löhnung alle Tage 30 Pfennig gesammelt, uns mit den Reichstagsabgeordneten in Verbindung gesetzt und revolutionäre Flugblätter verfaßt, drucken lassen und verteilt, um so für die Novemberereignisse die Bedingungen zu schaffen. Nicht erst seit 1917 ist, wie der Unabhängige Vater in Magdeburg erwähnte, die Agitation gegen Heer und Flotte systematisch betrieben worden, sondern seit Beginn des Krieges.« Maercker, Vom Kaiserheer zur Reichswehr, Leipzig 1921, S. 13. Wahrscheinlich konnte die »Dolchstoßlegende« nicht zuletzt deshalb eine gewisse Popularität gewinnen, weil sie eben nicht zu 100 Prozent eine Legende war. Vgl. auch Emil Barth, Aus der Werkstatt der deutschen Revolution, Berlin o. J. (1919). Im Vorwort des Verlages heißt es, die Revolution sei »in erster Linie von dem Verfasser dieser Arbeit vorbereitet worden«.

6 A. Rosenberg, Entstehung und Geschichte der Weimarer Republik, Frankfurt/M. 1955, S. 277. Beachtlich hingegen ist Rosenbergs differenzierte Darstellung der linken Gruppen, die er damals als Insider kannte.

7 Philipp Scheidemann, Der Zusammenbruch, Berlin 1921, S. 231.

8 Die provisorische Regierung nannte sich zunächst »Rat der Volksbeauftragten«.

9 Scheidemann, Memoiren, 2. Band, S. 335.

10 Ebenda, S. 343.

11 Gustav Noske, Von Kiel bis Kapp, Berlin 1920, S. 78.

12 Gustav Noske, Erlebtes aus Aufstieg und Niedergang einer Demokratie, Offenbach 1947, S. 83 f.

13 Noske, Von Kiel, S. 62. Vgl. auch Kleinow, Der Polizeiführer in den Nachkriegsjahren, o. J., S. 20 f., ferner Hsi-Huey-Liang, The Berlin Police in the Weimar Republic, Berkeley, Los Angeles und London 1970, S. 32 ff. und passim.

14 Von Kiel, S. 68.

15 Darstellungen, 6. Band, S. 17.

[16] Darstellungen, 6. Band, S. 34. Hagen Schulze, Freikorps und Republik 1918–1920, Boppard a. Rh. 1969, S. 12.

[17] Bundesarchiv H 08/42 Bl. 26 f. Zit. nach H. Schulze, a.a.O. S. 11.

[18] R. Luxemburg hatte gegen den Aufstand gestimmt, denn sie wollte eine von den breiten Massen getragene revolutionäre Regierung, für die sie aber noch nicht »reif« waren. Insofern, als ihr ein von der Mehrheit des Volkes getragenes Regime vorschwebte, kann man sie eine Demokratin nennen, zumal sie die terroristische Methode Lenins auf das schärfste ablehnte und sich deswegen auch an ihn gewandt hatte. Als die Entscheidung über den Januaraufstand gefallen war, trug sie diese aus jener Loyalität heraus mit, die ihr nicht das erste Mal geschadet hatte. Bei der Erleichterung, die führende Sozialdemokraten über ihre Ermordung empfunden hatten (wovon noch die Rede sein wird) spielte es eine große Rolle, daß diese von der ursprünglichen Ablehnung des Aufstandes durch R. Luxemburg noch nichts wußten.

[19] Waldemar Pabst, der den Befehl gegeben hatte, sagte mir 1962, er sei mit der Art der Durchführung nicht einverstanden gewesen. Er begründete den Befehl damit, daß er vorher den russisch-polnischen Kommunisten Karl Radek verhaftet und der Polizei übergeben habe, die ihn aber habe laufen lassen. Deswegen habe er die beiden nicht der Polizei überstellt. Pabst hatte auf eigene Initiative gehandelt, nicht auf Befehl der OHL. Falsch ist die Darstellung bei E. O. Volkmann, Revolution über Deutschland, Oldenburg 1930, S. 190, wonach Liebknecht und Luxemburg »unter militärischer Bewachung einzeln nach dem Untersuchungsgefängnis Moabit« überführt werden sollten. Pabst hatte sich erst 1962 auf meine Anregung hin zu seinem Befehl öffentlich bekannt. Generalmajor Albrecht von Thaer behauptet in seinen Aufzeichnungen (Generalstabsdienst an der Front und in der OHL, Göttingen 1958, S. 286 f.), Ebert und Scheidemann hätten bei der OHL Anfang Januar sondiert, ob sie Liebknecht und Luxemburg beseitigen könne (»kriminelle Lösung«, wie sich v. Th. ausdrückt). Abgesehen davon, daß der Vorgang sonst nirgendwo belegt ist, ist es zumindest unwahrscheinlich, daß Ebert zusammen mit Scheidemann den Vorstoß unternommen haben sollte, der doch der allergrößten Diskretion bedurft hätte. (An der gleichen Stelle spricht v. Th. auch mehr von Ebert als von Scheidemann.) Konnte oder mußte v. Th. in seiner damaligen Stellung davon wissen, oder gab er nur ein Gerücht innerhalb der OHL wieder? Selbst wenn es lediglich ein Gerücht war, so konnte es doch nur dadurch entstehen, daß dem Rat der Volksbeauftragten damals in der Tat das Wasser bis zum Halse stand, daß es um Sein oder Nichtsein ging, wie es Scheidemann, Noske usw. so plastisch geschildert haben. Pabst hat sich jedenfalls nicht auf die OHL berufen, sondern auf eigene Initiative gehandelt.

[20] Hermann Müller, Die Novemberrevolution, Berlin 1931, 2. Auflage, S. 268. Dort heißt es auch: »Vielfach stachelte das Publikum die Soldaten noch zu Grausamkeiten auf.«

[21] Scheidemann, Der Zusammenbruch, S. 238.

[22] Müller, a.a.O., S. 275.

23 Ebenda, S. 274.
24 Von Kiel, S. 75 f.
25 Hagen Schulze, Otto Braun oder Preußens demokratische Sendung, Frankfurt/M. – Berlin – Eien 1977, S. 155 ff.
26 Walter Oehme, Damals in der Reichskanzlei, Ostberlin 1958, S. 297. Ähnlich Ruth Fischer, Stalin und der deutsche Kommunismus, Frankfurt/M., 3. Auflage, o. J., S. 103.
27 Darstellungen, 6. Band, S. 78 f. Noske, Von Kiel, S. 78 ff.
28 Noske, ebenda, S. 106. Darstellungen, 6. Band, S. 78 ff.
29 Darstellungen. 6. Band, S. 95. Noske, ebenda, S. 109. Die Formulierung des Befehls ist in beiden Quellen etwas verschieden, im wesentlichen aber gleich. Noske dürfte aus dem Gedächtnis zitiert haben.
30 Darstellungen, 6. Band, S. 103. »Nahezu 1200 Volksgenossen hatten ihr Leben verloren«, dazu kamen noch die Verluste auf seiten der Regierungstruppen. Nach Noske, ebenda, S. 110, wurden »rund 1200 Personen getötet«. Die Angaben in den »Darstellungen« dürften auf genauen Unterlagen beruhen.
31 Darstellungen, 4. Band, Die Niederwerfung der Räteherrschaft in Bayern 1919, Berlin 1939, S. 212. Es gibt eine größere Literatur über die Bayerische Räterepublik. Hier mögen die angeführten Zahlen der Verluste, die allein die Eroberung Münchens kostete, genügen, um eine Ahnung von der Härte der Kämpfe zu vermitteln. Die bis zum 10. Mai in München abgelieferten Waffen beliefen sich auf 169 leichte und 11 schwere Geschütze, 760 Maschinengewehre, 21 351 Gewehre, Karabiner und Pistolen, 70 000 blanke Waffen, 300 000 Handgranaten und 8 Millionen Patronen. Ebenda, S. 168.
Vgl. u. a. Darstellungen, 5. Band, Die Kämpfe in Südwestdeutschland 1919–1923, Berlin 1939. Ferner: Der Kampf um das Reich, Essen o. J. (1. Auflage 1929, 2. Auflage 1931) mit einem Vorwort von Ernst Jünger. Der Band enthält eine Reihe von Beiträgen unterschiedlicher Qualität. Beachtlich ist vor allem der Beitrag von Edmund Osten »Der Kampf um Oberschlesien«, S. 257–274, ferner die Beiträge von Gregor und Otto Strasser über den Hitlerputsch, S. 294–308, die interessante Aufschlüsse über die Motivationen der Beteiligten geben. Wichtig auch der Beitrag von Ludwig Alwens »Separatismus im Rheinland und in der Pfalz«, S. 309–320. Vgl. auch: Darstellungen, 1. Band, Die Rückführung des Ostheeres, Berlin 1936. Über die Kämpfe im Baltikum vgl. Darstellungen, 2. Band, Berlin 1937, Der Feldzug im Baltikum bis zur zweiten Einnahme von Riga, Januar bis Mai 1919, und Darstellungen, 3. Band, Berlin 1938, Die Kämpfe im Baltikum nach der zweiten Einnahme von Riga, Juni bis Dezember 1919. – Die genannten Werke mögen für eine große Literatur über den »Nachkrieg« stehen.
32 Noske, Von Kiel, S. 144 f. Danach wurde Neuring aus seinem Dienstzimmer gezerrt, dann »mit Gummiknüppeln und Kolbenschlägen« schwer mißhandelt. Auf den Ruf »Ins Wasser mit dem Hund« hin warf die Menge ihn in die Elbe; beim Versuch, zum Ufer zu schwimmen, wurde er erschossen.

[33] Jahre der Okkupation, Stuttgart 1958, S. 134 und 136.
[34] Vgl. den ausführlichen Artikel »Femeprozesse« von Friedrich Grimm in »Handbuch der Rechtswissenschaften«, 7. Band, 1931, S. 140 ff. Dort auch eine umfassende Übersicht über die große einschlägige Literatur. Vgl. ferner Otto Gessler, Reichswehrpolitik in der Weimarer Zeit, Stuttgart 1958, S. 222 f.
[35] Grimm, a.a.O., S. 141.
[36] RgSt 63, 215 ff. Vgl. auch Oetker in: »Der Gerichtssaal« 1930, Bd. 99, S. 156 ff.
[37] Grimm, a.a.O., S. 145.
[38] In dem Vorwort zu den Erinnerungen seines Freundes Otto Gessler, a.a.O., S. 11.
[39] Statt allem vgl. Carl Schmitt, Nomos der Erde, Berlin, 2. Auflage 1974, vor allem S. 112 ff. Friedrich Berber, Lehrbuch des Völkerrechts, 2. Band, Kriegsrecht, München und Berlin 1962. Strupp-Schlochauer, Wörterbuch des Völkerrechts, 2. Band, Berlin 1962, Artikel »Kriegsrecht im allgemeinen« von Josef L. Kunz.
[40] Immanuel Kant, Rechtslehre, II. Teil, § 60. In seiner interessanten und überzeugenden Auseinandersetzung damit sagt Carl Schmitt mit Recht, daß Kant eben ein »Philosoph und Ethiker ist und nicht Jurist«, a.a.O., S. 140 ff.
[41] a.a.O., § 58.
[42] Erich Eyck, Geschichte der Weimarer Republik, Erlenbach – Zürich – Stuttgart, 1956, 1. Band, S. 159 f.
[43] Vgl. u. a. Arthur Ponsonby, M. P., Lügen in Kriegszeiten, Eine Sammlung von Lügen, die während des Weltkrieges bei allen Völkern in Umlauf waren, Berlin 1930.
[44] a.a.O., § 58.
Kapitalismus, Sozialismus und Demokratie, 2. Auflage, München 1950, S. 237.
[45] Karl Mannheim, Mensch und Gesellschaft im Zeitalter des Umbaus, Leiden 1935, S. 18.
[46] Ebenda, S. 51.
[47] Ebenda, S. 52 f.
[48] Lange, Histoire de l'Internationalisme, Kristiania 1919.
[49] Zitiert nach Robert Ingrim, After Hitler Stalin?, Milwaukee 1946, S. 85.
[50] Vgl. u. a. Robert Strausz-Hupé und Stefan Possony, International Relations in the Age of Conflict between Democracy and Dictatorship, New York 1950, besonders S. 475 ff.; Felix Somary, Krise und Zukunft der Demokratie, Zürich – Wien – Konstanz 1952; Winfried Martini, Das Ende aller Sicherheit, Stuttgart, 1. Auflage 1954, 2. Auflage 1955, zumal die Kapitel »Der überfragte Wähler« und »Die Entartung der Außenpolitik«; Walter Lippman, The public Philosophy, Boston – Toronto 1955.
[51] Duff Cooper, Talleyrand, Leipzig o. J., S. 319.
[52] Franz Schnabel, Deutsche Geschichte im neunzehnten Jahrhundert, Freiburg 1948, 1. Band, S. 542.

53 Ebenda, S. 530.
54 Ebenda.
55 Moritz Busch, Bismarck und sein Werk, Leipzig 1898, S. 35 f. Ebenso M. Busch, Tagebuchblätter, Leipzig 1902
56 Gleichgültig, ob der Osten die Friedensbewegungen steuert und finanziert – auf alle Fälle liegen sie in einem Interesse. Beispielsweise wurde der Amsterdamer Friedenskongreß von 1932 von Moskau gesteuert und finanziert, was die wenigsten Teilnehmer ahnten. Vgl. Babette Gross, Willi Münzenberg, Stuttgart 1967, Kapitel »Aufmarsch der Friedenskämpfer«, S. 235–240, mit detaillierten Angaben. Münzenberg war in der Weimarer Zeit der Chefpropagandist der KPD, sein genialer Trick bestand darin, daß er Intellektuelle von internationalem Ruf (z. B. Albert Einstein, Sigmund Freud), die keine Kommunisten waren, für kommunistische Aktionen gewann, ohne daß diese etwas merkten. Die Autorin ist seine Witwe, Schwester von Margarete Buber-Neumann.
57 Nach seinem Ausscheiden aus der Bundeswehr widmete er sich in Hamburg der modischen Disziplin »Friedensforschung«, wobei zu hoffen steht, daß wenigstens er weiß, was das ist.
58 »Die Welt« vom 14. April 1983.
59 Prof. Dr. Wilhelm Krolle, Bonn, in einem Leserbrief in der FAZ vom 3. Mai 1983. Vgl. auch die gründliche Kritik von Hans Schreida, Verwaltungsblätter für Baden-Württemberg, Zeitschrift für öffentliches Recht und öffentliche Verwaltung, Heft 7 vom 1. Juli 1983, S. 225–230.
60 Vor allem Art. 1 Abs. 3, 19 Abs. 2, in Verbindung mit 79 Abs. 3 GG (Grundgesetz). Auch die nahezu totale Zuständigkeit des BVerfG (Art. 93 GG, § 13 des Gesetzes über das BVerfG).
61 Der übliche Ausdruck »pluralistische Gesellschaft« ist eine Tautologie. Denn jede Gesellschaft, sobald sie den Primitivzustand verlassen hat, ist pluralistisch, d. h. nach individuellen und kollektiven Interessen differenziert und organisiert. Das gilt selbst von totalitären Staaten. Auch im Dritten Reich gab es z. B. Hundezüchterverbände, einen »Katholischen Frauenbund«, u. dgl.; nur politische Abweichungen von der herrschenden Doktrin wurden nicht geduldet. Das gleiche gilt von den kommunistischen Staaten.
62 Vgl. Joseph H. Kaiser, Die Repräsentation organisierter Interessen, Berlin 1956, S. 313 ff. und passim. Carl Schmitt, Der Hüter der Verfassung, Tübingen 1931, S. 71 ff. Ders., Positionen und Begriffe, Hamburg 1940, S. 133 ff. Im Bezug auf die Bundesrepublik stellt Werner Weber, Spannungen und Kräfte im westdeutschen Verfassungssystem, Stuttgart, 2. erw. Auflage 1958, die Frage nach den »eigentlichen Potenzen, ... die die moralische Verfassung Westdeutschlands ausmachen und seine Herrschaftsorganisation bestimmen«. Seine Antwort lautet: »ein Pluralismus (d. h. eine ungeordnete Vielzahl) oligarchischer Herrschaftsgruppen« (S. 49 f.). Und: »Schwerlich« verträgt die Demokratie »sich mit einem System letztinstanzlicher, im übrigen ungeordnet koordinierter Oligarchien« (S. 62). Und zustimmend zitiert Weber Wilhelm Grewe, »daß ein Gemeinwesen, das nur noch aus parzellierten Grup-

peninteressen und Gruppenwillen besteht und nicht mehr in der Lage ist, einen am Gemeinwohl orientierten Gesamtwillen zu produzieren, auch keine rationale und stetige, langfristig kalkulierte und sinnvoll geplante Politik zu treiben vermag und kaum noch den Namen eines Staates verdient« (S. 62, Anm. 21).

63 Eine Abschrift des Briefes in meinem Besitz.

64 Francis L. Carsten, Reichswehr und Politik 1918–1933, Köln – Berlin 1964, S. 364. Der süddeutsche General Groener gehörte nicht zu den Gegnern der Demokratie, um so drastischer geht aus seinem Wort die Not der Republik hervor.

65 In seinem Kommentar »Die Verfassung des deutschen Reichs vom 11. August 1919«, 14. Auflage, Berlin 1933, S. 602 f., begrüßt Gerhard Anschütz diese Vorschrift »angesichts des mit dem parlamentarischen Regierungssystem unvermeidlich verbundenen Einflusses der Parteien auf die Besetzung der Beamtenstellen«. Die Vorschrift sei »notwendig«, obwohl sie »eigentlich nur eine Selbstverständlichkeit zum Ausdruck bringt«.

66 Vgl. den beachtlichen Beitrag von Gustav Radbruch »Die politischen Parteien im System des deutschen Verfassungsrechts« in: Handbuch des Deutschen Staatsrechts, herausgegeben von Gerhard Anschütz und Richard Thoma, Tübingen 1930, 1. Band, S. 285 ff. Radbruch schreibt, das Staatsrecht der Demokratie »hat sich der soziologischen Wirklichkeit des Parteienstaates bisher noch nicht voll angepaßt« (S. 287), und bemerkt zum Schluß, es gingen vom Parteiwesen unwiderstehliche »Verfassungswandlungen« aus. Deshalb »ist das Bild des verfassungsrechtlichen Verhältnisses zwischen Staat und Partei jetzt, und wohl zu jeder Zeit, das Bild eines Übergangszustandes« (S. 294).

67 Neben den Freikorps bildeten sich überall »Einwohnerwehren«. Vgl. u. a. Rudolf Kanzler, Bayerns Kampf gegen den Bolschewismus. Geschichte der bayerischen Einwohnerwehren, München 1931.

68 Zur Geschichte der Landsknechte seit dem 15. Jahrhundert vgl. den ausgezeichneten Artikel »Landsknechte« in der Brockhaus-Enzyklopädie, 11. Band, Wiesbaden 1970.

69 Gerhardt Roßbach, Mein Weg durch die Zeit, Weilburg/Lahn, 1950. Auch nach Auflösung seiner Freikorps hatte Roßbach für seine Leute stets gesorgt. Er bildete Chöre, »Spielscharen«, mit denen er beachtliche Erfolge hatte, auch in Paris und London. Nachdem er 1923 an dem Putsch Hitlers teilgenommen hatte, wandte er sich von ihm ab. Nach 1945 hatte er vor allem die Bayreuther Festspiele wieder in Gang gebracht. Eher noch als Hindenburg war er das Idol der Jugend in der Weimarer Republik gewesen. Wenn Ernst Jünger, der stets eine starke Affinität zum Soldatischen hatte, bei der Begegnung mit ein paar Roßbach-Leuten einen negativen, ihn sehr enttäuschenden Eindruck gewonnen hatte (Ernst Jünger, Jahre der Okkupation, Stuttgart 1958, S. 245), so hat er die Begegnung sicherlich korrekt wiedergegeben, doch lassen sich aus ihr keine verallgemeinernden Schlüsse ableiten. Ich habe genügend »Roßbacher« kennengelernt, um einen anderen Eindruck gewonnen zu haben.

70 Darstellungen, 2. Band, S. 1.

71 H. Schulze, Freikorps, S. 26, und Herbert Volck, Die Freikorps als Zellen der Revolution, in: Revolutionen der Weltgeschichte, München 1933, S. 798.

72 Maercker, a.a.O., S. 41.

73 H. Schulze, a.a.O., S. 26, Anm. 105 und 106.

74 Ebenda, S. 27, und Darstellungen, 1. Band, S. 138.

75 Maercker, a.a.O., S. 255.

76 Ebenda, S. 257 f.

77 Helmut Franke, Staat im Staate, Aufzeichnungen eines Militaristen, Magdeburg 1924, S. 135.

78 Rudolf Mann, Mit Ehrhardt durch Deutschland, Berlin 1921, S. 32. Sogar Ehrhardt war nach dem Kapp-Putsch »weitestgehend« bereit, »sich der Sache der proletarischen Revolution anzuschließen«, was aber an den Arbeiterabordnungen scheiterte. Friedrich Wilhelm Heinz, Die Nation greift an. Geschichte und Kritik des soldatischen Nationalismus, Berlin 1933, S. 96. Auch sonst finden sich in der Freikorps-Literatur viele Hinweise auf den antibürgerlichen Affekt, z. B.: »Wir glaubten den Bürger zu retten, und wir retteten den Bourgeois«. Ernst v. Salomon, Die Geächteten, Berlin 1930, S. 123.

79 Vorwort zu dem Sammelband, »Der Kampf um das Reich«, Essen o. J., S. 7.

80 Heinrich Brüning, Memoiren 1918–1934, Stuttgart 1970, S. 17.

81 H. Volck, Rebellen um Ehre. Mein Kampf um die nationale Erhebung, Berlin 1937, S. 66 f.

82 v. Thaer, Generalstabsdienst, a.a.O., S. 298.

83 Otto-Ernst Schüddekopf, Das Heer und die Republik, Frankfurt 1955, S. 69.

84 »National« war damals ein Synonym für rechts; bezeichnenderweise nannte sich die Partei am äußersten rechten Flügel des Bürgertums »Deutschnationale Volkspartei« (DNVP). In Wirklichkeit bezeichnet das Wort »national« den Gegensatz zu »regional« und »international«. Der damalige irreführende Gebrauch des Begriffes »national« diffamierte alle Strömungen, die nicht rechts ausgerichtet waren. »Nationale« Motive sind, richtig verstanden, patriotische, sie bezeichnen also ein Streben nach dem Wohl des eigenen Volkes und Staates. Insofern waren selbstverständlich damals auch die Sozialdemokraten national, im Gegensatz zu den Kommunisten, die nach ihrem eigenen Bekenntnis das Wohl nur einer bestimmten sozialen Gruppe im Auge haben und überdies international waren und sind. In Wirklichkeit waren die Motive der mir bekannten Freikorpsoffiziere auch nicht nur »national« in dem damaligen Sinne, sondern patriotisch.

85 H. Schulze, a.a.O., S. 60.

86 Ernst von Salomon im Vorwort zu dem von ihm herausgegebenen »Das Buch vom deutschen Freikorpskämpfer«, Berlin 1938, S. 11 f.

87 Maercker, a.a.O., S. 86.

88 Ebenda, S. 295.

250

89 Ebenda, S. 178.
90 Friedrich Wilhelm v. Oertzen, Die deutschen Freikorps 1918–1923, 4. erw. Auflage, München 1938, S. 61.
91 H. Schulze, a.a.O., S. 52.
92 Ebenda, S. 52.
93 Robert G. L. Waite, Vanguard of Nazism., The Free Corps Movement in Postwar Germany 1918–1923, Cambridge, Massachusetts 1952, S. 43, 279 und passim.
94 Schüddekopf, a.a.O., S. 45.
95 H. Schulze, a.a.O., S. 333. Über die Hakenkreuze an den Stahlhelmen schreibt Rudolf Mann, Mit Ehrhardt, a.a.O., S. 181: »Die Hakenkreuze – viele Soldaten von uns, die eins vor dem Kopf trugen, meinten, es wäre das Monogramm Ehrhardts, andere erklärten es als ein lettisches Volkswappen, ein Teil nur wußte Bescheid und trug es bewußt. Als Gesamterscheinung war es eine Landsknechtmode. Die Judenschaft Berlins hatte es bisher, ohne in Wut zu geraten, betrachtet.« Und Ehrhardt selber sagte, der Weg »der nationalen Bewegung ist mit gebrochenen Ehrenwörtern des Herrn Hitler gepflastert«. Salomon, Fragebogen, S. 398 f.
96 H. Schulze, a.a.O., S. 333.
97 Vgl. die interessanten stenographischen Berichte von der Tagung, Berlin 1919, mit einem Vorwort von Robert Leinert, später Oberbürgermeister von Hannover. Leinert nennt den Kongreß »so recht eigentlich ein Revolutionsparlament«, S. III.
98 Schüddekopf, a.a.O., S. 33.
99 Harold J. Gordon jr., The Reichswehr and the German Republic 1919–1926, Princeton, New Jersey 1957, S. 52.
100 Michael Freund, Deutsche Geschichte. Gütersloh 1960, S. 25; zit. nach H. Schulze, a.a.O., S. 334.
101 Die deutsche Nationalversammlung im Jahre 1919 in ihrer Arbeit für den Aufbau des neuen deutschen Volksstaates. Herausgegeben von E. Heilfron, Berlin o. J., 5. Band, S. 3 016 f. Die anderen Stellen S. 2 999, 3 001, 3 002, 3 004, 3 007, 3 010, 3 018 und 3 116 ff.
102 Vgl. die Rechtsprechung des Reichsgerichts: Werner Neusel, Höchstrichterliche Strafgerichtsbarkeit in der Republik von Weimar, Frankfurt/M. 1972, S. 90 ff.
103 Gemeinhin wird der Primat der Politik für ein spezifisch demokratisches Prinzip gehalten. In Wirklichkeit ist es ein Organisationsprinzip des modernen Staates schlechthin. Gerade die totalitären Staaten haben es bis zum Massenmord an hohen Offizieren durchgesetzt, wie die zahlreichen Hinrichtungen unter Stalin vor dem Zweiten Weltkrieg zeigen. Hitler ließ den Offizieren zwar einen gewissen äußeren Glanz, doch hatten sie auf seine Entscheidungen nicht den geringsten Einfluß; im Rußlandfeldzug hätte er am liebsten von seinem Hauptquartier aus die Aktionen jeder einzelnen Kompanie kommandiert. Die Fehlvorstellung, der Primat der Politik sei ein demokratisches Prinzip und im Dritten Reich hätten die Generale das Sagen gehabt, hat nicht zuletzt auch unsere Wehrgesetzgebung erheblich beeinflußt, was auf Kosten

der Bundeswehr geht. Typisch war eine entrüstete Anfrage, die der SPD-Abgeordnete Dr. Lohmar am 5. Mai 1966 an den Staatssekretär im Verteidigungsministerium, Cumbel, richtete, weil ich in einer Rede vor einer Division gesagt hatte, der Primat der Politik sei kein spezifisch demokratisches Prinzip. Typisch auch, daß Cumbel keineswegs die Lächerlichkeit der Anfrage bloßstellte, sondern mit einer Aufzählung der Reden, die ich vor der Bundeswehr in einem bestimmten Zeitraum gehalten hatte, antwortete, entweder aus Angst oder weil er den Unsinn der Frage nicht erkannte (5. Wahlperiode, 39. Sitzung des Bundestages am 5. Mai 1966, Stenographische Berichte S. 1738 ff.). Lohmar schien von Clausewitz nie etwas gehört zu haben, anders ist seine Naivität kaum zu erklären.

[104] Ich bin Seeckt nach seiner Entlassung (1926) öfter im Reichstag begegnet, wo er von 1930 bis 1932 Abgeordneter der DVP war. Ich glaube nicht, daß es nur sein Ruf war, der mich beeindruckte. Er bedurfte der Uniform nicht, um aufzufallen. Sein charakteristisches Monokel wirkte bei ihm nicht wie etwas Äußerliches, sondern schien mit ihm geboren. Sein Befremden über den parlamentarischen Betrieb war trotz der maskenhaften Starre seiner Miene deutlich spürbar. Vgl. meine Kritik an seinem kleinlichen Verhalten gegenüber Ebert, Noske und Gessler: W. Martini, Freiheit auf Abruf, 3. Auflage, Köln 1960, S. 240. Eine ausgezeichnete Biographie: Hans Meier-Welcker, Seeckt, Frankfurt/M. 1967.

[105] Schüddekopf, a.a.O., S. 45.

[106] Nachweis bei H. Schulze, a.a.O., S. 236 f.

[107] So Gabriele Krüger, Die Brigade Ehrhardt, Hamburg 1971, S. 49. Nur eines von zahllosen Beispielen.

[108] Noske, Von Kiel, S. 199.

[109] Noske, Erlebtes, S. 130 f.

[110] Schüddekopf, a.a.O., S. 53, Anm. 164.

[111] Noske, Erlebtes, S. 220 f.

[112] Gessler, a.a.O., S. 326 f.

[113] Noske bietet viele Beispiele für die Aversion zumal der sozialdemokratischen Presse nicht nur gegenüber der Reichswehr, sondern dem Wehrgedanken überhaupt. Vgl. Noske, Erlebtes, S. 133 ff., 176, 208 ff. und passim. Ebenso Von Kiel, S. 117 ff. und 198 f.

[114] Gessler, a.a.O., S. 135. Heinrich Böll, der sich unbefangen gern zu solchen Themen äußert, von denen er nichts versteht, weiß natürlich, woran Weimar »unter anderem« gescheitert ist, und zwar »auch daran«, daß »sich die Reichswehr weder integrieren ließ noch lassen wollte – sie blieb monarchistisch« – so in einem offenen Brief an einen Oberst der Bundeswehr, »Frankfurter Allgemeine Zeitung« vom 7. September 1983. »Monarchistisch« waren überwiegend nur die älteren Offiziere.

[115] Der entscheidende Satz lautet: »Die von den Drei Mächten bisher innegehabten oder ausgeübten Rechte ... erlöschen, sobald die zuständigen deutschen Behörden in Stand gesetzt sind ..., einer ernstlichen Störung der öffentlichen Sicherheit und Ordnung zu begegnen.«

[116] Das »Widerstandsrecht« nach Art. 20 Abs. 4 GG ist als Verfassungsschutz gedacht. In der gewählten Form ist es gar nicht praktikabel. Vgl. Hans Schneider »Widerstand im Rechtsstaat«, Heft 92 der Schriftenreihe der Juristischen Studiengesellschaft Karlsruhe, Karlsruhe 1969. Kant sagt zu dem, was man üblicherweise unter »Widerstandsrecht« versteht, »es mache (zur Maxime angenommen) alle rechtliche Verfassung unsicher« und führe »den Zustand einer völligen Gesetzlosigkeit (status naturalis), wo alles Recht aufhört«, ein. Institiones Juris Naturae et Gentium § 1233. Herbert Krüger nennt den Widerstand einen »ursprünglichen Aufstand der sittlichen Persönlichkeit in ihrer letzten Gewissensnot«, doch sei ein solcher Vorgang »in seinem Kern nicht zu erfassen«, d. h. er müsse »einen elementaren Charakter behalten, wenn er nicht um seinen sittlichen Wert und damit um die Möglichkeit seiner Rechtfertigung gebracht werden soll«. Allgemeine Staatslehre, Stuttgart 1964, S. 948. Josef Issensee (öffentl. Recht, Bonn) schreibt, mit dem Widerstandsrecht des Art. 20 Abs. 4 GG habe der verfassungsändernde Gesetzgeber »in das Bauwerk der Verfassung eine Sprengkammer gefügt, die der politische hysterische Zeitgeist inzwischen mit hochexplosivem Sprengstoff gefüllt hat«. Die Neue Ordnung, April 1983, S. 84 ff.

[117] Hugo Preuß, Reichsverfassungsmäßige Literatur, in: Zeitschrift für Politik, 1924, 13. Band, S. 104 f. Bevor die Nationalversammlung Art. 48 WRV verabschiedete, hatte Ebert in Notlagen sich auf das preußische Gesetz vom 4. Juni 1851 über den Belagerungszustand gestützt, ebenso auf das Schutzhaftgesetz vom 4. Dezember 1916. Preuß schließt seinen zitierten Artikel von 1924 mit den Worten: »Alle Zeichen der Zeit deuten darauf hin, daß die reichsverfassungsmäßige Diktatur des Art. 48 zum Schutz des Reiches und seiner Einheit leider noch eine größere Rolle wird spielen müssen, als bisher. Die zuständigen Stellen sollten sich darauf vorbereiten und klar zum Gefecht machen.«

[118] Besonders bezeichnend ist die Broschüre von Karl Schabrod, Generalstreik rettet die Weimarer Republik. Wie die Arbeiterschaft vor 40 Jahren den Kapp-Putsch zerschlug, Düsseldorf, o. J. (1960). Vgl. auch Albrecht Rothländer, Kapp und die Folgen, in ÖTV-Magazin, Nr. 3 1980, S. 4 ff.

[119] Vgl. Hans Rothfels, Wolfgang Kapp, in: Deutsches Biographisches Jahrbuch, 4. Band, Stuttgart – Berlin – Leipzig, 1929. Rothfels schildert die Persönlichkeit Kapps zwar kritisch, aber wesentlich positiver als es sonst in der Literatur üblich ist.

[120] Johannes Erger, Der Kapp-Lüttwitz-Putsch, Düsseldorf 1967, S. 18 f.

[121] Noske, Erlebtes, S. 109 ff. Zahllose andere Quellen.

[122] Walther von Lüttwitz, Im Kampf gegen die Revolution, Berlin 1933, S. 56 f. und 98 f. Seine Angaben sind glaubhaft, da zu den Fehlern des Generals gewiß keine überschäumende Phantasie gehörte. Es kennzeichnet sein politisches Urteilsvermögen, daß er 1933 von Hitler, Hugenberg und dem Stahlhelm eine monarchistische Restauration erwartete (S. 137); er stand damals freilich mit dieser Vorstellung nicht allein, da

Hitler geschickt die Hoffnungen der Monarchisten zu nähren wußte, ohne sich festzulegen.

123 Carl Severing, Mein Lebensweg, Köln 1950, 1. Band, S. 280 f. Friedrich Stampfer, Die vierzehn Jahre der ersten deutschen Republik, Hamburg 1947, S. 167, behauptet, Ernst habe sich Kapp erst nach Rücksprache mit dem preußischen Innenminister Wolfgang Heine zur Verfügung gestellt. Dann aber wäre es nicht ganz verständlich, daß ihn Severing, wie er schreibt, nach dem Putsch zur Disposition gestellt hat.

124 Severing, ebenda. Vgl. auch August Winnig, Heimkehr, Hamburg 1935, S. 292 ff. Winnig, der später Nationalsozialist wurde, war einer der interessantesten Köpfe der Weimarer Zeit. Er war auch mit Severing befreundet.

125 Waldemar Pabst, Das Kapp-Unternehmen, in: Revolutionen der Weltgeschichte, S. 831.

126 Einer der Offiziere der Brigade, Hartmut Plaas, entwirft ein anschauliches Bild von Ehrhardt, der offenbar eine ungewöhnlich eindrucksvolle Persönlichkeit war. Das Kapp-Unternehmen, in: Kampf um das Reich, a.a.O., S. 164 ff. Das in der Literatur ständig zitierte Buch: Kapitän Ehrhardt, Abenteuer und Schicksale, herausgegeben von Friedrich Freksa, Berlin 1924, ist als Quelle unbrauchbar. Am 29. Mai 1961 schrieb Margarethe Ehrhardt im Auftrage ihres erkrankten Mannes an Kapps Tochter Anneliese: »Als authentische Quelle für das Kapp-Unternehmen kann das Buch nicht in Anspruch genommen werden« (dieser Satz ist unterstrichen). Es sei »kein historisches Dokument, sondern ein Roman, der aus Erzählungen Freksas Sekretärin gegenüber entstand« und der »Roman« sei ohne Ehrhardts »vorherige Kenntnis« erschienen. Photokopie des Briefes in meinem Besitz. Merkwürdigerweise zitiert auch Erger ständig Freksa, obwohl er damals mit Anneliese Kapp in enger Verbindung stand und den Brief kennen mußte.

127 Erger, a.a.O., S. 121 f.; H. Schulze, a.a.O., S. 262 f.; nach Noske war Lüttwitz nach der Unterredung »sichtlich betreten« gewesen, Von Kiel, S. 207. Kapp war entsetzt, weil Lüttwitz »die Visitenkarte der Gegenrevolution« abgegeben habe, zitiert bei H. Schulze, a.a.O., S. 263.

128 H. Schulze, a.a.O., S. 265.

129 Über die Sitzung und ihre Teilnehmer siehe Winfried Martini, Der »Ungehorsam« Seeckts oder die Kunst des Abschreibens, in: »Wehrkunde«, März 1962. Darin weise ich nach, daß Noske an die Versammelten lediglich die *Frage* gerichtet hatte, ob militärischer Widerstand ratsam sei. Manche Historiker übernehmen unbesehen die Darstellung, die Friedrich von Rabenau in »Seeckt. Aus seinem Leben 1918–1926«, Leipzig 1940, S. 221 f., gibt. Sie übersehen, daß Rabenau S. 221 von einer »Frage« Noskes spricht, während es auf der gleichen Seite heißt, Seeckt habe nicht »gehorcht«. Einer »Frage« nicht »gehorcht«? Es wird übersehen, daß Rabenau beabsichtigte, das Andenken Seeckts in den Augen der NS-Machthaber zu heben; dieser Absicht sollte die Behauptung dienen, Seeckt habe dem »System«, vertreten

durch Noske, nicht »gehorcht«. General von Hammerstein-Equord, der als Major und Ia von Lüttwitz an der Versammlung teilgenommen hatte, hat in seinem Exemplar des Rabenau-Buches die entsprechenden Passagen angestrichen und am Rande bemerkt »hat er nicht gesagt (z. B. ›Truppe schießt nicht auf Truppe‹, W. M.). Er sagte, eine Feld-dienstübung mit scharfen Patronen zwischen Berlin und Potsdam kön-nen wir nicht machen.« Auf S. 222 bemerkt er zu der Passage von »sonst beinahe« bis »im Offizierskorps dahin«: »Ist alles nicht gesagt worden, v. H.« Auf der gleichen Seite, wo es heißt: »Beschwörend ruft Noske« bis »bereits gemeinsame Sache gemacht« schreibt H.-E.: »Ist nicht gesagt worden.« Das Exemplar befindet sich im Militärarchiv des Bundesarchivs H 08–26/1. Das geflügelte Wort »Truppe schießt nicht auf Truppe« hat Seeckt wohl tatsächlich nicht gesagt. Vgl. H. Schulze, a.a.O., S. 270, Anm. 104, der auf die mutmaßliche Herkunft des Wortes hinweist. – Reinhardt hat auch später den Erfolg eines militärischen Widerstandes bezweifelt. Fritz Ernst, Aus dem Nachlaß des Generals Walther Reinhardt, Stuttgart 1958, S. 69. Und im Jagow-Prozeß be-zeichnete er das »sachliche Urteil« Seeckts über »die schlechten Kamp-faussichten« mit ausführlicher Begründung als »berechtigt«. Karl Brammer, Verfassungsgrundlagen und Hochverrat. Nach stenographi-schen Verhandlungsberichten und amtlichen Urkunden des Jagow-Prozesses, Berlin 1922, S. 35.

[130] Gessler, a.a.O., S. 125. Friedrich Stampfer schreibt, es lasse sich nicht mehr feststellen, »wie diese Unterschriften im einzelnen zustande ge-kommen sind«, doch sei es »sicher«, daß die sozialdemokratischen und demokratischen Reichsminister »die Absicht billigten«. Stampfer, Die vierzehn Jahre, S. 166. Dort auch – S. 165 f. – der Text des Auf-rufs.

[131] Aussage Molkenthin im Jagow-Prozeß, Brammer, a.a.O., S. 37. Anne-liese Kapp erzählte nur, sie habe den Aufruf ihres Vaters selber auf ihrer eigenen Schreibmaschine tippen müssen.

[132] H. Schulze, a.a.O., S. 275.

[133] Severing, Lebensweg, 1. Band, S. 275. Erger, a.a.O., S. 168 f. Brammer, a.a.O., S. 42. Pabst, a.a.O., S. 836.

[134] H. Schulze, a.a.O., S. 280. Brief Schiffers an Gordon, Gordon, a.a.O., S. 117.

[135] Herbert von Borch, Obrigkeit und Widerstand. Zur politischen Sozio-logie des Beamtentums, Tübingen 1954, S. 215.

[136] Noske, Von Kiel, S. 99.

[137] Gessler, a.a.O., S. 125. Die »Gegenaktion« bestand aus dem Sturz der sozialdemokratischen Regierung Hoffmann zugunsten des Regie-rungspräsidenten von Oberbayern, Gustav von Kahr.

[138] Brandler, Die Aktion gegen den Kapp-Putsch in West-Sachsen, 1920, S. 19. Brandler gründete später die SAP (Sozialistische Arbeiterpartei), der auch der junge Willy Brandt – damals noch als Herbert Frahm – an-gehört hatte.

[139] Nach einem Aufruf von Watters, bei Carl Severing, Im Wetter- und

Watterwinkel, Bielefeld 1927, S. 150. Bestätigt bei Noske, Erlebtes, S. 170.

140 Brief Ehrhardts vom 19. Juni 1958 an Johannes Erger, abgedruckt bei Erger, a.a.O., S. 345.

141 Winnig, a.a.O., S. 307. Mangels zuverlässiger Informationen hatte die ostpreußische SPD ihren Mitgliedern zu einer »abwartenden Haltung« geraten. Franz Krüger, Diktatur oder Volksherrschaft? Der Putsch vom 13. März 1920 und seine Lehren. Berlin 1920, S. 35.

142 Rosenberg, a.a.O., S. 367.

143 Die Verluste betrugen auf seiten der Reichswehr 341, der Sicherheitspolizei 41 Tote (»Der Zug der Roten Armee durch das rheinisch-westfälische Industriegebiet im Frühjahr 1920«. Die polizeiinterne Studie wurde 1926 im Auftrage des Essener Polizeipräsidenten von Polizei-Oberleutnant Wichmann verfaßt. Polizei-Institut Hiltrup, H 1 a 64). Severing schätzt die Gesamtzahl der Toten auf rund 1000, Im Wetter, S. 231, was aber angesichts der Dauer und Härte der Kämpfe sowie der Beteiligung der bewaffneten Staatsmacht um etwa ein Drittel zu niedrig sein dürfte; möglicherweise standen ihm auch nicht die Daten der Reichswehr und der Sicherheitspolizei zur Verfügung.

144 Noske, Erlebtes, S. 164.

145 Die Forderungen der Gewerkschaften bei Josef Varein, Freie Gewerkschaften, Sozialdemokratie und Staat, Düsseldorf 1956, S. 174 f. Vgl. auch Joseph H. Kaiser, Der politische Streik, Berlin, 2. Auflage 1959, S. 50 f. Gessler, a.a.O., S. 127. Die Gewerkschaften »setzten die legale Regierung ebenso unter Druck, wie es Lüttwitz getan hatte«. Erger, a.a.O., S. 294.

146 Aussage des Oberfinanzrats Paul Bang im Jagow-Prozeß, Brammer, a.a.O., S. 42.

147 In dem in Anm. 134 zitierten Brief Ehrhardts an Erger vom 25. Mai 1961.

148 Brammer, a.a.O., S. 41 f., 44 und 70. Gleichfalls im Jagow-Prozeß sagte der frühere Reichsjustizminister Heinze als Zeuge aus: »Lüttwitz wußte selbst nicht, was er wollte. Auch Kapp hatte die Aktion zweifellos nicht durchdacht.« Noske, Erlebtes, S. 160.

149 Vgl. die unveröffentlichte Verteidigungsrede Kapps, die er nicht mehr halten konnte, da er in der Untersuchungshaft an Krebs starb; sie liegt mir vor. Ferner u. a. Dr. Schiele (ein Freund Kapps), Ein Stück Zeitgeschichte in: »Eiserne Blätter« vom 26. Juli 1931, S. 472 f. Auch Rothfels hebt den Unterschied der Ziele hervor: im Gegensatz zu »seinen militärischen Mitarbeitern« lehnte Kapp »jedes Paktieren mit der Sozialdemokratie« ab (was er, als er an der »Macht« war, auf Drängen von Lüttwitz dann doch versuchte). Er wollte »die alte Regierung in Schutzhaft nehmen, damit kein ›Dualismus‹ der Gewalten entstehen könne«, a.a.O., S. 141; Kapp habe sich auch »nie hinter Fiktionen versteckt«, er habe »nie behauptet, die Verfassung bloß ›ausführen‹ zu wollen, sondern sich unverhohlen zu ihrem Sturz bekannt« (S. 142).

150 Lüttwitz, a.a.O., S. 113. Noske sagte unter Eid aus, Lüttwitz habe am

10. März »sehr energisch die Auffassung vertreten, daß der Reichspräsident im Amte bleiben und daß ich Reichswehrminister bleiben müsse«, Brammer, a.a.O., S. 62. Noske, Erlebtes, S. 158.

[151] Lüttwitz, a.a.O., S. 121. Pabst schreibt, »leider« sei der Regierung die Flucht gelungen, a.a.O., S. 835.

[152] Niederschrift des Schriftführers des Vereins deutscher Offiziere, Berlin, vom 5. März 1928 über eine Unterredung mit Lüttwitz am gleichen Tage. Bundesarchiv H 08–26/2.

[153] Nur zwei Beispiele: Rabenau, a.a.O., S. 222. Rabenau kann wenigstens für sich in Anspruch nehmen, daß er es besser wußte, da er ja selber General war. Alan Bullock, Hitler. Eine Studie über Tyrannei, Düsseldorf 1969, S. 82, wonach Seeckt es abgelehnt hatte, »seine Truppen« der Regierung zur Verfügung zu stellen. Im übrigen herrschte seit dem 13. Januar 1920 noch der Ausnahmezustand aufgrund Art. 48 Abs. 2 WRV (RGBl. 1920, S. 207), wonach die vollziehende Gewalt auf Noske übergegangen war, so daß noch nicht einmal der Chef der Heeresleitung, Generalmajor Reinhardt, eine unmittelbare Befehlsgewalt hatte.

[154] Näheres bei W. Martini, Der »Ungehorsam« Seeckts, a.a.O.

[155] Lüttwitz, a.a.O., S. 122 f. Gabriele Krüger schreibt, die abwartende Haltung der Reichswehr habe sich »zum Nachteil der Putschisten« ausgewirkt, a.a.O., S. 70.

[156] Brammer, a.a.O., S. 47.

[157] Stampfer, Erfahrungen und Erkenntnisse, Köln 1957, S. 245.

[158] Ehrhardt. Brief vom 19. Juni 1958 an J. Erger, a.a.O., S. 345.

[159] Arnold Brecht, Vorspiel zum Schweigen. Das Ende der deutschen Republik, Wien 1948, S. 42 f. Die Scheu vor Gewaltanwendung wird durchweg als eine der wichtigsten Ursachen für das Scheitern des Putsches genannt. Vgl. u. a. Gordon, a.a.O., S. 141; John W. Wheeler-Bennett, Die Nemesis der Macht, Düsseldorf 1954, S. 100. Pabst sieht das »Hauptschwächemoment« darin, daß »sofort nach dem Einmarsch in Berlin« nach »fast allen Seiten (bis einschließlich der USPD)« verhandelt wurde. Die Beamtenschaft »versagte sich immer mehr der neuen Regierung, sobald sie erkannte, daß hinter ihr nicht der eiserne Wille steckte, sich unter allen Umständen durchzusetzen«. a.a.O., S. 836.

[160] Pabst, ebenda.

[161] Brammer, a.a.O., S. 27.

[162] Magnus von Braun, Von Ostpreußen bis Texas. Erlebnisse und zeitgeschichtliche Betrachtungen eines Ostpreußen, Stollhamm (Oldenburg), 2. Auflage 1955, S. 181. Von Braun wurde 1932 Reichsernährungsminister. Er war der Vater von Wernher von Braun.

[163] So auch H. Schulze, a.a.O., S. 298. Schulze spricht von einer »weitverbreiteten Legende«, wobei der »wesentliche Grund« »vermutlich« darin zu suchen ist, daß der Generalstreik »die geräuschvollste Abwehrmaßnahme« war. Seine Rolle habe er ursprünglich »als propagandistische Behauptung« gespielt, doch sei sie seitdem ein »historischer Allgemeinplatz«. »Bestenfalls« habe er »einen bereits Fallenden getroffen. Aber selbst das ist fraglich.« Unverständlich ist, daß Otto Braun,

der immerhin damals preußischer Minister und kein Dummkopf war, sich die Legende zu eigen machte. Von Weimar zu Hitler, Hamburg 1949, S. 31 f.

[164] Winnig, a.a.O., S. 306. Eine etwas überspitzte Formulierung, da das Scheitern des Putsches mehrere Gründe hatte, darunter allerdings auch der »Streik der Generale«.

[165] Stampfer, Erfahrungen, S. 246 f.

[166] Noske, Erlebtes, S. 290. Im Dezember 1931 war die »Eiserne Front« gegründet worden, der neben der SPD, den Gewerkschaften und den Arbeitersportorganisationen auch das »Reichsbanner« angehörte, das der eigentliche Träger der Straßenkämpfe war. Auch Stampfer war tief enttäuscht, weil den »tönenden Worten ... in dem entscheidenden Augenblick keine entsprechenden Taten folgten«. Vierzehn Jahre, S. 608.

[167] Karl Dietrich Bracher, Die Auflösung der Weimarer Republik, Villingen, 3. Auflage 1960, S. 144. Die Schwäche des wegen der vielen Details unentbehrlichen Buches liegt darin, daß der Autor die Zeit nicht erlebt hat. Fragwürdig ist auch seine Methodik. Vgl. die Rezension von Werner Conze, Historische Zeitschrift, Band 183. Ferner Waldemar Besson, Württemberg und die deutsche Staatskrise 1928–1933, Stuttgart 1959, S. 11, Anm. 2, S. 16, Anm. 1 und passim.

[168] Noske, Erlebtes, S. 289.

[169] Bracher, S. 609 f.

[170] Stampfer, Vierzehn Jahre, S. 561 f. Er spricht von der »intransigenten Haltung der Gewerkschaften«.

[171] Bracher, S. 302, Anm. 57.

[172] Bracher, S. 302, Anm. 59.

[173] Bracher, S. 297, Anm. 40; S. 305, Anm. 72.

[174] Der Wortlaut des Artikels lautete:
Wenn ein Land die ihm nach der Reichsverfassung oder den Reichsgesetzen obliegenden Pflichten nicht erfüllt, kann der Reichspräsident es dazu mit Hilfe der bewaffneten Macht anhalten.
Der Reichspräsident kann, wenn im Deutschen Reiche die öffentliche Sicherheit und Ordnung erheblich gestört oder gefährdet wird, die zur Wiederherstellung der öffentlichen Sicherheit und Ordnung nötigen Maßnahmen treffen, erforderlichenfalls mit Hilfe der bewaffneten Macht einschreiten. Zu diesem Zwecke darf er vorübergehend die in den Artikeln 114, 115, 117, 118, 123, 124 und 153 festgesetzten Grundrechte ganz oder zum Teil außer Kraft setzen.
Von allen gemäß Abs. 1 oder Abs. 2 dieses Artikels getroffenen Maßnahmen hat der Reichspräsident unverzüglich dem Reichstag Kenntnis zu geben. Die Maßnahmen sind auf Verlangen des Reichstages außer Kraft zu setzen.
Bei Gefahr im Verzuge kann die Landesregierung für ihr Gebiet einstweilige Maßnahmen der in Abs. 2 bezeichneten Artikel treffen. Die Maßnahmen sind auf Verlangen des Reichspräsidenten oder des Reichstages außer Kraft zu setzen.
Das Nähere bestimmt ein Reichsgesetz.

[175] Als Brünings Berufung zum Reichskanzler schon feststand, sollte seine Wohnung »*gleichzeitig* Prälat Kaas ... als Absteigequartier dienen«. Heinrich Brüning, Memoiren 1918–1934, Stuttgart 1970, S. 158. Brüning kam also noch nicht einmal an diesem Tage der Gedanke an einen Umzug in die Reichskanzlei.

[176] Brüning, S. 651.

[177] Brüning. S. 161.

[178] zitiert nach Thilo Vogelsang, Reichswehr, Staat und NSDAP, Stuttgart 1962, S. 95.

[179] Eine gründliche Darstellung vor allem bei Vogelsang, S. 156 ff.

[180] Brüning, S. 539.

[181] Brüning, S. 533.

[182] 1931 wurde die Sanierung von Gütern eingeleitet. Es war schließlich beabsichtigt, Güter, die nicht mehr sanierungsfähig waren, der Zwangsversteigerung zuzuführen, um sie dann zu besiedeln. Unregelmäßigkeiten, die vorkamen, führten dann zu dem, was man damals »Osthilfe-Skandal« nannte.

[183] Walter Zechlin, Pressechef bei Ebert, Hindenburg und Kopf. Erlebnisse eines Pressechefs und Diplomaten. Hannover 1956, S. 119 f. H. Kopf war damals Ministerpräsident von Niedersachsen.

[184] Die Angaben stellte mir die Bundesanstalt für Arbeit zur Verfügung, der ich hiermit danke.

[185] Berlin 1932. Englischer Titel: German Crises. Das Buch wurde damals ein Bestseller.

[186] Ebenda, S. 9.

[187] Ebenda, S. 7 und 14. Hervorgehoben von mir.

[188] Ebenda, S. 16 f.

[189] Ebenda, S. 18.

[190] Ebenda, S. 39.

[191] Ebenda, S. 41.

[192] Ebenda, S. 66 ff.

[193] Theodor Heuss, Hitlers Weg. Eine historisch-politische Studie über den Nationalsozialismus. Stuttgart – Berlin – Leipzig 1932. Die 8. und letzte Auflage erschien Ende März 1932.

[194] Ebenda, S. 9 und 13.

[195] Ebenda, S. 116 ff.

[196] Brüning, S. 612.

[197] »Dem Eindruck seiner großen klaren Augen konnte sich wohl niemand entziehen.« Hans Luther, Politiker ohne Partei, Erinnerungen, Stuttgart 1960, S. 336. Luther war Reichskanzler und Reichsbankpräsident gewesen.

[198] Walther Hubatsch, Hindenburg und der Staat. Aus den Papieren des Generalfeldmarschalls und Reichspräsidenten von 1878 bis 1934. Göttingen – Berlin – Frankfurt – Zürich 1966, S. 151. Hervorhebung von mir. Schlieffen scheint allerdings später seine Meinung etwas korrigiert zu haben. Als er 1911 in den Ruhestand trat, wurde er auch nicht zum Generaloberst befördert, wie es in anderen Fällen geschah. Andreas

Dorpalen, Hindenburg in der Geschichte der Weimarer Republik, Berlin – Frankfurt/M. 1966, S. 17, Anm. 8 und 9.

199 Vgl. Winfried Martini, Die Legende vom Hause Ludendorff, Rosenheim o. J. (1949). Die Schrift war aus einem Gutachten entstanden, das ich für das Spruchkammerverfahren gegen Mathilde Ludendorff in der *sicheren* Erwartung erstellt hatte, daß der medizinische Sachverständige Stertz, Ordinarius für Psychiatrie in München, sie für unzurechnungsfähig erklären würde. In dieser Erwartung wurde ich enttäuscht. Wie mir der Oberarzt von Stertz, Prof. K., sagte, hatte Stertz sein merkwürdiges Gutachten nur deshalb abgegeben, weil er im Dritten Reich wegen seiner jüdischen Frau seinen Lehrstuhl in Kiel verloren hatte und deswegen fürchtete, er könne einer so besessenen Antisemitin wie Mathilde L. aus Ressentiment Unrecht tun. Eine ehrenwerte Haltung, die aber Frau Ludendorff teuer zu stehen kam, denn nun gab natürlich mein Gutachten den Ausschlag. Jedenfalls geht aus der Schrift deutlich das Ausmaß hervor, in dem Mathilde ihren Mann in den schieren Wahnsinn getrieben hatte.

200 Groeners Urteil über Hindenburg in seinen »Lebenserinnerungen« ist nicht einheitlich. Auch er sagt, daß Hindenburgs Ruhe und Nervenstärke die Schlacht von Tannenberg gerettet hat, auch wenn er Ludendorff, den er sonst verachtete, für operativ befähigter hält (S. 204, 540). 1915 hält Groener Hindenburg für einen bloßen »Popanz« (S. 543 f.), doch war er für ihn »als Mensch vertrauenswürdig« (S. 559), er hatte zu ihm eine »menschliche Zuneigung« gefaßt, auch wenn er »seine Schwächen erkannte« (S. 468). Groeners Urteil ist nicht leicht zu nehmen, steht aber im Widerspruch zu den Urteilen anderer, die Hindenburg gleichfalls gut kannten.

201 Wilhelm Keil, Erlebnisse eines Sozialdemokraten, Stuttgart 1948, 2. Band, S. 368. Nach Andreas Dorpalen, Hindenburg in der Weimarer Republik, Berlin – Frankfurt/M., 1966, S. 168, war das Schreiben, das offenbar aus dem Jahre 1929 stammt, nicht an die Regierung, sondern an den Vorsitzenden der DVP, Ernst Scholz, gerichtet. Es ging um den Vorschlag, den Festbesoldeten ein Notopfer abzuverlangen, wogegen sich die DVP sperrte.

202 Brief Brünings in der »Deutschen Rundschau« vom Juli 1947, S. 5.

203 Keil, 2. Band, S. 371.

204 Vgl. u. a. Severing, Lebensweg, 2. Band, S. 56 ff. Severing (SPD) war damals preußischer Innenminister.

205 Hagen Schulze, Otto Braun, S. 488 ff.

206 Dorpalen, S. 459.

207 Ebenda, S. 457, 459.

208 Ebenda, S. 456 f.

209 Friedrich J. Lucas, Hindenburg als Reichspräsident, Bonn 1959, S. 23.

210 Hindenburg, Generalfeldmarschall von, Aus meinem Leben, Leipzig 1920, S. 65. Das Buch ist nicht gerade faszinierend.

211 Brüning, Memoiren, S. 183.

212 Brüning, Brief, S. 7 f.; Memoiren, S. 419; dort spricht Brüning nur von

einer Krankheit, im Oktober habe er »jeden Morgen« die Nachricht vom Tode Hindenburgs erwartet. Auch im Juli 1935 urteilt Brüning über Hindenburg dem Grafen Kessler gegenüber »sehr absprechend«. Harry Graf Kessler, Tagebücher 1918–1937, Frankfurt/M. 1961, S. 738.

213 Otto Meissner, Staatssekretär unter Ebert-Hindenburg-Hitler. Der Schicksalsweg des deutschen Volkes von 1918–1945, wie ich ihn erlebte, Hamburg, 3. Auflage 1950, S. 213 f. Ich besitze ein Exemplar, in das Meissner, der bei der Abfassung seiner Memoiren kaum Unterlagen hatte, selber viele Korrekturen und Ergänzungen eingetragen hat, nicht aber an der erwähnten Stelle.

214 Zechlin, S. 124 f. Zechlin berichtet nichts von einem Nachlassen der geistigen Kräfte Hindenburgs. Auf S. 129 schreibt er, Hindenburg habe außer seinem Vortrag »noch etwa 90 Zeitungsausschnitte« täglich gelesen, die er »mit seiner typischen Gewissenhaftigkeit auch eingehend studierte«.

215 Otto Braun, Von Weimar zu Hitler, Hamburg 1949, S. 261.

216 Hermann Pünder, Politik in der Reichskanzlei. Aufzeichnungen aus den Jahren 1929–1932. Herausgegeben von Thilo Vogelsang. Nr. 5 der Schriftenreihe der Vierteljahreshefte für Zeitgeschichte, Stuttgart 1961, S. 113 f., 126 und 153.

217 Dorpalen, z. B. S. 248, 286, 403 (»Starrsinn«) und 460.

218 Hubatsch, S. 130.

219 Keil in einer Zuschrift an die »Neue Zeitung« vom 28. Juli 1947. Zitiert bei Hubatsch, S. 129.

220 Hubatsch, S. 129.

221 Meissner, S. 375.

222 Vgl. Anm. 216.

223 »Der Reichspräsident« in der »Berliner Börsenzeitung« vom 25. Februar 1919, nachgedruckt in Max Weber, Gesammelte politische Schriften, München 1921, S. 392 f.

224 Brüning, Memoiren, S. 569 f.

225 Eingehende Darstellung bei Hagen Schulze, Otto Braun, S. 725 ff.

226 Vogelsang, S. 237. Die Unterredung, nicht aber der Inhalt ist unbestritten. Severing, Lebensweg, 2. Band, S. 342, glaubt nicht, daß Abegg sich so verhalten habe. Hagen Schulze, Otto Braun, S. 740, schreibt, Abeggs »Alleingang« stelle sowohl seiner »politischen Urteilsfähigkeit wie seiner Loyalität gegenüber seinen Vorgesetzten ein zweifelhaftes Zeugnis« aus. Rudolf Diels, Lucifer ante portas. Zwischen Severing und Heydrich, Zürich o. J., S. 110, blieb auch nach dem Krieg bei seiner Darstellung, ebenso mir gegenüber in Gesprächen. Franz von Papen, Der Wahrheit eine Gasse, München 1952, S. 216, hält an der Glaubwürdigkeit der Information fest, die nach ihm den Ausschlag für den »Preußenschlag« gab.

227 Auch Severing schildert die Szene. Lebensweg, 2. Band, S. 259.

228 Gessler, S. 341. Gessler meint an der gleichen Stelle, Hindenburg habe in der Folgezeit den Eid »sogar zu schwer genommen«.

229 Hermann Pünder, Der Reichspräsident in der Weimarer Republik, Heft

2 der Schriften des Forschungsinstituts für politische Wissenschaft der Universität zu Köln, Frankfurt/M. – Bonn 1961, S. 23 ff. Auch hier schreibt Pünder Hindenburg einen »sehr gesunden Menschenverstand« zu (S. 23). Von 1926–1932 war Pünder Chef der Reichskanzlei.

230 Text des Urteils in: Dokumente zur deutschen Verfassungsgeschichte, Hrsg.: Ernst Rudolf Huber, Stuttgart, Berlin, Köln, Mainz, 3. Band 1966, S. 535 ff. Vgl. die beachtlichen Ausführungen Brachers, a.a.O., S. 635 ff. Aber auch Bracher sieht nicht die gefährliche Wirkung, die das Urteil auf Hindenburg ausüben mußte. Er hat dann Notverordnungen nur noch nach dem 2. Absatz des Art. 48 riskiert. Dokumente, 3. Band, S. 519 f., 542 ff. und 575 ff. Die Verordnung vom 20. Juli hatte sich auch auf den 1. Absatz des Art. 48 gestützt: Gerade das hatte der Staatsgerichtshof beanstandet.

231 Papen, S. 243 ff.

232 Text ebenda, S. 247 ff.

233 Ebenda, S. 250.

234 Heinz Höhne, Die Machtergreifung, Deutschlands Weg in die Hitler-Diktatur. Hamburg 1983, S. 66.

235 Noske, Erlebtes, S. 310 f. Hervorhebungen von mir. Vgl. auch Bracher, S. 699 f., der Noskes Kritik an der SPD überzeugend findet (S. 699, Anm. 56). Höhne, S. 235, spricht in diesem Zusammenhang von der »selbstmörderischen Politik des SPD-Vorstandes«. Es handelt sich vor allem um Otto Wels und Rudolf Breitscheid.

236 Bracher, S. 679. Die Verfassungsänderung trat am 17. Dezember in Kraft.

237 Zu dem Einfluß, über den Strasser damals verfügte, vgl. Höhne, S. 195 ff., 231 und passim. Auch Goebbels erwähnt noch am 3. und 4. Januar 1934 die Möglichkeit eines Eintritts Strassers in die Regierung. Dr. Joseph Goebbels, Vom Kaiserhof zur Reichskanzlei, München 1934, S. 233 ff.

238 Francis L. Carsten, Reichswehr und Politik 1918–1933, Köln – Berlin 1964, S. 440.

239 Papen, S. 256.

240 Höhne, S. 244.

241 Bracher, S. 690 ff. Nach ihm ist jene Besprechung »recht eigentlich zur Geburtsstunde des ›Dritten Reiches‹ geworden« (S. 691), was mir freilich etwas übertrieben zu sein scheint. Meissner, S. 261. Wenn man die geballte Wut, die sich nach 1945 gegen Papen wegen dessen Kölner Gespräch richtete, bedenkt, dann waren die Bemühungen Papens, die Bedeutung des Treffens herunterzuspielen, nur allzu verständlich. Auch mir gegenüber hat Papen das Gespräch so dargestellt wie in seinen Memoiren. Ich halte es für sehr gut möglich, daß Papen unter dem Druck jener geballten Wut sich selber getäuscht hat, seine Darstellung also subjektiv ehrlich ist. Papen war sicher, daß ich keine Neigung zum Denunziantentum habe, so daß ich kaum Zweifel an seiner subjektiven Überzeugung habe, wie weit auch immer sie sich von der Wirklichkeit des 4. Januar entfernt haben mochte.

242 Meissner, S. 261.

243 Brüning, Memoiren, S. 274.

244 Aussage Meissners in Nürnberg, zit. nach Bracher, S. 709, Anm. 96. Vgl. auch Joachim von Ribbentrop, Zwischen London und Moskau, Erinnerungen und letzte Aufzeichnungen. Aus dem Nachlaß herausgegeben von Annelies von Ribbentrop, Leoni 1961, S. 39. Papens (S. 265 f.) anderslautende Darstellung dürfte zu sehr unter dem Zwang, sich zu entlasten, gestanden haben. Möglicherweise hat er es bei der Niederschrift seiner Memoiren selber geglaubt: Die Fähigkeit des menschlichen Gedächtnisses, unter Druck sich selber zu korrigieren, ist schier unbegrenzt.

245 Brüning, Memoiren, S. 422.

246 Brüning, Brief, S. 13 ff.

247 Auflösung, S. 712.

248 Bracher, S. 713, Anm. 115; Meissner, S. 264 ff.

249 Niederschrift Hammersteins vom 28. Januar 1935, bei Bracher, S. 733.

250 Bracher, S. 720 f.

251 Bracher, S. 710 f., Anm. 102 und Anm. 105. Hagen Schulze, Otto Braun, S. 775 ff.

252 Gessler, S. 324 und passim.

253 Theodor Eschenburg, Die improvisierte Demokratie. Gesammelte Aufsätze zur Weimarer Republik, München 1963, S. 241.

254 Papen, S. 295.

255 Arnold Brecht, Vorspiel zum Schweigen. Das Ende der Deutschen Republik, Wien 1948, S. 155 ff. Brecht, damals Ministerialdirektor im preußischen Innenministerium, hatte 1932 vor dem Staatsgerichtshof Preußen gegen das Reich vertreten.

256 Lucas, S. 142. Dorpalen, S. 461 f.

257 Höhne, S. 172 und 233.

258 Vgl. die hervorragende kleine und sorgfältig belegte Schrift eines emeritierten Marburger Rechtslehrers: Erich Schwinge, Bilanz der Kriegsgeneration. Ein Beitrag zur Geschichte unserer Zeit, Marburg 9. Auflage 1983. Es kennzeichnet die Gegenwart, daß das Buch, obwohl die Medien es totschweigen und der Verlag nicht sehr bekannt ist, seit 1979 eine Auflage nach der anderen erlebt. Auch eine Art von »Samisdat«.

259 Als Rudel 1983 beerdigt wurde, sollen Piloten der Bundeswehr über seinem Grabe Ehrenrunden geflogen haben, was das Verteidigungsministerium natürlich dementieren mußte.

260 Hartnäckig bestreitet der Engländer David Irving, daß Hitler in den ersten Jahren von der »Endlösung« gewußt habe, da ein entsprechender schriftlicher Befehl nicht zu finden ist. Er übersieht, daß es einfach undenkbar ist, ein noch so hochgestellter Funktionsträger wie etwa Heinrich Himmler könne eine so weittragende Entscheidung in eigener Verantwortung getroffen haben. Es ist sogar anzunehmen, daß ein schriftlicher »Führer-Befehl« niemals ergangen ist: Hitler mochte an das Schicksal seines schriftlich gegebenen Befehls zur »Euthanasie« gedacht haben.

261 Lutz Graf Schwerin von Krosigk, Memoiren, Stuttgart 1977, S. 288.
262 Paul Hollander, Political Pilgrims. Travels of Western Intellectuals to the Soviet Union, China and Cuba, New York 1981.
263 Kessler, S. 708 und 741 f. Fritz von Unruh, einer der Gründer der »Eisernen Front«, die sich als so wenig eisern erweisen sollte, sagte am 25. April 1932 zu Kessler, daß, »wenn Hitler zur Macht käme, er in kürzester Zeit abgewirtschaftet haben würde, da er keine seiner Versprechungen erfüllen könne, und daß dann die Kommunisten die Herrschaft an sich reißen würden«, S. 662 f.
264 Lutz Graf Schwerin von Krosigk, Es geschah in Deutschland. Menschenbilder unseres Jahrhunderts, Tübingen und Stuttgart 1951, S. 317 ff. Ich kannte den Grafen gut genug, um zu wissen, daß er über jede Methode der Selbstrechtfertigung, die so viele Memoiren kennzeichnet und entwertet, weit erhaben war. Das Buch ist ein Zeugnis überragender Klugheit und Bildung.
265 Am 20. Juli 1933 zu Graf Kessler, Kessler, S. 726.
266 Meines Wissens taucht der Ausdruck »Drittes Reich« zum erstenmal – natürlich in einem völlig anderen Sinne – bei dem Zisterzienserabt in Corazzo, Joachim von Floris (1130–1202), auf. Der Ausdruck »Tausendjähriges Reich« war der apokalyptischen Literatur geläufig. Vgl. Jüdisches Lexikon, 5. Band, Berlin 1930, Art. »Tausendjähriges Reich«, Sp. 893/3, und Offenbarung Johannes 20, 1–10.
267 Sebastian Haffner, Anmerkungen zu Hitler, 4. Auflage München 1978, S. 49 ff., 77 f.
268 Ebenda, S. 75.
269 Schwerin von Krosigk, Memoiren, S. 291 f.
270 Heinz O. Ziegler, Autoritärer oder totaler Staat, Tübingen 1932. Ziegler, ein Schüler Carl Schmitts, war Privatdozent an der Prager Universität. Als Jude emigrierte er 1939 nach England und fiel später als Angehöriger der Royal Air Force über Deutschland. Von ihm wäre noch Großes zu erwarten gewesen.
271 Hans-Jürgen Eitner, »Der Führer«, Hitlers Persönlichkeit und Charakter, München – Wien 1981, S. 136. Meines Erachtens gibt Eitner das bisher beste Porträt Hitlers.
272 Ebenda, S. 205.
273 Nicolaus von Below, Als Hitlers Adjutant 1937–45, Mainz 1980, S. 238, 256, 294, 301, 317, 387 und 378. Hans Kehrl, Krisenmanager im Dritten Reich. 6 Jahre Frieden – 6 Jahre Krieg. Erinnerungen, Düsseldorf 2. Auflage 1973, S. 374 f.
274 Albert Speer, Erinnerungen, Frankfurt/M. – Berlin 2. Auflage 1969, S. 123.
275 Vgl. u. a. Adolf Hitler, Mein Kampf, 395.–399. Auflage, München 1939, S. 387. Danach liegt die Tätigkeit des »großen Staatsmannes« und des »großen Feldherrn« »immer auf dem Gebiete der Kunst« und ist nicht »mechanisch anerzogen, sondern durch göttliche Gnade angeboren«.
276 Ebenda, S. 748.

[277] Allan Bullock, Hitler. Eine Studie über Tyrannei, Düsseldorf 1960, S. 670.

[278] Dr. Henry Picker, Hitlers Tischgespräche im Führerhauptquartier, 4. völlig neu bearbeitete und erweiterte Auflage, Stuttgart 1982, S. 282, Anm. 247.

[279] Walther Rathenau, Höre, Israel (1897), in: Impressionen, 3. Auflage, Leipzig 1902, S. 4.

[280] Remigius Bäumler, Luther in katholischer Sicht, in »Theologisches«, Nr. 165, Januar 1984, Spalte 5596 und 5600 f.

[281] Die Wannsee-Konferenz vom 20. Januar 1942 war keineswegs eine solche offizielle Unterrichtung; dagegen spricht schon die große Zahl der Teilnehmer. Ihnen wurden als »Endlösung« lediglich die Maßnahmen zu einer »Zurückdrängung« der Juden »aus den einzelnen Lebensbereichen des deutschen Volkes«, zu einer »Evakuierung der Juden nach dem Osten« angekündigt; Worte wie »Ermordung«, »Vernichtung« oder »Ausrottung« sind mit Rücksicht auf die Zahl der Teilnehmer nicht gefallen, von denen wohl die wenigsten vermutet haben, welchen Zielen die »Zurückdrängung« oder die »Evakuierung« dienen sollte. Auch wenn das Wort »Endlösung« (aber eben *nur* im Sinne von »Zurückdrängung« und »Evakuierung«) fiel, so muß der Befehl der »Endlösung«, die dann stattfand, *vor* der Wannsee-Konferenz ergangen sein. Vgl. zur Wannsee-Konferenz in: Anatomie des SS-Staates, 2. Band, München 1967, S. 321 ff. – Himmlers Masseur, Felix Kersten, notiert in seinem Tagebuch am 11. November 1941, Himmler habe ihn nach einem Besuch in der Reichskanzlei berichtet, »man plane die Vernichtung der Juden«. Felix Kersten, Totenkopf und Treue. Heinrich Himmler ohne Uniform. Hamburg o. J. (1952), S. 149.

[282] Ernst Hanfstaengl, bis 1937 Auslandspressechef der NSDAP, schreibt, die Raubal habe gleichzeitig mit anderen Männern Affären gehabt und sich öffentlich negativ über Hitler geäußert (»Mein Onkel ist ein Ungeheuer. Kein Mensch kann sich vorstellen, was er mir zumutet.«). 15 Jahre mit Hitler zwischen Weißem und Braunem Haus. 2. Auflage München 1980, S. 232 ff. Ich habe Hanfstaengl nach dem Kriege flüchtig kennengelernt, er machte auf mich den Eindruck eines clownhaften Bohemiens. Doch sind mir viele seiner Erzählungen, vor allem über den Hitler der zwanziger Jahre, von anderer Seite bestätigt worden.

[283] Eitner, S. 231 f., Hanfstaengl, S. 53, 73, 234.

[284] Heinz Guderian, Erinnerungen eines Soldaten, Heidelberg 1951, S. 385. Dies ist auch anderweitig bezeugt. Nach der Invasion sagte Hitler zu Schellenberg, dem Chef des Amtes VI im RSHA, das deutsche Volk solle, wenn es nicht siege, »krepieren«, »mehr hat es dann nicht verdient«. Walter Schellenberg, Memoiren, Köln 1959, S. 99.

[285] Yves Ternon, Tabu Armenien. Geschichte eines Völkermordes Frankfurt/M. – Berlin 1981. Der Verfasser, ein französischer Chirurg, hatte sich zunächst mit den »Verbrechen deutscher Ärzte während der NS-Zeit« befaßt, bis er sich allgemein dem »Phänomen des Völkermordes« zuwandte (S. 7). Das Buch ist sorgfältig belegt. Nach Ternon bleiben,

was bekannt ist, »die Archive der Hohen Pforte den Forschern verschlossen« (S. 10).

286 Ebenda, S. 208.
287 Wien 1933, 2 Bände.
288 »Neue Zürcher Zeitung« vom 18. April 1984, Fernausgabe Nr. 91, S. 3.
289 Ternon, S. 201 f.
290 In der russischen Emigrantenliteratur – z. B. bei Solschenizyn und Bukowski – taucht zwar die Zahl von sechsundsechzig Millionen auf, doch ist es nicht ganz klar, ob dabei nicht auch die Opfer des Bürgerkrieges mitgezählt werden. Die Zahl von vierzig Millionen ist jedenfalls die unterste Grenze, von der man ausgehen darf, wie mir von kompetenter Seite mitgeteilt wurde.
291 In der Bundesrepublik Staatssekretär im Auswärtigen Amt, zuletzt Botschafter beim Vatikan.
292 Peter Hoffmann, Widerstand – Staatsstreich – Attentat, München 1969, S. 51.
293 Zit. nach Eitner, S. 120 f. Hervorhebungen von mir.
294 Nicht nach Teneriffa, wie es oft heißt, z. B. Heinrich Bennecke, Die Reichswehr und der »Röhm-Putsch«, München, Wien 1964, S. 54. Bennecke war SA-Gruppenführer, dem Studium nach Historiker.
295 Bennecke meint, unvorsichtige Äußerungen Falkenhausens seien der Grund für dessen Ermordung gewesen, S. 56. Rudolf Heß hatte sich am 9. Juli 1934 bei der Witwe Dettens entschuldigt. Ebenda, S. 72. Auch dies deutet darauf hin, daß Detten und Falkenhausen nicht auf den damaligen Proskriptionslisten standen; dies erhöht die Wahrscheinlichkeit, daß die Ermordung der beiden auf eine Intervention von Goebbels hin erfolgte. Falkenhausen war meiner Erinnerung nach nicht verheiratet, so daß ein entsprechender Besuch von Rudolf Heß sich erübrigte.
296 Ebenda, S. 86 ff.
297 Heinz Höhne, Der Orden unter dem Totenkopf. Die Geschichte der SS, Gütersloh 1967, S. 89. Das Werk bietet auch die bisher beste Darstellung des 30. Juni 1934.
298 Am 3. Oktober 1930 hielt SA-Stabschef Wagener, der nach der Ablösung des OSAF Pfeffer bis zur Ernennung Röhms die SA führte, eine Rede, wonach die SA »das Reservoir … für ein kommendes deutsches Nationalheer« sei. Eine künftige Vermehrung der Reichswehr solle »zunächst durch die Männer« geschehen, »die den Geist der nationalsozialistischen Bewegung in sich aufgenommen haben«. Heinrich Bennecke, Hitler und die SA, München und Wien 1962, S. 151. Bennecke bemerkt, daß diejenigen, die diese Aufgabenstellung formulierten, die Gefahren, die darin steckten, »wohl kaum erkannt« haben dürften. Ebenda.
299 Zit. nach Höhne, S. 93. Vgl. auch Hermann Foertsch, Schuld und Verhängnis. Die Fritschkrise im Frühjahr 1938 als Wendepunkt in der Geschichte der nationalsozialistischen Zeit. Stuttgart 1951, S. 48.
300 Zit. nach Foertsch, S. 50. Unbegreiflich ist, daß nach Foertsch Blom-

berg kurz nach dem 30. Juni gesagt haben soll, Röhm »wollte« Minister werden – er war es ja bereits seit dem 1. Dezember 1933! Vielleicht meinte Blomberg, Röhm habe *Reichswehrminister* werden wollen, anders ist es kaum zu deuten.

301 John W. Wheeler-Bennett, Die Nemesis der Macht. Die deutsche Armee in der Politik 1918–1945, Düsseldorf 1954, S. 338 Anm. 2.

302 Das Affidavit Kleists bei Bennecke, Röhm-Putsch, S. 85. Im übrigen: Foertsch, S. 51 f.; Höhne, S. 102.

303 Wheeler-Bennett, S. 342.

304 Höhne, S. 104.

305 Ebenda, S. 105; dort auch das Lutze-Zitat.

306 Tagebuch Lutzes in: »Frankfurter Rundschau« vom 14. Mai 1957. Zit. nach Höhne, S. 105.

307 Kraugser zu SA-Gruppenführer Karl Schreyer, der mit dem Leben davonkam. Zit. nach Höhne, S. 103 f.

308 Erich von Manstein, Generalfeldmarschall, Aus einem Soldatenleben 1887–1939, Bonn 1958, S. 16 f. »Das Bekanntwerden des Todes der beiden Generale« löste »im Offizierskorps helle Empörung aus. Sie ging so weit, daß schließlich vom Reichswehrministerium jede Diskussion über dieses Thema untersagt wurde, ein Verbot, das allerdings wirkungslos blieb«, S. 194.

309 Zit. nach Höhne, S. 122.

310 Foertsch, S. 62.

311 Ebenda, S. 54.

312 Vgl. die vernichtende Kritik bei Höhne, S. 10 ff., der von einem »Dogma der SS-Allmacht« (S. 12) spricht.

313 Jiddisch ist eine hochinteressante, rund tausend Jahre alte Sprache. Sie entstand in Süd- und Südwestdeutschland, von wo die Juden sie auf der Flucht vor Pogromen vor allem im 14. Jahrhundert nach Osten brachten. Sie besteht – bei durchaus autonomer Ausgestaltung – vorwiegend aus mittel- und frühhochdeutschen Idiomen, mit einem größeren Anteil aus dem Hebräischen und Aramäischen, während der slawische und erst recht der romanische Anteil geringer ist. Ich habe nie verstanden, warum Jiddisch nicht Pflichtfach beim Studium der Germanistik ist. Die verächtliche Bezeichnung des Jiddischen als »Jargon« ist ein Produkt der Aufklärung. Schon in der Mitte des 19. Jahrhunderts – also lange vor dem Entstehen des Zionismus – hatte in Rußland die jüdische Aufklärung (»Haskalah«) aus Verachtung des Jiddischen das Hebräische als Umgangssprache zu revitalisieren versucht, es wurden, zumal im Baltikum, Gymnasien mit hebräischer Unterrichtssprache gegründet.

314 Wörtlich »Belehrung«, dann Bezeichnung für den Pentateuch, schließlich ein Sammelbegriff für alle kultischen und gesetzlichen Vorschriften.

315 Das Stichwort für die Emanzipation, die sich als Assimilation vollziehen sollte, hatte der royalistische Abgeordnete Clermont-Tonnerre am 23. Dezember 1789 in der französischen Nationalversammlung gege-

ben: »Den Juden als Nation ist alles zu verweigern, den Juden als Menschen aber ist alles zu gewähren.« Simon Dubnow, Weltgeschichte des jüdischen Volkes, 8. Band, 2. Auflage, Berlin 1928, S. 93 f.

316 Zu den theologischen Schwächen der westlichen Orthodoxie: Max Wiener, Jüdische Religion im Zeitalter der Emanzipation, Berlin 1933. Jener Orthodoxe »sieht sein Ideal darin, ein möglichst großes Quantum des in gesonderte Bestimmungen aufgesplitterten Willens des göttlichen Gesetzgebers oder dessen autoritativen Ausleger zu vollziehen, ohne danach zu fragen, was aus der Gesellschaft wird, innerhalb derer eine solche Bemühung doch erst eigentlichen Sinn empfängt«, S. 20.

317 Isaac Breuer, Judenproblem, Frankfurt/M. 1922, S. 105.

318 In Israel haben die Agudisten freilich mit den Zionisten, weil sie mit ihnen im gleichen Boot sitzen, Kompromisse schließen müssen, wobei ihnen der Staat sehr weit entgegenkommt.

319 Winfried Martini, Die Existenzkrise des Judentums, in: »Die Gegenwart« vom 24. August 1946. Meines Wissens war ich der erste, der auf diesen Aspekt der »Endlösung« hingewiesen hat.

320 Vgl. seine hochinteressanten Memoiren: Erlebte Judenfrage, Stuttgart 1962.

321 Blumenfeld berichtet auch in seinen Memoiren (S. 142 ff.) die Begebenheit. Es war typisch für ihn, daß er die Schilderung mit den Worten schließt, man »tut Rathenaus Andenken nichts Gutes, wenn man ihn wider Willen zum Märtyrer des *jüdischen* Volkes macht« (S. 145, Hervorhebung im Text).

322 Rathenau, S. 3 ff. Dort nennt er die jüdische Oberschicht Berlins »glänzend und auffällig staffiert«, »auf märkischem Sande eine asiatische Horde« (S. 4), und warnt sie, ihre Landsleute »durch vorlautes Urteil und frivole Ironie zu verletzen« (S. 15). Die kleine Schrift zeugt keineswegs von jüdischem Selbsthaß (wie bei Karl Marx), sondern sie ist eine eindringliche und frühzeitige Warnung an die Tucholskys. Wie oft habe ich aus Blumenfelds Munde ähnliches gehört!

323 Dr. Arnold Friedmann, Dr. Hugo Zuckermann. Ein Gedenkblatt, Wien 1915. Die Schrift enthält auch andere, bewegende Kriegsgedichte Zuckermanns. Vgl. auch »Die Schicksale eines Soldatenliedes« in Danzer's Armee-Zeitung vom 10. Dezember 1914, S. 5 f.

324 Werner Feilchenfeld, Dolf Michaelis, Ludwig Pinner, Haavera-Transfer nach Palästina und Einwanderung deutscher Juden 1933–1939, Schriftenreihe wissenschaftlicher Abhandlungen des Leo Baeck Instituts, Tübingen 1972.

325 Rudolf Vogel, Ein Stempel hat gefehlt. Dokumente zur Emigration deutscher Juden. München/Zürich 1977, S. 212.

326 Prof. Dr. Carl Ludwig, Bericht an den Bundesrat zuhanden der eidgenössischen Räte. Die Flüchtlingspolitik der Schweiz in den Jahren 1933 bis 1945. Zu 7347, 1957, S. 52 ff. Die Polizeianweisung vom 26.9.1942, S. 222 f. Am 8. Mai 1939 erklärte der Schweizer Nationalrat Bringolf, die Schweizer Juden »legten Wert darauf, daß die unerwünschte Judeneinwanderung zurückgedämmt werde« (S. 61). Vgl. auch Rolf Vogel,

ferner Bernard Wasserstein, Britain and the Jews of Europe, Oxford 1979.

327 Vogel, S. 211 f. Auch mir gegenüber nannte Schacht Weizmann als den, der dem Plan entgegenstand.

328 Höhne, S. 302. § 3 des Gesetzes zur Wiederherstellung des Berufsbeamtentums vom 7. April 1933, der, bis auf einige Ausnahmen, die später zurückgenommen wurden, verbot, daß »Nichtarier« Beamte blieben oder wurden. Er wurde bald – teils freiwillig, teils unfreiwillig – auf alle möglichen Berufe, Gebiete und Organisationen ausgedehnt. Er war der Anfang einer barbarischen, gegen die Juden gerichteten Gesetzgebung, aber noch verhältnismäßig milde im Vergleich zu dem, was kommen sollte.

329 Das orthodoxe Organ »Der Israelit« sprach am 2. August 1935 von einem »bemerkenswerten Aufsatz«, der sich durch eine »umfassende Sachkenntnis« und »Objektivität« auszeichne. Die »Jüdische Rundschau« vom 10. Juli 1935 schrieb, durch diesen Aufsatz erfahre der »mit dieser Frage im allgemeinen Unvertraute seine erste ernsthafte Begegnung mit der modernen Judenfrage«, er sei eine »hochstehende Unterrichtsstunde für alle Außen- und Innenstehende«. »Eine weite Verbreitung wäre diesem Abriß von jedem Standpunkt aus sehr zu wünschen.« »Rudolf Goltz« war damals mein vom »Reichsverband der deutschen Presse« genehmigtes Pseudonym.

330 Bernhard Lösener, Als Rassereferent im Reichsinnenministerium. Mit einer Vorbemerkung von Dr. Walter Strauß, damals Staatssekretär im Bundesjustizministerium. In: VJHfZ, Juli 1961, S. 262 ff. Walter Strauß war selber »Nichtarier«. Wenn Lösener auch Walter Gross zu den »fanatischen Judenhassern« (S. 280) zählt, so trifft das zumindest auf die Zeit, da ich mit Gross in Verbindung stand (also bis Ende 1934), keineswegs zu. Damals brachte die von ihm herausgegebene Zeitschrift auf der Titelseite das Bild eines Negerkindes, die Unterschrift besagte dem Sinne nach, daß jede Rasse ihr eigenes Recht habe – ein deutlicher Hinweis für jeden, der zu lesen verstand. Nach dem Kriege erkundigte sich bei mir ein deutschjüdischer Rechtsanwalt aus Haifa nach dem Schicksal von Walter Gross, der ihm offenbar geholfen hatte.

331 Eine Zusammenstellung der barbarischen Judengesetzgebung des Dritten Reiches in: Hubert Schorn, Die Gesetzgebung des Nationalsozialismus als Mittel der Machtpolitik, Frankfurt/M. 1963, S. 84 ff. Hubert Schorn, ein ehemaliger Landgerichtspräsident, hat auch sorgfältig belegt, daß keineswegs alle Richter dem NS-Ungeist folgten: Der Richter im Dritten Reich. Geschichte und Dokumente, Frankfurt/M. 1959.

332 Die Palästina-Deutschen waren Abkömmlinge der pietistischen »Templer« in Württemberg, die ab 1868 nach Palästina ausgewandert waren. Dort hatten sie bezaubernde Kolonien wie Sarona und Wilhelma bei Jaffa oder Waldheim bei Nazareth gegründet. Nicht zuletzt bei ihnen hatten die ersten jüdischen Einwanderer die Landwirtschaft erlernt.

333 Theodor Herzls Tagebücher. 1895–1904, Berlin 1922. Die angeführten

Stellen befinden sich im 1. Band der drei Bände. Ehestandsdarlehen (natürlich ohne diesen Namen, aber der Sache nach): S. 108. »Arbeitsheer«: S. 71 f. und 75. Fruchtbarkeitsprämie: S. 67. Uniform für Beamte: S. 39.

334 Vgl. Harald Pölchau, Die letzten Stunden. Erinnerungen eines Gefängnispfarrers, aufgezeichnet von Graf Alexander Stenbock-Fermor. Berlin 1949. Ders.: Die Ordnung der Bedrängten. Autobiographisches und Zeitgeschichtliches seit den zwanziger Jahren. München und Hamburg 1963.

335 Diesen Ausweis erhielt man nur bei Totalschäden. Bei Teilschaden hatte der Ausweis eine andere Farbe, die ich vergessen habe.

336 Pölchau, Die Ordnung, S. 91.

337 Dulles leitete während des Krieges in der Schweiz das »Office of Strategic Services« (OSS). Sein Buch kam in erweiterter Fassung und deutscher Übersetzung 1948 unter dem Titel »Verschwörung in Deutschland« in Zürich heraus. Im folgenden wird nach der deutschsprachigen Ausgabe zitiert.

338 Dulles, S. 220 ff. Wahrscheinlich hatte Dulles seine Informationen vor allem von Marie-Louise (»Puppi«) Sarre, einer Freundin Langbehns. Nach Ritter, S. 548 Anm. 39, hat Gustav Dahrendorff ihm nach Lektüre der Polizeiakten Popitz – Langbehn mitgeteilt, Prof. Carl Burckhardt habe ihm, Popitz, gesagt, England und Amerika würden nie mit Hitler, da dieser nicht vertragstreu sei, verhandeln, wohl aber möglicherweise mit Himmler. Ritter meint mit einer Sicherheit, die nicht ganz begründet erscheint, Popitz habe »natürlich« Himmler »bewußt getäuscht«.

339 Dulles, S. 201.

340 Bei der Darstellung des Komplexes 20. Juli folge ich dem Standardwerk Peter Hoffmanns.

341 Der Kapp-Putsch von 1920 war, wie wir gesehen haben, zwar von einigen Teilen der Reichswehr getragen worden, doch der politische Führer war ein Zivilist, während General v. Lüttwitz – im Gegensatz zu Kapp – die Verfassung gerade schützen wollte, so naiv seine Vorstellungen auch waren.

342 Entgegen der allgemeinen Meinung wurden die sudetendeutschen Gebiete nicht erst durch das Münchner Abkommen abgetreten, dessen Präambel sich ausdrücklich auf eine »bereits grundsätzlich erzielte« Einigung bezieht und lediglich die »Bedingungen und Modalitäten dieser Abtretung« festlegt sowie die »danach zu ergreifenden Maßnahmen«. In der Tat hatten die Westmächte bereits am 21. September Prag ultimativ die Abtretung der sudetendeutschen Gebiete aufgezwungen. Seine weiter gehenden Forderungen hatte Hitler am 23. September 1938 im »Godesberger Memorandum« fixiert, das Chamberlain kommentarlos Prag übermittelte. Das Münchner Abkommen war also nur ein Durchführungsabkommen.

343 Freilich gibt es auch ein Spontan-Heldentum. Da springt ein Mann, der vorher durch keinen besonderen Mut aufgefallen ist, unter Lebens-

gefahr in das Wasser, um ein fremdes Kind zu retten. Während des Krieges konnte man bei den Flächenbombardierungen oft ähnliche Verhaltensweisen beobachten, die niemand erwartet haben würde. Vergleichbares begab sich nicht selten an der Front, wo zumal ein intensives Gefühl kameradschaftlicher Verbundenheit Handlungen einer völlig unvermuteten Tapferkeit unter Einsatz des eigenen Lebens auslöste. Indessen handelt es sich um Ausnahmesituationen, die daher in unsere Untersuchung nicht hineingehören.

344 Joseph Kardinal Hergenröther, Handbuch der allgemeinen Kirchengeschichte, 4 Bände, 1. Band, Die Kirche in der antiken Kulturwelt, 5. verdt. Auflage, neu bearbeitet von Dr. Johann Peter Kirsch, Freiburg 1911, S. 298 f. und 312 f.

345 Dubnow, 5. Band, Zweites Buch, 1.–4. Kapitel. Heinrich Graetz, Geschichte der Juden, 12 Bände, Leipzig o. J. (1853–1875), 8. Band. Abraham A. Neumann, The Jews in Spain. Their Social, Political and Cultural Life During the Middle Ages, 2 Bände, Philadelphia 1948. Salo Wittmayer, Baron, The Jewish Community. The History and Structure of the American Revolution, 3 Bände, Philadelphia 1948. Arthur Ruppin, Soziologie der Juden, 2 Bände, Berlin 1930/31, 1. Band, S. 40 f.

346 Von dem hebräischen »s'farad«, einen biblischen Ländernamen, der später auf Spanien bezogen wurde. Den anderen ethnischen Zweig des Weltjudentums bilden die aschkenasischen Juden. Beide Zweige weisen rituelle Unterschiede auf, ebenso ist die Aussprache des Hebräischen unterschiedlich. Vgl. Jüdisches Lexikon, 5 Bände, Berlin 1930. 1. Band, Artikel Aschkenas, Aschkenasim, Spalte 496 ff., und 5. Band, Artikel Sefardim, Spalte 329 ff. Ferner: The Universal Jewish Encyclopedia, 10 Bände, New York 1948. 1. Band, Artikel Ashkenaz and Ashkenazim, S. 541 ff. Heute versteht man unter sephardischen Juden vor allem die aus dem Orient, die in Israel inzwischen die Mehrheit bilden. Vor dem Zweiten Weltkrieg hatte vor allem Amsterdam eine große sephardische Gemeinde.

Disposition

I. Die Weimarer Republik

a) *Blutige Geburtswehen.* Die Ohnmachtergreifung vom 9.11.1918. – Republik von Anfang an auf Soldaten angewiesen – Versagen der sozialdemokratischen »Wehren«. – Erleichterung der SPD-Führung bei der Nachricht von der Ermordung Liebknechts und Luxemburgs am 15.1.1919.

b) *Versailles.* Radikaler Bruch mit dem Völkerrecht. Das Nürnberger Statut von 1945 ansatzweise schon in Versailles erkennbar.

c) *Das Phänomen der Freikorps.* Großer Unterschied zwischen heutiger und damaliger Bewußtseinslage, zwischen den Ideen von öffentlichem Kurswert von heute und damals. – Nach vier Jahren Krieg greifen Tausende freiwillig wieder zu den Waffen, um im Innern Ordnung zu stabilisieren und Ostgrenzen zu schützen. Ein Freikorps schützt die Nationalversammlung in Weimar – »Landsknechte« allenfalls die Arbeitslosen, die sich anwerben ließen. – Nationalbolschewistische Phänomene. Gegensatz (im Krieg) zwischen Front und Stäben verändert sich zum Gegensatz zwischen Freikorps und Bürgertum. – Keine Vorläufer des Nationalsozialismus, wie Waite (»Vanguard of Nazism«) behauptet – Ohne Freikorps hätte Republik das Jahr 1919 nicht überstanden (der US-Historiker H. J. Gordon). Die existentielle Paradoxie: einerseits etablierten Freikorps die Demokratie, andererseits waren sie antidemokratisch.

d) *Der Kapp-Putsch.* Der Mythos vom Generalstreik – die gewerkschaftliche Lebenslüge. – Woran der Putsch wirklich scheiterte – Generalstreik hielt auch fünf Tage *nach* Zusammenbruch des Putsches an. Gewerkschaften setzten Regierung unter verfassungswidrigen Druck! – Zwischen Ende 1918 und April 1920 *nachweisbar* mindestens dreitausend Tote durch kommunistische Aufstände. Das erklärt die *Vehemenz* des Weimarer Antikommunismus, eines der Vehikel Hitlers. Kommunismus *reale* Gefahr (siehe Bayern, Sachsen, Thüringen).

e) *Der Flaggenstreit.* Der fatale Artikel 3 WRV (Weimarer Reichsverfassung). Danach »Reichsfarben Schwarz-Rot-Gold«, aber Handelsmarine Schwarz-Weiß-Rot – kurioser Dualismus. Entscheidung für Schwarz-Rot-Gold aus historischer Schwärmerei (1848) und großdeutschen Hoffnungen (Anschluß Österreichs). Die Deutschen das einzige Volk, das ein Symbol der Niederlage (1848) zum Nationalemblem erhob. Symbol nach Sorel: »ensemble d'images«. In diesem Sinne waren damals *echte* Symbole Schwarz-Weiß-Rot und rote Fahne, nicht Schwarz-Rot-Gold, das erst der Erklärung durch umständliche historische Exkursionen bedurfte; ein Symbol, das der Erklärung bedarf, ist keines. – Im Bewußtsein des Volkes wurde Schwarz-Rot-Gold auch zum Symbol der Niederlage von 1918. – Gold läßt sich auf Fahnentuch nicht reproduzieren, es erscheint als Gelb. Wer aber die *Realität* der Farben nannte, machte sich strafbar (§ 8 des Republikschutzgesetzes von 1922) – eine *unmögliche* Situation, die Hitler zugute kam. – In das Symbolvakuum Weimars stieß Hitler mit dem Hakenkreuz hinein. Wären die Reichsfarben Schwarz-Weiß-Rot gewesen, hätte Hitler es schwerer gehabt, das Hakenkreuz zu popularisieren.

f) *Das Jahr 1932.* Problematik des Artikels 76 WRV, wonach unter bestimmten Voraussetzungen auch antidemokratische Ziele potentiellen Verfassungsrang erhielten. – *Entscheidend:* die Reichstagswahl vom 31.7.1932, als NSDAP und KPD zusammen die absolute Mehrheit erhielten, die sie bis zum 5.3.1933 behielten. – Was ist verfassungskonformes Regieren, wenn Volkssouverän eindeutig erklärt, er wolle keine Demokratie? Von hier aus erst erhielten die Intrigen *ihr Gewicht.* – Hindenburgs Mentalität: Monarchist, nahm aber mit altpreußischer und altprotestantischer Gewissenhaftigkeit seinen Eid, den er auf Verfassung geleistet hatte, ernst. Das Urteil des Staatsgerichtshofes vom 25.10.1932 (Preußen contra Reich) entschied, daß Notverordnung vom 20.7.1932 teilweise verfassungswidrig war: ein schwerer Schock für Hindenburg. Ohne jenes Urteil hätte Hindenburg *vielleicht* die Pläne Schleichers vom 25. und 28.1.1933 gebilligt. – Seit Beginn 1932 wurde Hindenburg Artikel 48 WRV zunehmend unheimlich. In seiner Vorstellung war Demokratie (die er zu wahren geschworen hatte) Herrschaft der parlamentarischen Mehrheit, die ihm aber *nur* der ihm persönlich suspekte Hitler verschaffen konnte. Theodor Eschenburgs These, Weimar sei an der Verfassungs*treue* Hindenburgs gescheitert, ist richtig. – *Beschleunigt* wurde unheilvolle Entwicklung durch antimilitärische Allergie der SPD. Noch im Januar 1933 (!) war Rudolf Breitscheid von dem Gedanken, daß ein General Reichskanzler war, so besessen, daß er die Gefahr Hitler *überhaupt nicht sah.* Dem entspricht, daß der Reichstag im Dezember 1932 Artikel 51 WRV dahin änderte, daß Reichspräsident im Falle der Verhinderung nicht durch Reichskanzler (General!), sondern durch Präsidenten des Reichsgerichts vertreten werden sollte. – Was bekamen die Arbeitslosen 1932? Schätzungsweise mußten über dreißig Millionen Menschen von fünfzig bis hundert Reichsmark monatlich leben.

II. Das Dritte Reich

a) »Vergangenheitsbewältigung« zieht Geschichte des Dritten Reiches von hinten auf, so daß Eindruck entsteht, jeder habe schon 1933 die späteren Entwicklungen voraussehen können.

b) NS-Faschismus – Kommunismus: Berührungspunkte und Unterschiede. »Antifaschismus« undifferenzierter, daher falscher Begriff, der Kommunisten zugute kommt.

c) Von *unten* gesehen, war Nationalsozialismus eine pararreligiöse Erweckungsbewegung, Hitler kein Politiker, sondern Messias.

d) Motive, die Leute von intellektueller und moralischer Integrität bewogen, Hitler zu wählen.

e) Nach 30.1.1933 hatte Mitgliedschaft bei NSDAP usw. die moralisch und politisch *wertfreie* Funktion einer beruflichen »Fahrkarte«.

f) 1933 schätzte ich Lebenserwartung des Dritten Reiches auf ca. zehn Jahre: kein Anlaß, sich auch nur äußerlich mit ihm zu identifizieren. Ich kann nicht wissen, wie ich mich verhalten haben würde, hätte ich sie auf etwa hundert Jahre geschätzt: Vielleicht wäre ich SS-Obergruppenführer geworden.

g) Der normale Mensch ist weder Held noch Märtyrer, noch Fanatiker, sondern *Mitläufer*. Berühmte Mitläuferbewegungen: die iberischen Marranen im 14. und 15. Jahrhundert; im 12. Jahrhundert war der berühmte Talmudphilosoph Maimonides eine Zeitlang Mitläufer des Islam (seine erste Schrift »Iggereth hasch' mad« galt seiner Verteidigung); die »Lapsi« des Jahres 250 (Kirchengeschichte). – La Fontaine läßt in einer Fabel das Schilfrohr zur Eiche sagen: »Je plie et je romps pas« – *die* Formel des Mitläufers! Ohne Mitläufer weder Mode noch Demokratie möglich. – Unter extremen Bedingungen – wie Nationalsozialismus – wahrt Mitläufer Tradition und Kontinuität. – Totalitäre Regime mißtrauen dem Mitläufer, weil sie nicht wissen, was er wirklich denkt, sie wollen den bedingungslosen Anhänger. – Elisabeth Noelle-Neumanns »Schweigespirale«.

h) *Der Alltag des Dissidenten.* Leichter (außer für Juden) als unter Kommunismus. Denn der hat eine ausgefeilte Dogmatik, Exegese und Patristik, kann daher Dissidenten viel leichter ausmachen. Nationalsozialismus hingegen voluntaristische Bewegung mit schwach entwickelter Ideologie. Nationalsozialismus bot *selbst* dem Dissidenten Tarnung an: »Heil Hitler« und »Deutscher Gruß« genügten. Dissident mußte sich schon auffällig verhalten, um Aufmerksamkeit der Gestapo zu erregen.

i) Wer *mußte* der NSDAP usw. angehören und wer nicht?

j) 1938 *zwang* die Schweiz das Reich, das »J« in den Judenpässen einzuführen (ausführlicher Bericht des Schweizer Bundesrats von 1953). Verhalten des Auslands gegenüber jüdischen Flüchtlingen.

k) Was war »Widerstand«? Einsatz mußte in vernünftigem Verhältnis zum angestrebten Erfolg stehen. Hervorragendstes Beispiel: Georg Elser 1939. – »Weiße Rose« kein »Widerstand«, sondern Aufschrei des religiösen Gewissens mit politisch *sinnlosen* Methoden. – Der 20. Juli: Goerdelers uferlose Geschwätzigkeit, Hassel und sogar Canaris führten Tagebücher! Extrem schwierige Vorbereitung – Versäumnisse. – Der lautlose, aber effektive Widerstand von Teilen der Bürokratie und der Justiz. – Belastung und Widerstand waren z. T. *Korrelate;* je höher einer stand, um so eher konnte er effektiven Widerstand leisten, abzulesen an den Biographien der Männer des 20. Juli, hervorragendes Beispiel: Hjalmar Schacht. – Sich vom Nationalsozialismus *privat* ferngehalten zu haben war *achtbar,* aber kein Widerstand. – Nachts nationalsozialismusfeindliche Parolen an die Wände zu malen oder Zettel anzukleben, war Allotria, aber kein Widerstand. – Als Gestapo mir Anfang Juli 1943 Auslandsverbot erteilte, lag meinerseits kein »Widerstand«, sondern fahrlässiges Reden vor. Als ich 1944/45 in Berlin in Zusammenarbeit mit Dr. Harald Poelchau, Gefängnispfarrer von Tegel, untergetauchten Juden Unterkunft gewährte, Unterkünfte vermittelte, Lebensmittel, Geld und Ausweise besorgte, empfand ich das nicht als »Widerstand«, sondern als selbstverständliche Erfüllung einer Menschenpflicht. – Luise Rinser und ihr »Widerstand«. – Nach 1945 inflationäre Entwertung des Begriffs »Widerstand«, finanzieller Anreiz für wirklichen oder behaupteten »Widerstand«. – Für den, der als Dissident jene Zeit miterlebt hat, hat der Begriff »Widerstand« fast etwas Lächerliches, jedenfalls Verdächtiges.

l) *Einige Merkwürdigkeiten.* Wie mich die »Jewish Agency« vor »Belastung« bewahrte. – Dr. Bernhard Lösener, Minister im Reichsinnenministerium (Leiter des »Rassenreferates«), Verfasser der Nürnberger Gesetze, war leidenschaftlicher Gegner des Regimes, ebenso der erste Chef der *preußischen* Gestapo, Rudolf Diels (ich kannte beide). Lösener ein besonders tragischer Fall. Er wollte sich oft versetzen lassen, blieb aber auf Bitten der *Juden;* ließ sich erst versetzen, als er für sie nichts mehr tun konnte. Sein engster Berater: Oberregierungsrat Hans Globke. – Der Leiter des Judenreferats im SD, Leopold von Mildenstein (ich kannte ihn), ein leidenschaftlicher, etwas naiver Pro-Zionist, was mir zugute kam. – Der Vorsitzende der Berliner jüdischen Gemeinde, Georg Kareski (ich kannte ihn), suchte Kontakt zur Gestapo. – Zu Anfang hatte die jüdische Presse *große* Bewegungsfreiheit, wovon vor allem die »Jüdische Rundschau«, Zentralorgan der Zionisten, geschickten Gebrauch machte; ihre Auflage stieg *rasant,* weil zahllose »Arier« sie abonnierten. – Das Haaverah-Abkommen von 1933 erlaubte Juden, unter günstigen Bedingungen ihr Vermögen nach Palästina zu transferieren. – Ich wurde dreimal (1933, 1938 und 1943) von der Gestapo verhört: Jedesmal äußerst höflich behandelt, weil die Vernehmer wahrscheinlich in die Gestapo übernommene Kripobeamte waren (Glück!).

m) *Endlösung.* Ich war von Anfang an (Spätherbst 1941) informiert. Zahllose waren informiert (Rußland-Heimkehrer!), glaubten es aber nicht, weil es menschliches Vorstellungsvermögen überstieg (ebenso KZ). Informiert *sein* und Information *glauben* waren im Dritten Reich zwei *völlig* verschiedene Dinge. – Endlösung war nicht der erste bürokratisch organisierte Genozid unseres Jahrhunderts. Der fand 1915 in der Türkei statt, wo auf Befehl von Talaat Pascha und Enver Pascha ca. eineinhalb Millionen Armenier ermordet wurden, *prozentual* mehr Armenier als Juden unter Hitler.

n) Krieg war schon am 1.9.1939 verloren. Im Gegensatz zum Jubel vom August 1914 äußerste Beklemmung, selbst bei Nazis. In beiden Weltkriegen hatte verfehlte Außenpolitik Armee vor unlösbare Aufgaben gestellt. – 1941: Überfall auf Sowjetunion oder Präventivkrieg? Die große Frage.

III. Interim

Nürnberger Prozesse. *Objektiv* Schauprozesse. – Entnazifizierung: eine ganze Generation zum Lügen *gezwungen.*

IV. Bundesrepublik

a) Parlamentarischer Rat im Zustand »totaler Verantwortungslosigkeit« (Ernst Forsthoff), Verantwortung trugen *nur* Besatzungsmächte. Daher »freieste«, also schwächste Verfassung unserer Geschichte. Rechtssystematische Fehler, z. T. Reaktion auf bloße Legenden (z. B. Artikel 67 GG) usw.

b) Die entnazifizierte Generation lief mit zwei einander entgegengesetzten Lebensläufen herum (»Alibi-Generation«). Sie herrschte in den fünfziger und sechziger Jahren. Folgen: Bestimmte Erklärungen und Begebenheiten jener Jahre sind erst zu verstehen, wenn man die zugeordneten Biographien kennt. Zwang, links zu reden und zu handeln, weil »links« als Gegenteil des Nationalsozialismus gilt.

c) *NS-Prozesse:* Radikaler Gegensatz zu unseren sonst geltenden Theorien vom Strafzweck (Abschreckung, Resozialisierung); sie sind nur mit der sonst als »alttestamentlich« oder »mittelalterlich« verpönten Vergeltungstheorie (Jus talionis) zu begründen. NS-Täter unterscheidet sich vom gewöhnlichen Kriminellen dadurch, daß der *Staat* als Anstifter auftrat (»Regime-Täter«). Das hatte das StGB nicht vorgesehen. Unter Druck des Auslandes (G. Heinemann) ließen wir sogar die bewährte und begründete Institution der Mordverjährung fallen. Feigheit des Bundestages verhinderte Amnestie (die ja niemals Billigung des Geschehenen ist, sondern unruhige Zeiten abschließen will). NS-Prozesse als kommunistisches Einfallstor.

d) Das Dritte Reich war hinsichtlich individueller Vergangenheit *wesentlich* toleranter als BRD.

e) Opfer der denunziatorischen Vergangenheitsbewältigung, z. B. Oberländer, Fränkel, Defregger, Filbinger, Theo M. Loch (genaue Dokumentation).

f) Die Provisoriumstheorie, ihre Entstehung. Provisorium kann Loyalität seiner Bürger nicht erwarten. Landesverrat zugunsten der DDR: in einem Provisorium ein problematisches Delikt. Angesichts der Machtverhältnisse kann Bonn keine Politik der Wiedervereinigung treiben. Provisorium: Hoffnung *roter* Nationalisten wie Egon Bahr. Wiedervereinigung ausschließlich Sache der historischen Gelegenheit. – Das merkwürdige Rekrutengelöbnis bzw. deren Eid: »Die Freiheit des *deutschen Volkes* tapfer zu verteidigen.« Auch die der DDR? Auch der Auslandsdeutschen?

Personenregister